KB237094

100년 전 한성을 누비다

100년 전 한성을 누비다

오인환 지음

한국학술정보㈜

| 서 문 |

"구한말 독립신문사가 어디에 있었지?"

정년퇴임을 앞둔 마지막 학기도 거의 끝나가고 있어 후련한 마음, 섭섭한 마음, 미진한 마음, 고마운 마음에 휘감겨 지내던 어느 날 연구실 조교를 포함한 대학원생 몇과 차를 함께하면서 한담을 하고 있었을 때였던 것으로 기억된다.

문득 이 물음을 던져 놓고는 스스로 놀랐다.

신문방송학과에서 27년간 신문, 방송, 언론, 광고 등에 직간접적으로 관련이 있는 강의와 연구를 해 왔고 언론관련 학회에서도 회원으로, 임원으로 여러 해를 참여해 왔고, 박사학위논문도 언론에 관한 주제를 다루었었고, 그에 앞서는 근 10년간 통신사에서 외신을 다루며 지내 왔었는데……
우리나라 최초의 민간신문으로 신문의 역사를 열었다고 인정되어 그 발간일이 '신문의 날'로까지 제정된 신문인 '독립신문'이 발행되던 사옥 터가 있던 곳이 어디였는지를 아직 모르고 있었다니…….

알아보면 곧 알 수 있겠지 생각하고 호기심과 호사심에서 문헌을 대충 찾아보기 시작하면서 또 한 번 놀랐다.

독립신문사가 있었던 정확한 위치가 쉽게 찾아지지가 않는 것이었다. 자료 탐색이 미흡해서였겠지만 독립신문사가 있던 곳이 '정동'이었다는 정도말고는 좀 더 정확한 위치는 찾아지지가 않았다.

6

그러던 중 '독립신문사 터 표석(獨立新聞社址 標石)'이 세워져 있던 곳을 알게 되었다. 서울특별시 문화재과 표석위원회가 1985년 10월 독립신문사 터 표석을 세웠는데 그 위치는 당시 배재중고등학교 대강당 앞 계단 옆이었다. 표석위원회는 전문가들로 구성되어 있고 또 위원들 가운데 해당 사항 전문가가 없을 경우에는 관련 전문가를 찾아 자문을 구해서 위치를 확인했을 것이기 때문에 틀림없을 것이라 생각되었고 이것으로 호기심의 발로로 잠깐 나섰던 추적도 끝나는가 싶었다.

그런데 문득 30년 전에 석사학위논문을 쓸 때 읽었던 독립신문 논설의 일부가 어렴풋이 기억에 떠올랐다. 독립신문 창간자 서재필이 정치적 상황의 변화로 고국을 다시 떠나 미국으로 가면서 쓴 논설인데 그 가운데 신문사 사옥 취득 경위에 관한 언급이 있었던 것 같았다. 급히 찾아보니 1898년 5월 17일자에 실린 고별사 논설에서 독립신문 사옥에 관해 "대황뎨 페하의 은총으로 이년 전에 집을 주셔셔……."로 되어 있었다. 당시 황실이 소유하고 있던 집을 넘겨받아 독립신문사 사옥으로 사용하게 되었다는 이야기였다. 당시 배재학당 터 안에 독립신문사 건물이 있었던 것이 아니라는 이야기인 것이다.

공적인 기관의 전문위원회가 내린 판단도 틀릴 수 있음에 다시 한 번 놀랐다. 이때부터 독립신문사 사옥 터 위치를 찾는 작업은 본격화되기 시작했다. 그리고 황성신문, 대한매일신보, 제국신문 등의 순으로 구한말 서울에서 발행되었던 우리 신문사들의 사옥 터 위치 찾기 작업이 이어지게 되었다.

독립신문사 터에 관한 연구는 이렇게 우연한 계기에 불쑥 던져진 질문 같지도 않은 우문(愚問)에서 시작되었다.

생각해 보면 독립신문의 발간이 갖는 정치사적, 언론사적 의의와 언론활동의 내용과 그에 대한 평가 등이 중요한 문제이고 큰 문제이지 그 신문사가 있던 정확한 위치가 어디였느냐는 것은 사소한 문제에 지나지 않을 수도 있다. 독립신문사가 '서울 정동'에 있었다는 정도면 충분하지 더 이상 정확하게 안다는 것이 어떤 의의를 더해 줄 수 있느냐 묻는다면 할 말이 거의 없다.

독립신문을 비롯해 구한말 우리 신문사들의 사옥 터 위치가 연구와 논의의 대상권에서 벗어나 있었던 것은 그것이 사소한 사항이었기 때문이 아니었나 생각된다.

그런데도 왠지 이 작은 문제가 흥미롭게 느껴졌다. 아마도 평소에 크고 중요한 주제를 다루기에 스스로 역부족을 느껴 왔고 그래서 거창한 문제들은 되도록 회피해 왔던 기질에서 비롯된 것이 아니었을까 생각된다.

제자들이 고맙게 마련해 준 정년퇴임 행사 때 감사의 인사를 하면서 앞으로 무엇을 하며 지낼 것인가에 관해 다음과 같은 말을 했었다.

　"저의 정년퇴임 후 계획은 이렇습니다. '하루 쉬고, 하루 쉬고, 또 하루 쉬고…… 이것이 제 정년계획입니다……. '또 하루 쉴 때' 몇 가지 역동성이 작동할 개연성이 생깁니다. 어쨌든, '또 하루를 쉬게' 되면, 우선 머리에 빈 공간이 생길 수 있고, 그동안에는 꽉 차 있어서 다른 생각이 비집고 들어올 여지가 없었는데, 허한 부분이 생김으로써, 다른 생각이 들어올 수 있지 않을까. 그 다른 생각이란 것이 대부분은 잡념이겠지만…… 제가 '또 쉬고' 할 때…… 추수가 끝난 논바닥에서 '어쩌다 떨어져 있는 이런 벼 이삭'들을 줍는 일을 할 수 있었으면 하고 있습니다. 이런 '이삭줍기'에는 별도의 연구비가 필요한 것도 아닐 터이고, 또 젊은 후학들이 거대한 주제들과 씨름하느라 미처 신경을 못 쓰고 있는 것일 수도 있고 해서, 그 틈새에서 무언가 보람을 느낄 수 있는 것이 찾아지지 않을까 생각해 보고 있습니다. …… (몇 가지 예로 든) 뭐, 이런 유(類)의 '흘려 떨어진 이삭들'을 찾아 주워 담아 볼까 생각하고 있습니다. 낙수(落穗) 몇 개를 건을 수 있을는지? 주운 이삭들 가운데는 쭉정이 이삭들도 끼이게 되겠지요."

이 책은 이와 같은 낙수, '떨어져 있던 이삭들'을 주워 엮어 본 것이다. 실한 낱알들도 있지만 쭉정이에 가까운 것들까지 들인 공이 아까워 버리지 못하고 섞어 넣었음을 부끄럽게 생각한다.

＊＊＊

주제가 작은 사항들에 관한 것이기는 하지만 우리나라 초기 신문사들이 있었던 위치에 관련된 자료들을 찾아 엮어내는 데는 많은 시간이 들어갔다. 정년퇴임 후라서 마감에 쫓기지 않아 서두를 필요가 없었기 때문에 그랬을 것 같기도 하다.

며칠을 계속해서 도서관에 들러 자료를 찾아 헤매고 인터넷 탐색을 시도해 보고 전문가들을 찾아 나서고 현장을 들러 보고 해도 직접적인 자료는커녕 작은 단서 하나 접하지 못하게 되면 허탈함과 지침으로 손을 놓곤 하는 일이 반복되었다. 잊고 있다고 생각하고 있는데 문득 아이디어가 떠올라 '혹시나' 해서 다시 탐색에 나서 보면 대개는 '역시나' 빈손으로 돌아오곤 했었다.

한참이 지난 뒤에야 알게 된 것이지만 '무소득'의 탐색도 그것이 계속되다 보면 유용한 지식이 될 수 있다는 것, '거기에는 찾는 자료가 없다'는 것을 알게 되었다는 것이 쌓이게 되어 일정 단계에 이르면 그 자체가 '큰 소득'으로서 유용한 지식이 될 수도 있는 것 같다. 직접적인 자료는 아니더라도 그 속에 '그렇다면 혹시 거기에?' 하는 생각이 일게 하는 희망적인 단초가 묻혀 있는 경우가 있을 수 있는데, 간혹 접하는 이런 자료들이 이 연구 작업의 명맥이 이어져 나가게 하는 데 큰 도움이 되어 주었다.

쉬엄쉬엄 하느라 지지부진하기는 했지만 잊지 않고 탐색을 하다 보니 구한말 서울에서 발행되던 우리 신문사별로 각기의 사옥 위치에 관해 서너 건씩의 자료가 찾아지게 되었다. 이렇게 모인 관련 자료들 간에는 서로 어긋나는 것들도 있었는데 이런 것들이 오히려 정확한 위치를 추정하는 데 도움이 되는 경우도 있었다.

연구의 내용이 위치를 찾는 것이어서 그러했겠지만 옛 지도(地圖)들이 자주 동원되었다. 신문사 위치에 관한 글로 된 자료들을 시기적으로 가장 가까운 연대에 제작된 지도에 대입해 보고, 이를 다시 그 이전과 이후에 만들어진 지도들과 대비시켜 보고, 그 현장을 찾아가 돌아보다 보면 위치에 관한 감(感)이 어렴풋이 잡히곤 했다. 이 감에 대한 확신이 서게 되기까지는 지도를 들고 현장을 몇 차례 더 찾아야 할 때도 있었다. 이러한 감이 감의 수준을 넘어서지 못하고 만 경우도 있었다.

이 연구에서는 우리 옛 신문사들에 관한 사진을 찾는 것도 하나의 큰 축(軸)을 이루고 있다. 때문에 구한말 시기의 사진들로서 책자로 출판이 되어 있는 것은 거의 다 구해, 유심히 검토를 해 보았다. 이 과정에서 역사 기록으로서의 사진이 갖는 의미와 중요성에 눈을 뜨게 된 것 같다.

독립신문사 사옥으로 한때 사용되었던 것으로 추정되는 건물의 사진, 황성신문 세 번째 사옥이었던 제용감 건물의 사진, 대한매일신보 창간사옥이었던 중동학교 초창기 건물의 사진 등은 찾아낼 수 있었다. 한성순보 사옥 사진, 한성주보 사옥 사진, 황성신문 마지막 사옥 사진, 제국신문 사옥 사진 등은 아직 찾지를 못해 다음 작업으로 미루어 둔 상태이다.

＊＊＊

'독립신문사 사옥이 있던 곳이 어디였을까'에 관한 우연한 호기심에서부터 시작해 구한말 서울에서 발행되던 우리 신문사들 발행소 위치를 찾기 시작한 지도 7년이나 되었다. 작은 사항을 가지고 너무나 오랜 세월 끌어 온 것 같다. 자료가 다 찾아지지 않은 상태이지만 이쯤에서 부족한 대로 엮어 일단은 마무리를 짓기로 했다.

나름대로는 최선을 다했지만 틀린 부분과 미진한 부분은 구한말의 서울 지리에 밝은 전문가에게 넘겨 바로잡아지고 새로 찾아지기를 바라고 싶다. 언론학회 회원 가운데 혹시 이 책의 주제에 관한 연구에 관심이 있는데 선배뻘 되는 사람이 이미 발을 들여놓고 있어 연구와 발표를 자제해 온 분이 있다면 우선 미안하다는 말과 함께 이제부터는 그것에 구애받지 않아도 된다는 점을 말씀드리고 싶다.

이 책에 엮어지는 글들 가운데 몇 편은 그간에 월간지, 논문집 등에 실렸었기 때문에 관심 있는 분들에게는 그 내용이 대강 알려져 있을 것으로 생각된다.

독립신문사 터 찾기에 관한 것(제3장 제1절)은 한국언론재단에서 발행하는 ≪신문과 방송≫ 2002년 10월호에 실렸었고, 황성신문사 터 찾기에 관한 글(제5장 제1절)은 ≪新東亞≫ 2003년 12월호에 실렸었으며, 황성신문 세 번째 사옥 사진에 관한 글(제5장 제2절)은 그 핵심 부분이 ≪新東亞≫ 2005년 2월호에 실렸었으며, 대한매일신보사 터 찾기에 관한 글(제7장 제1절)은 서울시사편찬위원회에서 발행하는 학술논문집 ≪鄕土서울≫ 2004년 제64호에 실렸었고, 대한매일신보를 창간해 운영했던 배설(裵說: Bethell) 사저 위치에 관한 글은 한국언론학회 산하 한국언론사연구회가 2004년에 출간한 책「대한매일신보연구」에 실렸었다.

발표할 수 있는 귀한 기회를 주었던 ≪신문과 방송≫ 및 ≪新東亞≫, ≪鄕土서울≫과「대한매일신보연구」관계자 모든 분들께 이 자리를 빌려 다시 한 번 대단히 고마웠다는 인사를 드리고자 한다.

＊＊＊

이 연구가 이렇게 여러 해에 걸치게 된 것은 '쇠뿔도 단김에 **빼려는**' 기세가 부족한 데 가장 큰 원인이 있었겠지만 그 기간에 또 다른 연구 두어 건이 함께 진행되었다는 데에도 그 원인의 일단이 있었다.

구한말에 있었던 하와이 이민이 2003년 1월에 100주년을 맞았는데 2002년에 하와이 이민에 관련된 사진과 기타 자료 등 몇 건을 발굴해서 논문 몇 편을 발표했었고 2004년 초반에 이들 논문에 몇 편의 논문을 추가해「구한말 하와이 이민 연구」라는 제목으로 책(공저)을 냈었다. 구한말에 있었던 멕시코 이민이 2005년 4월(출항 기준)과 5월(도착 기준)에 100주년을 맞았는데 2004년에 이민선 사진 등 새로운 자료 몇 건을 찾아내서 논문 한 편(공동)을 발표했었다. 또한 구한말 미국 샌프란시스코에서 있었던 친일 미국인 외교고문 '스티븐스'(Durham W. Stevens)에 대한 장인환 의사(義士)의 저격 처단 의거가 2008월 3월에 100주년을 맞는데 장인환 의사의 샌프란시스코에서의 발자취에 관련된 새로운 자료 몇 건을 찾아 2007년에 글(공동)로 엮어 발표를 했다.

정년퇴임이 임박해 시작된 위의 연구들은 신문, 이민, 애국의거 등 그 주제가 크게 흩어져 보이지만 그 시기가 구한말이라는 점과 연구방법에서 위치 찾기와 사진 찾기가 중심을 이룬다는 점에서는 공통점도 있다. 무엇보다도 이들 각각의 연구는 모두 처음에는 이삭줍기로 시작한 것이었는데 이들 이삭들 간에 연관이 맺어지면서 이루어진 것이라는 점에서 그 뿌리를 같이하고 있다.

＊＊＊

이 책의 주제가 '구한말 서울에서 발행된 우리 신문사들 사옥 위치'에 관한 것인데 여기서 '우리 신문사들'의 범주를 정하는 데 결과적으로 이중적(二重的)인 기준이 적용되었음을 밝혀야 할 것 같다.

연구는 앞에서도 밝힌 바 있듯이 '독립신문', '황성신문', '대한매일신보', '제국신문'의 순으로 진행되었는데 이때까지 '우리'의 기준에 대해 아무런 모순을 느끼지 못했었다. 그런데 이 연구의 마무리 단계에서 '우리의 기타 신문사들'을 다루면서 '우리'의 기준에 혼선을 느끼게 되었다.

한국인에 의해 발행되기는 했지만 '친일적(親日的)'이었던 국민신보와 대한신문을 '우리의 신문사들' 범주에 포함을 해야 하는 것인지가 우선 문제로 떠올랐다. 다음은 외국인에 의해 발행되기는 했지만 '우리 편'이었던 기독교계의 죠션크리스도인회보(감리교), 그리스도신문(장로교), 경향신문(천주교), 구세신문(구세군)이 있는데 이들을 '우리의 신문사들' 범주에 포함시켜야 하는 것이 아닐까가 문제가 되었다. 왜냐하면 앞에서의 대한매일신보의 경우 비록 외국인인 '배설(裴說)'에 의해 발행이 된 것이긴 하지만 '우리 편'을 들은 신문이었기에 '우리의 신문'으로 다루면서 하등의 심적 모순도 안 느껴졌기 때문이었다.

결과적으로 '발행 주체가 한국인'이라는 기준과 '자세가 우리 편'이라는 기준, 이 두 기준 가운데 어느 하나라도 충족하는 신문은 이를 '우리 신문'으로 받아들이는 선에서 마무리를 지었다.

＊＊＊

구한말 서울에서 발행된 우리 신문사들의 사옥 위치에 관한 이 연구는 많은 사람으로부터의 가르침과 도움이 있어 가능했다. 국내 주요 도서관과 관련 기관 등으로부터도 적극적인 협조를 받았다.

특히 연구 초기 독립신문사 터의 위치를 찾아 나섰을 때에는 배경지식이 거의 없었던 때였기에 여러 사람으로부터 도움을 받아야만 했다. 이때 도움을 준 분들은 다음과 같다.(가나다순, 당시 직함)

김종찬(배재100년사 집필위원, 배재교사 역임), 박경룡(역사문화연구소 소장), 박영숙(주한호주대사관 문화공보실장), 박현욱(서울역사박물관 학예연구사), 원일한(연세대 재단이사), 원한광(연세대 영문과 교수, 한미교육위 단장), 윤춘병(감리교 감독역임 원로목사), 이덕주(감리교신학대학교 교수), 장규식(연세대 국학연구원 연구교수), 전우용(서울시립대 서울학연구소 수석연구원), 정봉근(한국언론재단 팀장), 정성길(계명대 동산의료원 박물관장, 구한말 사진과 일제만행 사진 수집·소장·연구가), 정영무(이화100년사 편집위원, 이화여고 교사 역임), 최기영(한국교회사연구소 연구실장), 홍순민(명지대 기록과학대학원 겸임교수).

이분들께 이 자리를 빌려 다시 한 번 심심한 감사를 드린다.

특히 이화100년사 편집위원 중 한 분이셨던 정영무 선생님은 정동 일대를 두 차례나 직접 안내를 해 주시면서, 100여 년 전 구한말 시기의 정동 지리와 역사에 대한 감을 어렴풋이나마 잡을 수 있게 해 주셨다.

또한 구한말과 일제강점기를 중심으로 한 역사자료사진들을 수집하고 정리하여 책으로 출판, 우리의 과거에 대한 우리들의 인식을 생생히 되살림으로써 우리로 하여금 새로운 다짐을 하게하고, 일제의 만행을 세계에 고발함으로써 역사를 바로잡는 데 심혈을 기울이고 계신 정성길 선생님은 소장 사진들 중에서 옛 덕수궁 주변 사진 여러 장을 일부러 찾아 참고로 하라고 보내 주시어 큰 도움을 받았다. 사진이 갖는 역사자료로서의 중요성에 대한 인식을 일깨워 주신 데 대해 큰 감사를 드린다.

또한 옛 자료들이 소장되어 있는 여러 기관들로부터도 많은 도움을 받았다. 도움을 준 이들 기관들은 다음과 같다. 국립중앙박물관, 연세대 중앙도서관, 감신대 도서관, 한국연구원, 이화여자고등학교, 정동제일교회, 새문안교회, 경향신문사, 서울시 종합자료실. 이들 기관 관계자들께 감사를 드린다.

독립신문에 이어 두 번째로 황성신문의 사옥 위치 찾기에 나섰는데 이때에도 많은 분들로부터 도움을 받았다.

이때 도움을 준 분들은 다음과 같다.(가나다순, 당시 직함)

손정묵(서울시립대학교 명예교수), 양보경(성신여자대학교 교수), 이상구(경기대학교 교수), 장규식(연세대 국학연구원 교수), 전우용(서울시립대 서울학연구소 교수). 이분들께 이 자리를 빌려 다시 한 번 심심한 감사를 드린다. 황성신문 사옥 위치와 사진을 찾을 때는 고려대학교 박물관과 연세대학교 중앙도서관 그리고 서울공업고등학교 동창회로부터 특히 많은 도움을 받았다. 이들 기관 관계자들께 감사를 드린다.

황성신문에 이은 대한매일신보, 제국신문, 매일신문, 한성순보·한성주보, 기타 신문 등의 연구에서도 많은 사람들과 기관들로부터 도움을 받았다. 대한매일신보 창간사옥 사진을 찾는 데는 보성중·고교 동창회인 보성교우회의 도움이 컸다. 특히 이 연구가 시작될 때부터 끝날 때까지 연세대 중앙도서관 국학자료실 김영원 부장으로부터의 도움은 무척 컸다. 도움을 준 모든 분들께 감사를 드린다.

우리의 옛 신문을 연구하자면 어디서나 만나게 되는 언론사학자가 있다. 바로 정진석 외대 명예교수이다. 구한말 우리 신문들에 관한 이 연구의 경우도 정진석 교수의 저서나 정진석 교수가 많은 공을 들여 수집 정리한 기초 자료나 정진석 교수가 옛 신문들 영인본 앞에 쓴 종합적이고도 전문적인 해설 등에서 시작된 경우가 많았다. 옛 신문사 사옥 위치에 관한 이 책에 실린 글 가운데 몇 편은 초고 단계에서 정진석 교수께 사전 리뷰를 부탁드려, 그 내용 중에서 잘못된 점과 부족한 점들을 수정 보완할 수 있었음에 감사를 드린다.

＊＊＊

이 책은 7년여에 걸쳐 이루어진 12편의 연구결과들을 묶은 것이다. 이들 연구결과 하나하나가 나름대로의 완결성을 지니는 것이었기에 이를 묶어 놓고 보니 일부 불가피하게 겹치는 부분이 있게 되었다. 이 책을 읽는 독자들에게 이 점 양해를 구했으면 한다.

＊＊＊

당초에 이 연구를 가능케 해 주고 연구의 결과가 출판이 될 수 있도록 지원을 해 준 연세대학교와 방일영문화재단 그리고 출판사 한국학술정보(주)에 심심한 감사를 드린다.

연세대학교는 1990년대 초에 교수들의 연구 활동을 가일층 진작시키기 위한 '교내학술연구비' 제도를 실시하기 시작했다. 이 연구비는 그 액수가 당시 우리나라 대학으로서는 획기적인 것이어서 다른 대학 교수들이 부러워할 정도로 많았다. 이공계 분야는 이른바 SCI급 논문집에 실릴 수 있는 수준의 연구를, 인문사회계 분야는 그 수준과 분량이 책으로 발간될 수 있을 정도의 연구를 하게끔 지원키 위한 학술연구비이었다.

이 학술연구비를 1993년에 받았다. 그런데 그 연구결과를 제출 못 한 채 2001년 정년퇴임을 맞았다. 자존을 빼면 쓰러지는 존재가 대학교수인데 약속 그것도 교수의 3대 본분의 하나인 연구 약속을 이행 못 했다는 것이 부끄럽기 그지없었다. 연구비를 받은 지 14년이 지난 지금에 와서야, 그것도 연구의 주제가 바뀐 이 연구로 연세대학교와의 연구약속을 이행할 수 있게 되어 나름대로는 마음의 부담이 다소나마 덜어지게 되었다. 이 긴 기간에도 교수의 양심을 믿고 독촉 한 번 안 한 연세대학교의 교수에 대한 신뢰에 크게 감사를 드린다.

방일영문화재단의 출판지원(2007년)은 구한말 서울에서 발행되었던 우리 신문사들 사옥 위치에 관한 그간의 연구들을 엮어 하나의 책으로 출판할 수 있게 하는 데 큰 계기를 마련해 주었다. 방일영문화재단에 출판지원신청을 했을 당시에는 이 연구가 80% 정도 이루어져 있을 때였는데, 출판지원 대상자의 한 사람으로 선정되었다는 통보를 받고 나머지 20%의 연구에 박차를 가하게 되었고, 그럼으로써 이 연구가 마무리를 지을 수 있게 되었다. 방일영문화재단은 우리나라에서 오랜 전통과 권위를 자랑하는 문화재단인 만큼 이 재단의 재정지원으로 책을 출판하게 되는 것은 대단한 영광이 아닐 수 없다. 크게 감사를 드린다.

팔릴 가망이 거의 없는 책, 이런 책의 출판을 선뜻 맡아 준 출판사 한국학술정보(주)의 채종준 사장께 감사를 드린다. 출판사 한국학술정보(주)는 인터넷 네트워크화(化)가 급격히 진행되어 가고 있는 오늘날, 세상의 변화 추세에 맞추어 종이 책과 전자 책 두 가지로 출판을 하기 때문에 상업성이 적은 책들도 읽힐 가능성이 커질 수 있을 것으로 생각된다. 상업성은 없겠지만 채종준 사장의 출판 안목에 대한 공중의 신뢰에 힘입어 관련 분야 연구에서는 인용이 자주 되는 그런 책이 될 수 있었으면 하는 바람을 가져 본다. 이 책의 출판과정에서 세세한 부분까지 놓치지 않고 바로잡아 하나의 작품을 만들어 낸 한국학술정보(주) 출판사업부의 이명란 님, 김남동 님 그리고 편집 담당자 여러분에게도 고마움을 표하고 싶다.

＊＊＊

이 책에 실린 글 가운데 2분의 1쯤은 손자(오원석)를 봐 주면서 틈틈이 시간을 내어 쓴 것이다. 아들(오세관)이 캘리포니아 중부지역에서 아직 공부를 하고 있고 며느리(한수진)가 그곳 외국어교육기관에서 한국어 전임교수로 활동하고 있기 때문에 교수직에서 다 같이 정년퇴임한 할머니와 할아버지에게 손자하고 함께 지내는 즐거움이 주어져, 지난 2년여를 한국으로 데리고 들어왔다가 미국으로 데리고 나갔다가 하면서 손자가 자라는 모습과 재롱을 지켜보면서 책을 마무리 지었다. 가족 모두가 건강하게 삶에 임하고 있는 것이 이 책을 쓰는 데 큰 힘이 되어 주었다. 고맙기 그지없다. 가족들에게 70대에 들어선 몸으로 글을 쓴다고 컴퓨터 앞에 앉아 글을 썼다 지웠다 하는 모습이 안쓰럽기보다는 자랑스럽게 비쳐지기를 바라는 마음 간절하다.

이 책에 실린 글들은 모두 삶의 반려자인 공정자 명예교수(인하대)가 문장의 구성에서 철자법에 이르기까지 전반적으로 감수를 해 주었다. 감수를 하면서 이따금 던지는 아내의 의문들에서 새로운 아이디어가 얻어진 경우도 있었다. 좀 쑥스럽기는 하지만 여기에 공개적으로 대단히 고맙다는 뜻을 밝히고자 한다.

＊＊＊

미국에 있는 동안에 글을 쓰다가 갑자기 찾아야 할 자료가 생기면, 서울에 있는 옛 제자들에게 전화로, 이메일로 부탁을 해서 도움을 받곤 했었다. 연세대 신방과 박사과정에서 학위논문을 쓰는 단계에 있는 김욱영 제자가 많은 수고를 해 주었다. 고맙다.

저자로 하여금 이 책을 미흡한 채로나마 끝을 맺을 수 있게 한 데에는, 저자가 대학교에서 교수생활을 하는 동안 연구실에서 조교로서 많은 도움을 준 제자들*을 포함해 '배워 주고 배우는 사이'에서 이루어진 인간관계의 보람을 대학을 떠난 뒤에까지도 계속해서 느끼게 해 주고 있는 여러 제자들, 이들 제자들의 마음으로부터의 격려와 기대가 알게 모르게 큰 몫을 했다. 고맙다.

＊＊＊

이 책, 크게 부족한 것이기는 하지만 구한말 일제의 침략야욕 앞에서 국권수호를 위해 온몸으로 부닥치며 투쟁한 우리의 대선배 언론인들께 바치는 영광을 안고 싶다.

2008년 4월
서울 방배동 서재에서
오 인 환

---

*(경희대) 최병목

(연세대) 조임출, 이규완, 정연구, 초성운, 조강태, 김용찬, 이석호, 박준석,
　　　　 장종철, 김봉수, 배상철, 김동윤, 남윤재, 김욱영.(직책과 직위 생략)

“이 책은 방일영문화재단의 지원을 받아
저술·출판 되었습니다.”

"본 연구는 연세대학교 1993년도 '교내 학술연구비'의
지원을 받아 이루어진 것입니다."

| 목 차 |

제4장　미일신문……111

제5장　황성신문……141

제6장 제국신문……215

서언: 우리 초기신문사들의 발행 개관

"유광열: 우리 新聞史가 100년에 가까운 세월이 흐른 이 시점에서도 지난날 명멸했던 신문의 이름은 물론이지만 그것이 간행되었던 곳이 어디였던가 하는 것은 따로이 깊게 알아보려 하지 않았던 것이 아닌가 합니다. 그런데 신문사(史)를 기술함에 있어서는 어떤 한 신문이 자리 잡아 인쇄해서 발행하던 곳이 가지는 의미는 신문의 이름과 내용을 아는 것만큼이나 중요하리라고 생각합니다. 특히 신문이란 그 생성부터가 그 사회에서 일어나는 여러 가지 사건을 빠르고 정확하게 알림으로써 세태를 반영하고 인지를 개발하는 데 있었으므로 자연히 정권을 쥐고 있는 최고행정기관과 밀접한 관계를 맺지 않으면 안 되었기 때문입니다. 이런 뜻에서 우리나라 신문들이 초창기부터 간행되어온 옛터를 더듬어보는 것이 매우 중요한 뜻을 가진다고 봅니다……."
　　"金乙漢, 柳光烈, 崔恩喜 대담: '韓國의 新聞街, 舊韓末・日帝 때 解放直後'", 韓國新聞研究所, ≪新聞評論≫, 1975년 6월호, p.28.

우리나라는 19세기 중엽부터 나라 안팎으로 엄청난 시련에 부딪히게 되었다. 나라 밖으로부터는 세계열강들이 벌이는 제국주의적 팽창야욕의 촉수가 우리나라에까지 미치게 되었고 나라 안에서는 그간에 쌓여 온 온갖 구조적인 비리와 모순들이 한계를 넘어서 폭발하기 직전의 상황이었다. 나라 밖과 안으로부터의 이 엄청난 도전에 직면해 당시 우리 정부와 지도세력들은 각 방면에 걸쳐 효과적인 대응책을 마련해 국가적인 난국을 돌파해보려고 했다.

나라를 구해 내는 방법을 둘러싸고 수구파(守舊派)와 개화파(開化派) 간에 사활을 건 힘겨루기가 한동안 벌어졌다. 당시 세계적인 대세의 흐름이 개방과 개화이기도 했었지만 직접적으로는 외세(外勢)의 압력하에 나라가 나아가야 할 길이 개화(開化)의 방향으로 정해지게 되었다.

개화를 위한 여러 주요 시책들 가운데 하나가 신문(新聞)의 발행이었다.

신문을 통해 나라 중앙의 지배세력과 지방의 지배층 그리고 일반 백성들에게 바깥 세계가 어떻게 돌아가고 있고 어디로 나아가고 있는지, 나라 안에서는 어떤 일들이 일어나고 있는지를 알리게 되면 모두가 정신을 차리게 되지 않겠느냐. 신문을 통해 나라 안팎의 어려움을 이겨내기 위한 방안들을 논의하고 또 최선의 방안들을 제시하게 되면 나라의 힘이 결집되어 나라의 중흥(中興)을 달성하는 데 크게 기여를 할 수 있게 되지 않겠느냐. 신문의 감시기능을 통해 나라 안 각계각층의 비리와 부정부패를 고발하게 되면 정의롭고 공평한 사회가 되게 하는 데 크게 이바지할 수 있지 않겠느냐.

신문의 이러한 순기능(順機能)에 희망을 걸고 정부가 나서서 1883년 10월 31일 정부기관지 한성순보(漢城旬報)를 발간하기에 이른다. 한성순보는 발행 1년여 만에 갑신정변의 회오리에 휘말려 발행소인 박문국이 불타 없어지는 바람에 폐간을 하게 된다. 정부는 한성순보가 폐간된 지 13개월여 만인 1886년 1월 25일에 두 번째 정부기관지 한성주보(漢城周報)를 발간했는데, 이 한성주보도 얼마 못 가 발행 2년 5개월 만인 1888년 7월 7일 종간하게 된다.

이로써 구한말의 공식적인 정부기관지의 시대는 끝이 나고 근 8년간 신문이 없는 시기를 거친 끝에 1896년 4월 7일 독립신문(~1899년 12월 4일)의 창간으로 민간신문의 시기가 시작된다. 배재학당 학생회가 중심이 된 협성회회보(1898.01.01~1898.04.02)가 창간되고, 그 회보가 믹일신문(1898.04.09~1899.04.14)으로 이어지게 된다. 곧 제국신문(1898.08.10~1910.8월 초)과 황성신문(1898.09.05~1910.08.27)이 발간되고, 5년여 뒤에 대한매일신보(1904.03.10~1910.08.28)가 창간된다.

우리의 초기 언론사(史)에서 큰 비중을 차지하는 이들 주요 신문 이외에도 여러 신문들이 발간되었었다. 제국신문 황성신문이 발간된 지 얼마 안 되었을 때 시사총보(1899.01.22~1899.08.17)와 상무총보(1899.04.14~1899.05)가 발간되었고, 그로부터 10년이 지나 대한민보(1909.06.02~1910.08.31)가 나왔다가 일제의 식민통치의 시작과 더불어 단명으로 끝나게 된다.

종교계 특히 기독교계에서도 일찍부터 신문을 발행했다. 독립신문 창간으로부터 10개월이 지났을 무렵 감리교교단에서 1897년 2월 2일부터 죠션 크리스도인회보를 발간하기 시작했고 곧이어 장로교교단에서 1897년 4월 1

일부터 그리스도신문을 발간하기 시작했다. 9년쯤 뒤에 천주교 명동성당에서도 경향신문(1906.10.19~1910.12.30)을 창간했다. 기독교계의 이들 3개 신문은 선교를 목적으로 한 글 이외에도 독자들을 위한 계몽성, 뉴스성 기사들을 많이 실었다. 일제의 한국 식민통지가 시작되기 1년 전쯤에 구세군 대한본영에서 1909년 7월 1일 구셰신문을 발행하기 시작했다. 구셰신문은 월간으로서 뒤에 구세공보로 제호가 바뀌었는데 일제치하에서도 계속 발행되었고 1945년 8월 일제로부터의 해방 이후 현재에 이르기까지 발행되어 오고 있다.

구한말 기간 이들 기독교계 신문들은 발행인이 모두 외국인이었다. 종교계 신문 가운데 우리나라 사람이 발행인이었던 것은 천도교계의 만세보(1906.06.17~1907.06.30)뿐이었다.

일제가 1905년 을사늑약을 강압적으로 체결하고 통감부를 통해 우리나라를 사실상 지배하게 된 연후에 여러 신문의 발행을 인가했는데 그 가운데는 발행인이 우리나라 사람이기는 하지만 친일(親日)을 표방한 일진회 기관지 국민신보(1906.01.06~?)와 친일 이완용 내각의 기관지 대한신문(1907.07.18~1910.08.30)이 들어 있었다.

〈표 1〉에 이들 여러 신문들의 발행에 관한 연표가 제시되어 있다.

구한말에 서울에서는 일본인들도 여러 신문을 발행했었다. 그중 중요한 것으로는 명성황후 시해에 앞장을 선 한성신보가 독립신문보다 1년 앞서 1895년 2월 16일 발행되기 시작한 것을 필두로 1904년 4월 대동신보 발간, 1904년 12월 대한일보 발간, 1906년 9월 1일 경성일보(통감부 기관지, 후에 총독부 기관지) 발간, 1907년 11월 경성신보 발간 등을 들 수 있다. 이들 일본인 발행 신문들에 관해서는 이 책 부록 편에서 다루고 있다.

구한말 우리나라가 외환과 내우의 늪에서 빠져 나려 몸부림치는 과정에서 신문이 나라와 사회를 위해 발휘할 수 있는 순기능(順機能)에 대한 우리 정부의 당초의 기대는 나라가 외세의 침략으로 급속도로 무너져 가는 상황에서는 도저히 실현이 될 수 없는 것이었다. 나라와 백성을 위한 신문의 적극적이고도 긍정적인 기여도 나라가 명실상부하게 건재하고 있을 때 가능한 것이지 나라가 명목상으로만 명맥을 유지하던 구한말기 상황에서는 도저히 이루어질 수 없는 것이었는지도 모른다.

구한말 우리의 신문에 관해서는 그간 여러 방면에서 크고 중요한 연구가 이루어져 왔고 또 이루어지고 있다. 때문에 이 책에서는 관심의 방향을 180도 돌려 작은 사항을 다루어 보고자 했다. 작지만 그것에 대한 연구가 이루어지면 구한말 우리 신문에 관한 이해에 실질적인 기여를 할 수도 있지 않겠느냐는 바람에서 연구자가 택한 주제가 '구한말 서울에서 발행되었던 우리 신문사들의 발행소 위치'에 관한 것이다.

연구자는 '신문사 발행소의 위치'라는 주제가 아주 작은 것이기 때문에 짧은 논문 한 편 정도로 끝날 것으로 생각했었다. 이렇게 제법 부피가 나가는 책으로까지 나아갈 줄은 미처 생각하지 못했었다.

연구 초기에 미처 생각하지 못했던 것 또 하나는, 100여 년 전 옛일이라고는 하지만 무명의 그 어떤 개인이 살던 집터를 찾는 것도 아니고 신문사라는 공적인 기관이 있었던 곳을 알아보는데 그 주소가 나와 있는 자료를 거의 찾지 못하겠다는 것이었다. 구한말 당시의 옛 주소가 밝혀져 있는 신문사가 몇 있으나, 구한말의 주소에 관한 연구가 아직은 그 당시의 우리 주소로 그곳의 현재 위치를 알아볼 수 있을 정도로까지는 미치지 못하고 있다.

구한말 우리 신문사들의 위치에 관한 직접적인 자료가 찾아지지 않고 있는 상황에서 차선의 방법을 택할 수밖에 없었다. 해당 신문들의 사고(社告)들을 중심으로 해서 옛 지도들과 옛 기록들과 당시 신문들에 난 광고와 기사들, 인터넷 자료들 속에서 건져진 단편적인 단서들, 이들 자료들을 관련 있는 것들끼리 모아 놓고 그 조각들을 맞추어 보는 모자이크식 방식으로 연구를 진행시켜 나갔다. 역사학도가 아닌 비전문가인 연구자로서는 최선을 다했음에도 구한말 신문사들 가운데 발행소의 정확한 위치를 알아낼 수 있었던 것은 몇 곳에 지나지 않았다. 나머지 신문사들의 경우는 발행소의 위치를 '이 근처 어디였을 것'이라는 정도의 추정을 하는 것으로 일단은 만족할 수밖에 없었다.

이 책의 구성은 다음과 같다.

우선 제1장에서는 이 책에서 연구대상으로 삼고 있는 구한말 우리나라 초기 신문사들의 발행을 개관해 봄으로써 연구의 범위와 그 맥락을 제시해 보고자 했다. 다음 제2장부터 제7장까지는 우리 언론사(史)에서 구한말 당시의 신문을 다룰 때 중요시하는 신문들인 한성순보와 한성주보(2장), 독립신문(3장), 협성회회보와 매일신문(4장), 황성신문(5장), 제국신문(6장) 그리고 대한매일신보(7장)를 발간시기순으로 다루었다. 제8장에서는 서울에서 발행되었던 그 밖의 우리 신문들을 크게 3개 범주로 묶어 일반신문[1] 3개지(紙), 종교계 신문 5개지, 친일계 신문 2개지의 순으로 다루어 보았다. 제9장 결어 부분에서는 이 책에서 다룬 모든 신문사들(부록의 일본인 발행 신문사들까지를 포함해)의 발행소 위치를 하나의 지도 위에 나타내 봄으로써 그 위치들이 총체적으로 파악이 될 수 있도록 했으며 이들 모든 신문의 발간과 폐간 사항을 시계열 표 위에 제시해서 발간의 선후와 발행기간의 장단이 한눈에 파악이 될 수 있도록 해 보았다. 제9장의 결어 부분에서는 또한 앞으로 혹시 이 책 주제에 관한 후속 연구자들이 나올 경우 그 어떤 도움이 될 수도 있지 않을까 하는 희망에서 이 연구 도중 이 책 이곳저곳에 그 느낌을 적어 놓았던 단상들을 묶어 제시를 해 보았다.

'구한말 우리 신문들의 발행소 위치 찾기'라는 작은 주제를 다루고 있는 이 책을 쓴 저자의 입장에서 볼 때 자기정당화와 자기합리화의 기색이 농후하지만 우리도 이제 우리 언론사(史) 연구에 있어서 거대 담론과 함께 세세한 사항들에 대해서도 많은 관심을 갖기 시작해야 할 때에 이른 것이 아닐까 하는 생각이 든다.

이 장(章) 맨 앞에 상당히 긴 글이 직접 인용되어 있다. 이 글은 30여 년 전 언론계 원로 세 사람이 구한말 이래의 우리나라 신문가(新聞街)에

---

1) 적합한 용어가 떠오르지 않아 이렇게 표현해 보았음.

관한 대담을 하는 가운데 신문의 역사에서 신문 발행소의 위치가 갖는 중요성에 관해 언급한 부분이다. 본 연구자는 이들 옛 언론계 원로들의 이 지적(指摘) 속에서 본 연구의 존재이유가 찾아질 수 있지 않을까 생각해 본다.

그럼 이제 이 책의 본론으로 넘어가 보자.

⟨표 1⟩ 구한말 서울에서 발행된 우리 신문들의 일람표

—일본인 발행 신문들은 부록편에—

신문 이름	창간일 −폐간일	발행소	발행자 등	비 고
漢城旬報	1883.10.30. −'84.10.	서울芧洞(저동) 統理衙門 博文局(박문국)	초대총재: 閔泳穆, 부총재: 金晩 주필 또는 司事: 高永喆, 姜瑋, 張博, 吳世昌 등	1884년 갑신정변 때 박문국과 활자 인쇄시설 소실됨. 종간.
漢城週報	1886.1.15. −'88.7.7.	서울 慶華坊 校洞(교동) 박문국	총재: 金允植, 부총재: 鄭憲時, 주필: 張博	
독닙신문 독립신문	1896.4.7. −'99.12.4.	貞洞(정동) 배재 운동장 부근 한옥	초대사장: 徐載弼, 2대: 尹致昊, 3대: Emberley,	박정양 내각 때 국고 5,000원 보조 받고 발행.
죠션크리스도 인회보	1897.2.2. −'97.12.	정동 아펜젤러 목사 집	H. G. Appenzeller 아펜젤러	감리교계 신문
대한크리스도 인회보	1897.12.8. −'05.6.			죠션크리스도인회 보에서 개제.
그리스도신문	1897.4.1. −'05.6.	정동 언더우드 목사 집	H. G. Underwood 언더우드	장로교계 신문
그리스도신문 /예수교신보	1905.7.1. −'10.2.21.			감리교·장로교 통합신문. 제호를 그리스도신문으로 했다가 뒤에 예수교신보로 함.
협성회회보	1898.1.1. −'98.4.2.	정동 배재학당 첫 벽돌 교사	사장: 梁弘默, 주필: 李承晩	
미일신문	1898.4.9. −'99.4.14	남대문안 전 싸전 도가 → 북촌 중학 하였던 집		협성회회보에서 (개제)
京城新聞	1898.3.2. −'98.4.?	서울 典洞(전동) 윤치호 집	사장: 尹致昊, 사무원: 鄭海源	
대한황셩신문	1898.4.6. −'98.9.?.	서울 전동 윤치호 집		1898.4.6. 대한황셩 신문으로 개제
皇城新聞	1898.9.5. −1910.8.28.	한성 중서 청증방 황토현(前 우순청) → 종로 백목전뒤 골목 전에 면주전 도가 집 20통 2호	사장: 南宮檍, 총무원: 羅壽淵, 편집: 朴殷植, 柳瑾 張志淵, 申采浩 등	대한 황성신문으로 부터 판권 인수

신문 이름	창간일 -폐간일	발행소	발행자 등	비 고
뎨국신문 帝國新聞	1898.8.10. -1910.8.2.	황성 남대문안 칠간안 모통이 → 한성 중서 하한동 58통 3호	창간자: 李鐘冕, 李鐘文, 李鐘一	1903.7.7. 한자 제호로 바꿈
時事叢報	1899.1.22. -'99.8.17	中部 下漢洞(하한동) 58통 3호	발행인: 洪中爕 편집인: 張志淵	皇國協會계?: 협회 해산 후 창간
商務總報	1899.4.14. -'99.5.	中署 泥洞(니동)		褓負商계 상무회사: 매일신문의 판권을 계승
大韓每日申報	1904.7.18. -1910.8.28.	中署 磚洞(박동) 법어학교 앞 → 황단 석정동 초입 북변 3층 양옥	창간: E. T. Bethell (裵說), 梁起鐸 편집: 申采浩 등	배설(裵說) 영국인
萬歲報	1906.6.17. -'07.6.30.	南署 會洞(회동) 85통 4호	사장: 吳世昌, 주필: 李仁稙,	天道敎계 신문
國民新報	1906.1.6. -?	中署(중서) 美洞(미동)	초대사장: 李容九 2대사장: 宋秉畯	친일 一進會 기관지
京鄕新聞	1906.10.19. -1910.12.	명동 천주교 성당 내	사장/편집발행인: F. Demange (安世華) 신부.	天主敎계 신문
大韓新聞	1907.7.18 -1910.8.30.	會洞(회동) 85통 4호	사장: 李仁稙	萬歲報 시설 매입, 李完用 內閣의 친일정책 機關紙
大韓民報	1909.6.2. -1910.8.31.	中部 수진동 前수진궁 경내	사장: 吳世昌, 발행/편집인: 張孝根	大韓協會(前 大韓自强會)를 배경으로 창간
구셰신문	1909.7.1. -1910.8. 이후까지	서대문 밖 평동 구세군 대한본영	창간자: 구세군 총 사령관 許嘉斗 正領	救世軍 기관지

참고 자료: * 「韓國新聞 綜合社說選集: 韓末篇」, 四·七言論人會 編纂, 1982.
　　　　　 * "韓國新聞100年年表", 「韓國新聞百年誌」, 한국언론연구원, 1983.
　　　　　 * 해당 신문들의 사고(社告).
　　　　　 * 최준, 이해창, 정진석, 김민환 등의 한국언론사(史) 관련 저서와 논문 등.
　　　　　 * 尹春炳, 「韓國監理敎會 出版文化硏究」, 감리교신학대학교 출판부, 2005.

제2장

한성순보와 한성주보

한성순보, 한성주보 사옥 터의 현재의 위치

1. 서 언

구한말 우리나라의 개화를 위해, 우리의 국권수호를 위해 우리의 초기 신문들은 당시의 주어진 여건하에서 최선을 다해 자신들의 역할을 수행하고자 노력을 했었다. 이들 신문사가 있던 곳이 어디인지를 알아내, 표석(標石)이라도 세워 놓으면, 현재를 살아가는 우리 세대뿐 아니라 후세들을 위한 살아 있는 역사 학습장이 될 수도 있지 않을까.

그런데 현재까지 표석이 세워진 것은 '독립신문사 터'와 '황성신문사 터' 표석뿐이고 '독립신문사 터' 표석은 그나마 그 위치가 정확하지가 않아 보인다. 우리나라와 민족을 위한 또 다른 신문인 제국신문, 대한매일신보의 경우는 사옥 터에 표석을 세우려는 움직임조차 아직은 없는 것 같다.

위에 든 4개 민간신문에 앞서 정부기관지 한성순보(漢城旬報)가 우리나라 최초의 신문으로 1883년 10월 31일 창간을 해 제1호를 발행, 1884년 12월 초 갑신정변 때 발행소인 박문국(博文局)이 소실되면서 폐간되었고, 두 번째 정부기관지 한성주보(漢城周報)가 1886년 1월 25일 발간되었으나 1888년 7월에 폐간되기에 이른다.

본 연구에서는 우리나라 신문의 역사에서 근대적인 의미에서의 신문 제1호와 제2호인 한성순보와 한성주보의 발행소 위치, 즉 한성순보의 경우는 저동

38

(苧洞)에 있었던 박문국(博文局)의 현재의 위치를, 한성주보의 경우는 옛 교동(校洞)에 있었던 박문국(博文局)의 현재의 위치를 추정해 보고자 한다.

2. 한성순보를 발행했던 저동(苧洞)의 첫 박문국(博文局)

1) 저동의 위치

구한말 서울의 여러 동(洞)들 가운데는 이름이 없어지거나 바뀐 곳이 있지만 저동(苧洞)의 경우는 그 이름이 그대로 간직되어[1] 현재 서울시 중구에 저동1가와 저동2가로 나뉘어 기초 행정단위를 이루고 있다. 현재 저동1가에는 중앙씨네마극장, 남대문세무서, 평화방송 등이 있고, 저동2가에는 중부경찰서, 영락교회, 인제대부속병원 등이 있다.

〈지도 1-1〉에 19세기 후반과 20세기 초기 구한말 때의 지도 4개와 21세기에 들어선 현재의 지도 1개가 저동을 중심으로 제시되어 있다. A는 19세기 중기의 것으로 추정되는 지도이고, B는 1902년에 서양인들이 당시의 우리 지도 등을 바탕으로 작성한 지도이고, C는 1903년에 일본인들이 만든 지도이고, D는 1907년에 역시 일본인들이 만든 지도이고, E는 2002년도에 중앙지도문화사가 내놓은 지도이다.

〈지도 1-1〉의 A에서 보면 실선 타원으로 표시된 곳이 저동(苧洞)이고 저동의 동쪽에 장악(掌樂), 서쪽에 당피동(唐皮洞), 남쪽에 종현(鍾峴), 서북쪽에 동현(銅峴)이 표시되어 있다. 한편 1902년 지도인 B에서는 저동이 현재의 명동천주교성당 동북쪽에서 동쪽에 걸쳐 위치해 있고, 저동의 서북쪽이면서 명동성당의 북쪽에 당피동이 있고, 당피동 서쪽에 장악원(掌樂

---

1) 일제치하 때는 영락정(永樂町)이라 불리다가 해방 후 원래의 이름 저동으로 환원되었음.

院)이 있는 것으로 나와 있다. 장악원은 조선시대 궁중의 음악·무용에 관
한 모든 일을 맡아보던 관청으로서 B 지도에 나와 있는 위치가 맞는다. B
지도에 당피동이라고 적혀 있는 지역은 그 뒤의 지도 C, D, E에 미루어 보
아 저동의 일부로 표시되었어야 할 것 같다. 당피동이 이곳에 있었다는 자
료를 아직 다른 곳에서는 찾지 못하고 있다.[2]

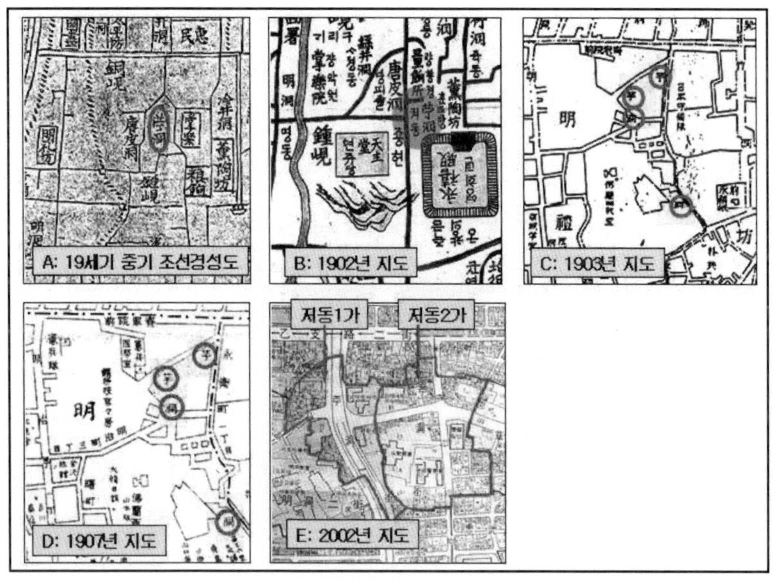

〈지도 1-1〉 漢城旬報를 발행하던 博文局이 있던 저동(苧洞)의 위치
  * 옛 지도와 현재지도 위에 나타난 저동

〈지도 1-1〉의 C(1903년)와 D(1907년) 지도에서 보면 저동(苧洞)이라는
동명이 두 곳에 적혀 있다(실선 원으로 표시). 불란서교당(佛蘭西教堂), 즉
명동성당 앞쪽의 동쪽 부분(B 지도에서 당피동)이 저동으로 적혀 있고 그
동쪽에 남북으로 길게 난 길(D 지도에서 영락정1정목) 서쪽 가에도 저동

2) 인터넷 탐색을 해 보면 당피동(唐皮洞)은 현재의 세종문화회관 서쪽에 있었는데
   일제 때 그 주변 작은 골들과 통합을 할 때 그중의 하나인 야주현(夜珠峴)의 '주'
   자를 따다가 당피동의 '당' 자에 붙여 당주동(唐珠洞)으로 했다는 기록만이 나온다.

이라는 표기가 되어 있다.

D 지도는 1907년에 일본인들이 만든 지도인데 1907년이라면 일제가 1905년부터 통감부를 통해 우리나라를 사실상 통치하기 시작한 지 2년이 지난 때이지만 아직도 대한제국이 존재하던 시기인데 벌써 거리 이름을 영락정1정목같이 일본식으로 붙여 놓고 있음을 볼 수 있다.

〈지도 1-1〉의 E는 2002년 지도로서 현재의 저동(苧洞) 상황을 보여 주고 있다. 저동이 1가와 2가로 나뉘어 있다. 현재의 저동2가 지역을 남북으로 관통하는 큰 길, 즉 중부경찰서 앞길이 지나는 지역은 구한말에 죽동(竹洞)이라 불리던 곳이었다(1903년 지도 C 참조). 일제가 죽동지역을 영락정2정목으로 했고 일제로부터의 해방 후 영락정을 우리의 옛 동명 저동으로 환원하면서 영락정2정목이 저동2가로 된 것이 아닌가 생각된다.

때문에 구한말에 한성순보(漢城旬報)를 발행했던 첫 번째 박문국이 있었던 옛 저동의 현재의 위치는 대체로 저동1가 지역이 된다. 1902년의 지도 B와 1903년의 지도 C에 저동으로 표시된 지역이 현재의 저동1가와 거의 겹쳐지고 있음을 볼 수 있다.

옛 저동(苧洞)의 현재의 위치가 대체적으로 확인된 만큼 이제는 그 저동에 있었던 박문국의 위치를 추정해 보고자 한다.

2) 저동 내 박문국이 있었던 위치

한성순보(漢城旬報)는 1883년 10월 31일자 발간호의 사고(社告) 제3항에서 "혹 시사에 관심을 두어 꼭 구독하시고자 하면 서울에 계시는 분은 저동(苧洞)에 있는 박문국으로 오셔서……."[3] 라고 함으로써 한성순보를 박문국에서 발행한다는 것과 박문국이 저동에 있다는 것을 밝히고 있다.

그렇다면 저동 어디에 박문국이 있었을까?

---

3) 「漢城旬報」, 제1호, 1883년 10월 31일. 「漢城旬報 漢城周報(번역판)」, 寬勳클럽 信永基金, 1983.

　우리나라 인쇄사(史) 전문가인 이유집은 1974년 5월 1일자 ≪인쇄문화시보≫에 실린 "한국근대인쇄사화(6)"[4]에서 "博文局의 위치는 苧洞으로서 지금의 명동천주교성당 정문 맞은편에 있은 듯하다. 이곳은 원래 신문제작을 위해 용빙된 일본인 정상각오랑(井上角五郎)이 기류하던 곳으로 여기에 박문국의 사무실과 인쇄소를 차렸던 것이다."라고 말해, 박문국이 있었던 대체적인 위치에 관해 언급을 하고 있다.

　1975년 6월호 ≪신문평론≫에서 당시의 원로언론인 김을한, 유광열, 최은희 3인이 구한말의 우리 옛 신문에 관해 행한 대담 속에 한성순보를 발행하던 박문국의 보다 정확한 위치에 관한 언급이 나와 있다. 이 대담에서 유광열은 "(박문국이) 지금의 을지로2가 168번지인 YWCA와 중앙극장 근처에 있었는지는 이설이 없지 않으나……"[5]라고 말함으로써, 비록 이설이 있을 수 있음을 암시하면서도 옛 박문국이 있었던 위치를 주소로 밝힌 것이다.

　1983년 ≪신문연구≫ 36호에서 언론사(史) 학자 정진석은 한성순보 저동 박문국의 위치에 대해 본문에서 "旬報가 발간되던 苧洞의 박문국은 명동 천주교 성당 건너편 중앙극장 근처였을 것 같다."[6]라고 말하고 각주에서 "黃金町(현 을지로) 2丁目 168번지 京城憲兵隊 관사자리"라고 좀 더 정확히 밝히고 있다.

　1979년 「韓國開化史研究」(全訂版)에 실린 "漢城旬報와 漢城周報에 대한 일고찰"[7]에서 사학자 이광린은 박문국의 위치에 관해 본문에서 "…… 井上이 기숙하고 있던 苧洞 집에 박문국의 사무실과 인쇄소를 두게 되어."라고 적고 그에 관한 각주에서 "박문국의 위치는 천주교 명동성당 정문 맞은편에 있었던 것 같다.(「京城府史」, 1, p.525 참조)"라고 박문국 위치 추정의 전거를 밝히면서 부연 설명을 하고 있다.

---

4) 이 자료는 전영표 교수가 알려 준 것임.

5) "韓國의 新聞街: 舊韓末 日帝때 解放直後", (김을한, 유광열, 최은희 대담), ≪新聞評論≫, 1975년 6월, pp.28-35.

6) 정진석, "한성순보 주보에 관한 연구", 관훈클럽, ≪신문연구≫, 36, 1983, p.79.

7) 李光麟, "漢城旬報와 漢城周報에 대한 일고찰", 「韓國開化史研究」(全訂版), 一潮閣, 1979, p.97.

한성순보를 발행하던 박문국이 '을지로2가 168번지'에 있었다는 이야기는 1934년에 일본인들이 발행한 「경성부사」 제1권에 이미 언급이 되어 있던 사항으로서 새로운 것은 아니지만 우리 언론인 또는 언론계에 새삼 상기를 시켜 주었다는 뜻에서 그 의미가 크다고 볼 수 있다.

「경성부사」 제1권에 나와 있는 박문국에 관한 부분은 다음과 같다.

> "박문국을 지금의 불란서교회 북쪽 경성헌병대의 관사 터(당시 저동이 었음. 현재는 황금정2정목 168번지)에 체류하던 일본인 정상각오랑의 숙소에 두고 20년(명치16년) 10월 1일 신문지 한성순보 제1호를 발행했는데 정상이 경영을 맡았다."[8]

「경성부사」 제1권의 위 글에 의하면, 이 책이 나오던 1934년 당시 일본의 경성헌병대 관사 터가 옛 박문국이 있었던 곳인데 당시의 주소로는 황금정2정목 168번지로서 구한말에는 저동(苧洞)의 일부이었었다는 것이다. 「서울6백년사」에도 일제가 자기네 식의 주소체계로 바꾸면서 황금정2정목 (현재의 을지로2가)에 저동(苧洞)의 일부, 죽동(竹洞)의 일부를 포함시킨 것으로 나와 있다.[9]

한성순보를 발행하던 박문국이 있었던 곳이라고 「경성부사」에서 말한 황금정2정목 168번지의 위치가 〈지도 1-2〉에 표시되어 있다.

〈지도 1-2〉는 1929년 당시의 황금정2정목 부근 지적도(地籍圖)로서 「경성부사」 제1권이 발행된 1934년보다 5년 전인 상황이지만 그 5년 사이에 큰 변동은 없었을 것으로 추정된다. 〈지도 1-2〉에서 명동성당 앞(북)쪽에 화살표로 표시한 골목은 현재도 그대로 남아 있다.

---

8) 「京城府史」, 제1권, 1934, p.525.

9) 서울六百年史 5부(部) 8면제(面制): 황금정2정목(黃金町二丁目) ―죽동 일부· 저동 일부· 조동 일부· 상려동 일부· 하려동 일부· 수하동 일부· 동현동 일부· 장악원동 일부· 묵정동 일부· 냉정동 일부· 명동 일부· 구남부동 일부· 소룡동 일부· 혜민동 일부.
http://seoul600.visitseoul.net/seoul-history/sidaesa/txt/6-2-2-4-1.html

이 지도에서 주목되는 것은 박문국이 있었던 황금정2정목 168번지 터가
접하고 있는 도로가 도로에 화살표로 표시한 이 골목뿐이라는 점이다. 이
는 박문국의 출입문이 이 골목길 쪽에 나 있었음을 말해 준다.

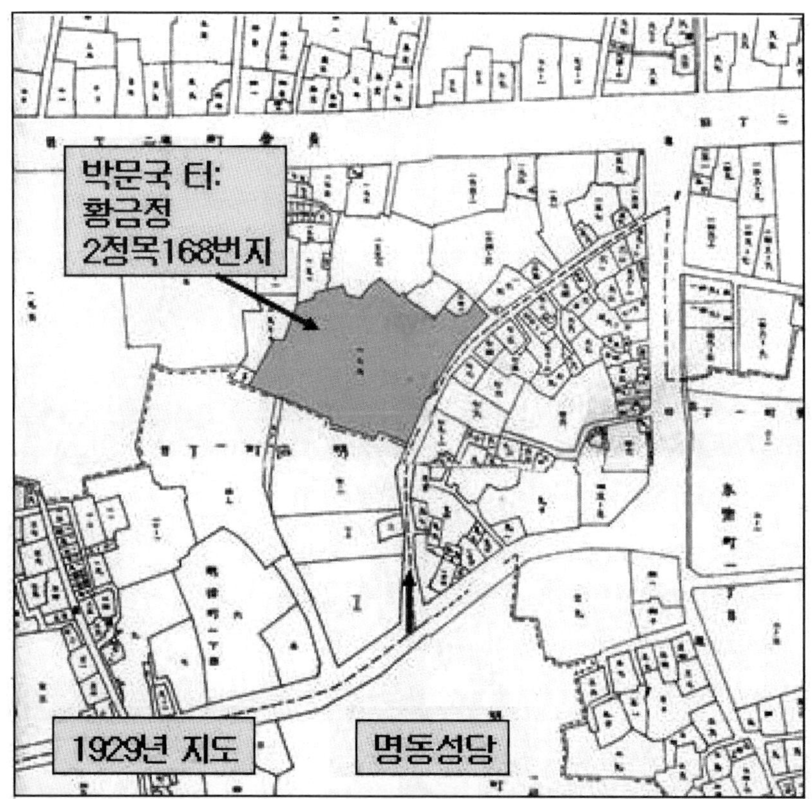

〈지도 1-2〉 漢城旬報를 발행하던 博文局 터의 1929년 지적도상 위치

박문국 관아 건물은 명동성당 앞에서 현재의 중앙씨네마극장 뒤로 난 골목길 쪽에
접해 있지 않았을까?

* "……박문국을 지금의 불란서교회 북쪽 경성헌병대의 관사 터(당시 저동이었음. 현재
  는 황금정2정목 168번지)에 체류하던 일본인 정상각오랑(井上角五郎)의 숙소에 두고
  20년(명치16년) 10월 1일 신문지 한성순보 제1호를 발행했는데 정상(井上)이 경영을
  맡았다……." 출처:「京城府史」. 제1권. 1934. p.525.
* 위 인용문에서 '20년(명치 16년)'은 高宗 20년 1883년임.

　1930년대 중반에 황금정2정목 168번지 터, 즉 옛 박문국 터가 현재의 지적도상에서는 어떻게 되어 있을까. 이를 알아보기 위한 작업이 〈지도 1-3〉에 제시되어 있다.

　〈지도 1-3〉의 A는 옛 박문국 터가 표시되어 있는 1929년 지적도이고, B는 2006년 현재의 서울시 지리정보시스템(GIS)지도 위에 1929년 지적도를 방위와 척도를 같게 해서 포개 봄으로써 옛 박문국 터의 현재의 상태를 알아본 것이다. B에서 보면 옛 황금정2정목 168번지 터가 현재는 둘로 분할되어 있고 그 사이에 큰 길이 나 있음을 알 수 있다.

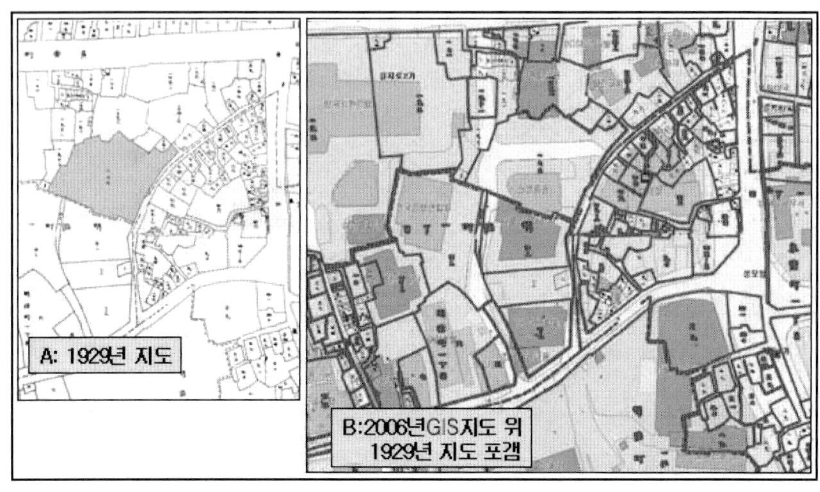

〈지도 1-3〉 2006년 현재 서울시GIS지도에 1929년 지적도를 포개서 옛 박문국 터의 현재의 위치를 확인해 본 작업

　〈지도 1-4〉는 앞의 〈지도 1-3〉의 B에서 옛 황금정2정목 168번지 터만을 남기고 나머지는 모두 지워 버림으로써 2006년 현재의 지도상에서 옛 박문국 터의 위치가 보다 분명히 들어나 보이게 한 것이다. 꾸불꾸불한 실선으로 표시한 것이 옛 황금정2정목 168번지 터이다. 그 터 안에서 박문국 관아 건물이 있었을 것으로 추정되는 부분을 실선 직사각형으로 표시해 보았다.

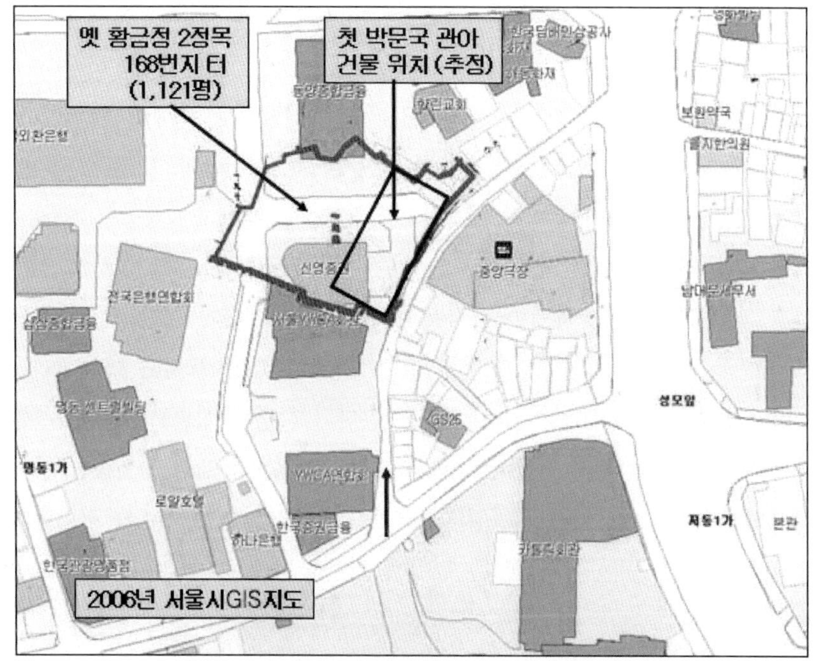

〈지도 1-4〉 첫 박문국 관아 터(옛 황금정 2정목 168번지)와
그 관아 건물의 현재 위치 추정 작업
* 관아 건물은 옛부터 있었던 길(화살표)가에 접해 있지 않았을까?

〈지도 1-4〉에 나와 있듯이 첫 박문국 관아 터인 옛 황금정2정목 168번
지는 「京城府管內地籍目錄」(1929)에 의하면 1,121평으로 상당히 넓다. 이
넓은 터 안에 현재 신영증권 부지 전체와 동양종합금융 부지의 5분의 1 정
도가 들어 있고, 이들 두 기관 사이의 큰 도로와 명동에서 을지로2가 대로
로 나가는 큰 길의 일부도 들어 있다. 연구자가 지도 작성 전문가가 아니어
서 다소의 오차가 있을 수 있겠지만 〈지도 1-4〉에서 한성순보를 발행하던
첫 박문국 터의 현재의 위치를 대체로 짐작해 볼 수 있을 것으로 생각한다.

2006년 현재 신영증권 부지의 지번은 중구 을지로2가 185번지의10호이고
도로명에 따라 새로 매긴 주소는 중구 명동3길 12로 되어 있다. 이전에 을
지로2가 168번지이었던 대지의 경우 그 면적이 크게 줄었으며 2006년 현재

168번지의 1호(명동4길 25)와 168번지의 8호(명동4길 23호)로 그 흔적이 남아 있다.

이상에서 첫 박문국이 있던 터의 현재의 위치에 대한 추정을 해 보았으나 한 가지 문제가 더 남는다. 그것은 박문국 관아 건물이 이 넓은 터 어디에 있었을까 하는 문제이다.

연구자로서는 아무런 근거 자료도 없이 "관아 건물은 흔히 길가에 접해 있지 않았을까" 하는 막연한 생각에서[10] 〈지도 1-4〉에 실선 직사각형으로 박문국 관아 건물이 있었을 것으로 추정되는 지역을 표시해 보았다.

연구자의 이 추론이 만에 하나라도 맞는다고 하면 한성순보(漢城旬報)를 발행하던 저동(苧洞)의 박문국(博文局) 관아 건물은 현재의 신영증권 부지 내 동쪽 부분에 있으면서 골목길(이 골목길의 새 이름: 명동4길) 건너편의 중앙씨네마극장 뒷면을 바라보는 위치에 있었을 것으로 생각된다.

3. 한성주보를 발행했던 교동(校洞)의 두 번째 박문국(博文局)

1) 교동의 위치

한성주보(漢城周報)는 한성순보가 갑신정변의 회오리에 휘말려 사라진 지 13개월여 만인 1886년 1월 25일에 발간되어, 주간(週刊)으로 2년 5개월여 발행되다가 1888년 7월 7일에 종간되었다. 한성주보의 발행은 서울의 중부 경행방 교동(校洞)에 다시 세워진 박문국에서 맡았다.

한성주보는 첫 발간호의 본국공고(本局公告) 제1항에서 "12월 21일(음력임. 양력은 1월 25일: 연구자)에 중부(中部) 경행방(慶幸坊)에 본국(本局)

---

10) 박문국 관아 건물이 길가에 접해 있었을 것 같다는 이 막연한 생각에까지 이르는 데에는 비전문가인 연구자의 희망적인 상상(?)과 억측의 기다란 고리가 엮여 있음을 밝혀야 할 것 같다.(本章 부록 참조)

을 설립하여……"라 하고 사고(社告)에 "중부 경행방 교동(校洞) 박문국"이라고 자사의 소재지를 밝히고 있다.[11]

한성주보의 발행을 맡았던 두 번째 박문국이 있었던 곳인 구한말의 교동(校洞), 이 교동의 현재의 위치는 어디일까.

구한말의 교동은 일제가 서울의 행정구역을 자기네 식으로 재편할 때 없애 버린 이래 1945년의 해방으로 우리의 국권이 회복된 후에도 복원이 안 된 옛 동명(洞名) 중의 하나이다. 현재 서울시 종로구 경운동에 교동초등학교가 있는데 옛날에 이 지역 부근이 교동이었음을 상기시켜 주는 유일한 단서가 되고 있다.[12]

교동초등학교는 한성주보를 발행하던 두 번째 박문국이 그 부지 안에 있었던 것으로 알려져 있어서 이에 관해서는 바로 뒤에서 자세히 논의하게 될 것이기 때문에 여기서는 우선 교동의 위치에 관한 검토를 해 보고자 한다.

〈지도 2-1〉에 교동(校洞)이 표시되어 있는 옛 지도 3개가 제시되어 있다. A는 구한말의 수선전도이고, B는 1902년에 서양인들이 작성한 지도이고, C는 일제가 우리나라를 무력으로 식민지화한 직후인 1911년에 작성한 지도이다.

〈지도 2-1〉의 A에서 보면 교동이 탑동의 동남쪽으로 종로 대로에 접해 있는 것으로 표시되어 있고, B에서 보면 교동이 탑동의 동쪽에 있는 것으로 표시되어 있다. 한편 C에서 보면 교동이 앞의 A, B 두 지도의 경우에 비해 남북으로 상당히 길게 자리 잡고 있는 것으로 표시되어 있다.

---

11) 漢城周報 제1호, 1886년 1월 25일, 「漢城旬報 漢城周報」(번역판), 寬勳클럽 信永基金, 1983.

12) 校洞이란 동명은 鄕校가 있던 지역에 붙여진 이름이다. 朝鮮시대에는 한성에는 鄕校를 두지 않았었는데 교동이란 동명이 어디에서 어떻게 유래된 것일까. 이에 관한 설명이 교동초등학교의 「校洞百年史 1894-1994」, pp.111-112에 다음과 같이 나와 있다. "현재 종로구 경운동 낙원동 운니동 일대는 조선 초기 북부 양덕방 향교동(陽德坊 鄕校洞)이라 칭하였는데 이는 고려시대 한양부의 향교가 이곳에 위치하고 있었기 때문에 붙여진 이름이다. 따라서 마을 이름을 향곳골 향교동이라 불렸는데 줄여서 교동이라고도 하였다."

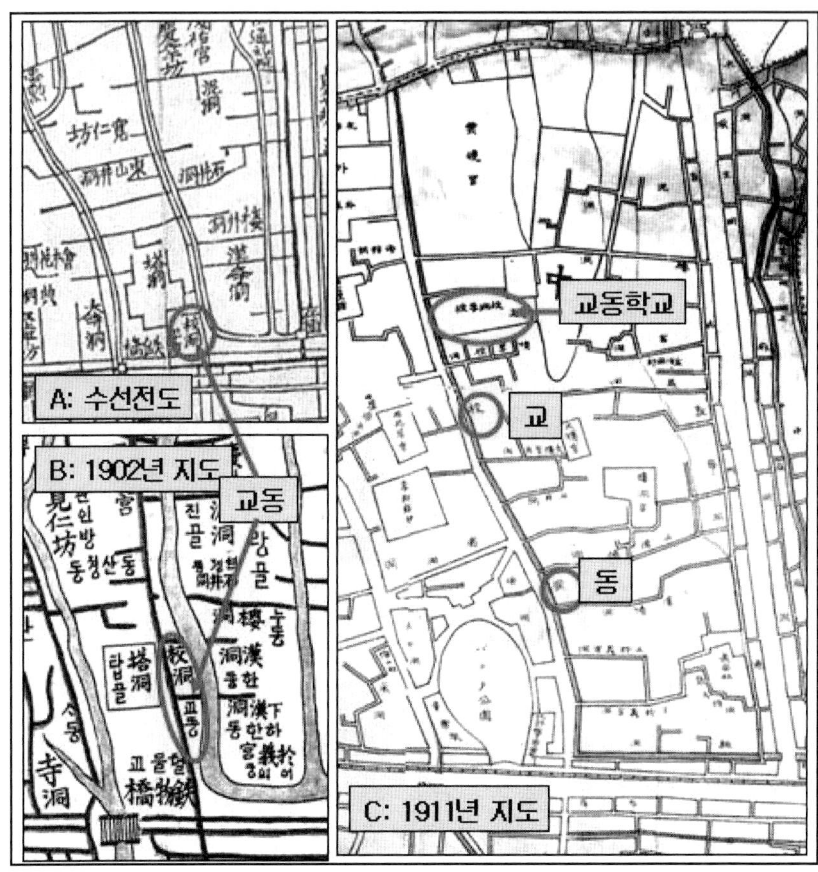

〈지도 2-1〉 漢城周報를 발행하던 두 번째 博文局이 있었던 교동(校洞)의
옛 지도상의 위치

　〈지도 2-1〉의 C 지도에서 보면 파고다공원 동쪽의 종로2가 대로에서
시작해 북쪽으로 옛 운현궁 앞의 율곡로까지 길게 이어진 길, 이전에는 낙
원동 길로 불리다가 최근에는 새로운 이름이 붙여져 '수표다리 길'이 낙원
상가에서 '삼일로'로 이어져 '율곡로'에 이르는 길의 중간쯤에 교동(校洞)이
라는 표시가 되어 있다. 교동초등학교가 있는 곳이 교동이었으니까(그 위
북쪽은 진골 니동이었음) 그곳에서부터 시작해 파고다공원 동쪽 옆 부근
길가까지 이르는 지역이 교동이었던 것 같다.

박경룡에 의하면 1894년 갑오개혁 때의 한성부(서울)의 행정체계는 5署 47坊 283契 775洞이었는데, 中署 慶幸坊에 있었던 교동(校洞)의 경우를 보면 "어의동契의 교동, 교동契의 어의궁동, 오순덕契의 교동, 답동契의 교동, 포병契의 교동"[13] 등 몇 개의 다른 계(契)에 걸쳐 있었던 것으로 나와 있다.[14]

서울六百年史에서 보면 일제가 1914년 4월에 행한 행정구역 개편에서 종전까지의 部·坊·契·洞 체제가 없어지고 종래의 洞을 분할 혹은 통합해서 洞·町·通·丁目 체제로 바뀌게 되었는데, 校洞의 경우를 보면 다음과 같다.[15]

       경운동(慶雲洞) —**교동 일부**, 석정동
       낙원동(樂園洞) —**교동 일부**, 원동 일부, 탑동 일부, 한동 일부, 어의동
                          일부, 주동 일부
       종로2정목(鐘路二丁目) —**교동 일부**, 청포후동 일부, 혜전후동 일부, 염
                          동 일부, 동곡 일부, 철물교, 입동 일부, 포병동
                          일부, 전동 일부, 이문동 일부, 향정동 일부, 수
                          전동 일부, 승동 일부, 탑동 일부, 발리동 일부
       종로3정목(鐘路三丁目) —**교동 일부**, 포병동 일부, 비파동 일부, 모곡동
                          일부, 상판교 일부, 중부동 일부, 주동 일부, 묘
                          동 일부, 하판교 일부, 피마동 일부, 입동 일부

위의 자료에서 보면 구한말의 교동은 현재의 경운동, 낙원동 그리고 종로 대로(2가의 끝과 3가의 시작 지점)에까지 길게 걸쳐 있었음을 알 수가 있다. 〈지도 2-1〉의 C에 파고다공원 동쪽에 남북으로 길게 나 있는 도로 중간 부위에 '교동'이라 표시가 되어 있는데, 위의 자료는 이 표시가 당시

---

13) 朴慶龍, 「開化期 漢城府 硏究」, 서울: 일지사, 1995, p.31.
14) 위의 책, pp.37-38.
    1894년 갑오개혁 때의 한성부(서울)의 행정체계는 5署 47坊 283契 775洞이었다.
15) http://seoul600.visitseoul.net/seoul-history/sidaesa/txt/6-2-2-4-1.html; 「京城府史」 제2권, 1936, p.534.

교동의 범위를 북쪽으로는 운현궁 서쪽 지역 율곡로에서 시작해서, 남쪽으로는 종로거리까지를 포함하는 것이었음을 짐작게 해 준다. 다만 위의 자료만으로는 교동(校洞)이 그 길의 양쪽에 다 걸쳐 있었는지 아닌지는 알 수가 없다.

한성주보를 발행하던 두 번째 박문국이 있었던 위치를 추정하는 데는 바로 뒤에서 제시하는 보다 직접적인 자료가 있어 그것으로부터 시작을 할 수도 있었으나, 그 박문국이 있었던 옛 교동 자체에 관해 알아보는 것도 배경지식으로서 의미가 있다고 생각되어 옛 교동의 위치와 범위를 추정해 보았다.

2) 교동 내 박문국이 있었던 위치

한성주보(漢城周報)를 발행하던 두 번째 박문국은 지금의 교동초등학교(서울시 종로구 경운동) 부지 내에 있었던 것으로 알려지고 있다. 이렇게 알려지게 된 것은 「경성부사」 제1권에 나와 있는 자료에 근거한 것인데 「경성부사」 제2권에는 교동초등학교 부근에 있던 옛 관립경성여자사범학교와 부속여자보통학교(서울시 종로구 경운동) 부지 내에 있었음을 시사(示唆)하는 자료가 나와 있어 혼선이 빚어지고 있다.

〈교동초등학교 부지(敷地) 안에 있었다는 설(說)〉

이유집은 1974년 6월 15일자 《인쇄문화시보》에 실린 "한국근대인쇄사화(9)"에서 한성주보의 발간과 관련해 "통리아문에서는 인쇄기계가 인천에 도착하기 전인 이해(1885) 10월에 신문제작 실무진을 보강하고 박문국(博文局) 재건에 힘썼다. 재건된 박문국은 중부 경행방 교동 **지금의 교동초등학교 자리**에 설립하고 인쇄시설도 이곳에 설치, 다음 해 1886년 1월 25일에 한성주보 창간호가 나오게 되었다."라고 함으로써 두 번째 박문국이 있었던 곳이 "지금의 교동초등학교 자리"이었다는 말을 하고 있다.[16]

두 번째 박문국이 지금의 교동학교 자리에 있었다는 이야기는 「경성부사」
제1권(1934년 간행)에 한성순보를 발행하던 저동(苧洞)의 첫 번째 박문국
위치에 관한 이야기와 함께 이미 나와 있었던 것으로서, 한성주보 두 번째
박문국, 교동학교에 관한 부분을 보면 아래와 같다.

> "23년(명치19년) 양력 1월경에 다시 교동의(현재의 경운동) 교동공립
> 보통학교 부지 안에 있던 한 가옥에 박문국을 두고 한성주보로 이름을
> 바꾸어, 국한문으로 발행을 하기 시작했다."[17]

한성주보를 발간하던 두 번째 박문국이 있었던 위치가 「京城府史」 제1권
을 출간하던 1934년 당시의 교동초등학교 부지 내에 있었다는 이야기이다.

이 교동초등학교의 현재의 주소는 서울시 종로구 경운동 2번지(도로를
기준으로 새롭게 매긴 주소는 삼일로29)인데 일제 때의 주소는 경운동18번
지였었다. 이 교동초등학교가 설치된 것이 1894년 9월이었으니까 한성주보
가 폐간된 뒤 6년 뒤의 일이 된다. 한성주보가 발간되던 당시의 이 지역의
상황을 짐작할 수 있는 자료는 아직 나오지 않고 있다.

때문에 현 단계에서는 「京城府史」 제1권에 나와 있는 자료, "(1934년 당
시의) 교동공립보통학교 부지(에 해당되는 지역) 안에 있던 한 가옥에 박
문국을 두고……"(괄호 안 연구자가 삽입)를 기준으로 한성주보를 발행하
던 두 번째 박문국의 위치를 추정해 보는 수밖에 없을 것 같다.

〈지도 2-2〉에는 교동학교의 위치가 표시되어 있는 지도 다섯 개가 제시
되어 있다.

A 지도는 1911년 지도로서 교동학교의 위치가 표시된 최초의 지도이고,
B 지도는 1927년 지적도인데 교동학교 부지의 경계가 분명히 나와 있는
최초의 지도이다.

---

16) 李裕集, "韓國近代印刷史話"(9), ≪인쇄문화시보≫, 1974년 6월 15일, p.4.
17) 「京城府史」. 제1권, 1934, p.525.

〈지도 2-2〉 옛 지도 내지 지적도상에 나타난 교동초등학교 부지의 범위 표시

* 경성부사 제1권에 의하면 한성주보를 발행하던 두 번째 박문국은 제1권이 발행되던 해인 1934년 당시의 교동초등학교 부지 내에 있었던 한 가옥에 두었었다고 함.

〈지도 2-2〉의 A 지도에서 보면 교동학교의 위치가 학교 부지의 경계를 나타내지 않은 채 표시되어 있다. 때문에 추후 그 학교 부지가 된 지역 내 한 가옥에 박문국이 있었다는 정보만으로는 박문국 관아의 위치를 좀 더 정확히 추정해 보려는 이 연구에 별로 도움이 되지를 않는다.

1927년 지적도인 B 지도에는 교동학교 부지의 경계가 표시되어 있어서 박문국 관아 건물이 있었던 정확한 위치는 알 수 없지만 그 관아가 있었던 지역의 범위만은 알 수가 있다. 1929년 지적도인 C 지도에는 교동학교의 옛 지번인 18번지가 표시되어 있는데 그보다 2년 전에 발간된 지적도에 나와 있는 것보다 학교 부지가 좁게 나와 있어 무언가 착오가 있었던 것이 아닌가 생각된다.

1936년 지적도인 D 지도는 「경성부사」 제1권 발행연도인 1934년에 가장 가까운 지적도로서 1927년 지도인 B 지도와 거의 같아 그간에 학교 부지 크기에 별 변동이 없었음을 알 수 있다.

지도 E는 2006년도 서울시GIS지도 위에 1936년도 지적도를 포개 봄으로써 2006년 현재의 교동초등학교 부지에서 1930년대의 그 학교 부지이었던 지역을 알아본 것이다.

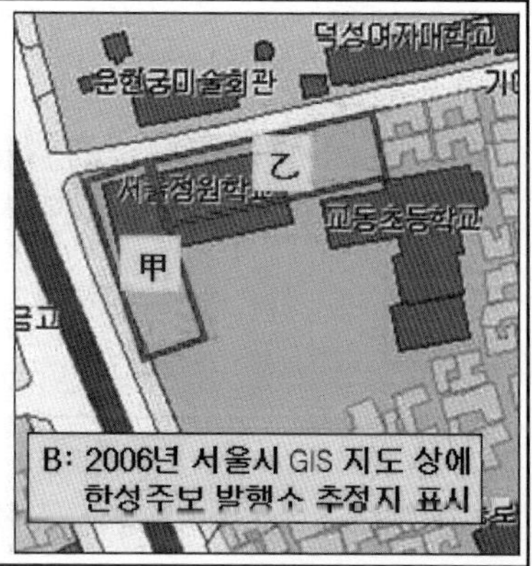

〈지도 2-3〉 한성주보를 발행하던 두 번째 박문국 관아 터 추정 작업

    A 지도: 1936년 교동학교 부지 위에 박문국 관아가 있었을 것으로 추정되는 지역을 표시.
박문국 관아 건물이 대로나 큰 골목길에 면해 있었을 것이라는 가정하에 甲과 乙 두 지역으로 추정을 해 보았음.
    B 지도: A 지도상에서 1936년 교동학교 부지 지도를 거두고 박문국 관아가 있었을 것으로 추정한 甲과 乙 두 지역 표시만을 남겨 놓은 지도.
 * B 지도에 '서울정원학교'가 나와 있는데, 이 학교는 2002년에 개교한 학교로서 개교 후 교동초등학교 옛 본관 자리에 건축된 학교임.

연구자는 박문국 관아가 있었을 것으로 추정되는 지역의 범위를 좀 더 좁혀 보고 싶은 욕심에서, 앞에서 한성순보 발행소 위치를 추정할 때 한 것과 같이, 한 가지 가정을 도입해 보았다. 그 가정이란 박문국은 중요한 관아에 속하기 때문에 큰길가에 접해 있지 않았겠느냐는 것이다. 그렇다면 박문국 터는 〈지도 2-3〉의 A에서 '甲'이라고 표시된 지역이었을 가능성이 크지 않겠느냐? 큰길가가 아니었다 하더라도 최소한 상당히 큰 골목길에

54

는 접해 있지 않았겠느냐. 그렇다면 박문국 터는 '乙'이라고 표시된 지역 내에 있었지 않았겠느냐? 이런 추리에서 〈지도 2-3〉의 A 지도에 한성주보(漢城周報) 발행기관 박문국(博文局)이 있었을 것으로 추정되는 지역을 '甲'과 '乙'로 표시해 보았고 B 지도에서는 1936년 당시의 교동초등학교 부지 표시를 벗기고 '甲'과 '乙'로 표시된 두 지역만을 남겨 놓음으로써 옛 박문국 관아가 있었을 것으로 추정되는 지역의 범위를 보다 분명히 나타내 보고자 했다.

〈지도 2-3〉의 A에서 보면 2006년 현재의 교동초등학교 터는 1936년 당시에 비해 약 1.5배로 늘어나 있다. 한성주보를 발행하던 박문국 관아 터로 추정한 두 곳 가운데 '甲' 지역은 서울경운학교(서울정원학교에서 이름이 바뀜)의 서쪽 큰길 삼일로에 면한 정문 부분 전체와 교동초등학교의 운동장 서쪽 끝 큰길 삼일로에 접한 담장의 북쪽 3분의 1 부분에 해당하고, '乙' 지역은 '서울경운학교'의 북쪽 '구름재길'에 면한 동서로 난 담장 전체에 해당하는 것으로 되어 있다.

'서울경운학교' 부지가 '甲'과 '乙' 두 지역에 걸쳐 있고 박문국이 있었을 것으로 추정되는 두 지역인 '甲'과 '乙'을 합한 면적의 반 이상을 차지하고 있다.

한성주보를 발행하던 두 번째 박문국의 위치가 '甲'과 '乙' 두 지역 내에 있었을 가능성이 클 것이라는 추정을 해 보았다. 그러나 이 추정은 어디까지나 추정으로서 그 정확한 위치를 알 수 있게 하는 직접적인 자료가 찾아지기를 기대해 본다.

〈관립경성여자사범학교 부지(敷地) 안에 있었다는 설(說)〉

「경성부사」 제2권에도 한성주보(漢城周報)를 발행하던 박문국의 위치에 관한 자료 둘이 나와 있는데 제1권의 내용을 보완 수정하는 내용으로 되어 있다.

〈자료 1〉에 그에 관한 자료가 제시되어 있다. A는 「경성부사」 제1권에 나와 있는 것으로서 "박문국이 1934년 당시의 교동초등학교 부지에 속하는 지역 안에 있던 한 가옥에 두어졌다."라는 내용의 자료이다.

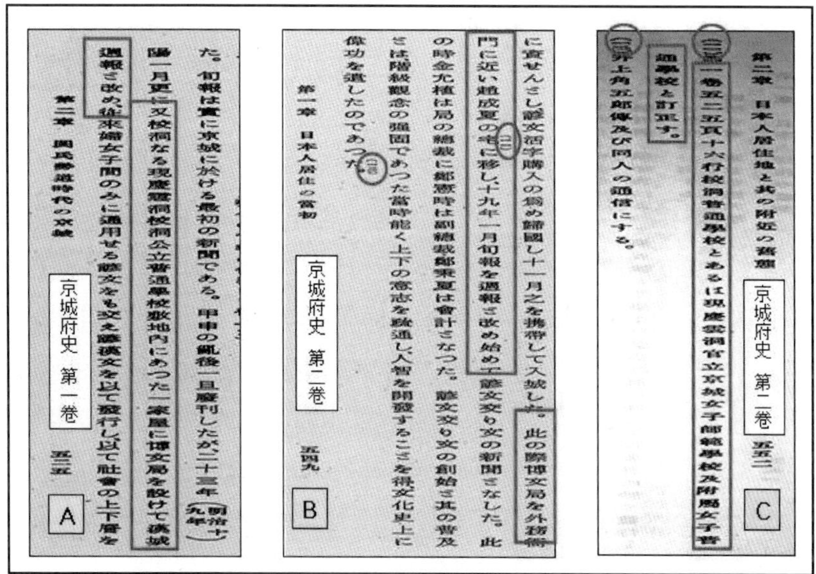

〈자료 1〉 漢城周報 발행소 博文局 위치에 관한 京城府史 제1, 2권 자료

* 제1권 A에는 "현(1934) 경운동 교동공립보통학교 부지 안에 있던 한 가옥에 박
  문국을 두고"
* 제2권 B에는 "박문국을 외무아문에서 가까운 조성하의 집으로 옮겨"라고 나와 있고
* 제2권 C에 (주 11)에는 "제1권 (A)525쪽 16행에 '교동보통학교라고 한 것을 현
  (1936) 경운동 관립여자사범학교 및 부속여자보통학교로 정정함.'"이라 나와 있음.

B는 「경성부사」 제2권에 나와 있는 것으로서 "博文局을 (주관부서인)
外務衙門에서 가까운 趙成夏의 집으로 옮겨" 한성주보를 발행하게 된 것으
로 적혀 있다.

C는 앞의 B에서 '조성하의 집' 부분에 붙인 註11의 내용으로서 "(경성부
사) 제1권 525쪽 16행에 校洞普通學校로 나와 있는 데 이것을 現(1936) 慶
雲洞 官立女子師範學校 및 附屬女子普通學校로 정정함."으로 되어 있다.

주(註)11이 '조성하 집' 부분에 붙인 주석(註釋)이니까 박문국이 조성하
의 집에 두어졌는데 그 조성하의 집 위치가 관립여자사범학교 부지 내에
있었다는 것을 뜻하는 것으로 볼 수도 있다. 그러나 그 표현은 조성하의
집 위치에 관한 것이기보다는 「경성부사」 제1권에서 박문국의 위치를 교동

보통학교 부지 내 한 가옥이라고 했었는데 한성주보를 발행한 박문국은 그곳이 아니라 관립여자사범학교 부지 내에 있었다고 정정을 하는 쪽에 무게가 실린 것 같은 인상을 갖게 한다.

조성하는 「경성부사」에서 이름을 거명할 정도의 사람이라는 점에서 지위가 높았던 사람일 것 같다. 인터넷 인명사전에서 검색해 본 결과 구한말 문신(文臣)으로 조성하(1845－1881)라는 사람이 나오는데, "평안도 관찰사, 지경연사(知經筵事), 공조·예조·이조 판서, 판의금부사, 의정부 좌참찬을 역임"[18] 했었다고 한다. 한성주보를 발행하던 박문국이 설치된 건물이 경성부사 제1권에서도 '한 가옥'이라고 나와 있어 사가(私家)이었던 곳임을 시사하고 있는데 제2권에서는 '조성하의 집'이라고 함으로써 박문국이 관아(官衙) 건물이 아니라 사가(私家)이던 건물에 두어졌었던 것만은 틀림없을 것 같다. 조성하가 1881년에 사망했으니까 한성주보가 그 사람 집에 설치된 것은 그로부터 5년 뒤가 된다.

〈자료 1〉의 C에서 한성주보를 발행한 박문국이 있었던 곳으로 정정해서 밝힌 관립경성여자사범학교(官立京城女子師範學校)의 위치를 알아보기로 하자.

경성여자사범학교 설치령이 공포된 것이 1935년이니까, 「경성부사」 제2권이 발행되기 1년 전에 해당한다.

경성여자사범학교 초기 졸업생 중에 아직도 왕성한 활동을 하고 있는 '박정희 할머니'[19]가 알려 준 바에 의하면 관립경성여자사범학교는 처음에 서울시 종로구 경운동에 있었는데 현재의 천도교 수운회관 북쪽에 위치해 있었다고 한다.[20] 경성여자사범학교는 그 뒤 수송동으로 이전했다가 다시

---

18) http://www.museum.go.kr/kor/sch/sch_per_vie.jsp?no=2969: 국립중앙박물관 인명사전검색.

19) 수채화 화가로서 "박정희 할머니의 나의 수채화 인생"이란 제목의 화집을 출간했으며 시각장애인을 돕는 활동으로 인천시 사회복지협의회가 2006년 처음으로 시상한 제1회 인천사회복지상 부문 대상을 수상했음. 자료 세계일보 2006년 12월 11일자.

용두동으로 이전을 했다고 알려 주었다.[21]

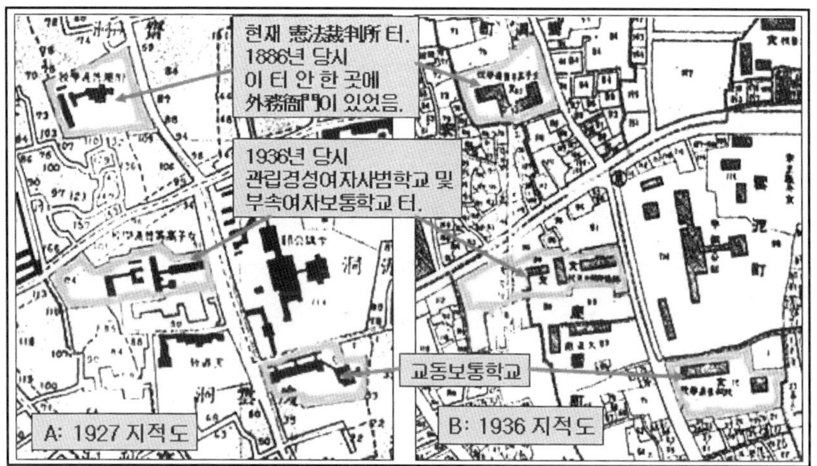

<지도 2-4> 漢城周報를 발생한 博文局이 있었다고 하는 1930년대 후반
官立京城女子師範學敎 및 附屬女子普通學校의 위치

* 「京城府史」 제2권에 의하면, 한성주보를 발행하던 박문국이 있던 곳은 이 책 발행 당
시인 1936년에 경성여자사범학교 및 부속여자보통학교가 있던 부지 내였다고 함.

〈지도 2-4〉에 1927년 지적도 A와 1936년 지적도 B가 함께 나와 있다.
오늘날 천도교 교당 위치 북쪽에 건물 하나를 사이에 두고 학교 교정과 건
물들이 보이고 있다. 이곳이 1935년에 경성여자사범학교와 부속여자보통학
교가 설치되었던 자리이다.

1927년 지적도에서 보면 '여자고등보통학교'로 표시되어 있는데 이는 현
재 헌법재판소 자리에 있던 오늘날의 경기여고 전신인 경성여자고등보통학
교가 몇 해 전에 잠시 사용했었던 적이 있는데 이 학교가 다시 원래의 터

---

20) '박정희 할머니'를 배경숙 인하대 명예교수의 소개로 알게 되어 2007년 1월 하
순에 전화로 관립여자사범학교와 그 위치에 관해 문의를 했었음.

21) 1943년에 경성여자사범학교는 경성사범학교와 함께 전문학교로 승격이 되었고,
1945년 8월 일제로부터 해방이 된 뒤에 남녀 두 사범전문학교는 통합이 되어
서울대학교 사범대학으로 이어지게 됨.

로 돌아가고 난 뒤인데도 교정(校訂)이 안 된 채로 있었던 것이 아닌가 생각된다. 1936년 지도의 경우는 원판이 축소인쇄된 것이어서 글자를 판독하기가 어려우나 끝 부분이 '여학교'로 되어 있는 것 같아 보인다. 관립경성여자사범학교와 부속여자보통학교가 설치되어 수송동으로 이전하기까지 있었던 이 터는 1911년 지도에서는 '외국어학교'로 표시되어 있고, 1914년 지도에서는 '고등여학교'로 표시되어 있다.

〈자료 1〉의 B에서 주목되는 것은 한성주보 발행을 맡은 "박문국을 외무아문에서 가까운 조성하의 집에 옮겨……"라는 구절이다. 장규식의 "서울역사 산책: 北村일대 역사공간 ⑥: 개항·일제·해방의 역사현장, 헌법재판소 구내"[22]에 의하면 당시 외무아문(外務衙門)은 현재의 헌법재판소(憲法裁判所) 부지 내에 있던 민영익의 집에 설치되어 있었다.

외무아문이 산하 기관인 박문국을 가까운 곳에 두었다는 이야기인데 여기서 '가까운 곳'이란 말을 어떻게 읽어야 할 것인지?

한성순보를 발행하던 원래의 박문국이 있던 곳은 남산 밑 저동(苧洞)이었는데 이 저동이 너무 머니까 북촌(北村) 쪽으로 옮김으로써 가까이에 두었다는 이야기가 아닐까 생각된다. 다만 「경성부사」 제1권에서 박문국의 위치가 교동학교 터 내에 있었다고 한 언급을 수정하는 부분에서 '외무아문에 가까운'이라고 했기 때문에 '교동학교보다 외무아문에 가까운'이란 뜻이 함축되어 있는 것은 아닐까 하는 생각이 들 수도 있다.

〈지도 2-5〉는 앞에서의 논의 결과 한성주보 발행소 박문국의 위치로 추정되는 두 곳을 2006년 서울시GIS지도 위에 나타내 본 것이다.(GIS: 지리정보서비스: 연구자)

「경성부사」 제2권(1936)에서 1936년 당시 관립경성여자사범학교 및 부속여자보통학교가 들어서 있는 곳이 구한말에 한성주보를 발행하던 박문국이 있었던 곳이었다고 했는데, 2006년 현재 이 터에는 서울노인복지센터 건물이 들어서 있다.

---

22) http://blog.paran.com/bukchon/14483669

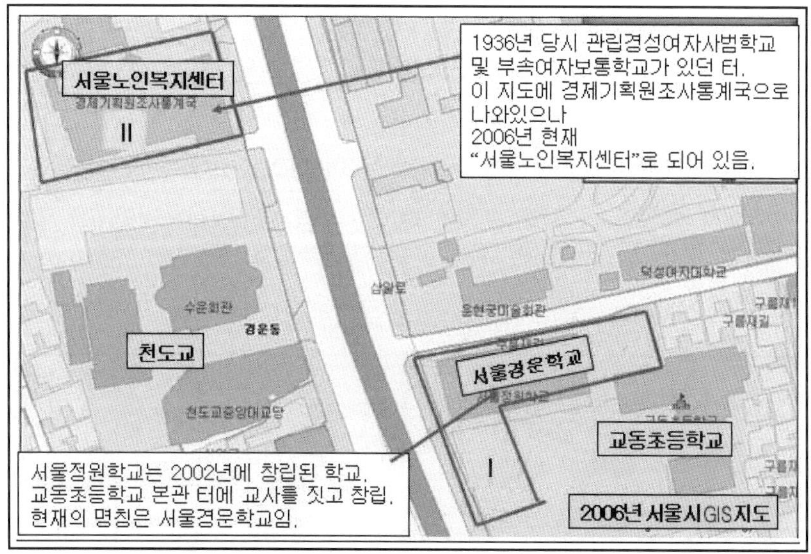

〈지도 2-5〉 한성주보를 발행하던 박문국 관아 터 추정지의 2006년 현재의 위치:
I 과 II 두 곳 중 한 곳일 것으로 생각됨

여기서 떠오르는 의문은 〈자료 1〉의 C, 즉 「경성부사」 제2권 주(註)11에서 박문국의 위치로 말한 1936년 당시 관립경성여자사범학교 및 부속여자보통학교 터가 한성주보가 스스로의 사고(社告)에서 발행소로 밝히고 있는 1886년 당시의 행정구역 교동(校洞)에 속하는 지역인지 하는 것이다.

바로 앞 항(項)에서 구한말 당시의 교동(校洞)의 범위를 검토하면서 교동의 범위는 북쪽으로는 운현궁 서쪽 지역 율곡로에서 시작해서, 남쪽으로는 종로거리까지에 이르는 남북으로 길게 자리 잡은 동(洞)이었을 것이라

〈사고 1〉 한성주보에 실린 발행소 위치

60

는 추정을 내린 바 있다.

여기서는 교동 지역 중에서도 한성주보를 발행하던 관아인 박문국이 있었던 지역, 즉 현재의 경운동(慶雲洞)과 그 주변 동(洞)들에 관한 지도들을 좀 더 검토해 봄으로써 구한말에 박문국이 있었고 1936년에는 관립여자사범학교가 있었던 터가 옛 교동에 속하는 지역 내에 드는 것인지를 알아보고자 한다.

<지도 2-6> 현재의 경운동에서 삼일로 서쪽 지역은 구한말 교동의 일부이었을 것임을 추정케 하는 지도 자료

* 현재의 경운동은 구한말 교동의 일부와 석정동을 묶은 것임.
　B 지도를 보면 옛 석정동은 현재의 삼일로 동쪽에 있고 옛 니동 남쪽에 있었음.
　따라서 현재의 경운동에서 삼일로 서쪽 지역은 옛 교동 지역의 일부이었다는 추론이 가능해짐.

〈지도 2-6〉에는 1886년에 박문국이 있었고 1936년에는 관립여자사범학교가 있었고 2006년 현재에는 서울노인복지센터가 있는 자리가 구한말에 교동(校洞)에 속해 있었는지를 추정해 보기 위한 지도 둘이 제시되어 있다.

A 지도는 2001년 지도로서 경운동을 중심으로 주변 동들 사이의 경계선이 굵은 실선으로, 도로들이 가는 실선으로 표시되어 있다. 일제(日帝)가 1914년에 그때까지의 우리의 동들을 통합 분할을 해서 새로운 행정단위로 명명을 해 그 동명(洞名)이 대부분 현재까지 이르고 있는데, A 지도에 일제에 의한 우리 옛 동들의 통합 분할 내용이 표시되어 있다.

B 지도는 1902년에 서양인 선교사들이 당시의 우리 지도인 수선전도를 본떠서 제작한 지도로서, 축척(縮尺)이 정확하지는 않지만 지역들 간의 상대적인 위치를 확인하는 데는 많은 도움이 될 수 있다.

다시 A 지도로 돌아가서 노인복지센터와 교동학교 둘 다 들어 있는 경운동의 경우를 보면 옛 교동의 일부와 석정동이 합쳐져서 이루어진 동임을 알 수 있다. B 지도에 석정동(石井洞)이 나와 있는데 이 석정동은 북촌(北村) 쪽에서 남쪽인 종로 쪽으로 흘러가는 개천(현재는 복개가 되어 있음)의 동쪽, 그리고 그 서편에 개천에 따라 나 있는 도로의 동쪽에 위치해 있었음을 알 수 있다.

A 지도에 옮겨 보면 석정동이 있었던 지역은 율곡로에서 낙원동 상가 쪽으로 넓게 뚫린 '삼일로(三一路)'의 동쪽이었고 따라서 현재의 경운동에서 삼일로의 서쪽 지역은 옛 교동(校洞)의 일부가 된다.[23]

이광린은 "구한말의 관립외국어학교"라는 제목의 논문에서 일어학교(日語學校) 설치와 관련해, "처음에는 주자동(鑄字洞)에 설치하였으나, 뒤에 교

---

23) 경운동으로 통합된 석정동(石井洞)이 1902년 지도와 1911년 지도에 표시되어 있는데, 이 두 지도 모두에서 석정동이 삼일로의 동쪽에 있었던 것은 확실하다. 동쪽 지역의 어느 부분에 있었는지에 관해서는 이 두 지도에서 받게 되는 인상은 크게 다르다. 1902년 지도에서는 석정동이 니동(泥洞) 바로 아래쪽에 표시되어 있어서 옛 석정동의 위치가 현재의 교동초등학교 운동장 남쪽 부분에 있었다고 한다면 경운동으로 통합이 될 수 있었을 것으로 생각되기도 한다. 그러나 1911년 지도에서는 석정동이 니동의 훨씬 남쪽에 위치해 있어서 교동초등학교와는 상당한 거리가 있어 현재의 경운동에 포함될 수가 없는 지역에 있었던 것으로 나타나 있다. 옛 석정동의 정확한 위치에 관해서는 자료를 더 찾아보아야 할 것 같다.

62

동(校洞), 정확히 말해서 운현궁 맞은편 지금의 통계청 자리에 건물을 짓고 이전하였다."[24]라고 말하고 있는데, 여기서 말하는 이전의 '통계청 자리 건물'은 2006년 현재 '서울노인복지센터 건물'로 되어 있다.

「경성부사」 제2권에서 박문국이 있었던 곳으로 말하고 있는 1936년 당시의 관립경성여자사범학교 터, 현재의 서울노인복지센터 터도 옛 교동(校洞) 지역이었음을 알 수가 있다.

한성주보(漢城周報) 발행소이던 두 번째 박문국(博文局)이 있었던 위치가 「경성부사」 제1권에서 말하는 교동초등학교 부지(〈지도 2-5〉의 Ⅰ번 지역) 안에 있었는지, 아니면 「경성부사」 제2권에서 주석(註釋)을 통해 정정을 하고 있는 관립경성여자사범학교 부지(〈지도 2-5〉의 Ⅱ번 지역) 안에 있었는지는 박문국 위치에 관한 또 다른 직접적인 자료가 발굴될 때까지 기다려야 풀릴 것 같다.

4. 결어: 보다 직접적인 자료가 발굴되기를 바라면서

우리나라 근대 신문사(史)에서 최초의 신문으로 받아들여지고 있는 한성순보(漢城旬報)의 발행소 위치가 어디였을까, 그 뒤를 이은 한성주보(漢城周報)의 발행소 위치는 어디였을까.

이런 의문을 나름대로 풀어 보기 위해 몇 안 되는 옛 기록과 옛 지도(地圖) 등을 일차 자료로 하고 이에 연구자의 희망적인 상상을 대입해 이들 두 신문 발행소의 현재의 위치를 추정해 본 잠정적인 결과는 다음과 같다.

한성순보를 발행했던 저동의 박문국 관아 건물이 있었던 곳은 현재의 신영증권 부지(을지로2가 185-10; 명동3길 12) 내 동쪽 부분에 있으면서 골

---

24) 이광린, "구한말의 관립외국어학교", 「한국개화사연구」, 서울: 일조각, 1979, pp.164-5.

목길(명동4길) 건너편의 중앙씨네마극장 뒷면을 바라보는 지역에 있었을 것으로 추정된다.

한성주보를 발행했던 옛 교동의 박문국 관아 건물이 있었던 곳은 「경성부사」에서 현재의 서울시 종로구 경운동 내 두 곳이 거론되고 있는데 이 두 곳 중 어디가 맞는 곳인지는 연구자가 지금 현재 가지고 있는 자료만으로는 확실히 알 수가 없다.

한성주보를 발행했던 박문국의 위치가 교동초등학교 쪽이 맞는다고 하면 그 박문국 관아가 있었던 지점은 ① 현재 교동초등학교(경운동 2번지, 삼일로 29번지)의 운동장 서쪽 끝 큰길 삼일로에 접한 담장의 북쪽 3분의 1 부분과 옛 교동학교 본관에 근래에 세워진 서울경운학교(경운동 2-11번지, 삼일로 21)의 서쪽 큰길 삼일로에 면한 정문 부분 혹은 ② '서울경운학교'의 북쪽 '구름재길'에 면한 동서로 난 담장 전체에 해당하는 지역, 이 두 구역 안 어느 지점이었을 것으로 추정된다.

한성주보를 발행했던 박문국의 위치가 교동초등학교 쪽이 아니라 옛 관립경성여자사범학교 터, 현재의 서울노인복지센터 터(경운동 90-3번지, 삼일로 8번지) 내에 있었다고 하면 그곳도 대로변에 있었을 가능성이 컸을 것이기 때문에 서울노인복지센터 건물의 삼일로 쪽 전면(前面) 부분이 아니었을까 생각된다.

우리나라 신문역사의 첫 장을 연 정부기관지(政府機關紙) 한성순보(1883년)와 그 뒤를 이은 두 번째 정부기관지 한성주보(1886년), 이들 두 신문을 발행하던 관아 터의 현재의 위치를 잠정적으로 추정해 보는 작업을 일단 끝내면서, 관련 자료를 보다 폭넓게 보다 깊이 있게 찾아보지 않고 성급하게 추정을 한 것이 아닌가, 관련분야 전문가들을 찾아가 조언을 듣고 도움을 청했어야 하는 것 아닌가 하는 반성을 떨쳐 버릴 수가 없다.

한성순보와 한성주보 발행소 위치에 관한 자료가 왜 일본인들이 쓴 「경성부사」 제1권(1934)과 제2권(1936)에 나온 것 말고는 없을까. 「경성부사」

64

제1권과 제2권에서 그 부분 집필자는 한성순보와 주보 발행소 위치에 관한 정보를 어디에서 구한 것일까. 당시에 존재하던 문건에 근거를 둔 것일까, 그렇다면 그 문건이 어디엔가는 존재하고 있지 않을까. 문건이 아니라면 당시 생존해 있던 60대, 70대 내지 80대 노인들 가운데 이들 두 신문과 연관이 있어서 그 위치를 알고 있던 사람의 증언에 근거를 둔 것일까.

이 의문에 대한 해답은 앞 〈자료 1〉C에 제시된 「경성부사」 제2권 p.549 끝 부분에 붙인 주(註)12의 내용에서 그 실마리를 찾을 수 있을 것 같다. 註12는 한성주보의 국한문 혼용이 갖는 의의에 관한 것인데 그 의의에 관한 표현이 '井上角五郎 傳 및 그 사람으로부터의 通信'25)에서 인용한 것임을 비추고 있다. 한성순보와 한성주보 창간에 관여한 일본인 이노우에(井上角五郎)는 「경성부사」 제2권이 발간된 지 2년 뒤인 1938년까지 생존해 있었으니까 「경성부사」 제1, 2권 집필진이 그에게 직접 알아볼 수 있었을 것이다.

한성주보의 경우 1934년을 기준으로 교동초등학교 부지 내에 있었다고 하는데, 1894년 9월에 개교를 한 교동초등학교의 초기 동문 가운데는 1897년 8월생인 윤보선(尹潽善) 전(前) 대통령이 있다. 혹시 윤보선 전 대통령이 생전에 초등학교 시절의 회고담을 한 것이 있으면 그 속에 교동학교 초기의 위치나 규모 혹은 그 터의 유래 내지는 주변 상황 등에 관한 언급이 있을 수도 있지 않을까 희망을 해 본다.

한성주보가 1886년 창간되었을 때가 우리나라에 종두법을 처음 실시한 지석영(池錫永)이 31세 때이었는데 그 지석영의 집(현재의 종로구 낙원동 17번지)이 한성주보를 발간하던 박문국에서 그리 멀지 않은 곳에 있었다. 박문국 터가 1934년 당시의 교동초등학교 부지 내에 있었다고 하면 한동네나 다름없이 가까운 곳에 지석영의 집이 있었기 때문에 혹시 지석영이 자기 집 주변에 관한 회고담 같은 것을 한 것이 있으면 그 속에 박문국의 위치를 보다 정확히 추정해 볼 수 있는 단서가 들어 있을 수도 있지 않을까

---

25) 「京城府史」 제2권, p.552.

하는 생각도 해 보게 된다.

또한 한성순보와 한성주보의 경우 이 두 신문에서 책임자로 일했던 장박(張博)(후일에 張錫周로 개명, 친일행동에 적극 나섰던 인물로 1921년 사망)에 관한 자료를 찾다 보면, 그 발행소가 있었던 두 박문국의 정확한 위치를 포함한 좀 더 자세한 사항을 알 수도 있지 않을까 하는 생각이 든다.

한성순보(漢城旬報)와 한성주보(漢城周報)의 발행소 위치에 관한 한 공적인 자료에서는 더 이상의 자료가 나오기 어려울 것 같은 감이 들기도 한다. 이들 두 신문의 발행에 관련된 사람들이[26] 남긴 사적(私的) 문건들을 찾아 나서면 그 속에서 어쩌면 발행소 위치를 상당히 정확히 짚을 수 있는 단서가 발굴될 수 있지 않을까 기대를 해 본다.

---

26) 예컨대 한성주보에 관련된 사람들로서 「서울6백년사」에 나와 있는 사람들을 들어 보면 다음과 같다. 장박(張博), 오용묵(吳容默), 김기준(金基駿), 이명윤(李命倫), 진상언(秦尙彥), 이혁의(李赫儀), 권문섭(權文爕), 정만교(鄭萬敎), 이홍래(李鴻來), 박세환(朴世煥), 현영운(玄暎運), 김긍선(金肯善), 오홍묵(吳弘默), 추백엽(秋栢曄), 한철중(韓喆重), 오세창(吳世昌), 윤태경(尹泰經), 임영걸(林永㷦), 백남도(白南燾), 심우택(沈瑀澤), 박제동(朴齊東), 주우남(朱雨南), 윤택선(尹宅善), 이교헌(李喬憲), 방시영(方時榮), 반석주(潘奭周), 김득련(金得鍊), 오창섭(吳暢爕), 조병재(趙秉載) :
http://seoul600.visitseoul.net/seoul-history/sidaesa/txt/5-6-9-3-3.html

〈부 록〉 저동 박문국 관아 건물 위치에 관한 연구자의 희망적 추론 과정

「경성부사」 제1권에 나와 있는 박문국 터에 관한 언급을 풀어 보면 다음의 3개 구절로 이루어져 있다.

* 1883년에 한성순보를 발행하는데 일본인 이노우에(井上)가 경영을 맡았다.
* 일본인 이노우에의 숙소에 박문국을 두고 그곳에서 한성순보를 발행했다.
* 1883년 당시 이노우에의 숙소는 경성부사 제1권이 출간된 1934년 현재 일본 경성헌병대 관사가 있는 황금정2정목 168번지에 있었다.

1883년 당시 이 터에 관한 추가 자료를 구하지 못하고 있는 상황에서 몇 가지 의문점이 제기될 수밖에 없다.

* 당시 이 터가 황실 소유이었을까 아니면 그 어떤 대감 혹은 세력가 한 사람의 소유이었을까.
* 당시 이 터에 건물 혹은 집 몇 채가 어떻게 배치되어 있었을까.
* 일본인 이노우에(井上)는 우리 조정에서 당시 나라의 개화(開化)를 위한 주요 사업의 하나인 신문발행을 위해 초빙한 사람이었던 만큼 그가 살 집으로 마련해 준 집은 꽤 큰 집이 아니었을까. 어쩌면 집 한 채가 아니라 부속 건물들이 있는 집이 아니었을까.
* "박문국을…… 이노우에의 숙소에 두고"라고 한 표현에서 "숙소에 두었다"는 말이 그의 침실과 거실이 있는 건물의 일부 공간을 뜻하는 것인지, 아니면 그가 살고 있는 집터에 있는 부속 건물인 또 다른 건물을 뜻하는 것인지, 이들 둘 중 어느 쪽이었을까.
* 만일에 후자의 경우라면 이노우에의 숙소는 안쪽에 있고 길가에 접한

행랑채 쪽에 박문국과 이 관아가 발행하는 한성순보의 인쇄를 위한 인쇄시설이 마련되어 있지 않았을까.

* 1884년 12월 개화파가 일본의 힘을 등에 업고 일으킨 갑신정변이 3일 천하로 끝나자 개화파가 개화의 도구로 창간한 한성순보도 공격의 대상이 되어 소실되게 되고, 이 과정에서 한성순보의 발행과 경영을 자문하던 이노우에(井上)가 우리의 성난 군중들의 추격을 받아 긴급 피신을 하게 되는데, 일본에서 1896년 발행된 「풍속화보」라는 잡지에 이노우에(井上)가 칼을 휘두르며 도피하는 광경이 삽화로 실렸었다.[27]

* 일본 신문에 실린 이 삽화를 전재한 한국프레스센터 발행 「서재필과 독립신문」에는 이 삽화에 "갑신정변 당시의 광경: 갑신정변으로 박문국이 습격당하자 한성순보 제작에 참여했던 일본인 이노우에 가쿠고로 (井上角五郎)가 칼을 휘두르며 몸을 피하고 있다."라는 설명이 붙어 있다.

* 일본의 이 삽화가 서울 저동 현장에서 이노우에의 피신 광경을 목격하고 그린 것은 아니지만 이노우에가 살고 있던 저동의 집이나 저동 골목길의 상황을 알고 있는 그 어떤 사람의 이야기를 듣고, 그 근거 위에 상상력을 발휘해 그린 것이 아니었을까.

* 그 삽화가 이노우에의 집 근처, 즉 박문국 관아 근처에서 벌어지고 있는 상황을 그린 것이지 그곳에서 멀리 떨어진 곳에서의 상황을 그린 것은 아니지 않았을까.

* 그렇다면 그 삽화가 비록 사실화는 아니지만 그 당시 그곳에 관한 자료가 없는 상황에서는 그 삽화 속에서 그곳의 거리 모습, 집들이 늘어선 모습 등을 짐작해 볼 수 있는 단서가 찾아질 수도 있지 않을까.

* 그 삽화에서 보면 길가에 집들이 이어져 들어서 있는데, 이는 당시 저동 박문국 관아가 있었던 골목길에 집들이 늘어서 있었음을 짐작하게 하는 것이 아닐까.

---

27) 한국프레스센터, 「서재필과 독립신문」, (한국신문 100주년기념 특별전: 자료고증 해설 정진석), 1996, p.10.

제3장

독립신문

제1절 독립신문사 사옥 터의 현재의 위치

1. 독립신문사 사옥의 위치 추적에 나서면서

독립신문사 사옥이 어디 있었을까?

서울특별시 중구 정동, 당시의 주소로는 한성부 서서 황화방 정동(漢城府 西署 皇華坊 貞洞)에 있었다. 여기까지는 기록에 의해 확인되어 있다. 그러나 좀 더 자세히 정동 어디였을까 묻게 되면 "배재학당 안에 있었던 것 같다"는 사람과 "배재학당 근처에 있었던 것 같다"는 정도이고 아직은 확실하게 "여기다"라고 말하는 사람이 없었던 것 같다.

독립신문에 관해서는 그간 원로 중진 학자들에 의해 큰 그림들이 그려져 있다. 소장 학자들이 그 주제를 중범위(中範圍)로 잡은 그림들도 많이 그려 놓고 있다. 그러나 작은 사항들, 작기는 하지만 그것들이 밝혀지면 독립신문에 대한 연구가 보다 충실해질 수 있는 일부 사항들이 아직 밝혀지지 않은 채 남겨져 있다.

이 연구에서는 이들 작은 사항들 중에서 '독립신문사 사옥의 위치'를 택했다. 이 연구에서는 현재까지 나와 있는 연구와 문건들을, 관련 분야의 여러 전문가들로부터의 자료와 조언에 기초해 묶어 봄으로써 독립신문사의 좀 더 정확한 위치를 찾아보고자 했다. 이 연구에서는 지도(地圖)와 사진들이 차지하는 비중이 상대적으로 큰데, 이는 이 연구가 위치에 관한 것이기에 가능한 한 시각화(視覺化)를 시켜야 할 필요성이 컸기 때문이었다.

이 시도가 독립신문의 위치 등을 비롯해서 우리나라 초기 신문에 관한 자료들 중에서 아직도 확인이 덜 되거나 안 된 채로 남겨진 사항들에 대한 관심을 자극할 수 있었으면 하는 것이 연구자의 바람이다.

독립신문사 사옥에 관한 기록은 초대 서재필 사장이 국내 정치상황 때문에 미국으로 다시 쫓겨나기에 앞서 독립신문에 논설의 형식을 빌려 1898년 5월 17일자에 실린 고별사 속에서 나온다. 이 논설에서 독립신문 사옥에 관해서는 "대황뎨 폐하의 은총으로 이년 전에 집을 주셔셔…"[1]로 되어 있다. 그 집의 위치가 정동이라는 것이 독립신문의 기사 속에서는 물론 자체 광고[社告] 속에서도 발행초기에는 거의 나오지 않고 있다. 발행 후 거의 1년이 지나서부터야 발행소가 서울 정동에 있다는 것이 잡보란이나 사고란에 나오기 시작한다. 1897년 3월 23일자 잡보란에 "… 정동 독립신문샤로 와서 ᄎᆞ쟈가게 ᄒᆞ시요"란 기사가 있었고 1898년 8월 26일자 광고란에 "… 신문 갑은 … 돈으로 붓치기 어렵거던 우표를 사셔 편지에 너어 셔울 정동 독립신문샤로 보ᄂᆡ시면 신문은 늘마다 우편으로 신실히 보ᄂᆡ리라. 독립신문샤." 라는 자체 광고가 나와 있다. 그러나 발행소가 정동 어디인지에 관해서는 발행기간 내내 밝혀진 바가 없다. 일 년 후에 나온 그리스도신문의 경우나 2년 후에 나온 황성신문, 제국신문들의 경우는 그 신문 속에서 신문사의 위치나 주소가 밝혀져 있는 것과는 큰 대조를 이룬다.

독립신문사의 위치를 알아보는 작업은 신문사의 발행인가(發行認可) 관련 서류에서 찾아볼 수 있지 않을까 생각된다. 독립신문사는 농상공부로부터 건양 원년(1896) 4월 7일 발행인가를 받은 것으로 되어 있는데 농상공부 문건에서 발행인가 관련 서류가 발견될 수 있다면, 그곳에는 자세한 주소가 적혀 있지 않을까. 독립신문사가 영문판의 경우는 명치 29년(1896) 9월 14일자로 일본 체신성으로부터 우편물취급인가를 받은 것으로 되어 있

---

1) 여기서 '주셔셔'로 되어 있는데 이것이 下賜였느냐 貸與였느냐가 독립신문이 폐간되는 단계에서 문제가 되었었다.

는데, 일본 체신성의 관련 문건에서 독립신문사의 주소를 확인할 수 있지 않을까 하는 생각이 들기도 하지만 연구자의 자료추적 노력은 아직 거기까지 미치지 못하고 있다.

한말에 정동(貞洞)은 대정동과 소정동으로 나뉘어 있었다. 소정동은 현재의 조선일보사와 옛 KBS 방송국이 있었던 쪽이고 대정동은 이화여고, 옛 배재학당, 미대사관저 등이 있는 쪽을 가리키는데 현재의 서소문동 일부까지를 포함했었던 것[2] 같다.

독립신문사의 위치를 찾는 과정에서의 혼선은 신문을 인쇄한 곳과 신문사 편집국을 분명히 구분치 않고 이야기를 하는 데서 비롯되는 것 같기도 하다. 독립신문을 인쇄한 곳과 편집국이 한 건물에 있었느냐, 한 건물에 있었다면 창간부터 폐간까지 계속 한 건물에 있었느냐, 인쇄소와 편집국이 다른 건물에 있었다면 처음부터 끝까지 그랬었느냐 아니면 따로 있었던 때도 있었고 한 건물에 있었던 때도 있었느냐 등을 구분해 생각해 보면 독립신문사의 위치 추적에 도움이 될 수 있다.

신용하는 1974년에 처음 발표하고 1975년에 추고한 논문에서 독립신문이 처음부터 인쇄시설을 갖추어 놓고 창간했다는 입장이고[3] 이광린은 1975년에 발표한 논문에서 독립신문 창간 당시의 여건상 최소한 처음 당분간은 배재학당 내 삼문출판사(Trilingual Press, 정식명칭 Methodist Publishing House)에서 인쇄되었을 것이라는 입장을[4] 보였다.

윤춘병[5]은 1985년 3회에 걸쳐 발표한 논문에서 아펜젤러와 삼문출판사와 그곳에서의 출판물에 관해 언급하면서 "……'독립신문'은 1896년 1월 미

---

2) 박경룡, "제1장 한성부의 행정구역", 「개화기 한성부 연구」, 서울: 일지사, 1995, p.28.

3) 신용하, "독립신문의 창간과 그 계몽적 역할", 「독립협회연구」, 서울: 일조각, 1976, pp.1-80.

4) 이광린, "서재필의 독립신문간행에 대하여", 「진단학보」, 제39호, 1975년 4월, pp.70-104.

5) 윤춘병 원로목사는 敎會史家로서 감리교 감독을 역임함.

국에서 돌아온 서재필이 아펜젤러의 집에 유하면서 미이미활판소(삼문출판
사: 연구자)에서 인쇄 발행한 신문이오, ……"[6]라고 했으며 "삼문출판사에
서 발행한 선교 초기 간행물" 목록에 독립신문을 포함시키고 있다.[7] 윤춘
병은 감리교회 서울 선교단이 1898년 미국 본부에 보낸 연례보고서
(Annual Report) 속에 삼문출판사가 1898년 5월에 독립신문사와 '2년간의
인쇄 계약'을 맺었음을 보고하고 있음을 연구자에게 알려 주었다〈자료 1〉.
이에 관해 서재필 사장은 1898년 5월 17일자에 논설의 형식을 빌려 실린
고별사 속에서 "……다힝이 독립 신문 긔계ᄂᆫ 빅지 학당 인찰국에 세주고
우리 두 신문은 여전히 츌판 ᄒ기로 약명 ᄒ엿시며……"라고 말하고 있다.
윤춘병은 독립신문의 인쇄에 관해 최소한 초창기 얼마간과 서재필 사장 떠
난 후부터 폐간까지 사이에는 삼문출판사에서 독립신문이 인쇄되었다는 입
장을 보이고 있다.

정진석도 독립신문이 처음부터 신문을 자체 인쇄했을 것으로 보기에는
준비기간이 촉박했던 점, 인쇄 기술 숙달에 최소한의 시간이 필요했을 것
이라는 점을 들어 무리가 있다는 입장을 보이고 있다.[8] 김유원은 국문판과
영문판을 구분해 논하면서 최소한 영문판만큼은 창간 초기에는 타 인쇄소,
즉 삼문출판사에서 인쇄하지 않았을까 하는 입장을 보이고 있다.[9]

독립신문 초기에 인쇄를 어디에서 했겠느냐는 문제는 일본으로부터의 인
쇄시설 수입과 관련된 자료들이 찾아질 때까지 미확인인 채로 남아 있을
수밖에 없을 것 같다.

---

6) 윤춘병, "한국 출판문화의 효시 미이미활판소", ≪월간 현대목회≫, 1985년 6월
　호, p.92. 삼문출판사 = 美以美活版所. 당시 감리교회를 미이미교회라고 했음.

7) 윤춘병, "삼문출판사에서 발행한 선교초기 간행물", ≪월간 현대목회≫, 1985년
　7월호, p.57.

8) 정진석, 「한국언론사」, 서울: 나남, 1990, p.150.

9) 김유원, "제3장 근대언론의 전개, 제2절 독립신문", 김민남 외, 「새로 쓰는 한국
　언론사」, 아침, 1993, p.111.

> -for work there seems to be no limit. We are now engaged specially in the printing of the New Testament, some of the books in editions of 8,000 and some of 20,000. Such an amount of work demanded much larger facilities than we had. It was in consequence of this need that, an opportunity oc-curing in May, the entire plant of the "Independent Press" was rented for two years. This was done during my absence in the country. I do not cease to regret that the obligation to print the *Independent* was included in the contract, as if I had had an opportunity I would have strenuosly ob-jected to this feature of the agreement.—
> This new lease has so largely increased our facilities for work that it became necessary to secure the the services of a foreman to assist the Man-ager of the Press and Mr. Emberley has been so employed.

〈자료 1〉 한국 내 감리교 선교단은 미국 본부에 보낸 '1898년 연례활동보고서'에 삼문출판사가 독립신문과 2개년 인쇄계약을 맺었음을 보고하고 있음.

* "Report Ⅰ-W.B. Scranton, Superintendent", Journal of the Fourteenth Annual Meeting of the Korea Mission of the Methodist Episcopal Church held at The First Methodist Episcopal Church, Seoul, August 25 to September 1, 1898, p.24 에서 직접 인용.
* 독립신문사의 제3대 사장이 될 Mr. Emberley에 관한 언급이 나옴.

독립신문사의 위치가 여기였다고 하는 문건이 지금까지 셋이 나와 있다. 그 하나는 서울특별시 문화재과 표석위원회의 문건[10]이고, 두 번째는 서재 필 만년에 직접 면담을 한 내용을 정리해 출판한 「서재필 박사 자서전」[11] 이고, 세 번째가 헨더슨(Gregory Henderson)의 "A History of the Chong Dong Area and the American Embassy Residence Compound"[12]이다.

이들 3개 문건을 위에 제시된 순서에 따라 하나씩 제시하면서 논의와 추

---

10) 서울특별시, 「역사 문화 유적의 현장을 찾아」, (집필자 박경룡), 1995년 12월 15일 발행, p.7.
  이 소책자는 "문화유적 표석 문안집"으로서 일곱 번째 항목이 '독립신문사 터 (獨立新聞社址)'에 관한 것임.

11) 金道泰, 「徐載弼 博士 自敍傳」, 서울: 首善社, 1948년 7월.

12) Gregory Henderson, "A History of the Chong Dong Area and the American Embassy Residence Compound", *Transactions of the Korean Branch of the Royal Asiatic Society,* Vol.35, 1959, Seoul, Korea, pp.1-31.

리를 진행시켜 보겠다.

2. 독립신문사 터(獨立新聞社址) 표석

서울특별시 문화재과 표석위원회는 1985년 10월 지번(地番) '정동 34번지 5호'에 '독립신문사 터(獨立新聞社址) 표석'을 세웠다. '정동 34번지 5호'는 당시 배재학당 전체 대지의 거의 다를 차지하는 넓은 지역을 가리키는 지번이다. 표석은 이 넓은 배재학당 구내에서 대강당 앞쪽 계단 옆에 세워졌다. 〈사진 1〉에서 '독립신문사 터 표석'의 사진과 그 주변의 분위기를 느낄 수 있다.

〈사진 1〉 '독립신문사 터 표석'
* 배경에 보이는 건물이 옛 배재학당 2층 대강당임.

배재학당이 한강 남쪽 강동구 명일동으로 이전하기 전인 1982년에 찍은 정동지역 항공사진인 〈사진 2〉에서 이 지점을 확인해 보기로 하자.

〈사진 2〉에는 정동 일대의 지형 파악에 도움을 주기 위해 연구자가 주요 기관이나 건물들의 위치를 표시해 놓고 있다. 관심의 대상인 옛 배재학당 쪽을 보면 대운동장, 옛 아펜젤러 목사의 집터, 동관, 서관 그리고 대강당이 표시되어 있다. 독립신문사 터 표석은 대강당 앞쪽 계단 옆에 〈사진 1〉과 같이 세워졌다.[13]

〈사진 2〉 정동(貞洞) 지역 항공사진: 1982년 촬영

* 옛 배재학당 경내에 '독립신문사 터 표석' 위치 표시

---

13) 2002년 이 글이 처음 발표되었을 당시에는 독립신문사 터 표석은 배재재단이 옛 배재학당 터에 대규모 고층 건물을 짓는 과정에서 잠정적으로 철거되었었음. 그 건물(배재정동빌딩)이 준공되면서 옛 대강당 터가 '신교육 발상지' 기념 정원으로 꾸며졌는데 독립신문사 터 표석이 그 정원 한 모퉁이에 다시 세워져 있음.

〈사진 3〉 배재학당 제1교사와 삼문출판사, 1890년대
* 이 두 건물이 1933년에 헐리고 그 자리에 대강당이 세워졌음.

대강당 앞에 표석이 세워진 것은 그곳이 독립신문을 인쇄했었던것으로 추정되기도 하는 삼문출판사가 있었던 자리이기 때문이다. 〈사진 3〉을 보면 배재학당 제1교사와 삼문출판사 두 건물이 앞뒤로 나란히 서 있는데, 삼문출판사는 처음에는 1887년 가을에 완공된 제1교사 반지하에서부터 시작했으나 선교와 교육의 필요에서 인쇄수요가 크게 늘어나게 되자 뒤쪽에 별도의 건물을 새로 짓고 나가게 되었다. 배재학당은 1933년 역사적인 의미가 큰 이들 두 건물을 헐고 그 자리에 대강당을 세웠다. 독립신문사 표석은 이런 연유에서 원래의 삼문출판사가 있던 자리에 가장 가까운 대강당 앞쪽에 세워지게 된 것이다.

독립신문사 터를 찾는 문제는 앞에서도 언급되었듯이 인쇄한 곳과 신문사 사옥이 달랐던 적이 있었다는 데서 혼선이 야기되고 있다.

서울특별시 문화재과 표석위원회의 '문화유적표석 문안집' 제7항 '독립신문사 터' 부분을 보면 다음과 같이 되어 있다.

"정동제일교회 남쪽의 배재공원은 배재고등학교가 자리하던 곳으로 이 공원의 일부 지역에는 우리나라 최초의 민간지(民間紙) 《독립신문》 사옥이 있었다. ……아관파천(1896) 후에도 박정양 내각이 계속 신문 발간을 지원함에 따라 일본으로부터 인쇄기와 활자를 구입하고 정동에 있는 국가 소유의 건물을 빌려 사옥으로 삼았다……"[14]

문안 속에서도 독립신문사 터 위치에 대한 애매함을 읽을 수 있을 것 같다. 우선 현재의 "배재공원 일부 지역에…… 독립신문 사옥이 있었다."라고 했는데 여기서의 배재공원은 옛 배재학당 터였었기 때문에 위의 말은 독립신문 사옥이 배재학당 터 안에 있었다는 이야기가 된다. 한편 "…… 정동에 있는 국가 소유의 건물을 빌려 사옥으로 삼았다……"라는 말은 독립신문 사옥이 배재학당 안이 아니라 밖에 있었음을 말해 주는 것이 된다. 왜냐하면 그 당시 배재학당 안에는 제1교사와 삼문출판사만이 있었던 것 같기 때문이다.[15]

독립신문사 사옥 터에 관한 이와 같은 어정쩡한 상황은 독립신문사 사옥 터의 위치가 밝혀지게 되어야만 해소될 수 있을 것 같다.

3. 서재필 자서전 자료: 「서재필 박사 자서전」

서재필이 8·15해방 후 다시 한국에 돌아와 대한적십자사 총재로 있을 때 출판사 수선사(首善社)가 서재필 총재의 구술과 면담한 내용을 정리해 「서재필 박사 자서전」이란 책을 1948년에 출판했는데,[16] 이 책 210면에 독립신문사 사옥의 위치가 한 줄 정도로 나와 있다.

---

14) 서울특별시, 「역사 문화 유적의 현장을 찾아: 문화 유적 표석 문안집」, (집필자 박경룡), 1995.12.15. p.7.

15) 배재학당 부지 옆에는 당시 감리교 선교단이 구입해 아펜젤러와 스크랜튼 등을 비롯한 선교사들 몇이 모여 살고 있던 터가 있었는데 이 터가 뒤에 배재학당에 속하게 된다. 지금 우리가 배재학당 터라고 할 때는 이 터까지를 포함해서 이야기하게 된다. 그런데 이 터는 감리교 선교단 소유였었고 때문에 이 터에 정부 소유 건물이 없었던 것으로 알려져 있다.

16) 金道泰, 앞의 책, 1948년 7월 출판.

"…… 場所는 貞洞 美國公使館 뒤에 마츰 政府所有의 뷔인 집이 있으므로 그곳을 使用키로 하였다."

독립신문 사장 서재필의 이 말에 따라 독립신문사 사옥의 위치를 찾아보기로 하자. 독립신문이 발간되던 시기에는 우리나라에 아직 특정 번지까지를 찾아낼 수 있을 정도의 정확한 지도가 없었다. 정동의 경우도 사정은 마찬가지였다.

그런데 10년 뒤인 1910년(융희 4년) 2월에 일본인들이 삼각측량법에 의해 당시의 경운궁(慶運宮: 현재의 덕수궁)과 그 주변 일부를 정확히 그려 놓은 지도가 있어, 이것을 바탕으로 해서 관련 자료들을 동원해 찾아보고자 했다.

1910년 2월의 '덕수궁 평면도'에서는 덕수궁 전체를 보여 주고 있지만 여기 〈지도 1〉에서는 이 연구에서의 관심 대상 지역만을 떼어 내어 제시했다.

〈지도 1〉에는 도로와 터와 건물의 위치와 모습 등이 나타나 있다. 이 지도에 연구자가 타원, 사각형, 선, 글 등을 일부 기입해 넣음으로써 위치를 쉽게 알아볼 수 있도록 해 보았다.

우선 서재필이 독립신문사 사옥이 있었던 곳이라고 말한 지점을 검토해 보겠다.

서재필은 독립신문사 사옥이 "미국공사관 뒤에 있었다."라고 했는데, '뒤'라면 정문을 기준으로 해서 볼 때, 타원형 'A' 지점이 된다. 그런데 이 'A' 지점은 조선조(朝鮮朝)를 창건한 태조(太祖)를 비롯한 역대 임금의 영정을 모셔 놓은 선원전(璿源殿)이 있는 경내이기 때문에 다른 목적의 가옥 등이 없었을 것으로 생각된다. 서양 선교사가 스케치한 약도에도 이곳 일대가 'Government Privy Ground'로 되어 있다.

서재필이 말한 '미국공사관 뒤에'라는 말을 신축성 있게 해석해서 '뒤쪽'을 뜻한 것으로 그 방향을 좀 더 넓게 보면 타원형 'B' 지점이 될 수도 있을 것 같다. 이 'B' 지점에는 헨더슨(Henderson)에 의하면[17] 1903년경까지

는 총세무사(總稅務司: Chief Commissioner of Customs)의 관저가 있던 곳
이다. 〈지도 1〉에는 이곳에 돈덕전(惇德殿)이 있는 것으로 되어 있는데, 돈
덕전은 1903년경에 황실의 영빈관으로 건축된 서양식 건물이었다. 돈덕전이
들어서기 전까지 총세무사 관저 이외에도 가옥 몇 채가 더 있었던 것 같으
며, 이곳의 가옥 중에 황실 소유 빈집이 있을 수도 있다는 생각이 든다. 그
렇다면 독립신문사 사옥이 〈지도 1〉의 'B' 지점에 있었을 것 같기도 하다.

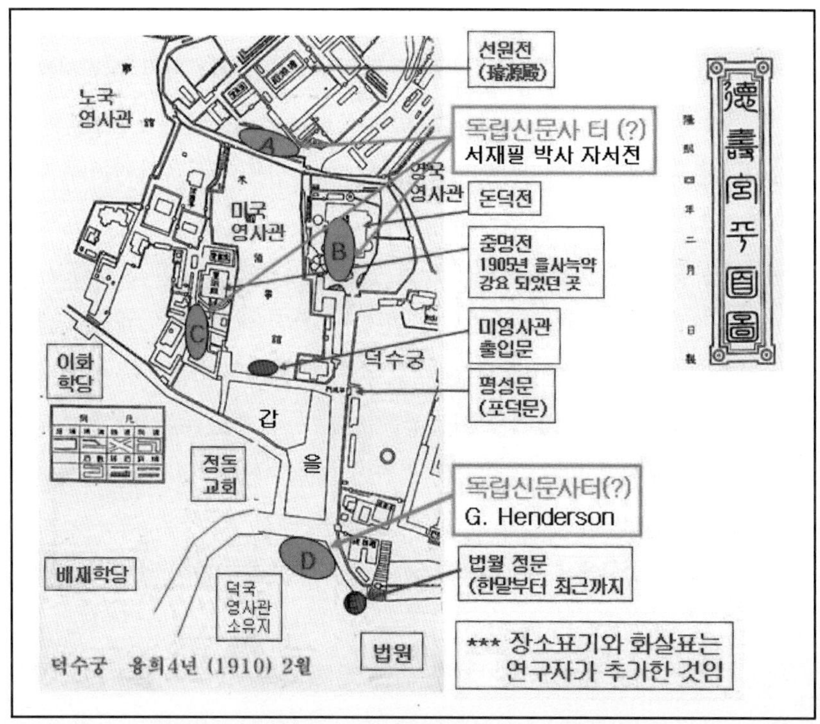

〈지도 1〉 1910년의 경운궁(덕수궁) 서부와 정동 일부 지도
  * 서재필과 헨더슨이 말한 독립신문사 사옥 위치를 찾아보기 위한 자료

　　서재필이 독립신문사 사옥의 위치가 미국공사관 뒤쪽이라고 한 말을 좀

---

17) G. Henderson(1959), 앞의 논문, p.20.

더 신축적으로 본다면 〈지도 1〉에서 타원형 'C' 지점이라고도 볼 수 있는데 그렇다면 중명전(重明殿) 앞쪽쯤이 될 수도 있을 것 같다. 중명전은 1903년경에 2층 양옥으로 건축된 건물인데 1904년 4월 경운궁(현재 덕수궁)에 큰불이 나서 주요 전각들이 소실되자 고종황제가 한때 유하며 정사를 보기도 했었고, 1905년 을사년 11월 18일에는 일본에 의해 이른바 '보호조약'이 강요되었던 곳이기도 하다.

그런데 이 'C' 지점은 1880년대 중반부터 언더우드 목사의 장로교교단 소유지의 일부로서 우리 정부가 이 터를 장로교교단으로부터 매수해 덕수궁 부지에 포함시킨 것이 1902년경[18]이었으니까 이 'C' 지점에는 독립신문이 창간되던 1896년 당시 독립신문 사옥으로 쓰라고 정부가 내어 준 '정부 소유의 빈집'이 없었던 곳이다. 따라서 이곳을 독립신문사 사옥이 있었을지도 모르는 터의 한 곳으로 볼 수는 없다.

독립신문사 사옥이 미국공사관 '뒤'에 있었다고 서재필이 말을 했다고 해서 미국공사관 뒤쪽(넓은 의미에서의 뒤쪽)에 초점을 맞추어, A, B, C 3개 지점 각각에 관해 추리를 해 보았다. 그렇지 않다는 확정적인 증거가 아직 없는 상태에서 '뒤쪽'에 있었을 가능성을 완전히 배제할 수는 없겠으나 서재필의 이 '뒤쪽'이란 말도 독립신문 창간이 '여름'이었다(실제는 4월: 연구자)는 그의 회상과 마찬가지로 기억이 흐려진 데서 온 것은 아닐까 하는 생각이 든다. 미국공사관 '가까운 곳에' 있었다고 보는 것이 옳을 것 같이 생각된다.

'뒤쪽'이었을 가능성에 연구자가 회의를 갖게 되는 것은 바로 다음에 다루게 될 헨더슨(G. Henderson)의 이야기에 좀 더 큰 신빙성이 가기 때문일는지도 모른다.

다만, 서재필의 '미국공관 뒤쪽'이었다는 말은 독립신문사 사옥이 배재학당 안에 있었다는 설을 부인해 주는 것으로는 볼 수 있을 것 같다.

---

18) 이덕주, "한국 기독교 문화유적을 찾아서: 근대화의 요람 정동 이야기(2)", ≪기독교사상≫, 1997년 3월호, p.75.

「신문평론(新聞評論)」 1975년 6월호에 당시의 언론계 원로 셋이서 구한 말과 일제 때의 한국의 신문가(新聞街)에 관한 대담을 하는 속에서 독립신문사의 위치에 관한 이야기가 나온다. 유광열은 이 대담에서 "우리나라 최초의 민간지로 등장한 독립신문은 1896년 4월 7일 당시 서울 정동, 지금의 배재학교 운동장 부근의 한 기와집에서 발간되었습니다."[19] 라고 했는데, 위치가 정확하지는 않지만 독립신문사가 배재학당 터 안이 아니라 밖에 있었음을 뒷받침해 주는 말로 받아들여진다.

4. 헨더슨 자료: G. Henderson,
"A History of Chong Dong Area……"

헨더슨은 한국의 정치와 문화에 관심이 컸던 사람으로서, 주한미국대사관의 문정관(Cultural Attache)으로 있던 1959년에 Royal Asiatic Society 한국지부 발행 Transaction誌 Vol.35호에 "貞洞 일대와 美國大使官邸의 역사(A History of Chong Dong Area……)"에 관한 논문을 기고했다.[20]

헨더슨은 이 논문에서 한말 당시의 미국공사관과 그 주변이 어떠했었고 무엇이 있었는지를 기술하는 과정에서 독립신문에 관해 한마디를 하고 있다. 〈자료 2〉에 헨더슨의 독립신문에 관한 언급이 제시되어 있다.

"Across from this entrance by the present gate to the courthouse, Dr. Philip Jaisohn published his famous newspaper, The Independent."

---

19) 김을한, 유광열, 최은희 대담, "구한말·일제 때 해방직후: 한국의 新聞街", ≪新聞評論≫, 1975년 6월, p.30.

20) 헨더슨은 한국을 떠나고 난 뒤에도 한국에 대한 연구를 계속해 1968년에는 The Politics of the Vortex라는 책을 출간, 예로부터의 한국 정치 현상과 특성을 이해하는 데 도움이 될 수 있는 이론적 모형 하나를 제시해 주목을 받기도 했었다.

헨더슨의 이 말을 옮겨 보면,

"(한말 미국공사관) 정문 저 건너편, (이 글을 쓰는 1959년) 현재의
법원 정문 바로 옆(건물)에서 서재필 박사가 그의 유명한 독립신문을 발
행하고 있었다."(괄호 안은 연구자가 삽입)

> Inside the compound, the present main Embassy guest
> house was from 1884 until 1948 either the American
> Legation or the Consulate-General. Across from this
> entrance by the present gate to the courthouse, Dr. Philip
> Jaisohn published his famous newspaper, *The Independent*.
> In back, one of the older and historically more significant
> features of the compound is the gate at the crest of the
> hill behind the Ambassador's residence. This gate gave

〈자료 2〉 헨더슨 논문의 독립신문사 사옥의 위치에 관한 부분
* G. Henderson, "A History of the Chung Dong Area……", p.21.

헨더슨의 이 말을, 한말에 작성된 지도 위에다 옮겨 보면 독립신문사 사
옥의 위치가 어디쯤이었는지 짐작을 할 수가 있다.

서재필 사장은 독립신문사 사옥이 "미국영사관 뒤에 있었다."라고 했는
데 헨더슨은 정반대로 미국영사관 "정문 앞쪽 저 건너편에 있었다."라고
말하고 있다.

〈지도 1〉로 되돌아가 보면 한말의 미국영사관의 정문이 영사관 터 남쪽
에 '작은 타원'으로 표시한 곳에 있었다. 정문 앞에 '터 갑'과 '터 을'이 있
다. 이 터는 한말 당시 '공용의 공간'이었다. 선교사들이 스케치한 지도에는
'Public Park'로 표시되어 있다.[21] 당시는 많은 것이 빨리 변하던 때이었기
에 당시의 사진을 보면 사진 찍은 시기에 따라 변동이 있기는 하지만 이들
두 터는 기본적으로는 공설운동장·공설회관 터로 이용되는 곳이었다.

1897년 12월 28일자 독립신문 '잡보'란에 난 기사에는 "요견 토요일은 야

---

21) 정동제일교회, "하늘 사명의 전당, ……", p.18의 지도 참조.

쇼 크리스도 탄일이라 졍동 외국 사름들이 미관 압 공동 셔화원에 모혀 크게 경축회를 ᄒ고……"라고 나와 있고(미관=미국영사관, 연구자), 1899에 찍은 사진에 보면 미국영사관 정문 앞의 공터가 정구장으로 되어 있다.

정동교회 아래쪽에 '덕국영사관 소유지'로 표시되어 있는데, 덕국(독일) 영사관은 한말 당시 몇 차례 자리를 옮겼었다. 정동에도 한때 덕국영사관 소유 부지가 있었던 것 같다. 독립신문 1897년 4월 13일자 '잡보'란에 "졍동셔 셔쇼문으로 넘어 가는 길을 넓히고 고칠터인ᄃᆡ 이 길 좌우따은 미국 미미교회와 덕국 영ᄉ관 따히라 교회에셔와 덕국 사름 월터–씨가 ᄌ긔들 따 다섯ᄌ 넓븨식을 한성부로 공히 주어 길을 더 넓히고 졍 ᄒ게 ᄆᆞᆯ들게 ᄒᆞ엿다니……"로 나와 있는 것으로 보아 덕국영사관 소유 터가 현재의 정동교회와 배재학당으로 넘어가는 길을 사이에 두고 있었던 것으로 생각된다.

대법원이 한강 남쪽 서초동으로 이전하기 전까지 대법원의 정문이 정동 로터리 덕수궁 담이 굽어지는 바로 앞쪽에 있었다. 헨더슨이 말하는 "the present gate to the courthouse"란 바로 1959년 당시의 이 대법원 정문을 가리키는 것이다. 대법원 정문 바로 옆이라고 할 경우 정문의 좌우 두 곳이 있을 수 있는데 정문 바른쪽으로는 집들이 없었던 것 같기 때문에 헨더슨의 말은 정문의 왼쪽을 가리키는 것으로 판단된다.

이런 추리를 거쳐 독립신문사 사옥은 〈지도 1〉에서 '타원 D' 지점에 있었을 것이라는 결론에 도달하게 된다.

연구자는 헨더슨이 독립신문사 터가 있던 자리라고 한 지점을 보여 주는 1900년경의 사진들을 찾아 나섰으나 구하지 못하고 있던 차에 경향신문 2001년 12월 1일자에 100년 전의 경운궁(덕수궁)과 정동 일부를 보여 주는 사진이 실렸었다는 말을 듣고 찾아서 확인해 보았다. 1904년 4월에 있었던 경운궁(덕수궁) 대화재 이전에 찍은 것으로 보이는 이 사진〈사진 4〉에는 미국공사관 정문 건너편 모퉁이 일부가 나타나 있어서, 헨더슨이 독립신문사 사옥이 있었다고 한 지점이 들어 있었다.

〈사진 4〉 1900–1903년의 경운궁(덕수궁)과 정동 지역 사진

* 자료: 경향신문 2001년 12월 1일 p.1.
* 소장: 국사편찬위원회

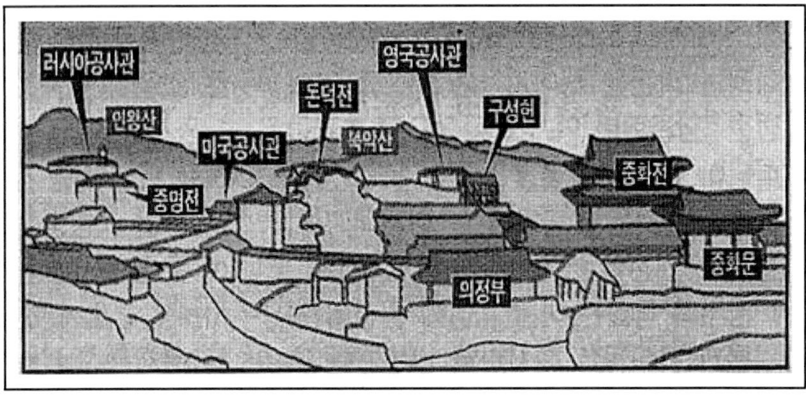

〈그림 1〉 1900–1903년의 경운궁(덕수궁)과 정동 지역의 주요 건물들의 이름

* 자료: 경향신문 2001년 12월 1일 p.1.

〈사진 4〉에 있는 주요 건물들의 위치와 이름이 〈그림 1〉에 나타나 있다. 〈사진 4〉를 앞에 나온 〈지도 1〉에 맞추어 보겠다. 〈지도 1〉에는 현재의 덕수궁의 서쪽 끝만이 나타나 있으나 한말의 경운궁(덕수궁) 터는 중명전 지역까지를 포함한 넓은 지역을 차지하고 있어서, 마치 미국공사관이 궁궐터 안에 들어박힌 섬인 듯이, 궁궐터가 미국공관을 둘러싸고 있었다. 〈지도 1〉에 영국공사관 터, 평성문(포덕문), 돈독전, 미국공사관 터, 선원전, 중명

전과 러시아공사관 터가 표시되어 있다. '1910년 덕수궁 평면도'는 덕수궁 경내의 건물 모양을 그리고 그 위치를 나타내는 데 국한한 것이기에, 덕수궁 경내 밖의 지역의 경우는 건물 모양이나 그 이름을 나타내지 않고 있다. 〈지도 1〉의 경우 덕수궁 돌담길 아래 부분과 정동교회 이화학당 길 아래 부분에 아무런 표시가 없는 것도 이 때문이다. 헨더슨에 의하면 그 표기가 안 되어 있는 지역에 우리가 찾고자 하는 독립신문사 사옥이 위치해 있었다고 했기 때문에 연구자가 정동교회, 배재학당, 이화학당, (헨더슨이 있던 당시의) 대법원 정문 위치 등을 글자로 〈지도 1〉에 표기해 넣었다.

〈사진 4〉의 왼쪽 아래 부분을 보면 궁궐 담을 끼고 들어오던 길이 바른쪽과 왼쪽으로 갈라지는 삼거리가 보인다. 바른쪽으로 꺾인 길은 미국공관 쪽으로 가는 길이고 왼쪽으로 꺾인 길은 배재학당을 거쳐 서소문으로 넘어가는 길인데 몇 미터 안 가서 또 하나의 삼거리가 나오는데 이화학당 쪽으로 가는 길, 당시에 외국인들이 Legation Street라고 부르던 길이 갈라진다.

〈사진 4〉에서 이 연구의 관심 영역인 미국공사관 정문 앞쪽 부분을 확대해 보여 주는 것이 다음의 〈사진 4−1〉이다.

〈사진 4−1〉에서 보면 미국공사관 정문이 있고 그 앞에는 공원(Public Park)으로 쓰이던 터와 공중집회소인 공동서화원이 있다. 사진의 오른쪽 하단에 타원으로 헨더슨이 미국대사관 문정관이던 때(1959)의 대법원 정문 자리가 표시되어 있다.

> 헨더슨은 그의 논문 "정동의 역사……"에서 아래와 같이 말했다.
> "(한말 미국공사관) 정문 저 건너편, (이 글을 쓰는 1959년) 현재의 법원 정문 바로 옆(건물)에서 서재필 박사가 그의 유명한 독립신문을 발행하고 있었다."(괄호 안은 연구자가 삽입)

〈사진 4−1〉에서 헨더슨의 말을 따라가 보면 한옥 기와집 한 채가 삼거리 모퉁이에 있는 것이 보인다. 독립신문이 폐간된 것이 1899년 12월, 이 사진을 찍은 시기가 1902−3년경, 즉 독립신문이 폐간된 지 2−3년밖에 지

나지 않은 때에 찍은 사진인 것이다. 독립신문 사옥이 아직 남아 있었을 가능성이 매우 크다.

헨더슨의 말이 맞는다면, 〈사진 4-1〉에서 우리가 보고 있는 이 한옥이 독립신문사 사옥이었을 가능성이 매우 크다.

〈사진 4-1〉 정동의 외국공관 지역 쪽을 확대한 사진
* 왼쪽 아래 한옥이 독립신문사 사옥이었을 가능성이 큼.

〈사진 4-1〉을 그때부터 100년 뒤인 최근의 상황에 옮겨 보면 〈사진 4-2〉와 같다. 〈사진 4-2〉는 1982년에 찍은 항공사진으로서, 이 글을 쓰고 있던 2002년 당시와는 옛 배재학당 운동장 경내에 배재공원, 러시아 대사관 등이 들어선 것을 빼고는 거의 차이가 없다.

현재의 미국대사관저 터는 옛날의 정문 앞 공설운동장(Public Park) 부분까지를 차지하고 있기 때문에 혼선을 피하기 위해 옛 미국공사관 정문 자리를 사각형으로 표시를 했다.

<사진 4-2> 정동 사거리 항공사진(1982년 현재)에서의 독립신문사 사옥으로 추정되는 위치

 * 촬영: 1982, 소장: 이화여자고등학교

옛 대법원 정문 자리가 실선 원으로 표시되어 있고 그 옆에 아래위로 긴 타원으로 표시된 자리가 헨더슨이 말한 독립신문사 사옥 자리이다. 현재의 신아빌딩 부지의 '바른쪽의 앞쪽' 부분 일부와 그 앞 도로의 일부 위에 걸쳐서 독립신문사 사옥이 서 있지 않았을까 생각된다. 정동 로터리 부근은 100년 전에 비해 길을 상당히 넓혔기 때문에 옛 독립신문사 사옥 대지의 상당 부분이 도로에 포함되었을 것으로 생각된다. 신아빌딩의 주소가 '서소문동 39-1'로 되어 있지만, 한말에서 일제 초기까지는 이 지역이 '대정동'에 속해 있었다.[22]

---

22) 1918년(大正 7년)에 발간된 「朝鮮土地調査事業報告書」에 臨時土地調査局廳舍 사진이 나옴.
　　이 청사는 옛 대법원 정문 옆, 현재의 신아빌딩 자리에 있었던 것인데 그 사진 설명에 주소가 '京城府 貞洞'으로 나와 있음.

독립신문을 비롯해 독립신문과 동시대에 혹은 조금 늦게 발행된 신문들의 기사나 광고 속에서, 학자들의 연구 속에서, 당시의 사진들 속에서 독립신문사 사옥 위치에 관한 단서를 찾을 수 없을까 하는 생각에서 적극 탐색에 나서 보았으나 현 단계에서는 연구자의 마음이 헨더슨(G. Henderson)의 이야기 쪽에 가장 끌리고 있음을 고백하지 않을 수 없다.

5. 추적을 일단 끝내면서

독립신문사 사옥의 위치를 찾기 위해, 기존의 여러 학자들이 행한 연구와 여러 전문가들이 제공한 정보와 조언 등을 바탕으로, 옛 지도와 사진들을 엮어 가면서 벌인 지금까지의 추리가 다만 얼마만의 타당성이라도 있는 것이기를 연구자는 바란다.

그러나 보다 더 결정적인 자료가 나와 연구자의 추리가 틀렸다는 것이 입증되더라도 연구자의 기쁨은 못지않게 클 것이다. 왜냐하면 독립신문사 사옥의 위치를 찾는 것이 중요하지 누가 찾았느냐는 부차적인 것이기 때문이다.

정동은 그리 넓은 지역이 아니다. 경운궁(덕수궁), 미국공사관, 영국공사관, 러시아공사관, 프랑스공사관, 배재학당, 이화학당, 감리교와 장로교 관련 기관 등 이미 확실히 알려진 지역을 제외하면 아직 확인을 요하는 지역은 한층 더 좁아진다. 이 좁은 지역 내에 우리가 찾고 있는 독립신문사 사옥이 위치해 있었는데 불과 100년밖에 안 지난 현재의 시점에서 그 위치를 아직 확인 못 하고 있다는 것이 신기하기까지 할 정도이다.

전문가들에게 있어 독립신문사의 주소나 위치 같은 것은 작은 것이기에 아직 주목을 안 했었기 때문일 수도 있고 그에 관한 기록이 남아 있지 않기 때문일 수도 있다. 그러나 기록은 '엉뚱한 곳에서 우연히' 그 모습을 드러낼 수도 있다.

  비전문가인 연구자의 환상일 수도 있는 이야기이지만, 한말의 일본과의 무역관계를 깊이 파고드는 연구자가 일본으로부터의 인쇄시설 수입관련 자료에 접하게 될 수도 있고 서재필이나 독립신문사 이름이 그의 눈을 스쳐 갈 수 있을지도 모른다. 일본의 명치시대사를 연구하는 사람의 눈에 당시의 체신성(遞信省) 고문서 속에서 독립신문 영문판 우편물취급인가 관련 문건이 스쳐 지나갈 수도 있을지 모른다. 알렌, 아펜젤러, 언더우드를 비롯한 한말에 우리나라에서 일했던 외국인들의 메모나 문건들 속 어딘가에서 독립신문이나 서재필에 관한 언급을 본 적이 있는 사람이 있을 수 있다. 그러나 언론학자들에게 있어서 독립신문사의 주소나 인쇄시설 수입 날짜 같은 것이 중요한 사항일 수도 있다는 사실을 모르고 있을 경우에는 보았으면서도 못 본 것이 되어 흘러가 버릴 수도 있을 것 같다. 언론학자들이 찾고 있는 사항들이 어떤 것들인지를 인접 학문 연구자들에게도 널리 알리는 작업을 통해 언론학자들이 일부러 찾아 나서면 엄청난 시간과 노력이 들 수 있는 사항들이 그들의 도움으로 우연히 찾아질 수도 있지 않을까 하는 생각이 든다.

  1890년대에는 우리나라에 이미 사진기가 도입되어 있었던 때라 이곳저곳 사진을 찍어 놓은 것이 남아 있다. 정동(貞洞) 일대에 관한 사진들도 발굴되고 수집된 것들이 있다. 그러나 헨더슨(G. Henderson)이 독립신문사가 있던 곳이라고 지목한 지역 방향으로 찍은 사진은 아직 연구자의 눈에는 띄지 않고 있다. 다만 이제 어느 쪽을 유심히 살펴야 할 것인지를 알게 되었기에 그 방향으로 찍은 사진들을 찾아 나서면 뜻밖의 곳에서 우연히 결정적인 사진에 부닥칠지도 모른다.

  독립신문사의 현판이 붙은 독립신문사 사옥 앞에서 서재필, 주시경, 기자, 인쇄요원, 신문배달원 등 일동이 함께 기념으로 찍은 사진이 그 누군가에 의해 머지않아 발굴되기를 희망해 본다.

  (≪신문과 방송≫, 2002년 10월호에 발표. 본서에서 일부 보완.)

제2절 서재필이 살던 집터의 현재의 위치

1. 서재필 사저 사진과 사진 속의 높은 굴뚝

구한말 우리나라 최초의 민간신문 독립신문사가 있었던 곳이 서울 정동의 정동제일교회 맞은편 신아빌딩 터 일부와 그 앞 도로의 일부이었을 것으로 추정하는 연구가 있었는데[23] 그 독립신문을 창간해서 2년간 운영해 온 서재필(徐載弼)이 살던 집은 어디에 있었을까.

서재필은 미국에서의 망명생활을[24] 끝내고 1895년 12월 26일 귀국해 1896년 4월 7일 독립신문을 창간 운영해 오다가 정부가 그를 중추원 고문직에서 해직시키고 러시아공사관의 주도로 추방을 획책[25]하는 분위기가 일자 1898년 5월 14일 다시 미국으로 떠났었는데 그동안 그가 살던 집터의 현재의 위치는 어디일까.

---

23) 오인환, "독립신문 터를 찾아서, 신아빌딩 바른쪽 앞으로 추정", ≪신문과 방송≫, 2002년 10월호, pp.85-94; 本章 제1절 참조.

24) 서재필은 1884년 12월 4일 김옥균이 중심이 되 일으킨 갑신정변에 가담했다가 이 거사가 3일 만에 실패로 끝나자 일본을 거쳐 미국으로 망명을 했었다. 서재필은 미국시민권을 취득했으며 의학공부를 해 의사가 되어 개업을 하고 있었다. 1894년 김홍집 내각이 들어서 갑오경장 정책을 추진하면서 갑신정변 주모자들에게 사면조치가 취해지고 난 뒤 서재필은 정부로부터 중추원 고문 교섭을 받고 귀국을 하게 되었다.

25) 한국프레스센터, 「서재필과 독립신문」, (한국신문 100주년기념 특별전: 자료고증 해설 정진석), 1996, p.39.

<사진 1> 서재필 자택 사진. 서소문 근처: 남산 동쪽 능선과 높은 굴뚝이 보임

　* 출처: 한국프레스센터, 「서재필과 독립신문」, 1996, p.38.

　독립신문사의 확실한 사진은 아직 찾아지지 않고 있으나 그 신문의 창간자인 서재필 사저의 사진은 나와 있다. <사진 1>과 <사진 1-1>이 서재필이 구한말에 귀국해 약 2년 반 동안 살던 집의 사진이다.

　서재필 사저(私邸)의 위치는 <사진 1>의 설명에 나와 있듯이 서소문동(西小門洞: 서울시 중구)의 '서소문 근처'에 있었다는 것만이 알려져 있을 뿐 그 정확한 지점이 어디였는지는 알려져 있지 않다. 별 관심거리가 안 되어 알아보려고 한 사람이 아직 없었다고 말하는 것이 보다 정확한 표현이 아닐까 생각된다.

　본 연구자가 독립신문사 사옥 터의 정확한 위치를 찾는 과정에서 서재필 사저의 위치도 여러 사람에게 문의해 보았다. 그중 한 사람이 오래전에 일본 자료에서 한 일본인이 옛 서재필 사저 터의 주소를 대면서 "여기에 있었다"고 한 것을 본 기억이 있는데 찾아봐 주겠다고 해서 기대를 크게 하고 있었다. "오래전 일이라 그 자료를 찾지 못하겠다. 계속 찾아보겠다."라는 연락을 받았다.

〈사진 1-1〉 서재필 자택 사진-2

　* 자료: 한국프레스센터, 「서재필과 독립신문」, 1996, p.38.

서재필 사저의 위치에 관한 자료나 언급이 어디엔가는 있을 것으로 생각된다. 누군가에 의해 언젠가는 보다 직접적인 자료가 찾아지기를 기대하면서 본 연구자는 현 단계에서 가능한 방법, 즉 이미 나와 있는 사진 자료들과 지도들에 대한 검토를 통해 그 위치를 추정해 보는 방법을 시도해 보고자 했다.

〈사진 1〉에 나와 있는 서재필 사저 사진에서 보면 우선 저택 뒤에 높이 솟아 있는 굴뚝 그리고 그 뒤에 보이는 산의 능선이 눈에 띈다. 당시 이렇게 높은 굴뚝이 서울 4대문 안에 거의 없었을 것이기 때문에 이 굴뚝이 어디에 있는 무엇을 위한 것이었는지를 알게 되면 서재필 사저의 대체적인

위치를 알 수 있게 된다. 또한 사진 설명에 이곳이 '서소문 근처'라고 했으니까 서소문 부근에서 사방을 둘러보아 북악산, 인왕산, 안산, 남산 4개 산의 능선 중에 사진에 나와 있는 능선 모양의 능선이 어느 산의 것인지를 알아보게 되면 서재필 사저 위치의 범위는 한층 더 좁혀질 수 있게 된다.

본 연구에서는 서재필 사저 위치에 관한 추정을 보다 정확한 것이 되게 하기 위해 우선 관련 사진들에 대한 분석에서 감을 잡고 나서 이것을 당시의 지도(地圖)에 비추어 검토 확인해 보는 방법을 택했다.

2. 높은 굴뚝은 전환국의 굴뚝

먼저 〈사진 1〉에 나오는 높은 굴뚝에 관해 알아보겠다. 구한말 서울의 모습을 찍은 사진 가운데 서재필 사저 사진 속의 높은 굴뚝이 나오는 또 다른 사진 둘이 있다.

〈사진 2〉 배재학당 제일교사 사진: 높은 굴뚝이 보임

* 출처: 金源模·鄭成吉 편저, 「寫眞으로 본 韓國의 百年」, 한국문화홍보센타, 1989, p.238.

그 첫 번째가 〈사진 2〉의 배제학당과 선교사 마을 사진이다. 이 사진 오른쪽 위로 중간쯤에 보이는 벽돌 건물이 아펜젤러(Appenzeller) 목사가 1887년 가을에 준공한 배재학당 제1교사(校舍)이다. 그 바로 왼쪽에 남대문이 보이고 남대문 앞쪽으로 왼편에 높은 굴뚝이 보인다. 그 뒤쪽 왼편으로 남산의 서쪽 능선과 산봉우리 그리고 동쪽 능선이 약간 보인다.

〈사진 3〉 남산에서 서대문 쪽으로 찍은 도성 안 사진:
1903년 촬영, 높은 굴뚝이 보임

* 출처: 박영숙 편저, 「서양인이 본 꼬레아」, 도서출판 남보사연, 1998, p.147, 154.
* 사진설명에 높은 굴뚝이 '前 전환국의 굴뚝'이라고 나와 있음.

높은 굴뚝이 보이는 또 다른 사진 두 번째가 〈사진 3〉의 남산에서 서대문 쪽을 향해 찍은 사진이다. 〈사진 3〉의 A에서 보면 사진 한가운데 왼쪽 위편에 높은 굴뚝이 보인다. B는 연구자가 굴뚝 부분을 확대한 것이다. 이 사진은 영국 신문 The Illustrated London News 1903년 11월 7일자 한국특집에 실린 사진의 하나로서 사진 설명에 높은 굴뚝이 얼마 전까지 동전을 만들던 전환국(典圜局)의 굴뚝이라고 나와 있다.[26]

---

26) 사진설명: "A CORNER OF SEOUL, FROM THE SOUTH MOUNTAIN, OR
    NAMSAN: The two-storeyed brick building behind the tree is the

서재필 사저 사진에 나와 있는 높은 굴뚝과 배재학당 사진 속의 높은 굴뚝이 전환국의 굴뚝이었던 것이다.[27]

전환국은 원래 서울 종로구 원서동에 있다가 서소문 근처 선혜신창(宣惠新倉) 자리에 전환국청사를 신축(1885) 운영하다가 인천으로 옮겨 갔으며 (1892) 뒤에 다시 서울의 용산으로 옮겨 오게(1899) 된다.

선혜신창 자리의 "전환국 건물은 모두 3동으로 된 벽돌집이었는데, 제1동은 기관실(汽罐室), 제2동은 지금실(地金室) 조각실(彫刻室) 칭량소(稱量所), 제3동은 용해(鎔解) 신연(伸延) 극인(極印) 분석(分析) 공장으로 사용되었다……"[28]

서재필 사저 사진의 높은 굴뚝은 선혜신창 자리 전환국 제3동 용해공장의 굴뚝임이 밝혀진 셈이다.

서재필 사저 사진 속의 높은 굴뚝이 옛 선혜신창 터 안에 서 있는 것이었음이 밝혀졌으니 이제는 그 뒤쪽에 보이는 산의 능선이 어느 산의 어느 쪽 능선인지를 알아볼 차례이다.

서소문 근처에서 보았을 때 사진 속의 능선과 같게 보이는 능선은 남산의 동쪽 능선으로 생각이 되어 연구자는 서소문 근처에서 위치를 이곳저곳으로 옮겨 가면서 현재의 남산 동쪽 능선 모습을 확인해 보고자 했다. 남대문시장과 회현동 쪽에 들어선 고층 빌딩들에 가려 그 능선의 모습이 확연히 드러나지가 않았다. 순화빌딩 옥상, 종근당빌딩 옥상, 삼성생명빌딩 23층에서 남산 동쪽 능선의 사진을 찍어 보았으나 여기쯤일 것이라고 지목이 되는 능선 부분이 고층빌딩들로 끊겨 나왔다.

Japanese Consulate, and to the right the Japanese Legation. The big brick building to the left is the German Legation. To the right is *the chimney of the old Mint,* now the prison for political offenders……"(강조, 연구자)

27) "날 버리고 가신님 높아지면 제 얼마나 높아지랴. 법주사(法住寺) 당간(幢竿) 만큼 높으랴, 전환국 굴뚝만큼 높으랴"라는 노래가 유행하였다고 한다.
http://seoul600.visitseoul.net/seoul-history/sidaesa/txt/5-2-3-2.html

28) http://seoul600.visitseoul.net/seoul-history/sidaesa/txt/5-4-4-2-2.html.

〈사진 4〉 남산의 동쪽 능선 사진: 2004년 12월 안산 능선에서 촬영

  * 직사각형으로 표시된 능선 부분이 〈사진 1〉 서재필 사저 사진에 나오는 남산의
    동쪽 능선과 비슷한 모습을 보여 주고 있음.

〈사진 4〉는 좀 더 높은 곳으로 가면 고층빌딩들을 피할 수 있으리라는
생각에서 안산에 올라가 남산의 동부능선 전모를 찍어 본 사진이다. 〈사진
4〉에서 장방형 실선으로 표시된 부분이 연구자의 판단에 서재필 사저 사진
에 나와 있는 산의 능선 부분에 해당하는 것 같다.

서재필 사저의 위치를 밝히는 데 결정적인 단서가 되는 높은 굴뚝이 옛
선혜신창 터에 세워졌던 전환국의 굴뚝이었다는 것 그리고 또 다른 중요
단서가 되는 굴뚝 뒤쪽에 보이는 산의 능선이 남산의 동쪽 능선이라는 것
이 밝혀졌다.

서재필 사저의 위치를 좀 더 정확히 추정할 수 있기 위해서는 선혜신창
터의 정확한 위치를 알아야 하고 선혜신창 터 안 어디에 그 높은 굴뚝이
있었는지를 알아야 한다. 선혜신창 터 안에 있던 높은 굴뚝의 보다 정확한
위치는 배재학당 사진인 〈사진 2〉와 당시 그 일대의 지도를 대비시켜 가면
서 검토해 보면 추정이 가능할 것으로 생각된다.

3. 전환국 굴뚝의 위치 추정

1) 전환국이 들어선 옛 선혜신창(善惠新倉)의 위치

선혜신창이 있었던 위치는 옛 지도들을 모아 놓고 함께 검토해 보면 거의 정확히 알아낼 수가 있다.

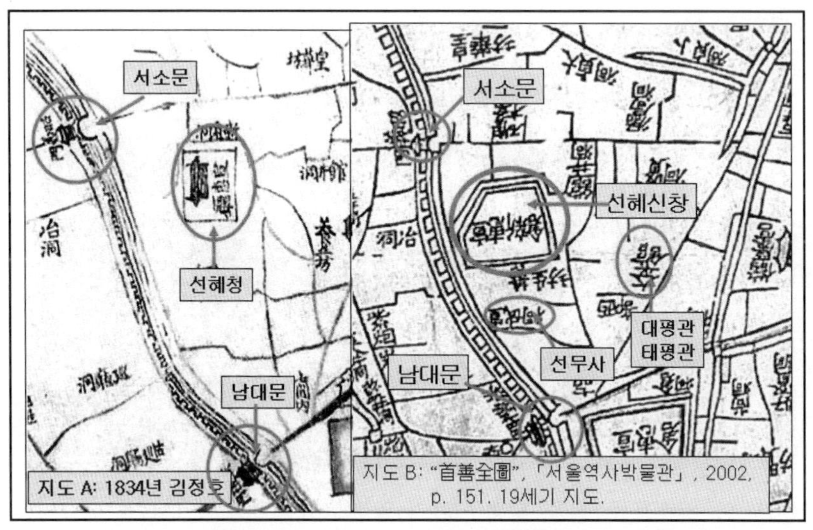

〈지도 1〉 전환국(典圜局)이 들어섰던 선혜신창(宣惠新倉)의 위치를 보여 주는 옛 지도

〈지도 1〉에는 19세기 중엽과 말엽의 두 지도가 제시되어 있다. 〈지도 1〉의 A는 1834년경에 작도된 것으로 추정되는 김정호 지도 「都城全圖」[29]의 일부인데 이 지도에 '선혜청'으로 나와 있는 곳이 '선혜신창' 자리이다. '선혜창'은 남대문 동편에 있던 본창(本倉)을 이르는 명칭이었기 때문에 서소

---

29) 「都城全圖」(청구요람), 김정호, 1834년경, (이찬・양보경, 「서울의 옛 地圖」, 서울학연구소, 1995, p.60.)

문 근처의 이 시설은 '선혜신창'이 정확한 명칭이다. 〈지도 1〉의 B는 19세기 말엽에 작도된 것으로 추정되는 「首善全圖」의 일부인데 이 지도에는 '선혜신창'의 위치와 그 터의 경계가 보다 명확히 표시되어 있다.

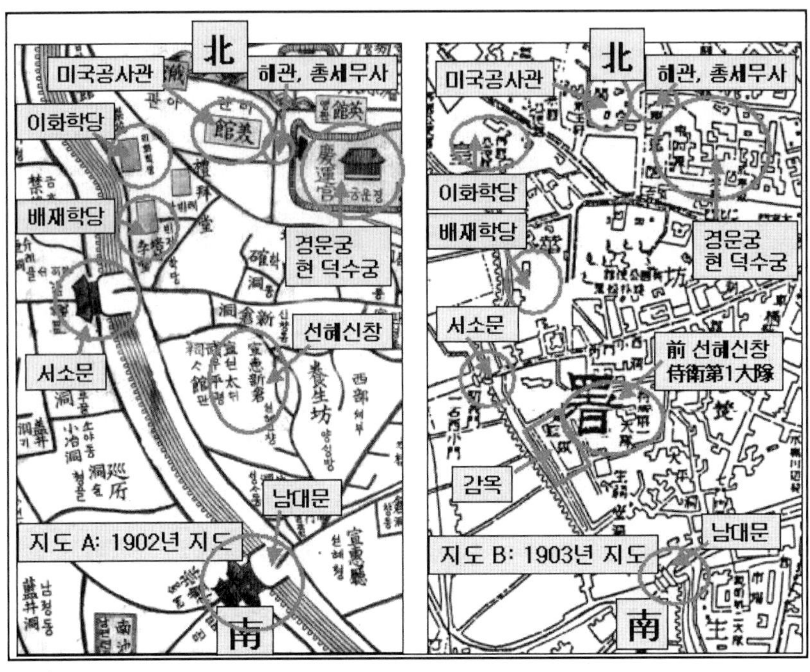

〈지도 2〉 서소문동, 정동, 남대문로1가 일부 지역의 1902년 1903년 지도

　〈지도 2〉에는 20세기 초의 두 지도가 제시되어 있다. 〈지도 2〉의 A는 서양선교사들이 1902년에 작성한 「한양지도」[30]의 일부인데 이 지도에는 '선혜신창'이 '선무사', '태평관'과 함께 묶여 제시되어 있어 '선혜신창'이 있었던 대체적인 위치는 알 수 있으나 그 터의 크기나 형태는 알 수 없게 되어 있다. 〈지도 2〉의 B는 일본인들이 1903년에 작성한 「韓國京城全圖」[31]의 일부인데 이 지도에서는 〈지도 1〉의 B에 '선혜신창'으로 나와 있는 터가

<hr>

30) James S. Gale, "Han‒Yang(Seoul)", *Transaction,* Royal Asiatic Society, 1902.
31) 「韓國京城全圖」, 저작/발행자: 京釜鐵道株式會社, 1903.

둘로 나뉘어, 그 한쪽은 황실과 궁궐을 지키는 '侍衛隊 第一大隊'의 병영으로, 다른 한쪽은 '감옥'으로 나타나 있다. 〈지도 2〉의 B는 앞서 나온 3개 지도와는 달리 현대적 작도법에 의해 작성된 것으로서 옛 선혜신창 터의 위치와 범위가 주변의 주요 도로와 함께 작도되어 있을 뿐 아니라 주요 건물의 위치까지를 나타내 보여 주고 있다.

〈지도 2〉의 B는 바로 앞에서 언급했듯이 현대 작도법에 따라 작성된 것이어서 그 방위와 축도가 오늘날의 지도와 동일하며, 때문에 〈지도 2〉의 B인 그 지도 위에 표시된 것의 위치가 현재의 지도상에서 어디인지를 추정해 보는 것을 가능케 해 준다.

19세기 말경에 작성된 〈지도 1〉의 B와 1903년 제작된 〈지도 2〉의 B를 대비시켜 보면 선혜신창(善惠新蒼)이었다가 전환국(典圜局)이 들어섰던 터가 둘로 나뉘어 서편의 성벽 쪽에 '감옥'이 들어서 있고 동편의 나머지 더 넓은 터에는 황성(皇城)경호부대인 시위제1대대의 병영이 들어서 있음을 볼 수 있다.

서소문 가까이에 있었던 이 감옥(監獄)에 관해서는 앞서 〈사진 3〉의 사진설명에서의 언급 이외에 유영익의 「젊은 날의 이승만」 연구에도 나온다.

〈사진 3〉은 앞에서 이미 설명했듯이 영국 The Illustrated London News 가 1903년 11월 7일자 한국특집에 실린 사진의 하나인데 그 사진 설명에 "높은 굴뚝이 보이는 곳이 얼마 전까지는 동전을 만들던 전환국(典圜局) 터이었으나 사진촬영 당시는 정치범을 수감하는 감옥이 있는 자리(the chimney of the old Mint, now the prison for political offenders……)"라고 나와 있다.[32]

유영익의 「젊은 날의 이승만」은 "이승만의 한성감옥생활……"에 관한 연구서인데 그 책에 한성감옥이 원래는 종로구 서린동의 영풍문고 '언저리'에 있었는데 "갑오경장 후 '서소문(西小門) 안'으로 한동안 옮겼다가 1900년 4월 종로감옥 건물이 개수된 다음 다시 원위치로 환원되었다."라고 나와 있다.(자료 1)[33]

---

32) 앞 주26 참조.

1. 한성감옥의 실태

이승만이 갇혀 있던 한성감옥서(漢城監獄署)는 조선왕조 초기부터 존속했던 전옥서(典獄署)를 갑오경장(1894) 때 개칭한 형무소로서 일명 '종로감옥'이라고도 했다.[1] 이 감옥의 원래 위치는 현재의 종로구 서린동 41번지(영풍문고 언저리)였는데 갑오경장 후 '서소문(西小門) 안'으로 한동안 옮겨졌다가 1900년 4월 종로감옥 건물이 개수된 다음 다시 원위치로 환원되었다.[2]

〈자료 1〉 서소문 부근에 한성감옥이 잠시 이전해 있었음.

  * 출처: 유영익, 「젊은 날의 이승만: 한성감옥생활(1899~1904)과 옥중잡기 연구」,
     연세대학교 출판부, 2002 p.29.

〈사진 3〉의 사진설명(앞 주26)은 전환국 터 전체에 감옥이 들어선 것 같은 인상을 주고 있고 유영익의 글은 그 감옥의 위치가 서소문 안쪽 가까운 곳이었음을 말해 주고 있는데 〈지도 2〉의 B는 옛 전환국의 정확한 위치, 면적 및 지형과 함께 감옥이 그 터의 서쪽 일부분만을 차지하고 있었음을 나타내 주고 있다.

이제 서재필 사저 사진에 나오는 높은 굴뚝이 선혜신창 터에 들어섰던 전환국의 굴뚝이었다는 것을 알게 되었고 그 전환국이 있었던 터의 지형과 위치를 알게 되었다. 지도와의 비교 검토를 통해 서재필 사저의 위치를 추정하기 위해서는 이 추정작업에서 가장 중요한 기준이 되는 '높은 굴뚝의 보다 정확한 위치', 즉 '그 굴뚝이 전환국 터 안 어디쯤에 있었느냐'를 알아 볼 필요가 있다.

이 작업을 위해서는 사진과 지도를 대비시켜 검토해 보아야 하는데 이를 위해서는 관련이 있는 사진들과 지도의 방위를 같게 해서 보는 것이 판단에 크게 도움이 될 수 있다.

굴뚝의 위치를 추정하는 데 사용될 사진(〈사진 2〉와 〈사진과 지도 1〉의

---

33) 1903년에 있었던 영국신문 보도사진과 1903년 제작된 지도에 그곳이 감옥으로 표시되어 있는 것으로 보아 종로의 한성감옥이 개수된 1900년 뒤에도 한동안 서소문안의 이 감옥이 그대로 유지되었던 것으로 짐작된다.

A)은 남산을 향해 북북서 쪽에서 찍은 것이어서 사진의 아래가 북쪽, 위가 남쪽으로 되어 있고 이와 대비시켜 볼 지도는 아래가 남쪽, 위가 북쪽으로 되어 있어, 이들 두 자료의 방위를 같게 하기 위해서는 지도의 방위를 돌려 사진의 경우와 같이 아래가 북쪽, 위가 남쪽이 되게 제시할 필요가 있다.

〈지도 3〉 지도 2-B의 남북 방위를 뒤바꾸
어 놓은 지도
* 대조할 사진들의 촬영 방향과 일치시킴.

〈지도 3〉은 〈지도 2〉의 B와 동일한 것인데 관련 사진과의 대비검토를 용이하게 하기 위해 남북의 방위를 뒤바꾸어 놓은 지도이다. 현재의 덕수궁인 당시의 경운궁 그리고 이화학당과 배재학당이 아래쪽에 있고 남대문이 위쪽으로 가도록 지도가 180도 돌려 제시되어 있다.

2) 선혜신창 터 내 전환국 굴뚝의 위치

전환국(典圜局)의 굴뚝이 전환국 부지 내 어디에 위치했는가를 추정해 보기 위해 사진과 지도를 대비시킨 것이 〈사진과 지도 1〉에 제시되어 있다.

〈사진과 지도 1〉 사진 A와 지도 B를 대비해서 전환국 굴뚝의 위치를 지도 상에서 추정해 본 것임

* 전환국 굴뚝은 성벽에서 먼 쪽에 위치해 있었던 것으로 추정됨.

〈사진과 지도 1〉에서 A의 사진은 배재학당의 첫 벽돌 교사(校舍)가 완공된 이후에 촬영한 것으로서 아펜젤러 목사 등 선교사들이 살던 정동의 선교사 마을에서 남산을 바라보고 찍은 사진이다. 사진의 아래쪽에 보이는 한옥들이 선교사 마을의 집들이고, 사진의 중앙 오른쪽에 배재학당 첫 벽돌 교사가 보이고 그 교사 바로 왼쪽에 남대문이 보이고 남대문 바로 왼쪽에 우리 관심의 대상인 전환국 굴뚝이 보이고 그 굴뚝 너머에 남산이 보이고 있다. 이 사진은 아래쪽 중앙에 타원으로 표시한 지점에서 화살표 방향으로 촬영한 사진이다.

A 사진에서와 같이 선교사 마을과 배재학당 제1교사와 남산이 나오기 위해서는 어느 지점에서 어느 방향으로 사진을 촬영했을 것인가를 당시의 지도 위에서 추정해 본 것이 〈사진과 지도 1〉의 B에 제시되어 있다.

B 지도에서 하단의 타원형으로 표시된 위치에서 화살표 방향으로 사진을 찍게 되면 앞쪽 아랫부분에 선교사 마을이 나오고 사진 중앙 오른쪽에 배제학당 제1교사가 나오고 그 너머에 있는 남대문이 배재학당 제1교사의 약간 왼쪽에 나타나고 그 너머로 남산의 서쪽 능선을 따라 왼쪽으로 남산의 정상이 사진 윗부분 왼쪽에 나타나게 된다. A 사진에서와 같이 전환국의 높은 굴뚝이 전환국 터 안에 있으면서 남대문의 약간 왼편에 찍히기 위해서는 B 지도상에서 중앙 왼편에 작은 원으로 표시한 위치에 있어야 한다.

위에서 사진과 지도의 대비를 통해 추정해 본 결과 전환국의 높은 굴뚝은 성벽에서 멀리 떨어진 곳, 즉 B 지도상에서는 전환국 터 안에서 왼편 끝 부분 쪽, 동서남북의 방위로는 동편 끝 부분 쪽 가까이에 있었음을 알게 되었다.

4. 굴뚝의 위치를 기준으로 서재필 사저 터의 위치 추정

서재필 사저 사진을 보면 이 사진이 좀 높은 곳에서 내려다보며 찍은 사진임을 알 수 있다. 사진설명에 의하면 서재필의 이 사저는 '서소문 근처'에 있었다. 서소문 근처에서 사방을 둘러보아 산의 능선이 사진 속의 능선과 같이 보이는 것은 남산의 동쪽 능선이 된다. 이들 단서에다가 바로 앞에서 추정해 낸 사진 속 높은 굴뚝의 위치를 대입해 볼 때 서재필 사저가 있던 위치에 대한 추정이 가능해진다.

〈사진과 지도 2〉는 서재필 사저의 사진 A와 1903년에 작성된 지도 B를 대비시켜 놓은 것이다. 서재필이 미국으로 다시 떠나간 것이 1898년 5월 14일이었으니까 이 지도가 작성된 1903년은 서재필이 살던 때로부터 5년 후가 된다.

<사진과 지도 2> 사진 A와 지도 B를 대비해 놓고 사진을 찍은 위치와 방향을 지도상에서 추정해 본 것임

* 지도에서 서소문 바로 안 위쪽의 건물 도형이 서재필 자택을 나타낸 것으로 추정됨.

1903년의 이 지도(B)는 앞에서 간단히 언급했듯이 서울 지도 가운데 현대적 작도법에 따라 제작된 지도로서는 가장 오래된 지도이다. 이 지도는 서재필이 사진 속의 집에서 살았던 때에서 5년밖에 안 지나 작성된 것이기 때문에 서재필이 서울에 있었을 당시의 상황이 크게 변한 것 없이 지도상에 나타나 있을 것으로 추정된다. 1903년의 이 지도는 현대 작도법에 따라 작성된 것이기 때문에 방위와 척도가 오늘날의 지도와 동일하고, 따라서 1903년의 이 지도는 방위와 척도를 같게 해서 현재의 지도 위에 포개 놓을 경우 100여 년 전 관아나 건물의 현재의 위치를 거의 정확하게 추정을 할 수 있게 해 준다.

〈사진과 지도 2〉에서 A의 사진 쪽을 먼저 보면, 사진 아래쪽 가운데에 타원과 화살표로 이 사진을 찍은 위치와 방향이 표시되어 있다. 앞에서 사진 속의 높은 굴뚝이 옛 선혜신창 터에 들어섰던 전환국의 굴뚝이었다는 것을 알아냈고 그 굴뚝이 전환국 터 내 어디쯤에 서 있었던 것인지를 추정을 통해 알아보았다. 또한 사진에 나와 있는 산의 능선이 남산의 동쪽 능선임도 알게 되었다.

〈사진과 지도 2〉에서 B의 지도 쪽은, 위의 추정에서 알게 된 굴뚝의 위치를 지도 위에 표시해 놓은 뒤, A의 사진을 이 지도에 대입(代入)해 봄으로써 사진 속 서재필 사저의 위치를 추정해 보고자 한 것이다.

B의 지도에서 보면 아래쪽 가운데에 타원과 화살표로 A의 사진을 찍었을 것으로 추정되는 위치와 방향이 표시되어 있다. A의 사진이 높은 곳에서 찍은 것이기 때문에 그 사진의 사진설명에 나와 있듯이 '서소문 근처'에서 찍은 것이라면 부근의 '성곽 위'나 '서소문 망루'에서 찍었을 가능성이 크지 않을까 짐작된다. 이런 추정에서 사진 촬영의 위치나 방향을 B의 지도 위에서와 같이 추정을 해 놓고 보면 사진 속의 높은 굴뚝과 남산의 동쪽 능선이 사진에서와 같이 나오게 될 것 같다. 이 추정에 따랐을 때 B의 지도상에서 보면 높은 굴뚝 앞에 넓은 대지의 큰 집 하나가 있음을 볼 수 있다.

연구자는 B의 지도상에서 '서소문과 높은 굴뚝 사이에 있는 바로 이 집'이 A 사진 속의 서재필 사저가 아닐까 하는 추정을 내려 보았다.

연구자가 B 지도에서 '서재필 사저 터로 추정'하는 곳이 서재필 사저 터이었음을 뒷받침하는 단서가 그 지도 속의 '건물 단면도'에서도 찾아진다.

〈사진과 지도 3〉은 지도에 나와 있는 건물 단면도와 서재필 사저 사진을 대비시켜 본 것이다. 〈사진과 지도 3〉의 사진 A는 서재필 사저의 전체 구조가 'ㄱ', 'ㄴ', 'ㄷ'의 3개 부분으로 이루어지고 있음을 보여 주고 있다. 사진 B는 사진 A를 기준으로 할 때 뒤쪽 방향에서 찍은 사진인데 사진 A에

108

서 'ㄷ' 부분인 그쪽은 벽돌로 된 양옥 구조로 되어 있었음을 보여 주고 있다. 이 두 사진을 통해 서재필의 사저는 2개 부분으로 구성된 한옥에 양옥 한 동이 덧붙여진 구조이었음을 알 수 있다.

〈사진과 지도 3〉 서재필 자택 사진과 지도 위의 건물 도형을 비교해 본 것임
* 건물 도형이 사진에 찍힌 건물을 나타낸 것으로 추정됨.

〈사진과 지도 3〉의 지도 C는 앞서 〈사진과 지도 2〉에 관한 논의에서 서재필 사저 터 내의 건물, 즉 서재필 사저 건물로 추정된 부분을 확대한 것이다. 지도 C에 나와 있는 건물 평면도가 사진 A의 건물 사진에서 보듯이 3개 부분으로 나뉘어 있고 건물의 구조 배치도 거의 같아 보인다. 지도 D는 1907년 지도「(實測詳密) 最新京城全圖」[34]에서 해당 부분을 확대한 것인데 건물 평면도가 1903년 지도에 나와 있는 것과 구조 면에서 크게 다르지 않음을 볼 수 있다.

---

34)「(實測詳密) 最新京城全圖」, 森山美夫 著作兼發行, 韓國京城本町: 日韓書房, 1907.(고려대 박물관 소장)

5. 서재필 사저 터의 현재의 위치: 중앙일보 창간사옥 터

이상으로 1903년에 나온 지도 위에다 서재필 사저의 위치를 추정해 보는 작업은 일단 끝이 났다. 이제는 1903년 지도를 현재의 지도 위에 포개 봄으로써 현재의 지도상에서 옛 서재필 사저 터의 위치를 알아볼 차례이다.

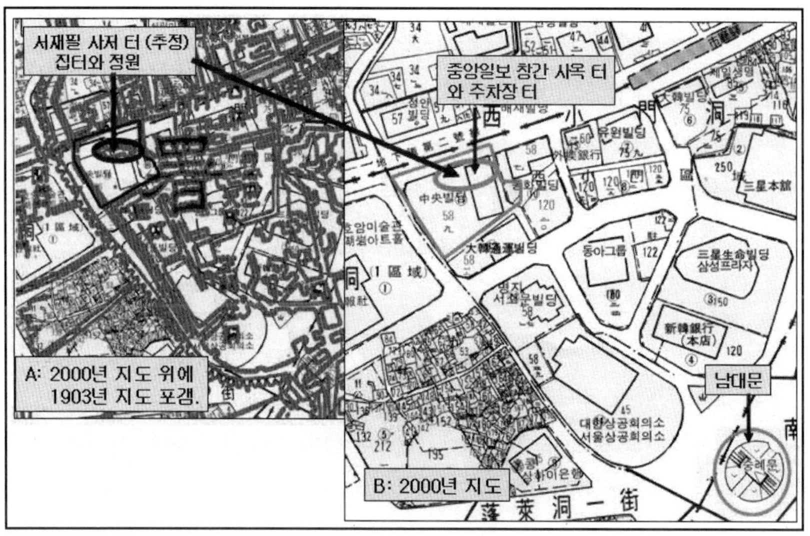

〈지도 4〉 현재의 지도 위에 1903년 지도를 포개서 서재필 사저의 집터와 정원의 현재의 위치를 추정해 본 것임

* 옛 서재필 사저 터는 현 중앙일보의 창간사옥 터 자리로 추정됨.

〈지도 4〉의 A는 포토샵 프로그램을 사용해 1903년 지도에서 면(面) 부분은 투명하게 하고 선(線)과 글자만을 남긴 뒤 2000년도판 지도인 「서울특별시 지적·임야 약도」(중앙지도문화사) 위에 포개 놓은 것이다. 서소문과 남대문 그리고 성곽과 서소문로가 맞게끔 해서 1903년 지도를 2000년 지도 위에 포개어 본 것이다. 서재필 사저의 건물터를 타원 실선으로, 주변 정원 터를 포함한 대지(垈地)를 직선 실선으로 표시해 확연히 구별되게 해 보았다.

　지도 B는 지도 A에서 서재필 사저 터 부분만을 남겨 놓고 1903년 지도를 벗겨 놓은 것이다. 지도 B에서 보면 100여 년 전에 서재필 사저가 있었던 터가 현재의 지번으로는 서소문동 58번지의 9호로서, 중앙일보 창간사옥 건물과 그 후면의 주차장 터를 아우르고 있음을 알 수 있다. 서소문로의 폭이 확장되어 서재필 사저 터 중 도로에 면한 일부 대지가 도로에 들어가게 된 것 같아 보인다.

　〈사진 1〉의 서재필 사저 사진에서도 느낄 수 있듯이 서재필 사저는 상당히 넓은 대지 위에 건평이 상당히 큰 집이었음을 알 수 있다.

　중앙일보가 1965년 9월 22일에 창간되었으니까 서재필이 독립신문의 운영에서 손을 떼고 1898년 5월 14일 다시 미국으로 떠나간 지 67년 4개월이 지나 서재필의 사저 터에서 오늘날의 주요 일간지의 하나인 중앙일보가 발행되게 된 것이다.

　구한말 우리나라 최초의 민간신문인 독립신문을 1896년 4월 7일에 창간해 우리나라에 본격적인 신문시대(新聞時代)가 열리게 했던 서재필(徐載弼)이 살던 집터가 어디였을까 하는 의문에서 시작한 일련의 추정작업을 끝내면서 연구자로서는 추정이 아닌 보다 직접적인 자료가 모습을 드러내게 되기를 바라는 마음 간절하다.

제4장

미일신문

협성회회보와 믹일신문 사옥 터의 현재의 위치

1. 믹일신문: 우리 신문 최초의 일간지

구한말의 ≪믹일신문≫은 우리나라에서 발행된 신문으로서는 최초로 일간신문(日刊新聞)의 장을 연 신문이다. 믹일신문은 배재학당 학생들의 모임인 협성회가 1898년 1월 1일부터 주간으로 발행하던 ≪협성회회보≫가 3개월여 만에 매일(每日) 발간 쪽으로 내부 의견이 모아져 배재학당의 울타리를 넘어 밖으로 나와 같은 해인 1898년 4월 9일 일간(日刊)으로 발행을 시작한 신문이다.[1]

우리나라 사람들에 의한 최초의 민간신문은 서재필이 1896년 4월 7일에 발간을 시작한 독립신문이지만 처음에는 격일(隔日) 발행이었었고, 매일 발행으로 일간이 된 것은 믹일신문보다 3개월 늦은 1898년 7월 1일부터였다.

믹일신문을 이야기할 때는 협성회회보와 늘 함께 다루어지곤 하는데, 이는 이 두 출판물의 발행 주체가 협성회에 속한 사람들이었을 뿐 아니라 지향하는 바도 같았기 때문이다.

협성회회보는 주간으로서 1898년 1월 1일에 제1호를 발행해 3개월 후인 4월 2일에 종간했으며 그 뒤를 이은 믹일신문은 그 제호가 말해 주듯이 일간으로서 1898년 4월 9일 제1호를 발행해 1년 뒤인 1899년 4월 14일 종간이 되었다.(〈표 1〉 참조)

---

1) 鄭晋錫, "협성회보 매일신문論攷", ≪新聞과 放送≫ 80, 1977년 7월호, p.77.

<표 1> 협성회회보 – 믹일신문 발행기간

협성회회보	1898년 1월 1일~4월 2일	3개월
믹일신문	1898년 4월 9일~1899년 4월 14일	1년

협성회회보·믹일신문을 주제로 다룬 논문으로는 ≪新聞과 放送≫ 1977년 7월호에 실린 정진석의 "협성회보 매일신문論攷"[2]가 아마도 처음이 아닐까 생각된다. 최기영도 1989년의 「〈뎨국신문〉연구」에서 제국신문(帝國新聞) 간행의 배경과 경위를 논하는 과정에서 협성회회보·믹일신문과의 연관가능성을 밝혀 보고자 했다.[3] 협성회회보와 믹일신문에 관해서는 이 밖에도 우리의 언론사(史)를 다룬 책들 속에서 정리 내지는 논의가 되고 있으나 더 이상의 본격적인 연구는 없었던 것 같다.

본 연구자는 언론사(史)가 전공이 아니기 때문에 협성회회보와 믹일신문이 구한말 우리의 정치, 사회 면에서 어느 정도의 위상과 비중을 차지할 수 있느냐에 대해서 말을 할 수 있는 입장이 아니지만 이들 두 신문이 우리의 언론사(史)와 학생운동사(史) 측면에서 좀 더 다각적으로 조명이 이루어질 수 있는 여지는 있지 않을까 하는 아쉬움을 간직하고 있다.

본 연구자는 구한말 우리 신문사들의 사옥 위치를 추정해 보는 작업을 해 왔다. 본 연구도 그 작업의 일환으로서 우리나라 최초의 일간지 믹일신문 발행소의 위치를 추정해 보고자 했다. 믹일신문의 전신인 협성회회보 발행소의 위치에 대한 추정도 함께 시도를 해 보았다.

---

2) 위의 논문.

3) 최기영, 「〈뎨국신문〉연구」, 서강대 언론문화연구소, 1989, pp.9 – 23.

2. 사고(社告)와 옛 지도들을 이용한 사옥 위치의 추정작업

구한말 우리의 신문들은 자기 신문사의 위치를 세 가지 방법으로 알리고 있었는데, ① 당시의 주소와 함께 당시 사람들이 잘 알고 있을 기존의 관아나 지점을 기준으로 해서 알리거나 ② 당시의 주소만을 적어서 알리는 방법을 사용했었다. 간혹은 ③ 주소는 없이 거리의 이름이나 관아의 위치를 기준으로 알리는 경우도 있었다.

황성신문이 창간사옥의 위치를 '中署 澄淸坊 黃土峴 제23통7호 前 右巡廳' 자리라고 한 것이 위의 방법 중에서 첫 번째 경우이고, 제국신문이 마지막 사옥의 위치를 '漢城 中署 下漢洞 58통 3호'라고만 밝히고 있는 것이 두 번째의 경우이다. 대한매일신보는 창간 제1호 사고(社告)에서 발행소의 위치를 "박동 대한미일신보샤 법어학교 압 젼 영국인 셜필림 집 자리오"라고 밝히고 있는데 이는 세 번째 경우이다.

구한말의 우리 서울지도에는 동명(洞名)은 나와 있으나 동(洞) 사이의 경계선이 표시되어 있지 않고 주소를 알 수 있는 지적도는 몇 곳뿐이어서 당시의 주소를 가지고 그 어떤 지점의 위치를 찾기란 거의 불가능한 상황이다. 일본인들이 1903년, 1907년, 1911년에 제작한 서울지도가 있는데 여기에도 동(洞) 사이의 경계선은 표시되어 있지 않다. 우리나라를 강점한 일제(日帝)가 만든 서울지도로서 주소가 표시된 것은 1918년에 제작된 것인데, 이 주소는 구한말의 우리 주소체계와는 다른 일본식 주소체계에 의해 매겨진 것이기 때문에 일제치하에서의 주소는 구한말의 우리 주소를 추정하는 데 전혀 도움이 안 된다. 때문에 구한말 우리 신문사들의 발행소 위치, 즉 사옥의 위치를 추정하는 데에는 당시의 주소가 아니라 옛 관아 또는 가로를 기준으로 위치를 밝혀 놓은 쪽이 훨씬 도움이 될 수 있다.

본 연구의 대상인 ≪미일신문≫의 경우 사옥을 세 차례나 옮겨 사옥이 있던 곳이 네 곳이나 된다. 그런데 이들 모두가 이전에 관아이었거나 이에 준하는 기관이 들어 있던 건물이었기 때문인지 이들 관아나 기관의 이름을 들어 신문사의 위치를 밝히고 있다.

구한말 우리 지도에 관아 건물의 위치가 표시되어 있는 것들이 있고, 대로와 함께 좀 큰 것은 골목길까지도 나와 있다. 일제의 식민통치하에서도 서울 4대문 안의 경우 몇몇 길이 새로 나거나 직선화되거나 했을 뿐 여타 대부분의 지역에서는 옛길이나 골목이 그대로 남아 있었다. 구한말의 우리의 지도는 옛 방식에 의해 제작된 것이기에 오늘날의 지도에 비하면 방위(方位)와 축척(縮尺)이 다소 부정확해서 오늘날의 지도 위에 포개서 그 어떤 위치를 확인하기가 어렵게 되어 있다. 그런데 일본인들이 구한말에 제작한 서울지도나 일제 강점하에 제작한 서울지도들은 현대적 지도 작도방식에 따라 제작되었기 때문에 오늘날의 지도와 방위와 축척이 같아서 그 지도를 오늘날의 지도 위에 방위와 축척을 맞추어 포개 놓으면 옛 지도상의 현재의 위치를 확인할 수가 있다.

따라서 구한말 우리 지도상에 나타나 있는 그 어떤 관아의 현재의 위치를 확인하기 위해서는 우선 첫 단계로 그 관아의 위치를 주요 가로나 골목길을 기준으로 해서 구한말이나 일제치하에서 일본인들이 만들어 놓은 지도 위에서 확인하고, 다음 단계에서 이들 일본인들이 만든 지도상의 위치를 오늘날 우리 지도 위에 포개서 얹어 놓게 되면 옛 관아가 있었던 자리의 오늘날의 위치를 거의 정확하게 추정을 할 수가 있다.

본 연구에서 구한말 미일신문 사옥의 현재의 위치는 위와 같은 방법으로 이를 추정해 보았다.

3. 믹일신문 사옥 터 네 곳의 현재의 위치

앞에서 잠깐 언급이 된 바 있듯이 발행 주체의 인적 구성이 협성회 주요 인사들이었고 그 추구하는 바 목적이 거의 같아 믹일신문을 협성회회보의 후신으로 보아 이들 두 신문을 함께 다루는 학계나 언론계의 관행에 따라 믹일신문 사옥의 위치 추정이 주제인 이 연구에서도 그 신문의 전신인 협성회회보 발행소의 위치 추정까지를 포함해 다루어 보고자 한다.

〈표 2〉 협성회회보 – 믹일신문 발행소 위치와 기간

신 문	사옥위치	기 간				비 고
협성회회보	배재학당 첫 교사(校舍)	1898년 1월 1일 ~ 4월 7일	3개월			
믹일신문	남대문 안 전 싸전 도가	**1898년 4월 9일** ~ 7월 18일	3개월			
	선혜청 앞 동편 첫째 집	1898년 7월 19일 ~ 7월 21일	잠시	같은 자리?	1개월	
	선혜청 앞 전 균역청 도가	1898년 7월 22일 ~ 8월 11일	잠시			
	남대문 안 전 서서(西署) 건물	1898년 8월 12일 ~ 10월 7일	2개월			
	북촌 전 중학(中學) 건물	1898년 10월 10일 ~ **1899년 4월 14일**	6개월			

〈표 2〉에 협성회회보와 믹일신문 발행소의 위치와 발행 기간이 정리되어 있다. 〈표〉 속 소항목에 '사옥 위치'로 나와 있으나 협성회회보의 경우는 발행소라는 용어가 적합하고 믹일신문의 경우는 사옥이라는 용어가 적합할 것 같다. 〈표〉에 나와 있는 발행소 내지는 사옥의 위치는 ≪협성회회보·믹일신문≫(영인본)(韓國新聞研究所, 1976)에서 사고(社告)를 찾아 확인한 것이고 해당 위치에서의 발행 기간은 사옥이전(社屋移轉) 사고를 기준으로

실제 이전 날짜를 확인해 정리한 것이다.

〈표 2〉에서 볼 수 있듯이 협성회회보는 주간으로서 배재학당 첫 교사(校舍)에서 3개월간 발행하다가 중단되었으며, 믹일신문은 일간으로서 남대문 안 이전(以前)의 싸전 도가 건물에서 3개월, 남대문 옆 선혜청 앞 이전 균역청(均役廳) 도가 건물에서 1개월, 남대문 안 이전 서서(西署)관아 건물에서 2개월, 그리고 마지막으로 북촌 이전 중학(中學) 건물에서 6개월, 도합 12개월, 1년을 발행하다가 종간된다.

우선 협성회회보 발행소의 위치를 알아보고 이어서 믹일신문 창간사옥의 위치, 두 번째와 세 번째 사옥의 위치 그리고 네 번째이자 마지막 사옥의 위치를 추정해 보는 순서로 논의를 진행해 보고자 한다.

1) 협성회회보 발행소 위치: 배재학당 제일교사

〈사고 1〉에 협성회회보가 1898년 1월 1일자 창간호에 실린 '광고'라는 명목의 사고(社告)가 제시되어 있다. 이 사고에서 협성회회보는 회보를 '파는 처소'가 '배재학당 제 일방'임을 밝히고 있다. '제 일방'이란 '첫 번째로 지은 벽돌 교사(校舍) 건물'을 가리키는 말이다.

「배재백년사(培材百年史)」는 배재학당 제1교사에 관한 부분에서 이 교사 건물 지하실에 아펜젤러 목사가 인쇄소를 마련했고 이를 대

〈사고 1〉 협성회회보의 발행소 위치

* 협성회회보, 1898년 1월 1일(창간일) 사고

단히 중요시하면서 선교와 교육을 위한 목적에 크게 활용했었다고 다음과
같이 밝히고 있다.

> 이 건물(배재학당 첫 벽돌 교사)……. 지상 1층, 지하 1층 구조를 가진
> 이 교사는 …… 이 지하실이 대단히 중요한 역사를 감당하였다……. 아펜
> 젤러는 이 지하실을 배재 학생들의 기술 훈련과 그 교육을 위한 공업부
> (Industrial Department)로 할당하여 소규모 공장을 차릴 계획이었다…….
> 이때 그는 이 지하실을 다른 것보다도 인쇄소, 즉 당시 가장 급한 이 민
> 족의 개화의 수단의 하나로 인쇄소를 가진 출판사를 여기에 차려 놓았던
> 것이다.4)

이 지하실 인쇄소는 올링거(Franklin Ohilinger) 목사의 주관하에 1888년
말에 인쇄할 준비가 완료되고, 한글, 한문, 영문 인쇄를 할 수 있다는 뜻에
서 공식명칭을 삼문출판사(Trilingual Press: 三文出版社)로 하고, 1890년부
터 인쇄소가 가동돼, 1892년 1월에 영문 월간지 The Korean Repository를
출간했으며, 우리나라에서의 초기 기독교(감리교)계의 모든 서적과 문서는
여기서 인쇄 간행되었으며, 1897년 2월 2일에 창간된 우리나라 최초의 기
독교 교회 신문 죠션크리스도인회보도 이 인쇄소에서 인쇄 간행되었다.5)
서재필의 독립신문도 발간 초창기에는 이 인쇄소에서 인쇄를 했다는 주장
과 추정6)이 있다.

배재학당의 당시 학생회 협성회가 자신들의 회보인 협성회회보를 이 첫
벽돌 교사 지하실의 인쇄소에서 인쇄를 해 배포 또는 판매를 한 것이었다.
〈사진 1〉에 협성회회보가 그 지하실에서 인쇄 발행되었던 배재학당 벽돌
제1교사 건물의 사진이 나와 있다.

---

4) 배재100년사편찬위원회, 「培材百年史(1885～1985)」, 1989, p.39.

5) 위의 책, pp.39-40.

6) 오인환, "독립신문사 있던 곳 여기 아닐까?", 한국언론재단, ≪신문과 방송≫,
   2002년 10월호, pp.85-86. 본서 제3장 제1절 참조.

출처: 「培材百年史」, 1989, 앞부분 화보에서

〈사진 1〉 1887년에 세워진 배재학당 벽돌 제1교사

* 이 교사 지하실에 마련된 인쇄시설을 이용해 배재학당 학생들의 모임인 협성회가
협성회회보를 발행했음.

다음은 〈사진 1〉의 벽돌 교사 건물이 있던 위치는 어디였을까, 배재학당
교정 안의 어느 지점이었을까, 그 터의 현재의 위치는 어디일까를 알아보
고자 한다.

「배재백년사(培材百年史)」에 배재학당 벽돌 제1교사 건물이 있던 지점에
관한 자료가 실려 있다. 배재학당이 "1887년에 최초로 세운 벽돌 교사를
헐고 그 자리에" 1932년 9월 20일에 최신식 대강당을 기공, 1933년 6월에
대충 완공시켜 임시로 사용하다가 1935년 5월에 봉헌했다고 기록되어 있
다.7) 배재학당 대강당 터의 일부가 배재학당 최초의 벽돌 교사 건물 터임
을 알 수 있다.

옛 배재학당 터에 있던 교사(校舍)들은 배재중고등학교가 1984년 서울시
강동구 고덕동으로 이전하고 난 뒤 동관(東館: 서울특별시 기념물 제16호)
하나만 남고 대강당을 포함 모든 건물이 헐리고 현재는 그 자리에 2004년
에 준공된 '배재정동빌딩'이 들어서 있다. 현재로서는 옛 대강당 터를 직접

---

7) 「培材百年史」, p.286.

확인하기가 어렵게 되어 있다. 때문에 이 연구에서는 간접적인 방법을 택해
서 배재가 정동에 있을 때의 교정이 찍혀 있는 항공사진과 현재의 지도를
비교 대조해 봄으로써 배재 정동시기의 대강당 터, 즉 옛날에 협성회회보를
인쇄 발행하던 배재학당 제1교사 터의 위치를 추정해 보는 방법을 택했다.

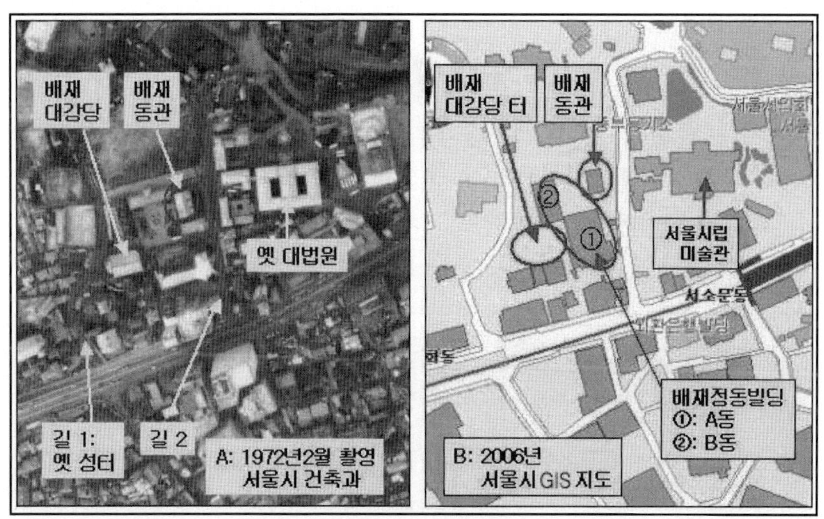

<사진과 지도 1-1> 협성회회보를 인쇄 발행했던 터인 배재학당 제1교사
터에 세워졌던 대강당이 있었던 위치

〈사진과 지도 1-1〉에 옛 배재 교정 항공사진(A)과 옛 배재 교정 터의
현재의 지도(B)가 제시되어 있다.

A에 나와 있는 항공사진은 서울시 건축과에서 찍은 1972년 2월의 사진
으로서 배재 교정의 여러 교사건물들 특히 이 연구에서의 관심의 초점인
대강당의 정확한 위치를 확인할 수가 있다. 배재 교정의 동쪽과 서쪽에 남
북으로 나 있는 도로(道路)가 위치 추정의 기준이 되기 때문에 연구자가
굵은 실선으로 표시를 해 놓았다.

B의 서울시에서 인터넷에 공개하고 있는 '서울시 GIS 포털서비스'(GIS:
지도정보시스템)에 나와 있는 2006년 4월 당시 지도로서 옛 배재 교정에

새로 건축된 배재정동빌딩의 위치를 확인할 수가 있다.

A의 항공사진과 B의 지도를 비교해 보면서 특히 주목되는 것은 옛 배재학당 터 동쪽과 서쪽에 나 있는 도로가 변하지 않고 있다는 점이다. 옛 배재학당 터 서쪽의 길은 원래 한양성벽이 쌓였었던 곳으로 성벽이 헐리고 그 자리에 낸 도로인데 100여 년 넘게 변하지 않은 채로 남아 있다.

〈사진과 지도 1-1〉의 A 항공사진에 나와 있는 서쪽 도로와 동관을 기준으로 해서 B의 2006년 지도 위에다 옛 대강당 터를 추정해 보았다. 〈사진과 지도 1-1〉의 B 지도에서 배재정동빌딩 A동의 서쪽과 B동의 남쪽에 실선 타원(좌우로 긴)으로 표시해 놓은 공간이 옛 배제 대강당 터, 더 거슬러 올라가서는 배재학당의 첫 벽돌 교사 건물이 있던 터임을 알 수 있다.

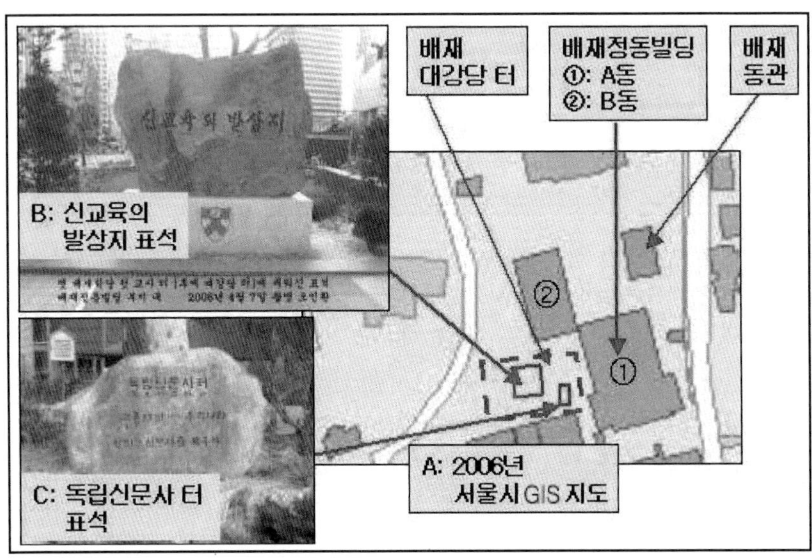

〈사진과 지도 1-2〉 최근에 건축한 배재정동빌딩 부지 내 옛 배재학당
대강당 터의 위치와 두 표석

〈사진과 지도 1-2〉에서 A의 지도는 배재정동빌딩 부분을 확대한 것으로 옛 배재 대강당 터에 현재 두 개의 표석이 세워져 있음을 보여 주고 있

다. '신교육의 발상지 표석'(B)이 옛 대강당 터 중앙에 세워져 있고, 그 동남쪽 모퉁이에 '독립신문사 터 표석'(C)이 세워져 있다. 연구자의 추정으로는 '신교육의 발상지 표석'이 서 있는 자리가 옛 배재학당 첫 교사건물, 즉 협성회회보를 지하실 인쇄소에서 인쇄했던 첫 교사 건물이 있었던 자리가 틀림이 없을 것 같다.

'독립신문사 터' 표석이 여기에 세워진 것은 아마도 독립신문 창간 초기에 잠깐 동안 배재학당 첫 벽돌 교사 지하실 인쇄소에서 인쇄를 했었다는 일부 기록과 주장이 있는데 이것을 신문사 사옥 터로 잘못 알고 그곳에 세운 것으로서 독립신문사 사옥은 옛 대법원 정문 옆, 현재의 신아빌딩 앞 도로 부분에 있었던 것으로 추정되고 있다.[8]

미일신문의 전신인 협성회회보의 발행소 건물이 있었던 위치, 글로는 이미 알려져 있던 것이었다. 하지만, 세월이 많이 흘러 옛 건물들이 헐리고 새로운 건물들이 들어선 현재의 시점에서 그 터가 어디였을까를 알아보기란 쉽지가 않다. 이 연구에서는 지도와 사진과 문헌들을 종합적으로 재구성, 협성회회보를 인쇄 발행했던 건물 위치를 현재의 지도 위에다 추정해 본 것인데 본 연구자의 이 추정에 큰 착오는 없는지 역사지리학 전문가들의 검증을 받을 수 있었으면 한다.

이제 미일신문의 사옥 터 위치를 추정해 보는 작업으로 들어가 보겠다.

2) 미일신문 창간사옥: 남대문 안 이전 싸전 도가 집

미일신문 창간사옥의 위치에 관한 사고(社告)들이 〈사고 2〉에 제시되어 있다.

미일신문 창간 제1호에 '광고'라는 제목으로 난 사고(社告)에는 미일신문 사옥 위치에 관한 직접적인 언급이 없다. "훈동에 있었던 이문사(以文社)

---

8) 오인환, 앞의 논문, ≪신문과 방송≫, 2002년 10월호, pp.85−94. 본서 제3장 제1절 참조.

의 활판을 남대문 안 이전 싸전 도가로 옮겨 왔다."라는 언급이 있을 뿐이다. 4일 뒤인 4월 15일자 광고에서 "발매소는 남대문안 전 싸전 도가요."라고 하면서 '발매소'라는 말을 썼고, 다시 5일 뒤인 4월 20일자 광고에 가서야 "남대문안 전 싸전 도가 믹일신문사로 와서"라고 하면서 믹일신문사가 전 싸전 도가 건물에 들어 있음을 분명히 하고 있다.

믹일신문 창간사옥에 관해 정진석은 "원래 협성회회보는 배재학당에서 발행했으나 믹일신문으로 발전한 후에는 社屋을 남대문안 前 싸젼都家로 정하고 훈洞에 있던 以文社의 활판을 옮겨다 발행했었다."[9]라고 이미 오래 전에 말한 바 있다.

<사고 2> 미일신문 창간사옥의 위치에 관한 사고(社告): 옛 싸전 도가

광고	광고	광고
1898년 4월 11일, 제1호, p.4.	1989년 4월 15일, p.4.	1898년 4월 20일, p.4.

* 발행 첫날인 4월 11일자 사고에는 사옥의 위치가 명시적으로는 나와 있지 않음.
  4월 15일자 사고에서는 신문 '발매소'의 위치가 명시적으로 언급되어 있음.
  4월 20일자 사고에 가서야 신문사 사옥의 위치가 명시적으로 "남대문안 전 싸전 도가 매일 신문사로 와서……"라고 언급되어 있음.

---

9) 정진석, 앞의 논문, ≪新聞과 放送≫ 80, 1977년 7월호, p.80.

그렇다면 믜일신문의 창간사옥 '남대문안 이전 싸전 도가'가 있었던 곳은 어디였고 그 창간사옥 터의 현재의 위치는 어디쯤이 될까.

〈지도 2-1〉에 믜일신문의 창간사옥 터와 두 번째 사옥 터를 추정해 볼 수 있는 옛 지도들이 제시되어 있다. 우선 창간사옥 터에 대한 추정작업을 해 보면 다음과 같다.

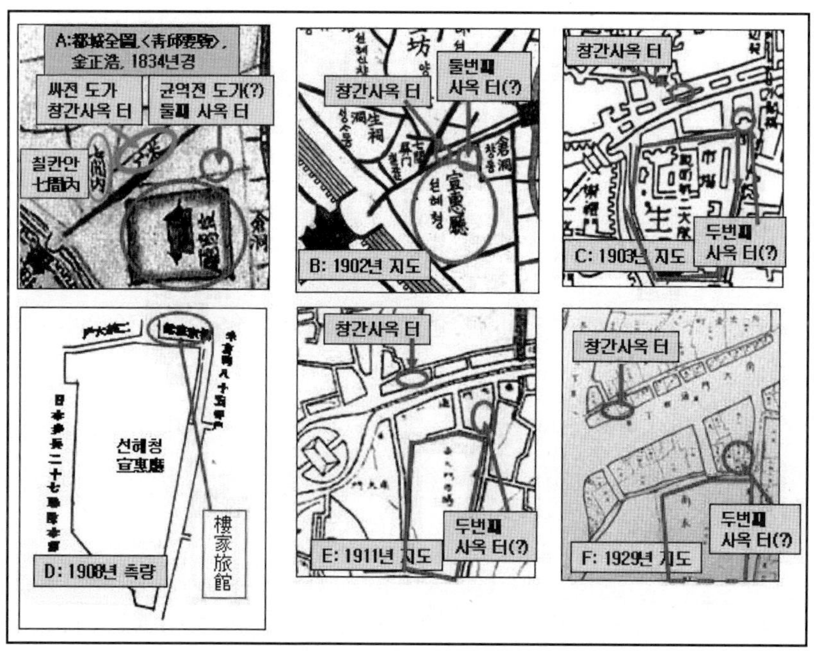

〈지도 2-1〉 믜일신문 창간사옥 및 두 번째 사옥 위치 추정 작업
* 구한말 지도와 일제 초기 지도

〈지도 2-1〉의 A는 1834년경에 제작된 김정호(金正浩)의 도성전도(都城全圖)에서 남대문 부근을 딴 것이다. 남대문 안쪽으로 남대문 가까이에 쌀 상점 또는 쌀 점포를 뜻하는 '米廛'이 표시되어 있다. 연구자는 이 '米廛'이 '싸전 都家'를 가리키는 것으로 본다.

우선 김정호의 지도에 표시가 될 정도면 크고 중요한 기관이 아닐 수 없고, 또 당시의 말로 '남문 안'이라고 하면 남대문의 안쪽이면서 남대문에서 가까운 지역을 일컬었는데 이 '米厂'이 남대문에서 무척 가까운 거리에 있고, 또 그 당시 쌀과 곡식(米穀)을 주로 한 국가예산, 즉 국고(國庫)를 관장하는 선혜청(宣惠廳)과 그 창고가 있는 곳에서 지척의 거리에 위치해 있다는 점에서 김정호 지도상의 이 '米厂'이 '싸전 도가'이었을 가능성이 매우 크다.

조선왕조(朝鮮王朝) 때에는 구한말에 이르기까지 경복궁에서 남대문까지 가는 대로(大路)는 현재의 세종로에서 종각과 광교를 거쳐 현재의 남대문로를 따라가는 길이었다.[10] 김정호 지도상의 이 '米厂'이 민일신문 사고에 나오는 '남대문안 전 싸전 도가' 집이 맞는다면 민일신문의 창간사옥은 남대문에서 당시의 도성(都城) 안으로 들어서는 첫 길목에 위치해 있었던 것이 된다.

〈지도 2-1〉의 A에서 민일신문 창간사옥 터로 추정된 곳을 1902년 지도 B, 1903년 지도 C, 1911년 지도 E, 1929년 지도 F 위에 표시를 해 보았다. 1902년 지도는 서양선교사들이 옛 방식에 따라 작성한 지도이고, 1903년 이후의 지도들은 일본인들이 현대적 지도 작도법에 따라 작성한 지도들이다. 〈지도 2-1〉의 여러 지도들에서 느낄 수 있는 것은 이 지역의 지형과 가로가 크게 변하지 않고 있다는 점이다.

〈지도 2-1〉에서 지도 F, 즉 1929년에 작성된 「京城府 壹筆每 地形明細圖」는 구한말과 현재의 지도를 비교하는 데 대단히 유용하게 활용될 수 있다. 왜냐하면 바로 앞에서 이미 말했듯이 서울 4대문 안의 지형 및 가로는 거의 변하지 않고 있는데 지번(地番)이 매겨져 있고 그 지번이 현재도 대부분 그대로 쓰이고 있기 때문이다.

이런 이유에서 이 연구에서는 1929년 지도를 매개로 해서 민일신문의 사옥 터를 추정해 보고 있다.

〈지도 2-2〉는 〈지도 2-1〉의 F인 1929년 지도 위에 추정해 표기해 본

---

10) 현재의 태평로는 일제(日帝)의 지배하에서 만들어진 길임.

믹일신문 창간사옥의 위치를 2000년 현재의 지도 위에 포개어 봄으로써 그 터의 현재의 위치를 추정해 본 것이다. 남대문을 중심으로 주요 도로와 골목들을 가능한 한 겹치게 포개어 본 결과 믹일신문 창간사옥 터는 현재 남대문로4가와 태평로2가가 마주치는 곳에 있는 흥국생명빌딩(현주소 남대문로4가 17번지의 2호)의 남쪽 부분 일부이었을 것이라는 추정을 하게 되었다.

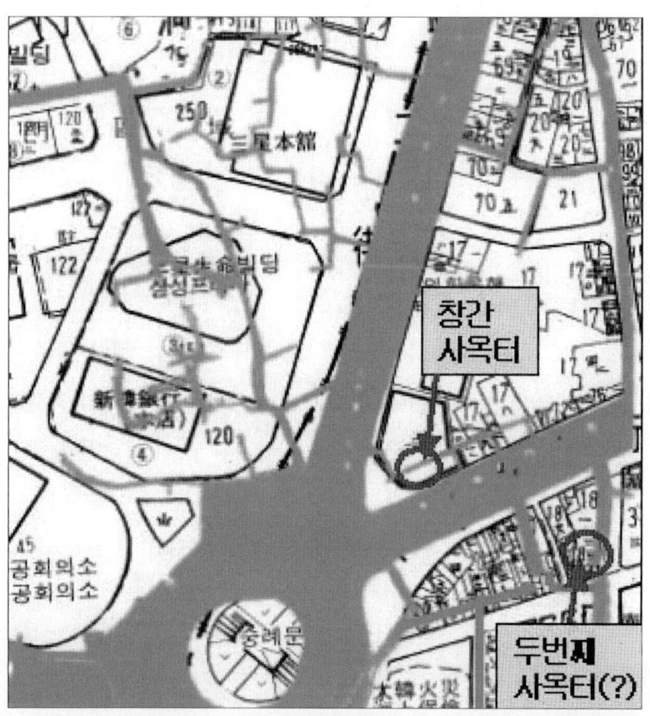

〈지도 2-2〉 믹일신문 창간사옥 및 두 번째 사옥위치 추정 작업
* 2000년 지도 위에 1929년 지도 포갬

〈지도 2-3〉은 〈지도 2-2〉에서 1929년 지도를 벗겨 놓음으로써 1898년 4월 11일에 믹일신문이 우리나라 최초의 일간지 제1호를 발행한 사옥 터의 현재의 위치를 보다 분명히 나타내 본 것이다.

〈지도 2-3〉 미일신문 창간사옥 및 두 번째 사옥 터의 현재의 위치(추정)

3) 두 번째 사옥: 선혜청 앞 이전 균역청 도가 집

미일신문은 창간 직후 경영 주도권과 관련된 사내분규에 휘말리게 되어[11] 1898년 7월 하순 사옥을 옮기지 않을 수 없게 된다.

〈사고 3〉에 두 번째 사옥 위치에 관한 사고(社告) 셋이 제시되어 있다. 이를 보면 미일신문은 7월 19일자에 사옥을 "이전 선혜청 앞 동편 첫째 집"으로 옮길 것이라는 예고를 했고, 3일 후인 7월 22일에는 "이전 선혜청 앞 균역청 도가이었던 집"으로 옮길 것이라는 예고를 했고, 다시 8일 후인 7월 30일에는 "이전 선혜청 앞 균역청 도가이었던 집"으로 옮겼다고 알리고 있다.

---

11) 정진석, 앞의 논문, pp.78-80; 최기영, 앞의 책, pp.13-15.

미일신문이 발행되던 당시의 서울 거주자들에게는 문제가 안 되었겠지만 한 세기가 지난 오늘날의 사람들에게는 〈사고 3〉의 첫 번째 사고에 나온 "이전(以前) 선혜청 앞 동편 첫째 집"과 두 번째와 세 번째 사고에 나온 "이전 선혜청 앞 균역청 도가이었던 집"이 같은 건물을 지칭하는 것인지, 아니면 다른 건물이었는지가 분명치 않다.

〈사고 3〉 미일신문 두 번째 사옥의 위치에 관한 사고(社告): 옛 균역청 도가

* 7월 19일자 사고에는 "이전 선혜청 앞 동편 첫째 집"으로 이전할 예정이라 나와 있고, 7월 22일자 사고에는 "이전 선혜청 앞 균역청 도가 되었던 집"으로 이전할 예정이라 했다가, 7월 30일자 사고에서는 "균역청 도가 되었던 집"으로 이전했음을 알리고 있음.

연구자는 앞에서 창간사옥 위치를 추정할 때 활용한 〈지도 2-1〉에 제시되어 있는 지도들을 이용해 두 번째 사옥 위치를 추정해 보고자 했다.

우선 '선혜청 앞'이라는 말이 문제가 된다. '선혜청 앞'이라는 표현이 '선혜청 정문 앞'을 뜻하는 말일 가능성이 크다. 선혜청 정문이 어느 쪽에 있었는지에 관해 연구자는 아직 자료를 찾지 못하고 있기에 이 기준에 따른 위치 추정은 할 수가 없는 상황이다. 다음으로 생각해 볼 수 있는 것은 어떤 건물이나 위치의 앞과 뒤를 이야기할 때 많은 경우 큰길로 향한 쪽을 '앞'으로 표현할 수 있지 않을까 하는 생각도 해 보게 된다. 이 경우에는 당시나 지금이나 그 부근의 대로(大路)는 현재의 남대문로4가이기 때문에 '선혜청 앞'이라는 표현은 남대문로 방향을 지칭한 것이 아닐까 하는 추정도 가능하게 된다.

두 번째 사옥의 위치를 추정하는 데 있어 또 한 가지 고려의 대상이 될 수 있는 사항이 있다. 그것은 "**이전 선혜청 앞 균역청 도가이었던 집**"이라고 하면 선혜청 정문이 어느 쪽에 있었느냐에 따라 선혜청 터의 동서남북 모든 방향이 해당될 수가 있다. 그런데 만일 "이전 선혜청 앞 **동편 첫째 집**"과 "이전 선혜청 앞 **균역청 도가이었던 집**"이 동일 건물을 가리키는 것이라면 선혜청의 동쪽과 서쪽에 정문이 있었다고 볼 수는 없다. 왜냐하면 그럴 경우 "앞쪽의 남쪽 혹은 북쪽 첫째 집"이라는 표현은 가능하지만 "앞쪽의 동편 첫째 집"이라는 표현은 맞아 들지 않는다. 남쪽의 경우는 "앞쪽의 동편 첫째 집"이 있을 수 있으나 남대문에서 남산으로 올라가는 성벽에 접해 있어서 당시 국고(國庫)를 관장하는 큰 기관의 큰 창고들이 들어섰던 선혜청의 정문이 남쪽에 있었을 가능성은 거의 없어 보인다. 결국 "이전 선혜청 앞"이란 표현은 "선혜청 북쪽 방향"이란 이야기가 아니었을까 하는 추정에 이르게 된다.

신문사는 사옥을 골목 깊숙한 곳보다는 가능하면 큰길가나 큰길 가까이에 두는 경향이 있는데 믹일신문이 두 번째 사옥으로 이전을 할 때에도 그 사옥의 위치를 이런 고려하에서 정했을 가능성까지를 생각해 볼 수 있다.

이상 여러 가지 가정을 도입해 가며 추리를 해 보면서 연구자는 믹일신문의 두 번째 사옥이 있었던 곳이 앞의 〈지도 2-1〉의 E에서 선혜청 북쪽

동서로 난 골목길 건너 맞은편 남대문로 쪽으로 난 첫 번째 골목 입구 동쪽 구역 첫째 집이 아니었을까 추정을 해 보았다(실선 원으로 표시).

이렇게 추정한 터가 〈지도 2-1〉의 D, 즉 융희(隆熙) 2년 1908년에 제작된 선혜청 측량도에서 '樓家旅館', 즉 '최소한 2층집 여관'으로 나와 있는데, 이것은 이 터가 그 이전에 제법 큰 상업성 건물 터이었음을 추정케 해 주는 것으로서, 이곳이 두 번째 사옥 터에 관한 사고(社告)에서 말한 "이전 선혜청 앞 균역청 도가 되었던 집"이었을 가능성을 시사해 주고 있는 것으로 볼 수 있지 않을까 하는 생각을 하게 된다.

앞에서 창간사옥 터를 추정할 때 〈지도 2-1〉, 〈지도 2-2〉, 〈지도 2-3〉에서 두 번째 사옥 터의 위치도 아울러 추정을 해 표시를 해 놓았기 때문에 여기서는 중복을 피하고, 〈지도 2-3〉에 두 번째 사옥 터로 추정한 곳의 현재의 위치가 현재의 지도 위에 표시되어 있음을 다시 한 번 더 알리는 것으로 그치고자 한다.

믹일신문의 두 번째 사옥 터에 관한 연구자의 추정이 연구자의 '희망적인 추정들'에 근거해서 이루어진 것이 아니냐는 생각이 크게 듦을 솔직히 고백하면서, 당시의 선혜청이나 균역청 위치에 관해 전문가들이 보다 직접적인 자료나 보다 전문적인 추정을 통해 확실하게 밝혀 주기를 기대해 본다.

4) 세 번째 사옥: 이전 서서(西署) 관아 건물

믹일신문은 두 번째 사옥에서 1개월 만에 다시 세 번째 사옥으로 이전을 했다. 세 번째 사옥은 임시 사옥으로서 〈사고 4〉에 밝혀져 있듯이 "남대문 안 대평동 이전(以前) 셔셔(西署)되었던 집"(한자는 연구자 삽입)이었다. "셔셔 (西署) 되었던 집"이란 "서서(西署) 관아 건물이었던 집"을 말하는 것이다.

조선조는 서울을 5개 행정구역으로 나누었었는데 초기에는 그 명칭을 5部, 즉 동부, 서부, 남부, 북부, 중부로 부르다가, 1894년 갑오경장 때 5署,

즉 동서, 서서, 남서, 북서, 중서로 명칭을 바꾸게 된다.[12] 따라서 "이전 셔셔(西署) 되었던 집"이란 현재의 표현으로는 서구청(西區廳)의 청사로 쓰였던 건물이라는 말이 된다.

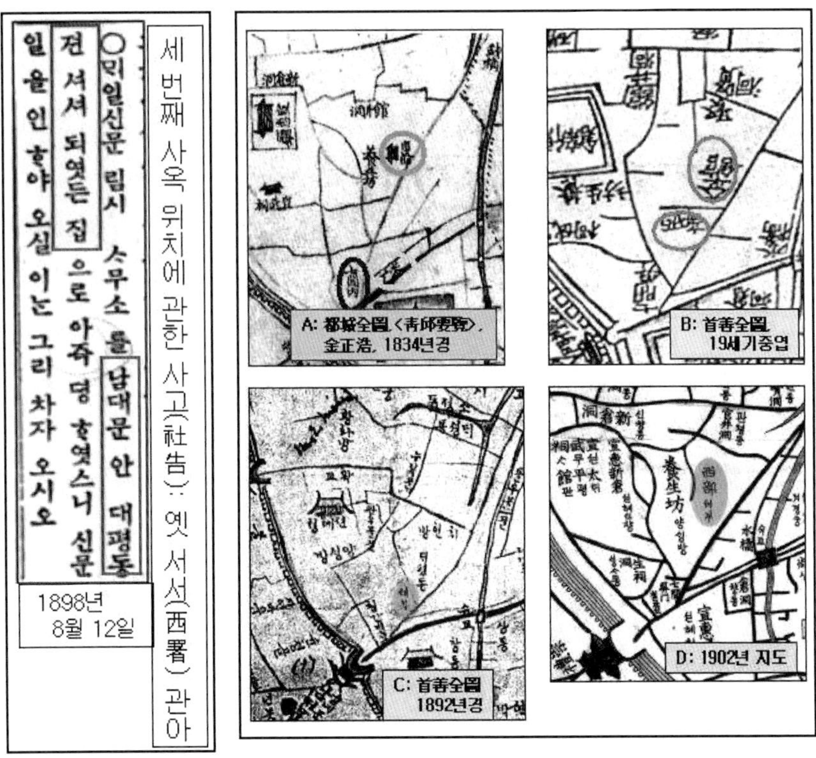

세 번째 사옥 위치에 관한 사고(社告): 옛 서서(西署) 관아

○민일신문 림시 스무소룰 남대문 안 대평동 견 셔셔 되엿든 집 으로 아쥬 뎡 ᄒᆞ엿스니 신문 일 율 인 ᄒᆞ야 오실 이는 그리 차자 오시오

1898년 8월 12일

<사고 4> 미일신문   <지도 3-1> 미일신문 세 번째 사옥 위치 추정 작업
* 구한말 지도

〈지도 3-1〉에 서부(西部) 관아의 위치가 나와 있는 옛 지도들이 제시되어 있다. 〈지도 3-1〉의 A는 1834년경에 김정호가 제작한 것으로 추정되는 도성전도(都城全圖)의 일부로서 서부관아(西部官衙)의 위치가 집 그림으로

---

12) 「서울六百年史」:
http://seoul600.visitseoul.net/seoul-history/sidaesa/txt/3-3-1-4-2.html

써 표시되어 있다. B는 19세기 중엽의 수선전도(首善全圖)로서 한자로 '西部'가 표시되어 있고, C도 1892년경에 제작된 것으로 추정되는 수선전도로서 한글로 '서부'가 표시되어 있다. D의 경우는 1902년에 서양 선교사들이 제작한 지도로서 '西部'로 그 위치가 표시되어 있다.

〈지도 3-1〉에 나와 있는 지도 가운데서 B가 그 이후의 지도들과 큰길 또는 큰 골목길들을 기준으로 했을 때 대비(對比)가 가장 잘 되어, 이 지도 B를 근거로 옛 서서(西署) 관아 건물의 현재의 위치를 추정하는 작업을 해 본 것이 〈지도 3-2〉와 〈지도 3-3〉이다.

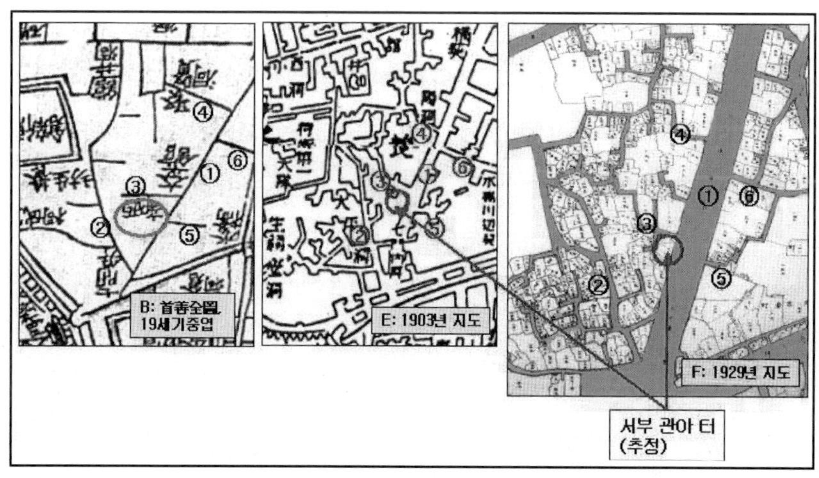

〈지도 3-2〉 미일신문의 세 번째 사옥 위치 추정 작업
* 구한말 지도와 일제하 지도

우선 〈지도 3-2〉를 보면 〈지도 3-1〉에서의 B를 기준으로 해서 1903년에 현대적 지도 작도법에 따라 제작된 지도 E와 구한말의 지도와 현재의 지도를 대비하려고 할 때 교량 역할로 적합한 1929년 지도 F가 제시되어 있다.

1929년 지도에서 현재의 태평로2가 도로가 대폭 확장되고 직선화된 것 말고는 주요 골목길들이 1903년의 지도와 거의 변하지 않고 있음을 볼 수 있다.

134

도로와 골목길들을 기준으로 '서부(西部)', 즉 민일신문의 세 번째 사옥이 있었던 "이전(以前) 셔셔(西署)되었던 집"의 위치를 추정해 보기 위해 관련이 있는 도로와 골목길에 번호를 적어 보았다.

〈지도 3-2〉의 B에서 보면 서부(西部) 관아가 골목길 3번의 남쪽에 있으면서 큰길 1번에 접해 있고 1번 길 건너 쪽의 골목길 5번에 면해 있는 것으로 나타나 있다. 1903년 지도인 E에서 보면 도로와 골목길들이 좀 더 자세하게 나와 있으나 그 위치나 구조에는 차이가 없다. 오늘날의 지도와 대비가 가능한 1929년 제작 지도인 F에서도 주요 골목길들은 변하지 않고 있음을 알 수 있다. 지도 B에서 실선 원으로 표시한 서부(西部) 관아의 위치 터와 대비되는 터의 위치를 지도 F 위에 역시 실선 원으로 표시해 보았다. 지도 F에서 실선 원으로 표시한 서부 관아 터의 위치는 지도 B에서와 같이 골목길 3번의 남쪽 변에 있고 큰길 1번에 접해 있으면서 1번 길 건너 골목길 5번 입구와 마주하고 있다.

조선조 초기부터 관아 이름이 서부(西部)로 불려오다가 갑오개혁 때 그 이름이 서서(西署)로 바뀌게 되었는데 이름만 바뀌었을 뿐 그 터와 건물은 그대로 사용했을 가능성이 크다고 보면 〈지도 3-2〉의 F에서 서부 관아 터로 추정한 곳이 서서(西署) 관아 터이었을 것이라는 추정이 가능해진다.

〈지도 3-3〉의 A는 앞의 〈지도 3-2〉의 F, 즉 1929년 지도를 2000년 지도 위에 포개 봄으로써 1929년 지도 위에서 추정한 서서(西署) 관아 터의 현재의 위치를 알아본 것이다. 그 바른쪽의 지도 B는 지도 A에서 1929년 지도를 벗기면서 서서(西署) 관아 터로 추정한 부분만을 남김으로써 민일신문 세 번째 사옥이었던 "남대문 안 대평동 이전(以前) 셔셔(西署)되었던 집"이 있었던 터의 현재의 위치를 보다 분명하게 해 보고자 한 것이다.

연구자의 추정이 맞는다고 하면 민일신문 세 번째 사옥이 있었던 곳은 현재의 삼성생명빌딩 입구의 광장 일부와 그 앞 태평로2가 도로의 일부가 아니었을까 생각된다.

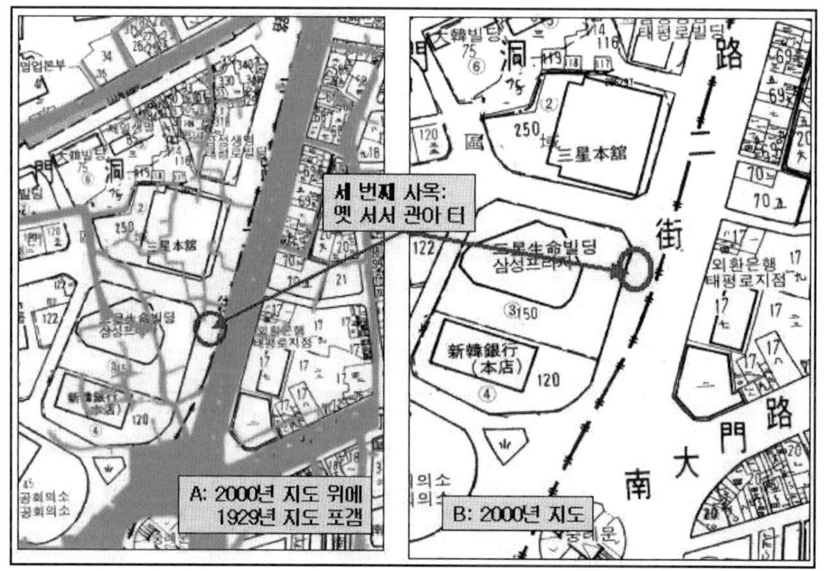

〈지도 3-3〉 미일신문 세 번째 사옥 위치 추정 작업
 * A: 2000년 지도 위에 1929년 지도를 포개 현재의 위치를 추정해 본 것.
 * B: A 지도에서 1929년 지도를 벗겨서 현재의 위치를 보다 분명히 해 본 것

　　다만 "이전(以前) 셔셔(西署)되었던 집"이라는 미일신문 사고(社告)의 표현이 연구자의 위에서의 추정에 문제를 제기하고 있음을 인정하지 않을 수 없다. 미일신문이 발행되던 1898년에도 셔셔(西署)라는 관아는 있었을 터인데 사고에 난 표현에 따르면 관아 건물을 새로운 곳으로 옮겼다는 이야기가 된다. 그렇다면 그 옮긴 곳은 어디였을까 하는 의문이 남는다. 〈지도 3-1〉에 제시되어 있는 19세기 중엽의 지도들과 서양선교사들이 제작한 1902년 지도에 나타나 있는 서부(西部)의 위치가(1902년 지도에서는 西署로 되어 있어야 할 것 같은데 西部로 표시되어 있는 것으로 보아 당시에는 두 명칭이 혼용되었던 것이 아닌가 생각됨) 거의 같은 지역으로 표시되고 있는 것으로 보아 西署 관아가 옮겼더라도 매우 가까운 곳이 아니었을까 생각된다.

5) 네 번째이자 마지막 사옥: 이전 중학(中學) 건물

믹일신문은 세 번째 사옥으로 옮긴 지 2개월 만인 1898년 10월 10일 네 번째이자 마지막 사옥인 "이전 중학(中學)하였던 집"으로 옮겨 간다. 〈사고 5〉에 나와 있듯이 믹일신문의 마지막 사옥은 "즁학다리 동편 안동 서편 북송현"에 위치한 "이왕 즁학 ᄒᆞ였던 집"이었다. 믹일신문이 신문을 발행했었던 네 곳 사옥 가운데 이 네 번째 사옥의 위치가 가장 확실하다.

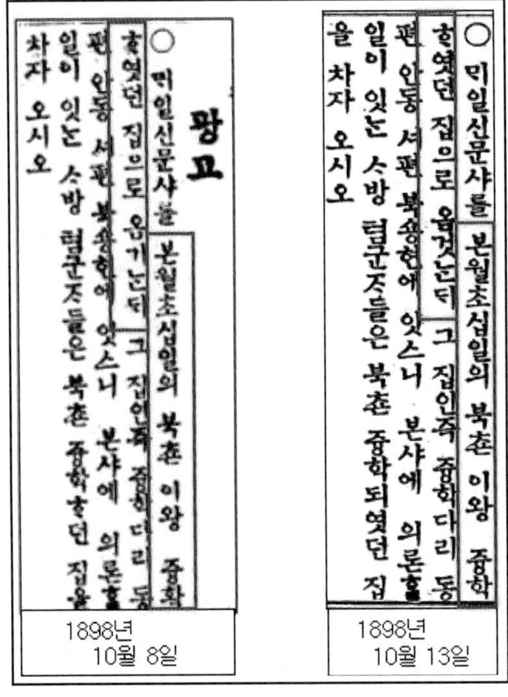

〈사고 5〉
믹일신문 네 번째이자 마지막 사옥 위치에 관한 사고(社告): 옛 중학(中學)

〈지도 4-1〉에 믹일신문의 마지막 사옥이 있었던 "이전에 중학(中學)이었던 집"의 위치를 나타내는 지도 4개가 제시되어 있다.

1902년 지도인 A에서 보면, 삼청동에서 내려오는 중학천(中學川)에 걸린 중학다리(中學橋), 송현(북송현: 남산 밑에도 송현이 있었음) 그리고 조선조 때 서울을 동, 서, 남, 북, 중의 5部(조선조 말에는 5署)로 나누어 각부에 하나씩 두려 했다가 결국은 동, 서, 남, 중부에 두게 되었던 4부학당 중 중부에 있었던 중학(中學)이 나타나 있다. 얼마 전까지 한국일보가 있던 지역13)이 중학동인데, 중학동이란 이름은 조선조 때 그 지역에 중학이 있었던 데서 유래되고 있다.

<지도 4-1> 매일신문 네 번째이자 마지막 사옥
위치 추정 작업

〈지도 4-1〉의 B에서 보면, 이전에 중학이 있던 터에 '관진학교(觀鎭學校)?'가 들어서 있다. 연구자는 '관진학교(觀鎭學校)'가 어떤 학교였었는지를 알려 주는 자료를 아직 찾지 못하고 있다.14) 그 학교 터가 1929년 지도

---

13) 한국일보는 2007년 2월에 중구 남대문로2가 한진빌딩으로 사옥을 임시로 옮겼음. 한국일보의 자매지들도 충무로2가 조양빌딩, 충무로3가 충무로타워의 임시 사옥으로 옮겼음.

14) 1908년을 전후해서 "교육 위생 환난상구(患難相救)를 목적으로 하는 관진방회(觀鎭坊會)"가 있었다는 기록이 있는데 이 모임과 관련이 있는 학교가 아닐까 생각됨. 관진방회에 관한 언급은
http://kr.ks.yahoo.com/service/wiki_know/know_view.html?tnum=140473에 나옴.

138

인 C에서 보면 중학동 83번지로 나와 있다. 2001년 지도인 D에서 보면, 중학동 83번지 터가 현재는 몇 개의 작은 터로 나뉘어 83번지의 6호까지로 분할되어 있는 것으로 나와 있다.

〈지도 4-2〉
미일신문 마지막
사옥 터의 현재의
위치(추정)

〈지도 4-2〉는 〈지도 4-1〉에서 D, 즉 현재 지도 부분만을 확대해 제시한 것이다. 이 연구의 결과를 마무리하고 있던 2006년 6월 당시 미일신문의 네 번째이자 마지막 사옥이 있던 옛 中學 터는 빈 공터로서 유료주차장으로 사용되고 있었다.

〈사진 2〉는 1898년 10월 10일부터 1899년 4월 14일까지 6개월간 미일신문의 네 번째이자 마지막 사옥으로 사용되었던 구한말 중부학당, 즉 중학 교사 건물의 전면(前面)사진이다. 사진의 왼쪽에 북악산의 봉우리가 보이고 있다.

〈지도 4-1〉 B, C, D를 보면, 옛 중학당 터로 들어가는 길은 변치 않고 그대로임을 알 수 있다. 〈사진 3〉은 2006년 5월에 찍은 사진으로서 옛 중

학당 터, 즉 옛 매일신문 마지막 사옥으로 들어가는 길의 현재의 모습을
보여 주고 있다.

<사진 2> 매일신문 마지막 사옥이었던 구한말 중부학당 사진

　* 자료: 서울시사편찬위원회, 「개항이후 서울의 근대화와 그 시련(1876∼1910)」, 2002, p.219.

<사진 3> 매일신문 마지막 사옥이었던 중학당 진입로의 현재의 모습

　* 짧은 진입로 끝에 나대지로 된 터가 옛 중학당 터인데 이 사진 촬영 당시에는
　　유료주차장으로 사용되고 있었음.

4. 결 어

우리나라 신문의 역사에서 처음으로 일간(日刊) 시대의 막을 올렸던 구한말의 믹일신문, 이 믹일신문의 사옥이 어디에 있었을까. 그 사옥의 현재의 위치는 어디쯤일까를 추정해 보고자 했다. 믹일신문의 전신(前身)으로서 언론사(史)에서 함께 다루어지고 있는 협성회회보도 그 발행소의 위치를 알아보았다.

알아보는 방법으로는 믹일신문의 사고(社告)에 언급되어 있는 주요 건물 또는 위치 등을 근거로 해서, 구한말의 지도, 일제 초기 또는 중기의 지도 그리고 현재의 지도 등을 서로 대비하는 방법을 사용했는데, 이 과정에서 주요 도로와 골목길 등이 위치 추정을 하는 데 중요한 기준으로 활용되었다.

협성회회보는 배재학당 학생회가 배재학당 첫 벽돌 교사(校舍) 지하실 인쇄소에서 3개월간 주간으로 발행하다가 종간되고 그 후신인 우리나라 최초의 일간지 믹일신문은 남대문 안 이전 싸전 도가 집에서 창간을 했는데 안과 밖의 어려운 사정으로 발행기간 1년 사이에 사옥을 세 번이나 옮겨 다녀야만 했다.

협성회회보의 발행소와 믹일신문의 4개 사옥의 위치를 추정하는 작업을 일단 마무리하면서, 연구자로서는 협성회회보 발행소의 위치와 믹일신문의 네 번째이자 마지막 사옥의 위치에 관한 추정은 가장 확실한 것 같고, 믹일신문 창간사옥과 세 번째 사옥의 위치 추정이 그다음으로 확실할 것 같은 느낌이 든다. 가장 자신이 없는 것은 믹일신문의 두 번째 사옥 위치에 대한 추정의 경우로서 추정에 확신을 가질 수 있게 하는 자료를 계속 찾아볼 생각이다.

동시대 사람들에게는 분명했었을 사항들, 예컨대 본 연구의 주제인 신문사의 사옥 위치와 같이 어쩌면 너무나 단순한 사항마저 100여 년 뒤의 오늘을 살고 있는 우리들에게 추정의 대상이 되어야 하고, 어떤 것은 그 추정마저 확신을 할 수 없는 상태로 넘어갈 수밖에 없는 상황에 부닥치면서, 역사학도가 아닌 연구자로서 역사학 연구의 어려움을 절실히 느끼게 된다.

제5장

황성신문

제1절 황성신문 사옥 터의 현재의 위치

1. 황성신문: 구한말 국운과 함께한 민족지

구한말 황성신문은 국운이 급격히 기울어 가는 소용돌이 속에서 국권을 수호키 위해 필사적으로 필봉을 휘둘렀던 민족지의 하나였다.

황성신문은 주 독자층을 당시의 지도계층에 두고 바깥세상이 어떻게 돌아가고 있는지, 세계의 열강들이 서로 각축하면서도 이해가 맞으면 서로 주고받으면서 어떻게 약소국들을 침탈해 나가고 있는지를 알리고 안으로는 열강 특히 일본의 노골적인 침략 야욕에 우리가 얼마나 무력한지, 비장한 각오로 중지를 모으고 단합하지 못하면 무너질 수밖에 없음을 강조하고 경고함으로써 지도층으로 하여금 크게 각성 분발케 하기 위해 최선을 다하고자 했었다. 황성신문은 지도층을 대상으로 한 이러한 언론활동이 막 눈을 뜨기 시작한 보통 백성들에게도 파급이 되어 민족 역량의 거족적인 집결이 이루어지기를 간절히 바랐을 것으로 생각된다.

구한말의 민족지들은 밖으로는 제국주의 열강들의 침탈을 향한 태풍과 같은 외풍을 막고 안으로는 내치의 난맥상에서 비롯된 백성들의 고통과 분노의 회오리 내풍을 가라앉힘으로써 꺼져 가던 국운의 불길을 되살리려 많은 노력을 했었다.

황성신문이 동시대의 다른 민족지들과 다른 것이 있다면 그것은 국운을 되살리려는 몸부림의 기간이 가장 오랜 신문이었다는 점이다.

144

  1898년 9월 5일에 발간된 황성신문보다 2년 5개월 앞선 1896년 4월 7일에 발간을 시작한 서재필의 독립신문은 정부를 감시 비판해 선정으로 나아가게 하고 백성들을 계몽해 국민의 힘을 키움으로써 위의 목적을 달성하려 했었으나 3년 8개월밖에 지탱을 못 하고 붓이 꺾이고 말았었다.

  황성신문보다 26일 앞서 발행을 시작한 제국신문은 중류층과 부녀자들을 대상으로 민족의 자주정신 함양과 지식의 계발을 통해 위의 목표를 달성하려 했었으나 후반에 가서는 재정사정이 워낙 어려워 발행이 중단되는 일이 많았으며 한일합방이 공식화되기 26일 전인 1910년 8월 2일에 재정난으로 끝내 폐간이 되었다. 황성신문은 합방 후 제호를 한성신문으로 바꿔 가면서 일본 총독부 치하의 세상을 2주간이나 견디어 내다가 9월 14일자로 폐간당했으니 제국신문은 황성신문보다 42일 일찍 붓을 놓은 것이다.

  황성신문보다 5년 10개월이 늦은 1904년 7월 18일에 영국인 기자 배설(裴說: E. T. Bethell)이 창간한 대한매일신보는 당시 이미 우리나라를 사실상 지배하기 시작한 일본의 언론탄압으로 우리의 민족지 황성신문과 제국신문의 국권 수호 활동이 크게 위축되어 있을 때 외국인의 신분을 활용해 항일언론활동을 활발히 전개함으로써 우리를 대내외적으로 대변해 준 신문이었다. 그러나 배설의 대한매일신보도 일본인들이 당시 동맹관계에 있던 영국정부를 통해 우회적으로 가해 온 탄압에 예리한 필봉이 무디게 되었다. 대한매일신보는 1909년 5월 초 배설이 사망한 후 신문발행을 맡아오던 만함(滿咸: A. W. Marnham)에게서 일본의 통감부가 1910년 5월 중순에 대한매일신보의 판권을 비밀리에 매입함으로써 비록 신문은 계속 발행되었으나 더 이상 우리의 신문이 아닌 신문이 되고 말았다. 대한매일신보의 우리의 대변지로서의 발행기간은 5년 10개월로 강제 폐막을 당하게 되었었다.

  연구자는 역사가 똑같이 되풀이되지는 않는다고 믿고 싶다. 그러나 구한말에 발행되던 독립신문, 황성신문, 제국신문, 대한매일신보 등을 읽으면서 오늘날의 상황들이 그때와 비슷한 점들이 많은 것 같아 역사의 가르침 앞에서 현명한 대응책을 마련해야 할 필요성을 절감하게 된다.

구한말의 우리의 민족지들은 오늘날의 우리에게 경각심과 분발과 대동단결을 촉구하고 있음을 느끼게 해 준다.

연구자는 이 장(章)에서 구한말 우리 민족의 국운과 함께한 기간이 가장 길었던 황성신문에 관해 신문을 발행했던 사옥이 어디 있었는가에 초점을 맞추어 그 사옥들의 당시의 위치를 확인해 보고 그들 위치가 현재 어디인가를 찾아보고자 한다.

황성신문사의 사옥이 있었던 곳은 모두 네 곳이었다. 황성신문의 전신인 경성신문과 대한황성신문의 경우를 합치면 다섯 곳이 된다.

이들 다섯 곳의 주소는 이미 알려져 있다. 그리고 당시의 이들 주소가 현재 어느 곳인지에 관해서도 대강은 알려져 있다. 신문의 사고(社告)에 신문사의 주소나 위치가 밝혀져 있기 때문이다.

연구자는 이 장(章)에서 황성신문 사고에 난 주소들을 당시의 지도상에서 확인해 보고 이를 다시 현재의 지도상에 대입을 시도해 봄으로써 아직까지는 '어디 근처' 정도로 알려져 있는 것을 좀 더 정확히 '바로 여기'라고 짚어 보고 싶은 것이다.

우리의 역사에서 중요한 사건과 행위가 있었던 바로 그 자리를 정확히 찾아서 그곳에 표석이나 어떤 상징물들을 세워 놓게 되면 그 역사가 현재를 사는 우리의 피부에 와 닿고 가슴에 와 닿는 강도가 크게 다를 것 같다.

바로 여기에서 구한말 기울어져 가는 국운을 바로 세우기 위해 일본의 총칼에 붓으로 맞서 싸웠던 황성신문, 그 역사적인 황성신문이 발행되던 사옥의 정확한 위치를 찾아보려는 시도가 갖는 의미를 찾을 수 있지 않을까 생각된다.

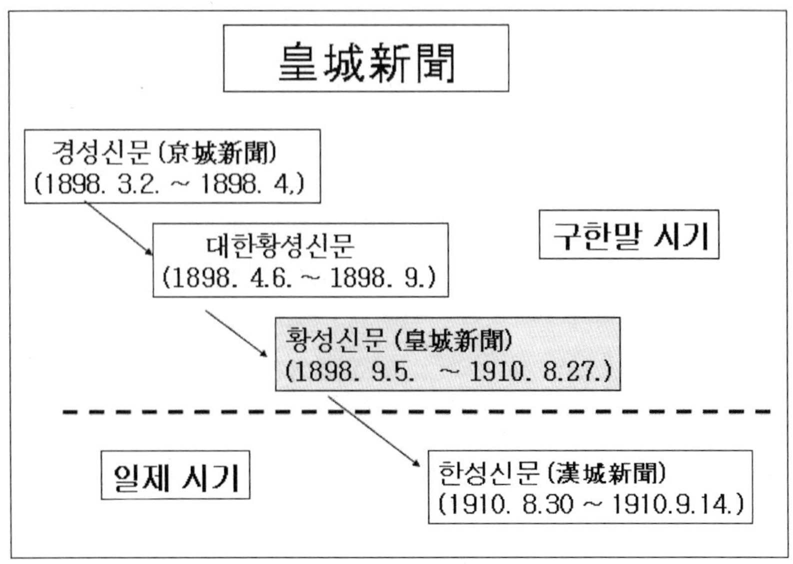

<표 1> 황성신문사(皇城新聞社)의 역사

2. 황성신문사 사옥(社屋)이 있었던 곳

1) 황성신문의 전신인 경성신문(京城新聞)과 대한황성신문

황성신문은 대한황성신문의 판권을 물려받아 제호를 한자로 皇城新聞으로 바꾸어 1898년 9월 5일에 창간을 한 신문이다. 황성신문은 대한황성신문의 판권을 인계받았기 때문에 정부로부터 새롭게 인가를 받음이 없이 신문을 발행할 수 있었다.

황성신문의 전신 대한황성신문은 원래 윤치호에 의해 1898년 3월 2일 경성신문(京城新聞)으로 시작한 신문이었으나 국호가 조선에서 대한으로 바뀌자 제호만을 대한황성신문으로 바꿔 발행을 한 신문이었다.

윤치호는 당시 서재필과 함께 독립협회 활동에 적극 참여하고 있을 때였었다. 윤치호는 서재필이 미국으로 추방당하고 난 뒤인 1898년 5월 12일부터는 독립신문의 제2대 사장을 맡아 독립신문을 관리 운영하기 시작했으니까 대한황성신문을 황성신문에 넘겨주기 전까지 약 4개월간 두 개 신문을 운영하고 있었던 것이 된다.

경성신문과 대한황성신문이 발행되던 위치는 협성회회보 1898년 3월 12일자와 4월 9일자에 난 광고에 밝혀져 있다.(〈광고 1〉 참조)

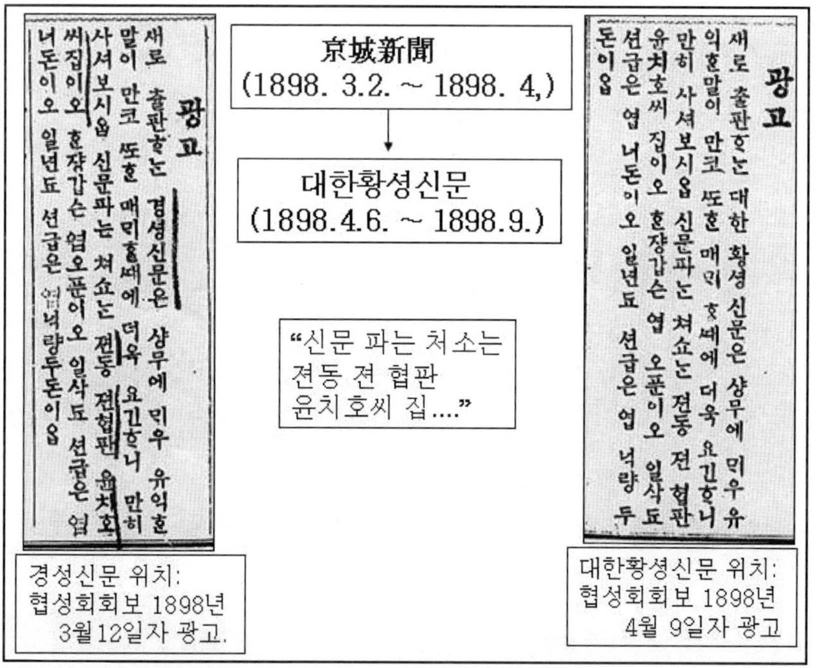

〈광고 1〉 협성회회보에 난 경성신문과 대한황성신문의 광고
* 두 신문사 발행소가 옛 전동의 윤치호 집이었음.

협성회회보는 배재학당 학생회인 협성회가 1898년 1월 1일 주간으로 발행을 시작해 4월 9일부터는 민일신문으로 제호를 바꾸어 독립신문에 앞서 우리나라 신문으로서는 최초로 일간으로 발행하기 시작한 신문이었다.

당시 우리 신문들은 광고란에 다른 신문들의 광고를 실어주곤 했었다. 대개 "……유익하니 많이 사서 보시라……"는 내용의 광고들이었다. 협성회 회보에 난 경성신문과 대한황성신문에 관한 광고에 다 같이 "…… 신문파는 쳐쇼는 전동 전 협판 윤치호씨 집이오……"로 나와 있다.

이들 두 신문의 발행소인 전동(典洞)의 윤치호 집이 어디였을까. 이에 관해 장규식이 "종로·북촌 문화산책"(서울YMCA 도시문화·환경센터, 2000) 이란 소책자에서 밝히고 있는 바에 의하면 윤치호의 당시 집터가 현재 주소로는 견지동 68번지로 되어 있다. 견지동 68번지는 종로4거리에서 안국동 로터리로 가자면 오른쪽에 10여 년 전까지는 제주은행이 있었다가 현재는 GMDAEWOO 자동차 판매소가 들어 있는 건물 '天馬빌딩'이 나오고 그 바로 다음 빌딩이 '서흥빌딩'인데(현재 신한은행 종로지점이 들어 있음) 장규식은 이 서흥빌딩 자리를 윤치호의 전동 집터로 지목하고 있다.

옛날 지도에서 전동을 찾다 보면 헷갈릴 수가 있다. 그것은 전동의 바로 옆에 있는 수송동의 일부가 옛날에는 박동(礴洞)이었는데 이 박동의 한자 표기가 일부 지도 예컨대 「한양경성도」(1900), 「최신경성전도」(1907), 「경성부시가도」(1911) 등에서 '礴洞'으로 표기되어 있어 '전동'으로 읽힐 수 있기 때문이다. 박동의 '박(礴)'은 '땅형세 박', '가득할 박', '넓게 덮일 박'인데 이들 지도에선 어떤 이유에서인지 '벽돌 전', '기와 전' 자인 '礴' 자가 쓰이고 있다.

2) 황성신문 사옥 터

황성신문은 남궁억(사장)과 나수연(총무원) 등이 윤치호에게서 대한황성신문의 판권을 사들여 1898년 9월 5일에 제호를 바꾸어 일간으로 발행하기 시작한 신문이었다.

황성신문은 이로부터 1910년 8월 말 한일합방으로 국권을 잃을 때까지 12년간 신문을 발행하면서 사옥을 세 차례 옮겼다. 따라서 신문사 창간사옥을 포함해 사옥이 있던 자리는 네 곳이 된다.

　이들 네 곳 발행소의 주소는 황성신문 자체 광고인 사고(社告)에 모두 나와 있기 때문에 관심을 가진 연구자나 일반인들에게는 잘 알려져 있다. 주소를 알고 있는 경우에도 그 주소 자체를 알고 있을 뿐 그 위치가 당시의 서울 거리 어디였었는지, 현재의 서울 거리 어느 지점에 해당하는지에 관해서는 이를 알아보려는 사람들이 아직까지 극히 드문 것이 사실이다.

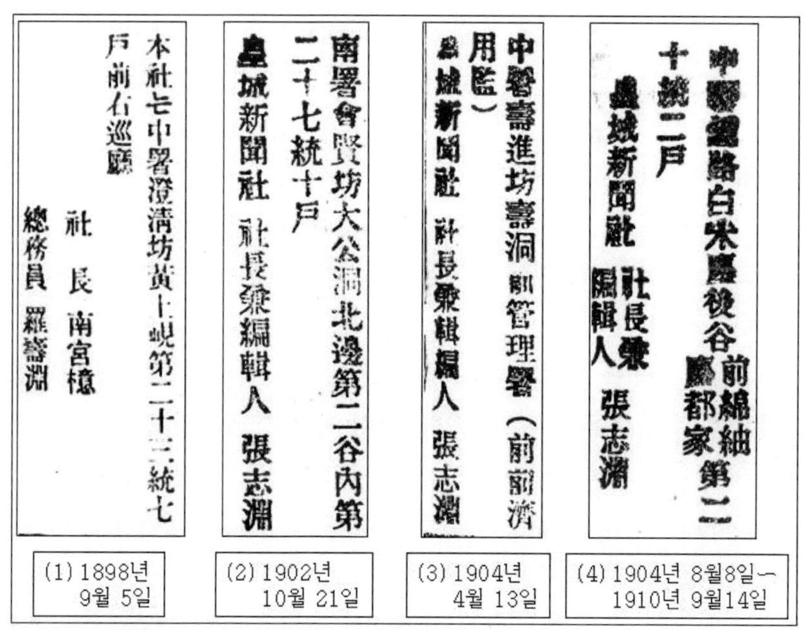

〈광고 2〉 황성신문사 사고(社告) 중 발행소의 주소를 알리는 부분들
* 발간에서 폐간까지 12년 사이에 네 곳에서 발행했었음.

　황성신문이 창간하던 때의 사옥은 "中署 澄淸坊 黃土峴 제23통7호 前 右 巡廳" 자리에 있었다. 이곳에서 4년을 발행하다가 1902년 10월 21일에 "南 署 會賢坊 大公洞 前 紅箭門 內 北邊 第2谷 內 제27통 제10호"로 사옥을 옮겼으며, 1년 6개월 뒤인 1904년 4월 13일에 두 번째 이사를 "中署 壽進

150

坊 壽洞 前 管理署(前前 濟用監)"터로 갔으며, 이로부터 4개월이 채 지나
지 않은 1904년 8월 8일에 세 번째이자 마지막 이사를 "中署 鐘路 白木廛
後谷 前 綿紬廛 都家 第20統 2戶"로 갔다. 네 번째 사옥인 이곳에서 6년간
신문을 발행하다가 1910년 8월 말 한일합방으로 폐간[1]을 당했다.(〈광고 2〉
참조)

황성신문 발행소의 주소는 1907년 4월 3일자 신문제호 아래 사고에서는
"中署 鐘路 제20통 2호"로 되어 있고 1910년 8월 27일 황성신문이란 제호
로 나간 마지막 신문에서는 "中部 鐘路 제20통 2호"로 되어 있으나 이는
주소의 표기만이 바뀐 것으로서 사옥의 위치가 옮겨진 것은 아니었다.

(1) 창간 시 사옥 터

황성신문은 1898년 9월 5일 제1호를 발행하면서 '본사고백(本社告白)'이
란 사고(社告)를 통해 신문사의 위치를 "中署 澄淸坊 黃土峴 제23통 7호
前 右巡廳"이라 밝히고 있다. 황성신문이 만일 "황토현 제23통 7호"라고만
했었다면 그 위치를 찾기가 매우 어려웠을지도 모른다. '전 우순청 자리'임
을 추가로 알려 주었기 때문에 황성신문의 발간 시 사옥의 위치는 분명하
게 확인이 된다. 왜냐하면 〈지도 1-1〉 김정호의 「도성전도」에서 보듯이
옛 우리 지도 가운데 '우순청'의 위치가 나와 있는 것들이 있기 때문이다.

옛 우순청 자리는 현재의 세종로 4거리 교보문고 빌딩 바로 옆, 경복궁
쪽 대로와 종로 쪽 대로가 만나는 모퉁이에 세워져 있는 '기념비전(紀念碑
殿)' 자리가 된다.

---

1) 황성신문은 1910년 8월 말 한일합병이 되자 제호를 한성신문으로 바꾸어 발행
   하다가 9월 14일 폐간했음.

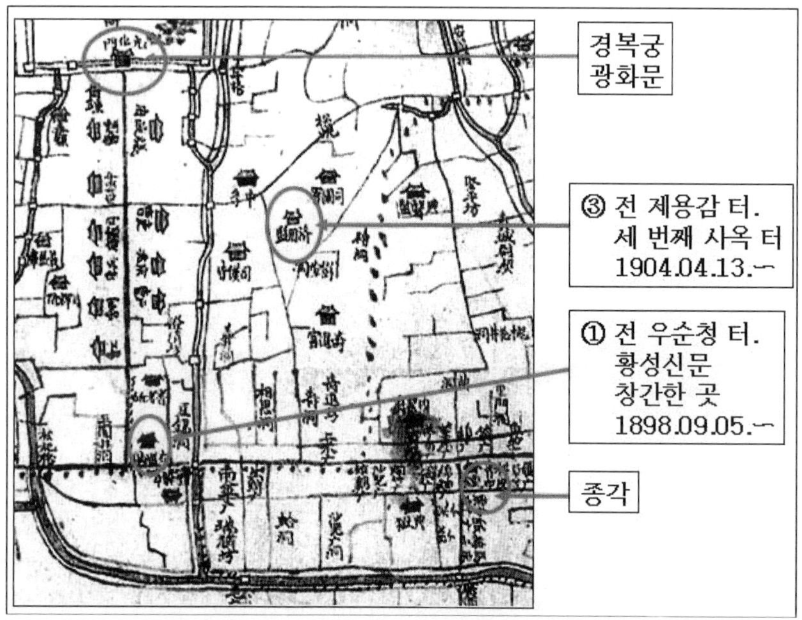

<지도 1-1> 김정호의 「도성전도」(都城全圖: 1834년 경)에 표시한 황성신문
의 창간사옥 터(우순청)와 세 번째 사옥 터(제용감)의 위치

* 두 번째 사옥 터는 현재의 소공동 지역에 있었음.

우순청과 기념비전 자리 그리고 황성신문의 첫 사옥에 관해서는 장규식이
"개항기 서울의 개화·개혁운동 공간"이란 연구(서울시립대 국사학과, 「典
農史論」, 5집, 1999)에서 좀 더 자세한 설명을 하고 있다. 장규식에 의하면
황성신문의 전신인 대한황성신문 때인 6월경에 이미 우순청 자리로 옮겼으
며 이 자리에서 대한황성신문의 판권을 넘겨받은 황성신문이 9월 6일 제1호
를 발간하기에 이른 것이다. 장규식의 이 부분에 관한 글을 직접 인용하면
다음과 같다.

"얼마 뒤인 4월 6일 (1898) 京城新聞은 대한황성신문으로 제호를 바꾸
고 주식회사제를 채택하여 운영하였다. 이때 판권도 이상재 남궁억 등에
게로 넘어간 것으로 보인다. 6월 무렵에는 사옥을 전 우순청(巡撫使의

임시군영, 지금의 광화문 네거리 기념비전 자리)으로 옮겼다. 그리고 9월 6일 장지연을 주필로 하여 (사장 남궁억) 국한문 혼용의 ≪皇城新聞≫으로 면모를 일신하였다. 1902년 9월 우순청 자리에 고종즉위 사십년 칭경 기념비전(稱慶 記念碑殿)이 세워지게 됨에 따라 황성신문은 9월 11일 부득이 정간을 하고, 남서 회현방 대공동 前 紅箭門內 北邊 2谷內 27통 10호(지금의 소공동 근처)에 자리를 잡고 10월 21일부터 속간을 하였다."[2]

구한말 우리 신문들은 사고(社告)에서 자기 신문사의 위치를 글로 풀어서 알리는 경우가 많았다. 이것이 옛 신문사의 위치를 확인하는 데 큰 도움이 되고 있다. 만일 신문사의 위치를 '어느 동 몇 통 몇 호' 식으로 옛날 우리식 주소로만 표시했었다면 지금 현재 그 위치를 확인하기가 무척 어려웠을 것이다. 왜냐하면 연구자의 과문 탓이라 생각되지만 옛날의 우리 주소를 매긴 기준이나 원칙이 아직 연구 발표된 바가 없는 것 같고 한일합방을 전후해서 일제가 자기 식대로 주소를 매기면서 당시 우리나라 주소 시스템과 연계를 맺지 않았기 때문이다. 옛 우리 지도에 동(洞) 간의 경계선이 그어져 있지 않은 것도 당시의 건물이나 지점의 위치를 알아내는 데 어려움을 더하는 요인이 되고 있다.

〈지도 1-1〉은 청구요람에 나와 있는 김정호의 「도성전도」의 일부로서 (1834년경 작성) 황성신문의 첫 사옥 터인 우순청이 나와 있고 황성신문의 세 번째 사옥이 있었던 옛 제용감도 나와 있다.

황성신문의 세 번째 사옥이 있었던 제용감 터에 관해서는 뒤에서 차례가 왔을 때 좀 더 자세히 설명을 할 것이기에 여기서는 그대로 넘어가고자 한다.

〈지도 1-2〉는 일본인들이 1907년에 만든 「최신경성전도(最新京城全圖)」의 일부로서 삼각측량법으로 측량해 작성한 것이기 때문에 방향과 거리가 실제와 부합된다. 이 지도에 황성신문 창간시의 사옥이 있던 자리를 표시해 보았다.

이 지도에는 황성신문의 주소에 나와 있는 황토현이 표기되어 있다. 고

---

2) 張圭植, "開港期 서울의 開化・改革運動 공간", 서울시립대 국사학과, 「典農史論」, 5집, 1999년 3월, 별쇄, p.19.

종황제 즉위 40년 칭경 기념비전의 경우는 1902년에 세워졌으니까 표기가 되었을 만도 한데 나와 있지 않다. '전 우순청 터'라는 설명 앞에 표기한 숫자는 황성신문 사옥의 순서를 나타내는 것으로서 ①은 첫 번째 사옥 터임을 나타낸다. 제용감 터 앞의 ③은 이곳이 황성신문의 세 번째 사옥 터임을 나타내기 위한 것이다.

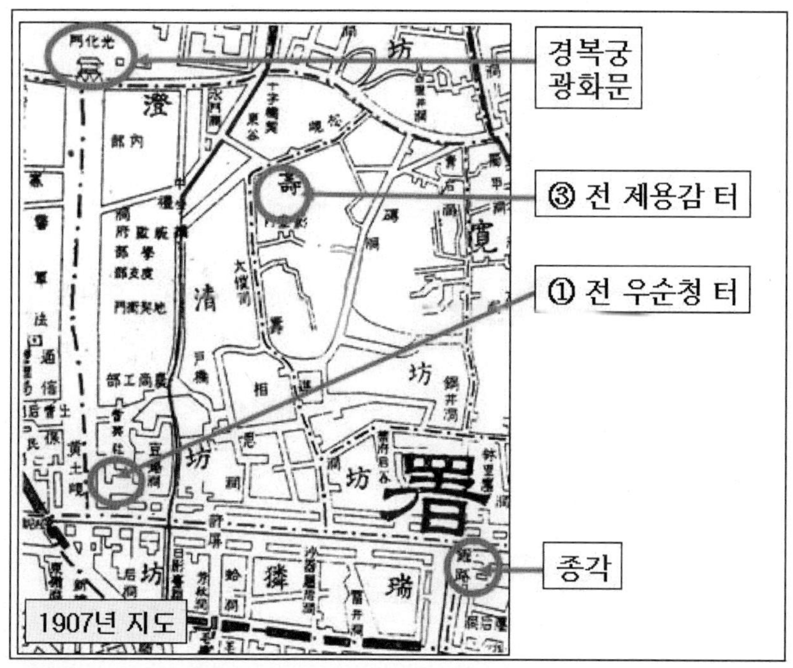

〈지도 1-2〉 삼각측량법으로 작도된 「최신경성전도」에서 전(前) 우순청 터와 전전(前前) 제용감 터의 위치

* '황토현': 현재 이순신 장군 동상이 서 있는 곳이 옛 황토현임.

〈지도 1-3〉은 오늘날의 지도(중앙지도문화사 2001) 위에다 황성신문의 첫 번째 사옥의 위치를 표시해 본 것이다. 황성신문이 창간을 한 곳, 그러나 고종황제 즉위 40년 칭경 기념비전이 그곳에 세워져야 했기 때문에 이사를 가야 했던 곳인 세종로 4거리 '기념비전'이 표시되어 있다.

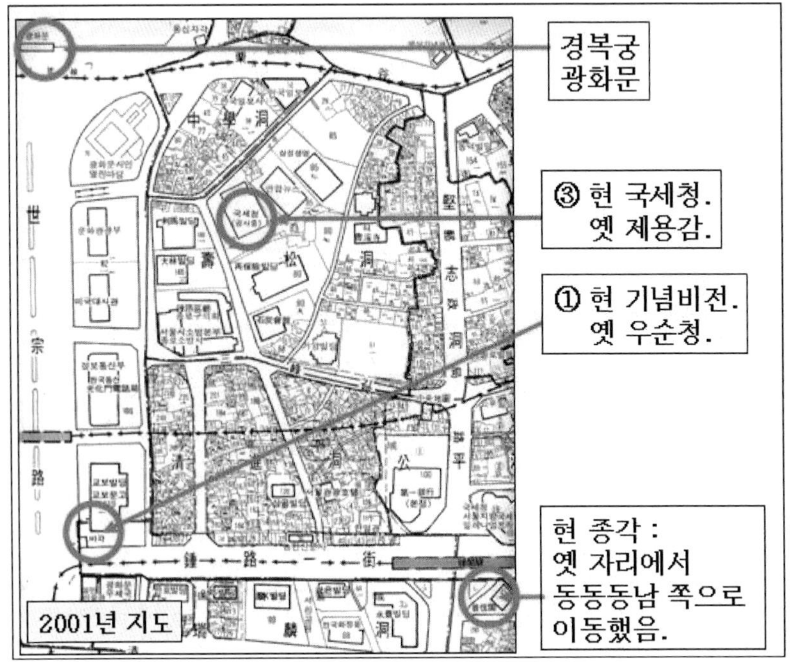

<지도 1-3> 현재 지도상에서의 옛 우순청과 옛 제용감 터 위치

* 현재의 세종로 네거리 교보문고 앞 기념비전 자리가 황성신문이 창간 제1호를
  발간한 옛 우순청 터이었음.

⑵ 두 번째 사옥 터

황성신문 두 번째 사옥 터의 당시 주소는 "南署 會賢坊 大公洞 前 紅箭
門 內 北邊 第2谷 內 제27통 제10호"이다.

구한말 한성부(서울)의 행정구역은 지금의 구(區)에 해당하는 서(署)가
있고 그 아래 방(坊), 그 아래 계(契), 그 아래 동(洞)으로 되어 있었다.
1894년 갑오개혁 이후의 남서(南署)의 경우를 예로 들어보면 광통방, 회현
방, 명례방 등 11개 방이 있었고, 회현방의 경우 미동계, 소공동계, 정동계
등 14개 계가 있었고, 소공동계의 경우 소공동(小公洞), 동현동(銅峴洞),
사축동(司畜洞)의 3개 동이 있었다. 황성신문에서는 대공동(大公洞)이라고
했는데 공식적인 동명은 소공동으로 되어 있다. 김정호의 지도에도 소공동

은 나오는데 대공동은 안 나와 있다. 〈지도 2-1〉에서 보듯이 1903년 지도
에는 공동(公洞)으로만 나와 있다.

〈지도 2-1〉에서 보면 환구단(圜丘壇)3) 남쪽에 동서로 난 길이 있는데
이 길에 홍전문전(紅箭門前)이란 이름이 붙여져 있다. 한자로 홍전문은 우
리식 말로는 홍살문이다. 옛날에 능, 묘, 궁전 등의 정면에 세우던 붉은 칠
을 한 문을 일컬어 홍전문 혹은 홍살문이라 일컬었었다. 환구단 자리가 원
래 남별궁이란 궁터이었기 때문에 홍전문이 세워져 있었다.

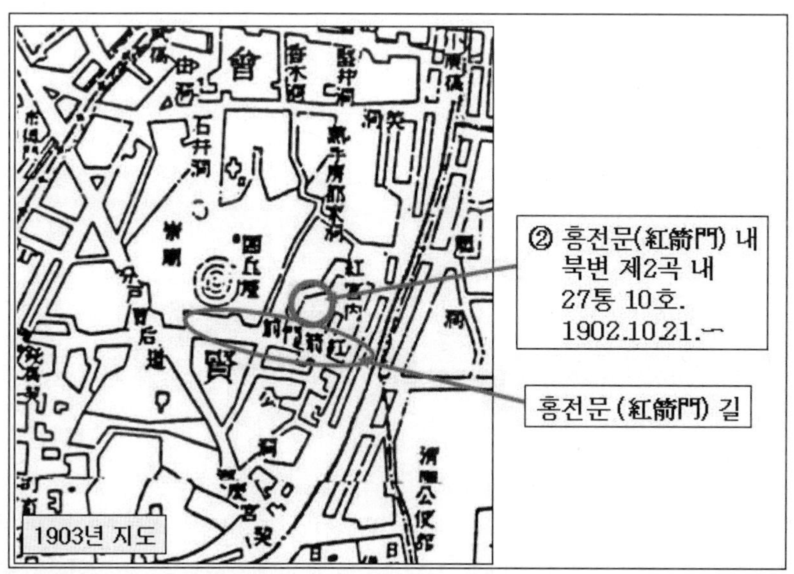

〈지도 2-1〉 삼각측량법으로 작도된 「한국경성전도」상에서 옛 홍전문 내
북변 제2곡 내 27통 10호 터로 추정되는 곳

* **황성신문사 두 번째** 사옥 터.
　황성신문은 여기로 이사 와 약 6개월간 신문을 발행하다가 수송동의 옛 제용감
　터로 또 이사를 갔음.

---

3) 圜 자는 '둘릴 환', '에울 환', '둥글 원', '제단 원'으로 한자옥편에 나와 있음. 음
　이 '환'과 '원' 두 가지로 나와 있음. 圜 자가 圓 자와 같게 쓰이기도 함. 따라서
　圜丘壇은 전에는 '환구단'으로 읽히기도 하고 '원구단'으로 읽히기도 했었음. 현
　재는 '환구단'으로 공식화되어 있음.

황성신문 사고에 난 주소를 풀어 보면 "전에 홍전문이 서 있던 안쪽 동네의 북쪽 지역 두 번째 골목 안에 있는 27통 10호"가 된다. 〈지도 2-1〉에서 27통 10호 지점을 정확히 알 수는 없으나 그곳의 골목들이 모두 긴 골목이 아니기 때문에 골목까지만이라도 찾게 되면 황성신문 사옥이 있었던 위치를 상당히 정확히 찾은 것이나 다름이 없을 것 같다.

연구자는 황성신문에 난 주소를 이렇게 읽고 〈지도 2-1〉 위에 황성신문의 사옥 터로 추정되는 곳에 실선 원을 그려 놓았다.

지도에 환구단으로 나와 있는 자리는 원래 조선조 3대 왕 태종의 둘째 공주 경정공주(慶貞公主)가 출가해서 살던 곳이었다. 그래서 그 지역이 '작은 공주 골', 즉 소공주동이라 불리게 되었고 이를 줄여 지명이 소공동으로 된 것이다.

임진왜란 때 일본군의 장수 하나가 여기에 본부를 두었었고 명군의 지원으로 한성이 수복되었을 때는 명나라 대장 이여송(李如松)이 이곳에 머물렀었다. 19세기 중엽 이후의 우리 지도에 이곳은 남별궁(南別宮)으로 나와 있던 곳이었다.

구한말 高宗은 1897년 8월에 연호를 광무로 바꾸고 9월에 환구단(圜丘壇)을 세우게 해서 10월 12일에 이 환구단에서 황제(皇帝) 즉위식을 올리면서 대한제국(大韓帝國)을 선포했다.

일본이 우리나라를 합병하고 난 지 3년 뒤인 1913년에 조선총독부는 한국의 독립을 상징하는 환구단을 헐고 그 자리에 조선총독부 철도호텔을 지었으며 이 호텔이 조선호텔로서 그 이름이 지금까지 이어져 내려오고 있는 것이다. 지금의 웨스틴조선호텔 경내에는 환구단의 일부로서 환구단보다 2년 뒤에 지어진 3층 팔각지붕의 황궁우(皇穹宇)만이 남아 있다. 황궁우는 하늘과 땅의 여러 신위를 모시고 조선조 역대 왕들의 위패를 모신 사당이었다.

〈지도 2-2〉는 해방 직후인 1947년의 지도인데 1903년의 지도에서 황성신문의 두 번째 사옥이 있었던 지역의 골목들이 그대로 남아 있음을 볼 수 있다.

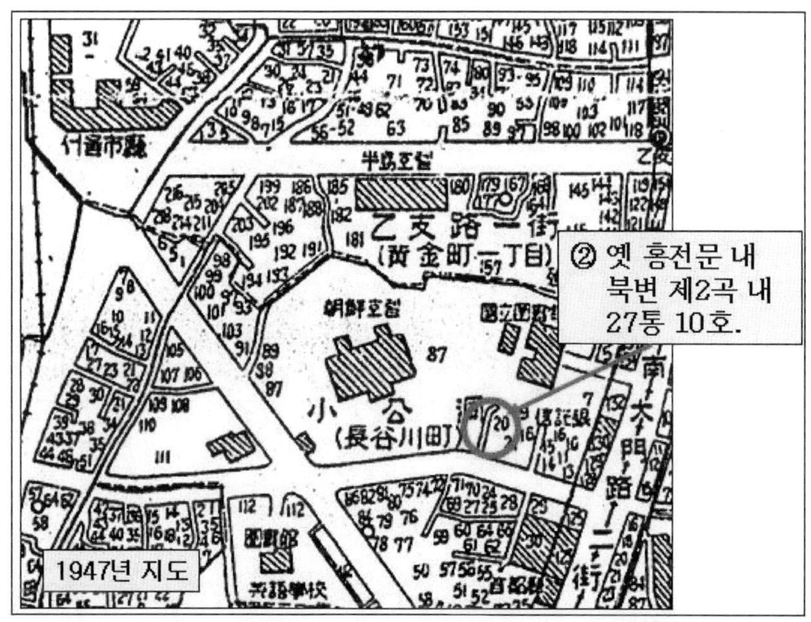

〈지도 2-2〉 해방 직후인 1947년 지도 위에 표시해 본 황성신문 두 번째 사옥 터로 추정되는 곳의 위치

〈지도 2-3〉에는 황성신문 두 번째 사옥이 있었던 자리의 현재의 상황을 보여 주고 있다. 조선호텔에서 미도파백화점에 이르는 길은 그대로 남아 있어 '소공주길'이라는 이름이 붙여져 있고, 이 길 북쪽의 옛 골목들은 큰 건물들이 들어서 흔적을 찾아볼 수도 없게 되어 있다. 소공주길에서 을지로 입구 롯데호텔과 롯데백화점을 잇는 자동차 통로가 현대판 골목이 되어 있을 뿐이다.

남대문로 쪽의 우리은행(전 한빛은행) 빌딩과 소공로 쪽의 조선호텔 사이 소공주길에서 좀 북쪽으로 들어가 '三和빌딩'이 서 있는데(실선 타원으로 표시) 이 삼화빌딩 자리가 옛 황성신문의 두 번째 사옥이 있던 터로 추정이 된다. 삼화빌딩에는 외환은행 소공동지점이 들어서 있다.

〈지도 2-3〉 2000년 지도 위에 표시해 본 옛 홍전문 내 황성신문
사 터 위치

* 두 번째 사옥: 조선호텔과 우리은행 사이로 추정됨.

⑶ 세 번째 사옥 터

황성신문은 소공동에서 1년 6개월 동안 신문을 발행하다가 1904년 4월
중순 초에 두 번째 이사를 수송동 쪽으로 가서 4월 13일부터 그곳 세 번째
사옥에서 신문을 발행하게 된다. 세 번째 사옥은 첫 번째 사옥 근처로서
당시의 주소는 "中署 壽進坊 壽洞 前 管理署(前前 濟用監)"이었다.

앞서 황성신문의 첫 번째 사옥에 관해 이야기할 때 보았던 〈지도 1-1〉,
〈지도 1-2〉, 〈지도 1-3〉에 옛 제용감 터의 옛날의 위치와 현재의 위치가
나와 있었다. 이들 세 지도에서 '전전 제용감' 위치 부근만을 따다가 〈지도
3〉을 엮어 보았다.

〈지도 3〉의 맨 위 왼쪽의 지도는 김정호가 1834년경에 작성한 「도성전도」의 일부로서, 중학천에서 송현으로 가는 길과 수진궁 쪽으로 가는 길이 갈라지는 삼거리 동쪽 편 터에 제용감이 그려져 있음을 볼 수 있다.

지금은 복개가 되어 알고 있는 사람들이 많지 않겠지만 삼청동 쪽에서 경복궁 담을 끼고 내려오는 중학천에 걸린 다리 중학교(中學橋)에서 송현 쪽으로 가는 길(중간에 일본대사관이 있음)과 수진궁 쪽으로 가는 길(끝에 석탄회관이 있음) 그리고 수진궁 쪽에서 안동(안국동) 쪽으로 가는 길(중간에 수송동 소공원과 조계사의 후문이 있음), 이들 세 길로 이루어진 삼각형에 가까운 구역은 오늘날에도 구한말 당시와 거의 바뀌지 않고 있다.

현재 일본대사관 쪽으로 가는 길과 석탄회관 쪽으로 가는 길이 갈라지는 삼거리 동쪽 터에는 국세청 본청 건물이 들어서 있다. 바로 이곳이 옛 제용감이란 관아가 있었던 자리이다.

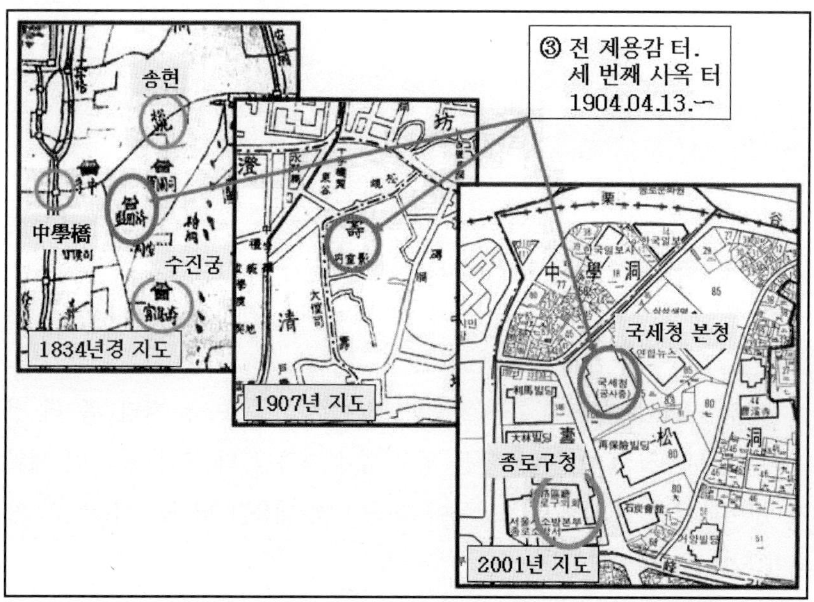

〈지도 3〉 옛 지도와 2001년 현재의 지도상에서의 황성신문 세 번째 사옥 터 위치

황성신문이 사고에서 세 번째 사옥의 위치를 알리면서 전 관리서만으로는 부족해 전전 제용감을 추가한 것은 관리서보다는 제용감 쪽이 당시의 사람들에게 널리 알려져 있었기 때문이었을 것으로 생각된다.

제용감(濟用監)은 조선조의 관아로서 왕실에서 쓰는 각종 물품들에 관한 업무를 관장해 오다가 1904년에 폐지되었다. 제용감이 폐지되고 난 뒤 그 자리에 관리서가 잠시 들어섰다가 폐지된 것이 아닌가 생각된다.

〈사진 1〉 종로구청 청사 앞에 세워져 있는 제용감 터 표석
* 옛 제용감이 있었던 곳은 이곳에서 좀 떨어진 국세청 본청이 있는 곳임.

제용감 터와 관련해 한 가지 부연할 것은 현제 종로구청 자리, 좀 더 정확히는 종로구청 종합민원실 건물 입구 옆에 제용감 터 표석(標石)이 세워져 있는데〈사진 1〉 앞에서 보았듯이 그곳이 옛 제용감 터와는 다소간의 거리가 있다는 점이다.

그 표석의 제목은 '정도전 집터'로 되어 있는데 그 내용에 보면 정도전 집터에 제용감이 들어서 있었던 것으로 되어 있다. 그 표석에 적힌 표문은 다음과 같다.

"정도전 집터(鄭道傳 家址) : 조선 개국공신(開國功臣) 삼봉(三峰) 정도전 (鄭道傳)이 살던 집터. 후일 사복시(司僕寺), 제용감(濟用監)이 이 자리에 들어섰고 일제 때에는 수송국민학교(壽松國民學校)가 세워졌었다."

이 표문에 따르면 "종로구청 자리가 조선조 초기에 개국 1등 공신 정도전이 살던 집터였었고 그 뒤 사복시와 제용감 등이 들어섰었고 일제 때는 수송국민학교가 있었던 자리"라는 것이 된다.

〈지도 3〉에서 1834년경 지도와 2001년 지도를 대비시켜 보면 현재의 종로구청 자리가 옛날 사복시의 남쪽 부분 일부를 차지하고는 있으나 현재의 종로구청 자리가 옛날의 사복시와 제용감 자리를 다 차지하고 있지는 않기 때문에 위 표석의 표문은 이러한 상황을 모르고 있는 사람들에게는 오도 가능성이 높다. 정도전 집터 표석의 표문은 좀 더 정확히 되어야 할 것 같으며 제용감 표석은 제자리인 국세청 본청 앞에 세워져야 할 것 같다.

황성신문은 세 번째 사옥인 이곳 '전전 제용감 터'에서 4개월도 채 안 된 1904년 8월 초순 또다시 이사를 하게 된다. 이번에는 종로 네거리 종각 건너편 서린동 쪽으로 사옥을 옮기게 된다.

장규식에 의하면 전 관리서(전전 제용감) 건물은 고종황제가 하사를 한 것이고 황성신문은 이로써 셋집살이를 청산하게 되었던 것인데 그 자리에 정부가 새로 농상공학교를 설립하게 됨에 따라 4개월도 채 안 되어 다시 이사를 하지 않을 수 없게 되었는데 고종황제가 하사금을 내려 이 돈으로 종로의 전 면주전 도가 건물을 매입해 사옥으로 삼게 되었다고 한다.[4]

⑷ 네 번째이자 마지막 사옥 터

황성신문의 네 번째이자 마지막 사옥의 주소는 "中署 鐘路 白木廛 後谷 前 綿紬廛 都家 第20統 2戶"였다.

황성신문은 이 사옥에서 1904년 8월 8일부터 1910년 8월 27일 일본이 우

---

4) 장규식, 앞의 논문, p.19.

162

리나라를 강제로 합방을 할 때까지 6년 20일간 신문을 발행했으며 합방 후에도 한성신문(漢城新聞)이란 제호하에 9월 14일까지 2주간을 더 발행하다가 폐간되었다.

이 네 번째 사옥에서 황성신문은 가장 힘들고 어려운 시기를 맞게 된다. 우리나라의 국권이 일제에게 강탈되고 마는 과정 속에서 필봉을 휘둘러보려 했으나 엄청난 힘의 격차 밑에서 좌절을 겪고 또 겪어야만 했다. 1905년 11월 18일 을사보호조약이란 미명하에 강제로 체결된 늑약(勒約)에 분노해 사장 장지연의 "시일야방성대곡(是日也放聲大哭)" 논설이 나온 것도 이 사옥에서였다. 이 논설로 장지연 사장은 일본 경무청에 체포되었고 황성신문은 압수 정간을 당하게 되었다. 장지연 사장은 다음 해 1월 하순에 65일 만에 석방된 직후 사장직을 떠나야 했으며 황성신문은 2월부터 복간을 하게 되었다. 이 이후 일제의 황성신문 탄압은 가일층 심해져 갔다.

황성신문이 이 같은 수난을 겪으면서도 신문 발행을 계속해 나갔던 이 네 번째 사옥은 어디에 있었을까.

≪新聞評論≫ 1975년 6월호에서 당시의 원로 언론인 세 명은 옛 신문사의 사옥 위치에 관한 대담을 하는 속에서 "(황성신문이) 뒤에는 종로의 종각 뒤로 이전해서 발행했는데 어딘지는 잘 모르겠다."라고 했었다. 장규식은 "개항기 서울의 개화·개혁운동 공간"이란 연구논문에서 "보신각 서쪽 건물을 매입하여 8월 6일 이사를 하였다. 정확한 주소는 中署 鐘路 白木廛 後谷(전 綿紬廛 都家) 20統 2戶……."라고 했고 서울YMCA 도시문화·환경센터를 위해 집필한 "종로·북촌 문화산책"이란 소책자에서는 황성신문이 이사를 간 곳인 '면주전'의 위치를 현재의 영풍문고의 종로 4거리 쪽 입구에 표시를 해 놓고 있다.5)

장규식이 명시적으로는 이야기하지 않았지만 그의 위 두 언급을 연결하면 그가 영풍문고의 종로 쪽 입구 옆에 표시한 '면주전' 자리가 황성신문사

---

5) 장규식, 「종로·북촌 문화산책」, 서울YMCA 도시문화·환경센터, 2000, p.20의
   지도.

사옥 터였다는 이야기를 한 것으로 볼 수가 있을 것 같다.

연구자는 이제부터 옛날의 지도와 자료 그리고 현재의 지도를 동원해 황성신문사 '종로 사옥'의 정확한 위치를 추정해 보고자 한다.

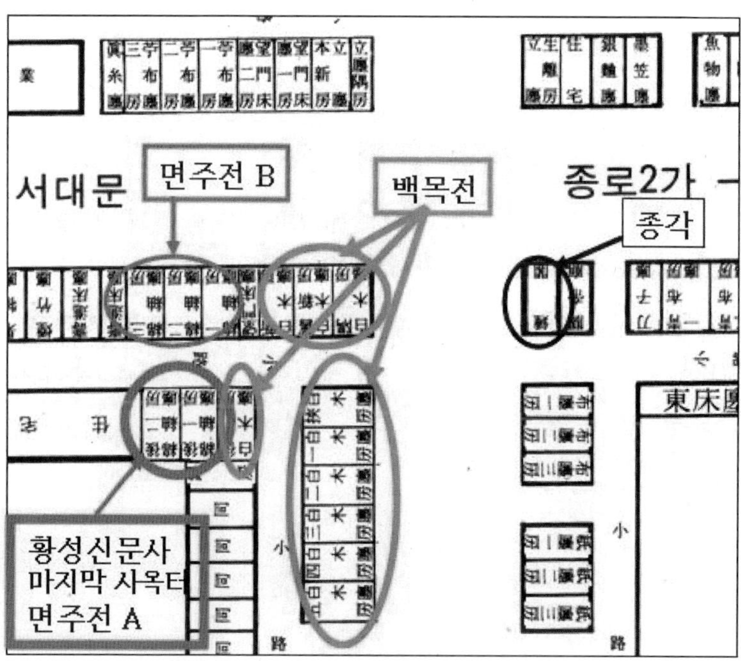

<지도 4-1> 황성신문사 마지막 사옥 터: 면주전 A
　　　　한말 종각 부근의 주비전 시전 약도 위에 표시해 본
　　　　鍾路 白木廛 後谷 前 綿紬廛 都家 제20통 제10호

* 약도 자료: 총독부, 「경성부사」, 제2권, p.496 삽도.
* '면주전 A, B'와 '백목전'은 연구자가 표기.

<지도 4-1>은 '조선말 종로 네거리의 시전(市廛) 위치 평면도'이다. 일제 때 경성부가 편찬 출판한 「경성부사(京城府史)」에 나와 있는 것을 박경룡의 「개화기 한성부 연구」 104면6)에서 재인용한 것이다.

---

6) 朴慶龍, 「開化期 漢城府 硏究」, 서울: 일지사, 1995.

164

황성신문 주소에 '백목전'과 '면주전'이 나와 있고 이들 간의 관계 속에서
황성신문의 위치를 지목해 주는 '후곡'이란 말이 나와 있다.

〈지도 4-1〉에서 보면 백목전이 세 곳에 있고 면주전이 두 곳에 있다.
'후곡'이란 '뒷골목'이란 말인데 백목전 뒷골목에 있는 면주전이라고 하면
'면주전 A'가 틀림이 없다.

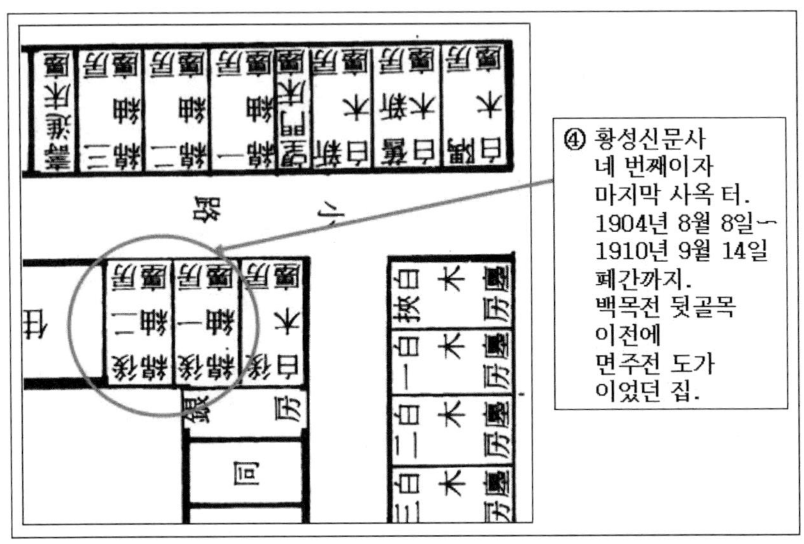

〈지도 4-2〉 앞의 〈지도 4-1〉에서 황성신문사 터 확대한 것

〈지도 4-2〉는 〈지도 4-1〉에서 백목전과 면주전 부분을 확대한 것이다.
황성신문 사옥 터에 면주전이 둘이 있다. 황성신문사가 면주전 둘을 다 사
옥으로 썼을까 아니면 둘 중에 하나만을 썼을까. 이전에 면주전 도가였던
집이라고 했는데 둘 중 어느 집이였을까. 연구자는 아직 이에 관한 자료나
문건은 접하지를 못하고 있다.

둘 중 어느 집이 되든 이곳이 현재 어느 지점이냐를 정확히 지목할 수만
있다면 황성신문의 사옥 터 찾기는 90% 이상의 성공을 거둔 것으로 볼 수
있지 않을까 생각이 된다.

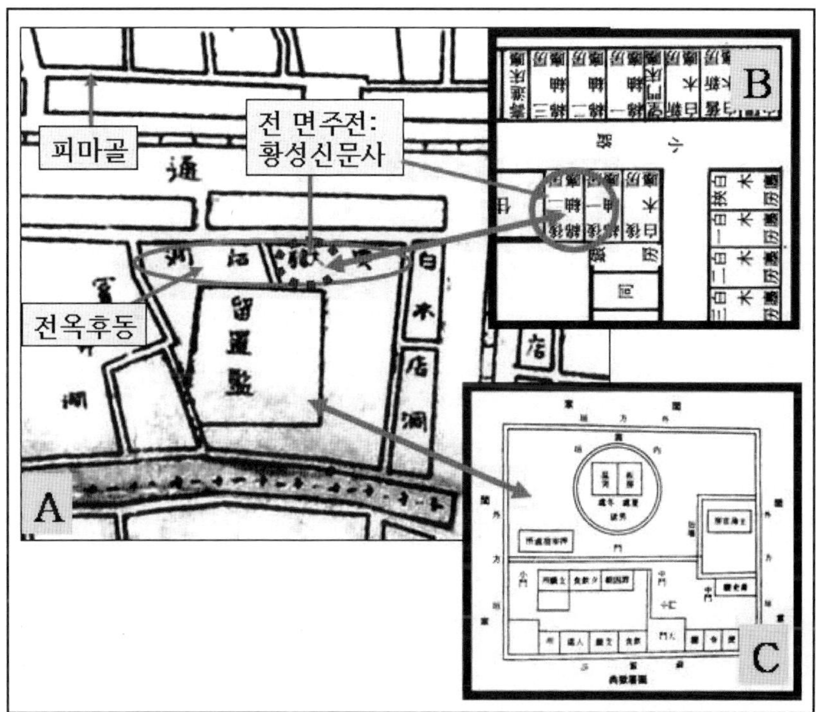

〈지도 4-3〉 1911년 지도에서 황성신문사의 네 번째 위치 확인하기
A: 1911년 지도; B: 면주전 위치; C: 전옥 유치감의 평면도

* A에서 점선 원 자리: 황성신문 사옥 터.

〈지도 4-3〉에서 'A' 부분은 1911년에 3각 측량법으로 측량해서 제작한 지도이고, 'B' 부분은 황성신문이 있었던 면주전의 위치를 나타내 주는 약도이고, 'C' 부분은 1911년 지도상에 나와 있는 당시의 형무소 '한성전옥'(漢城典獄)의 평면도(「서울定都600年史」)이다.

우선 'A' 부분의 지도를 보면 유치감이 있고 그 뒤쪽에는 '전옥후동(典獄后洞)', 즉 전옥의 뒷동네가 있다. 'C' 부분의 전옥 평면도를 보면 동쪽, 서쪽, 북쪽이 염가(閭家), 즉 민간인 집들로 되어 있다. 한성전옥에 대한 설명에는 동쪽, 남쪽, 서쪽이 염가이고 북쪽이 길로 되어 있다. 1911년 지도에서 보면 남쪽과 북쪽이 다 염가로 되어 있다. 'A' 부분의 지도에 전옥의 북쪽이 '전옥후동'으로 나와 있는 것으로 보아 남쪽, 즉 청계천 쪽이 전옥의 앞쪽이었음이 틀림없다. 'C' 부분의 전옥 평면도에서 대문이 아래쪽, 즉 남쪽으로 나 있음을 볼 수 있다.

'B' 부분의 '백목전 후곡 면주전'의 위치를 'A' 부분 지도에 대입해 보면 황성신문사 사옥이 있었던 이전의 면주전 도가는 전옥후동을 남북으로 가르는 작은 골목의 바로 동쪽, 즉 사각 점선 원으로 표시한 지점에 있었을 것으로 추정된다. 이를 다시 정리해 보면 황성신문사 사옥은 한성전옥 뒷담 중간쯤에서 북쪽으로 난 작은 골목의 동쪽 편 바로 옆집이거나 옆옆집이었을 것으로 추정된다.

황성신문사가 이 두 면주전 집을 다 사옥으로 사용했었을까, 아니면 어느 한쪽 집만을 사용했을까. 한쪽 집만을 사옥으로 사용했었다면 어느 쪽 집이었을까.

황성신문사가 면주전 두 집 중에서 어느 한쪽 집만을 사옥으로 사용했었을 경우 그것이 어느 집이었을까를 시사해 주는 자료가 〈지도와 지적목록 1〉에 제시되어 있다.

황성신문의 네 번째이자 마지막 사옥이 있었던 곳은 '백목전 뒷골목 이전에 면주전 도가'이었던 집인데, 〈지도와 지적목록 1〉의 A에서 보면 한말 그 자리에는 면주전 집이 둘 있었다. B의 1929년 지도(지형명세도)에서도 그 자리가 A에서와 같이 동편과 서편으로 나뉘어 있음을 볼 수 있다. 동편은 서린동 31번지이고 서편은 다시 둘로 나뉘어 32번지와 33번지로 되어 있다.

C는 1917년 지적목록 중 서린동 부분인데, 1929년 지도에서 서린동 31번지로 나와 있는 터가 서편보다 훨씬 넓어서 133평으로 나와 있고 소유자가 윤치소로 나와 있다.

윤치소는 황성신문의 전신인 경성신문 창간에도 관여가 되었던 사람으로서 황성신문과도 관련이 있었을 것이고, 황성신문이 1910년 8월에 한일합방으로 폐간이 되게 되자 윤치소가 그 터를 인수했을 수도 있을 것 같다는

생각이 든다. 또한 황성신문의 사옥 터가 그리 좁지는 않았을 것 같다는
생각도 든다.

　위의 두 가정이 어느 정도의 근거가 있다고 하면, 황성신문의 사옥 터는
이전에 명주전 집이었던 두 집 가운데 동편 집이었을 가능성이 크지 않을
까 생각된다.

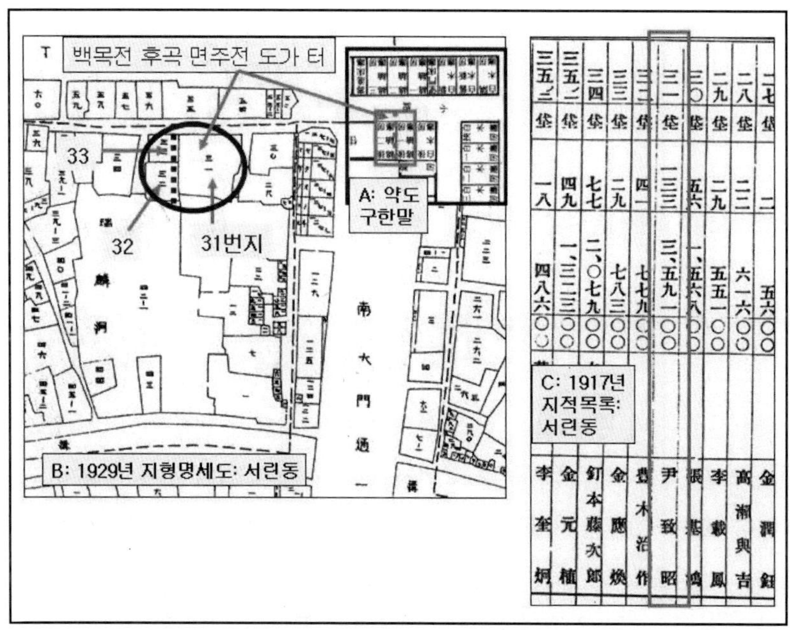

**〈지도와 지적목록 1〉 황성신문사는 A의 면주전 도가 두 집 중 동쪽 집이
아니었을까 생각게 하는 자료**

　＊ 서린동 31번지 쪽이 훨씬 넓고, 그 터의 소유자가 황성신문과 연관이 있는 윤치
　　소의 소유로 되어 있음.

　황성신문 마지막 사옥 터의 현재의 위치를 좀 더 정확히 알아보기 위해
1917년 1927년의 「경성부 관내 지적목록」과 1929년의 「경성부 일필매 지형
명세도」와 2001년 현재의 지도를 대비시켜 본 결과가 〈지도 4-4〉에 나타
나 있다.

본격적인 검토에 들어가기에 앞서 한 가지 밝혀 두어야 할 점은 서울 4대문 안의 경우 구한말 당시의 지형이 현재까지 크게 변하지 않고 있으며 일제 초기에 매긴 주소도 큰 변동이 없이 현재까지 내려오고 있다는 사실이다. 새로운 도로를 냈거나 도로의 폭을 확장했거나 큰 빌딩을 짓느라 지번을 합친 경우에는 일부 변동이 있었으나 그럼에도 불구하고 일제 때의 지도나 지적도는 옛날의 그 어떤 지점의 현재의 위치를 찾는 데 대단히 유용하게 활용될 수 있다.

1911년 지도에서 한성전옥 유치감으로 나와 있는 터가 1929년의 지도(지형명세도)에도 나와 있는데 주소가 '서린동 42-1번지'로 나와 있다. 1917년 지적목록에서는 서린동 42번지(826평)로 나와 있고 1927년 지적목록에서는 서린동 42-1번지(824평 2합)로 나와 있는데 소유는 국유(國有)로 되어 있다. 1911년 지도에서와 같이 1929년 지도에서도 옛 전옥 터 북쪽으로 난 골목도 그대로 나와 있다. 이는 그 터가 한성전옥 터였음을 말해 주는 것이다.

황성신문사 네 번째 사옥 터의 현재 위치를 확인키 위한 첫 작업으로 우선 1929년 지도에서 서린동 42-1번지 터에 음영을 입혀 쉽게 구분이 되게 하였다. 또한 1929년 지도상에서 이전 면주전 도가 터, 즉 황성신문 사옥 터에는 타원을 그려 넣었다.

다음 작업으로는 2001년 현재의 지도에서 서린동 지역을 따서 선(線)과 글자들은 남겨 놓고 나머지, 즉 면(面) 부분은 투명하게 만들어서 1929년 지도 위에 포갠 뒤 거리와 방향을 바닥에 깔아 놓은 1929년 지도와 같게 한 것이 〈지도 4-4〉에 나타나 있다.

이곳 서린동 지역은 남쪽에 청계천로가 곧게 넓게 확장되어 있음을 볼 수 있다. 북쪽은 종로1가 대로가 서린동 쪽, 즉 남쪽으로 확장이 되어 있다. 종로1가를 포함해 종로 거리는 북쪽에 '피마골'이라는 샛길이 있는데 종로 대로를 확장하기 전까지는 남쪽에도 북쪽의 피마골과 같은 샛길이 있었음을 볼 수 있다. 서린동 동쪽 남대문로1가의 경우는 도로를 확장할 때 동쪽

편이 많이 철거되었으나 서쪽도 일부 철거되었다.

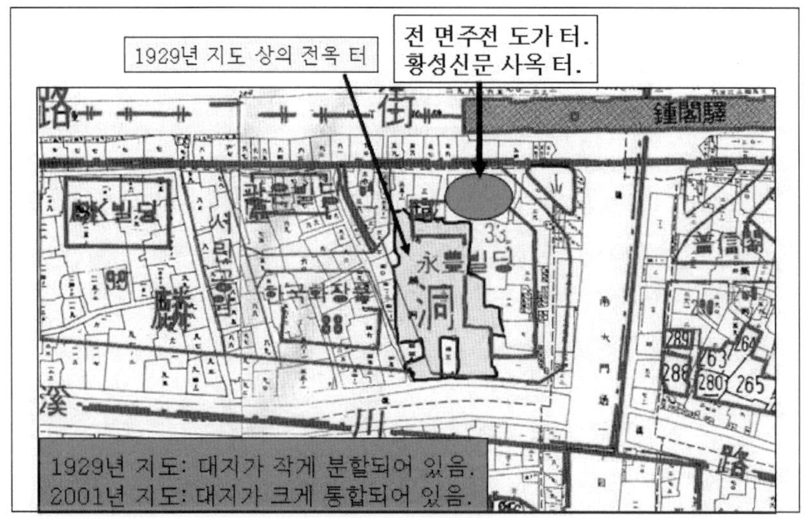

〈지도 4-4〉 1929년 지도에 2001년 지도를 덮어씌운 지도

* 1929년 지도는 1911년 지도에 비해 훨씬 세밀하고 번지가 매겨져 있어서 1917년 1927년 당시의 지적목록에서 평수와 소유주의 확인이 가능함.
* 1929년 지도상에서 **전옥 터**로 되어 있는 곳은 대지가 824평 2합, 소유가 국유지. 〈지도 4-3〉을 여기 대입해 보면 **타원**으로 표시한 부분이 황성신문사 터로 추정됨.
* 옛 황성신문사 터는 현 영풍빌딩의 종로 네거리 쪽 입구의 북쪽 모서리 일대로 판단됨.

〈지도 4-4〉에서 보면 황성신문사의 사옥이 있었던 전 면주전도가 터 자리를 가리키는 타원이 현재의 영풍빌딩 종로 네거리 쪽 입구의 북쪽 모서리에 걸쳐 있음을 볼 수 있다. 연구자는 바로 여기가 황성신문사의 네 번째이자 마지막 사옥 터였을 것으로 생각한다.

지도 전문가와 제도 전문가가 연구자의 이러한 추리에 따라 작업을 해 준다면 보다 정확한 위치가 밝혀질 수 있을 것으로 생각한다.

〈지도 4-5〉는 앞에서 옛 지도와 현재의 지도를 포개서 찾아낸 황성신문사 4번째 사옥 터를 현재의 지도상에다 표시해 본 것이다.

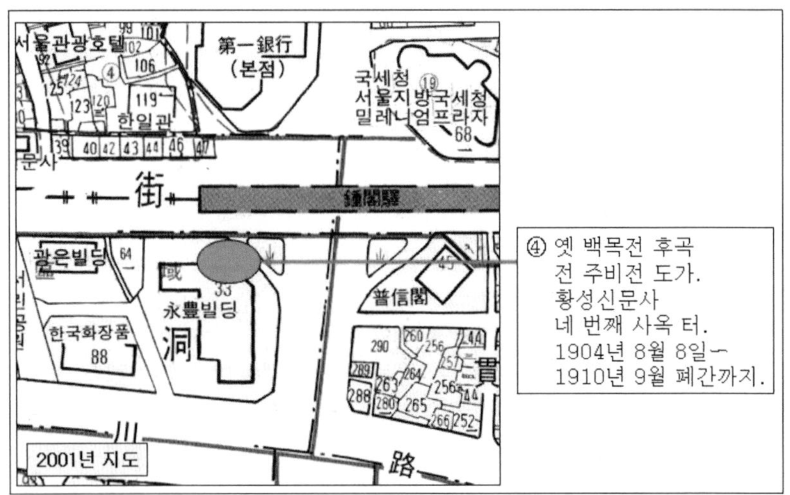

〈지도 4-5〉 황성신문 네 번째이자 마지막 사옥 터 추정지의 현재 위치
* 영풍문고의 종로 네거리 쪽 입구 북쪽 모퉁이였을 것으로 추정됨.

〈지도 5〉는 이상의 논의에서 찾아진 옛 황성신문사 사옥 터 네 곳을 하나로 모아 제시해 본 것이다.

이상의 논의를 〈지도 5〉에서 요약 정리해 보면 다음과 같다.

** 황성신문사의 첫 사옥은 옛 中署 澄淸坊 黃土峴 第23통7호 前 右巡廳 (우순청) 자리에 있었는데 현재의 그 자리는 세종로 네거리 기념비전이 서 있는 자리이다.

** 두 번째 사옥은 옛 南署 會賢坊 大公洞 前 紅箭門 內 北邊 第2谷 內 제27통 제10호에 있었는데 현재의 그 자리는 중구 소공동 소공주길 북쪽 조선호텔과 우리은행 사이에 있는 외환은행 지점 건물 자리이다.

** 세 번째 사옥은 옛 中署 壽進坊 壽洞 前 管理監(前前 濟用監) 자리에 있었는데 현재의 그 자리는 종로구 수송동 국세청 본청 자리이다.

** 구한말 황성신문의 네 번째이자 마지막 사옥은 옛 中署 鐘路 白木廛 後 谷 前 綿紬廛 都家 第20統 2戶에 있었는데 현재의 그 자리는 종로구 서

린동 영풍문고 빌딩의 종로 네거리 쪽 입구 북쪽 모서리 일대이다.

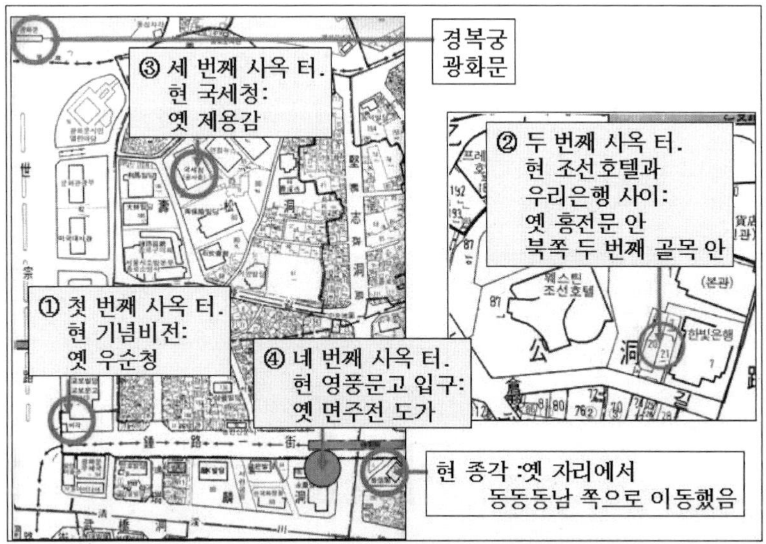

〈지도 5〉 황성신문사가 있었던 네 곳의 현재의 위치(종합)
① 세종로 네거리 기념비전 → ② 조선호텔과 우리은행 사이 →
③ 수송동의 국세청 본청 → ④ 종로 네거리 영풍문고 빌딩 입구

〈사진 2〉에는 황성신문 네 번째 사옥 터가 있었던 곳 부근의 2007년 현재의 모습을 보여 주는 사진이 제시되어 있다. 이 사진은 2007년 8월에 종로 네거리 보신각 쪽에서 영풍문고 빌딩을 향해 찍은 것이다. 영풍문고 빌딩 보도 가에 '황성신문 터' 표석이 보인다.

이 표석은 저자가 ≪新東亞≫ 2003년 12월호에 "황성신문 옛 터를 찾아서……"라는 연구논문을 발표할 당시에는 없었는데 그 뒤 서울시 문화국 표석설치위원회가 2005년 10월에 현재의 자리에 세운 것이다. 2005년은 황성신문에 당시 사장이던 장지연(張志淵)의 "시일야방성대곡(是日也放聲大哭)"이란 제목의 논설이 실린 지 100주년이 되는 해이다. 장지연의 이 논설은 1905년 11월 20일자에 실린 것으로서 일제(日帝)가 무력을 동원해서 우리나라의 외교권을 박탈하는 이른바 '을사늑약'을 체결한 데 대해 격분하면서 체결 경위를 폭로함으로써 국민에게 항일(抗日)의 불길을 지피려 한 논설이다.

이 표석은 영풍문고 빌딩 동쪽에 있는 지하철1호선 5번 출구 쪽에 세워져 있는데 본 연구자는 앞의 〈지도 4-5〉에서 보듯이 영풍문고 빌딩 북쪽 보도로 난 6번 출구 쪽이 좀 더 정확한 위치가 아닐까 생각한다.

〈사진 2〉 영풍문고 빌딩 옆에 2005년에 세워진 황성신문사 터 표석
 * 이 표석은 황성신문의 네 번째이자 마지막 사옥 터의 위치를 알려 주는 것임.
  전철 1호선 6번 출구 앞이 더 정확한 위치로 추정됨.

3. 황성신문사 위치의 추정 시도를 끝내면서

구한말 민족지 황성신문이 처했던 역사적인 상황과 언론적 역할과 투쟁, 그 과정에서 경험한 좌절과 통분이 100여 년이 지난 오늘을 사는 우리에게 주고 있는 교훈을 깊이 새기면서 당시 황성신문이 발행되던 현장인 사옥 터를 찾아보았다.

선행연구들을 길잡이 삼아 옛날 지도상에서 황성신문 사옥의 위치를 추정해 보고 그 지점이 현재의 지도상에서 어디인지를 연구자 나름대로는 될 수록 정확히 확인해 보고자 했다.

연구자의 이 추리가 어느 정도 인정이 될 수 있는 것이라고 하면 지도(地圖)와 제도(製圖) 전문가의 도움을 받아 작업을 할 경우 황성신문 사옥들의 보다 정확한 위치(어디쯤 어디 부근이 아닌)를 찾을 수 있지 않을까 생각된다.

황성신문의 사옥 터 찾기를 일단 끝내면서 연구자에게 남는 아쉬움 가운데 하나는 황성신문사의 사진을 찾을 수 있었으면 하는 것이다. 연구자가 얼마 전 구한말의 「독립신문사」 사옥의 위치를 찾는 연구(≪신문과 방송≫ 2002년 10월)에서 "독립신문사 앞에서 서재필, 주시경, 취재기자, 식자직원, 배달원 등이 함께 기념촬영을 한 사진이 나오면 얼마나 감동적일까."라는 말을 했었는데 황성신문의 경우도 "남궁억, 장지연, 취재기자, 공무직원, 배달원 등이 황성신문사 앞에서 신문사의 간판이 보이게 함께 기념촬영을 한 사진 단 한 장만이라도 찾아질 수 있다면 이 역시 크나큰 흥분을 자아 낼 수 있을 터인데." 하는 생각을 금할 수가 없다.

우리나라에서 사진촬영이 시작된 것은 서양인 선교사들이 들어오면서, 서양인 여행자들이 들르면서, 청일전쟁과 러일전쟁 때 외국인 기자들이 들어와 취재를 하면서 비롯되었으니까 19세기 말엽부터였다. 20세기에 들어서면서 서울에는 사진관들도 생겨나기 시작했다.

때문에 구한말 황성신문사의 사진을 누군가가 찍었을 것으로 생각된다. 한 장의 사진이 때로는 열 마디 백 마디 말보다 더 많은 것을 사실감 있게 전해 주고 증언해 줄 수가 있다. 이런 뜻에서 황성신문을 비롯한 구한말의 우리 신문과 관련된 사진들, 언론활동과 관련된 사진들이 찾아질 수 있다면 언론사 연구에 많은 도움과 자극이 될 수 있을 것으로 생각된다.

우리는 기록의 가치와 중요성을 늘 이야기하면서도 기록의 보존과 발굴에는 소홀해 왔었고 지금도 여전히 소홀히 다루고 있는 것이 아닌가 반성해 본다. 불과 90여 년 전 길게는 100여 년 전에 한 신문사가 있었던 위치가 정확히 알려지지 않아 이런저런 방증자료들을 동원해 그 위치를 찾아내보려는 시도를 해야만 한다는 것 자체가 기록에 대한 우리의 무감각 내지는 경시 풍조를 반증해 주고 있는 것이 아닌가 생각된다.

어쩌면 별것 아니기에 다루어지지 않고 있던 작은 작업을 하면서 너무나 큰 의미부여를 하고 있는 것이 아닌가 하는 생각도 든다.

벌써 4반세기 전이 되어 버린 1975년에 당시의 원로 언론인 세 분이 우리나라의 언론 100년의 역사를 되돌아보면서 던진 한 말씀 "신문사 사옥의 위치가 가질 수도 있는 언론사(史)적 의미"를 되새겨 보면서 연구자의 여기서의 이 작은 시도가 비판적인 논의를 통해 구한말 황성신문사의 정확한 위치를 찾아내는 데 도움이 될 수 있기를 기대해 본다.

(《新東亞》, 2003년 11월호에 발표. 본서에서 일부 보완.)

제2절 황성신문 세 번째 사옥의 사진

1. 한국 근대신문의 역사자료로서의 사진

우리나라에서 근대적 의미의 신문의 역사는 통리아문(統理衙門) 산하 박문국(博文局)이 1883년 10월 1일 한성순보(漢城旬報)를 발간하면서부터 시작되었다. 관보적인 성격이 강했던 한성순보는 1884년 갑신정변의 소용돌이 속에서 박문국이 불타게 되어 폐간되고 말았다. 그 뒤 1886년 1월에 한성순보의 복간 형식으로 한성주보(漢城週報)가 발간되었으나 재정사정으로 1888년 7월 다시 폐간되기에 이르렀다.

그로부터 다시 8년이 지난 1896년 4월 7일에 독립신문이 발간됨으로써 우리나라에서의 민간신문의 역사가 열리게 되었다. 독립신문의 발간을 계기로 우리나라에는 황성신문, 제국신문, 대한매일신보 등 민족진영계의 주요 신문들이 발간되기에 이르렀다. 이들 민족지들은 제국주의 일본의 한국 침탈 야욕에 맞서 구국언론의 기치를 올렸으나 1905년 11월 17일의 을사조약을 거쳐 1910년 8월 28일의 불법적인 합병조치를 통해 일본이 우리의 국권을 완전히 빼앗아 감으로써 우리에 의한 우리 언론의 활동은 1945년 8월 15일 일제로부터의 해방이 이루어지기까지 중단될 수밖에 없었다.

한성순보 발간 이래의 우리나라 근대언론이 겪어 온 활약상과 수난의 역사, 영욕의 역사는 그간 몇몇 뜻있는 언론사학자들의 집념에 찬 체계적인 연구 덕분에 이미 많은 사항들이 정리되어 있다. 다만 우리의 근대언론 초기에 관한 연구 가운데 아직 본격적으로 자료수집이 이루어지지 않고 있는 분야 가운데 하나가 언론과 관련된 사진들을 통한 연구가 아닌가 생각된다.

본 연구는 우리의 초기 언론사 연구에서 남겨진 채로 있는 이 틈새에 관련된 것이다. 연구자는 우리나라 초기 신문인 독립신문, 황성신문, 제국신문, 대한매일신보 등 신문사의 사옥 위치를 보다 정확히 알아보고 사옥의 사진들을 찾는 작업을 벌여 왔었고, 그간 부분적인 성공을 거두어 이를 논문형식으로 발표한 바 있다.

이 과정에서 독립신문사의 사옥으로 추정되는 건물의 사진을 찾았고, 대한매일신보사의 창간사옥의 사진과 두 번째 사옥의 사진을 찾아낼 수 있었다. 황성신문의 경우에는 그 신문사의 사옥이 있었던 4개 지점에 관해서는 그 정확한 위치를 찾을 수 있었으나 신문사 사옥의 사진은 하나도 찾지를 못했었는데 드디어 황성신문 세 번째 사옥인 옛 제용감 관아 건물의 사진을 찾게 되었다.

본 연구에서는 새로 확인된 '황성신문 세 번째 사옥이었던 제용감(濟用監) 관아 건물의 사진'을 중심으로 그 건물의 구조를 밝혀 보고 제용감 관아가 있던 지역에 얽힌 이야기의 일단을 다루어 보고자 했다.

연구자의 이런 연구가 언론학계의 관심의 대상이 될 수 있다면 그래서 이 분야 연구에 동참하는 연구자가 늘어나게 될 수만 있다면 이들의 연구가 하나씩 쌓여 가칭 '사진을 통해서 본 한국 초기 언론사(史) 연구'라는 연구 분야가 성립될 수도 있지 않을까 생각해 본다.

2. 황성신문 세 번째 사옥이었던 옛 제용감 관아의 사진 확인

구한말 우리의 주요 민족지 가운데 하나인 황성신문(皇城新聞)의 세 번째 사옥이었던 한옥의 사진이 확인되었다.

황성신문의 세 번째 사옥은 구한말 제용감(濟用監)이란 관아가 오래 사용하다가 관리서(管理署)란 관아가 잠깐 사용했던 건물인데, 이 제용감 건물의 사진은 의외로 가까운 곳에 있었다.

황성신문의 첫 사옥은 현재의 세종로 네거리 교보문고 앞 기념비전(紀念碑殿) 자리에 있었으며, 두 번째 사옥은 현재의 소공동 웨스틴조선호텔 부근에 있었는데, 1904년 4월 중순에 세 번째 사옥인 '중서 수진방 수동 前관리서(前前제용감)' 건물로 옮겨 약 4개월간 신문을 발행했었다(〈社告 1〉 참조). 황성신문은 1904년 8월 초순 네 번째 사옥인 현재의 서린동 영풍빌딩의 종로 네거리 쪽 입구 근처로 옮겨 1910년 8월 하순 일본이 우리의 국권을 강탈할 때까지 신문을 발행했었다.7)

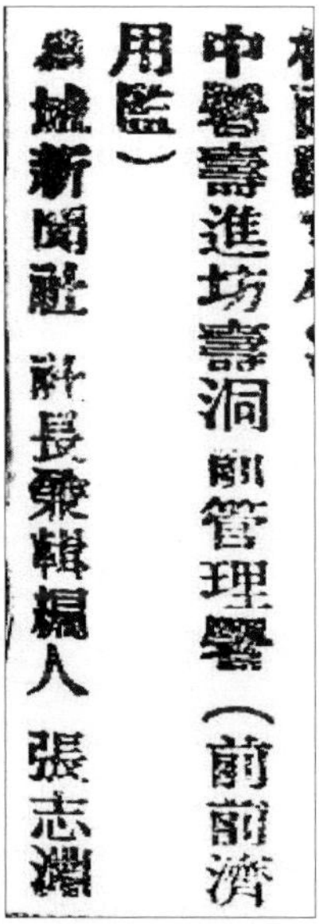

中署壽進坊壽洞 前管理署（前前濟用監）
皇城新聞社 社長兼輯編人 張志淵

황성신문, 1904년 4월 13일자 사고

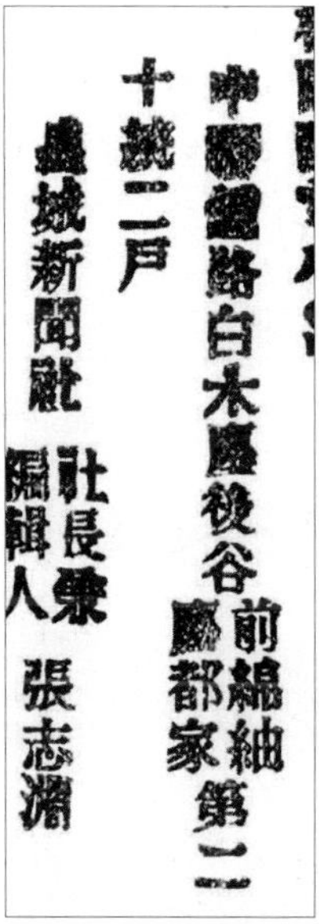

中署[illegible][illegible]路白木廳後谷前綿紬廛都家第二十統二戶
皇城新聞社 社長兼編輯人 張志淵

황성신문, 1904년 8월 8일지 사고

〈社告 1〉 황성신문의 사옥 위치 사고: 세 번째 사옥(전전 제용감)과 네 번째이자 마지막 사옥(前면주전도가)

황성신문이 세 번째 사옥 터인 제용감 터를 떠나게 된 것은 그 자리에 관립 농상공학교(農商工學校)가 들어서게 되었기 때문이었다. 이 농상공학교는 1899년에 설립된 상공학교에 농학과를 통합하여 1904년 6월에 새롭게 설립이 공포되고 8월에 제용감 건물로 들어가 9월 초에 신입생을 모

7) 오인환, "皇城新聞 옛터를 찾아서: 현 세종로 네거리 → 조선호텔 인근 → 국세청 본청 → 영풍문고 입구로 네 차례 이사", ≪新東亞≫, 2003년 12월호, pp.520-537; 본서(本書)의 앞 장(章) 즉 제5장 제1절 참조.

집, 본격적인 실업교육을 시작하게 된 관립학교였다. 이 관립농상공학교는 1906년에 공업전습소, 수원농림학교, 선린상업학교로 분리가 되게 된다. 이들 3개 학교의 후신이 각각 현재의 서울공업고등학교, 서울대학교 농업생명과학대학(전 농과대학) 그리고 선린정보산업고등학교(전 선린상업중고등학교)이다.8) 이들 옛 관립농상공학교 후신인 3개 학교 각각의 교사(校史) 속에 이들 학교가 함께 시작한 첫 교사(校舍)인 제용감의 한옥 사진이 나와 있다. 〈사진 1〉

〈사진 1〉 구한말 정부 관아 제용감(濟用監) 건물의 사진

* 이 건물이 황성신문 세 번째 사옥으로 사용되다가 농상공학교 교사로 사용되었던 건물임.
* 자료: 서울대학교 농과대학, 「수원농학팔십년」, 1986, 화보 부분; 「수원농학칠십년」, 1976, 화보 부분. 자료: 서울공업고등학교 동창회, 「서울공고백년사」, 1999, p.34; 선린중·고등학교 총동창회, 「선린백년사」, 2000, p.58.

서울공고, 선린상고, 서울대 농대, 이들 3개 학교 교사(校史)에는 각자 자기 학교의 모태(母胎)인 농상공학교가 옛 제용감 건물에서 시작되었다는 점을 밝히고 있다.

---

8) 서울工業高等學校同窓會, 「서울工高百年史: 1899~1999」, 1999, pp.26-35; 선린중·고등학교총동문회, 「善隣百年史」, 2000, pp.54-78; 서울大學校 農科大學, 「水原農學七十年」, 1976, pp.18-24.

「서울工高百年史」에는 "처음에 농업과는 서울 중구 훈동(勳洞)에 설치하였다가 뒤에 상공학교와 합하여 중구 수송동(壽松洞) 제용감(濟用監) 자리로 옮겼다."(p.29)로 적혀 있고 「善隣百年史」에는 "농과는 처음부터 상과 및 공과와 교사(校舍)를 같이 쓰지 않고 따로 사대문 안의 북부 훈동(勳洞)에 소옥(小屋)을 두었다가 그 후 중부 수진동(壽進洞) 제용감(濟用監: 지금의 수송동 현 중동전기공업고등학교 구내) 자리로 옮겼다."(p.63)라로 적혀 있다. 「서울工高百年史」(p.34)와 「善隣百年史」(p.58)에 옛 제용감의 사진과 함께 농상공학교에 대한 설명이 실려 있는데 여기에는 "농상공학교. 기존의 상공학교에다 농과를 추가하여 농상공학교(1904년)가 개설되어, 당시 …… 제용감(濟用監) 자리에 교정을 마련했다. 이곳은 과거 숙명여자중학교가 있던 자리로 지금의 종로소방서 뒤편에 위치한 것으로 보인다."로 나와 있다.

한편 「水原農業七十年」(p.21)과 「水原農業八十年」(p.18)에는 "1899년에 세워진 商工學校는 지금의 명동 중국대사관 뒤에 있었고 1904년 농과의 증설로 출발한 農商工學校는 처음에 農科만을 勳洞 小屋을 교사로 사용하였다가 다시 합쳐서 壽松洞 濟用監(현 淑明女子中高等學校 構內)으로 옮겼다."로 나와 있다.

이들 3개 학교의 교사(校史)를 보면 모두 자기 학교의 모태가 구한말의 농상공학교라는 점, 농상공학교가 옛 제용감 건물을 교사(校舍)로 시작되었다는 점을 밝히고 있다. 다만 첫 교사(校舍) 제용감이 있었던 위치에 관해서는 '현 중동전기공업고등학교 구내', '과거 숙명여자중학교가 있던 자리로 지금의 종로소방서 뒤편', '현 숙명여자 중고등학교 구내' 등으로 엇갈리고 있다. 여기서 제용감 자리로 언급되고 있는 곳이 그리 넓은 지역이 아니기 때문에 그 위치 추정에 있어서 다소의 오차는 크게 문제될 것이 없을 것 같다. 제용감의 위치에 관해서는 이를 좀 더 정확히 추정해 보려는 시도가 황성신문 사옥 터에 관한 연구에서 저자에 의해 이루어진 바가 있는데, 옛 지도와 현재의 지도를 활용한 이 연구에 의하면 황성신문 세 번째 사옥인 제용감 건물이 있었던 곳은 현재 국세청 본청 자리로 추정된다.[9]

3. 옛 제용감 관아 건물의 구조

  황성신문이 1904년 4월 중순에 옮겨 와서 세 번째 사옥으로 약 4개월간 사용하다가 새로 개설된 농상공학교에 건물을 넘겨주고 네 번째 사옥으로 떠난 바 있는 옛 제용감 관아 건물의 구조를 위 3개 학교 교사(校史)에 나와 있는 사진을 통해 알아보기로 하자.

<사진 2> 황성신문 세 번째 사옥이었던 제용감(濟用監) 건물 사진
  (<사진 1>에서 「수원농학팔십년」 쪽 사진을 확대한 것임).
 * 사진 왼쪽 뒤편의 건물은 한성사범학교(1895-1911)(후에 경성고등보통학교 및 교원양성소 1912-1922) 건물의 일부임.

---

9) 오인환, "皇城新聞 옛터를 찾아서", 동아일보사, ≪新東亞≫, 2003년 12월호, pp.530-532: 본서(本書) 제5장 제1절 "황성신문 사옥 터의 현재의 위치" 참조.

〈사진 1〉에서 보면 서울대학교 농업생명과학대학(옛 농과대학) 쪽 사진이 옛 제용감 건물의 좌우 모습을 보다 많이 보여 주고 있다. 〈사진 2〉는 서울대 농생과대 쪽 사진을 확대한 것이다.

〈사진 2〉는 제용감 건물이 최소한 '┛' 자 구조였음을 보여 주고 있다. 이 사진만으로는 건물의 뒤쪽이 어떻게 되어 있었는지를 알 수가 없지만 제용감 건물이 '┗┛' 자 형태이었을 가능성도 있다.

이 사진이 언제 촬영된 것인지는 분명치 않으나, 한적한 것으로 미루어 농상공학교가 각기 분리되어 떠나고 난 1907년경이나 그 직후일 것으로 짐작된다. 농상공학교가 떠나고 난 뒤 이 건물이 어떻게 사용되었는지 언제 헐렸는지에 관해서는 아직 기록을 찾지 못하고 있다.

사진 왼쪽 뒤편에 보이는 건물은 한성사범학교 건물의 일부로 추정된다.

제용감 건물의 제일 왼쪽에는 지붕과 기둥만 있고 벽이 없는 헛간 같은 것이 보인다. 그보다 조금 오른쪽에 처마에서 아래로 햇빛을 가리기 위한 차양(遮陽)이 쳐져 있음을 볼 수 있다. 그 오른쪽 툇돌 앞에 양복을 입은 사람이 서 있는데 모자를 쓰고 코트를 걸친 것 같아 보인다. 제용감 건물 본채의 중간에는 넓은 대청이 있고 오른쪽에 창이 여럿 달린 큰 방이 있는 것이 보인다. 그 큰 방 앞 바깥에 벽돌이나 돌로 쌓아 만든 큰 아궁이가 보인다.

〈사진 2〉에서 제용감 건물 전면(前面)의 구조는 이렇게 쉽게 짐작이 된다. 그런데 건물 본체 오른쪽의 꺾인 부분의 경우는 한옥구조의 전문가가 아닌 사람이나 사진 판독 전문가가 아닌 사람에게는 짐작이 잘 안 간다.

〈사진 3-1〉은 제용감 건물 전면(前面) 오른쪽 꺾인 부분에서 언뜻 이해가 안 되는 곳 3개 부분을 표시해 놓은 것이다. 〈사진 3-2〉는 이들 3개 부분의 구조를 알아보기 위한 것으로서 해당 부분을 영어 알파벳 A, B, C로 대응시켜 놓았다.

<사진 3-1> 제용감(濟用監) 사진에서 건물 구조의 이해를 위해 설명이 필요한 부분: A, B, C

〈사진 3-1〉에서 A 부분을 보면 지대석이 거의 일직선으로 보여 건물이 'ㄴ' 자로 꺾인 것 같지가 않아 보인다. 〈사진 3-2〉의 A 부분에 사진을 찍는 위치의 거리와 방향에 따라 'ㄴ'과 같은 구조가 사진에서는 '▬'과 같이 보이게 됨이 설명되어 있다.

〈사진 3-1〉에서 B 부분을 보면 제일 오른쪽 두 줄 창문이 전면을 면하고 있는 것으로 보이는데 어쩐지 균형이 안 맞는 것 같은 감이 든다. 이 부분은 〈사진 3-2〉의 B 부분을 보면 이해가 될 수 있다. 〈사진 3-2〉의 B 부분은 덕수궁 준명당(浚明堂: 日 변이 아니라 目 변의 明 자임. '눈 밝을 명' 자임) 뒤쪽 사진으로서 지붕을 받치는 주된 기둥 밖으로 공간을 좀 내어 지었음을 볼 수 있다. 〈사진 3-1〉 B 부분의 경우는 b가 주된 기둥으로서 그 오른쪽으로 두 줄 창문 공간을 더 내어 지은 구조로 되어 있다. 이렇게 보면 B 부분에서 느껴지던 불균형감이 해소된다.

〈사진 3-2〉 제용감 건물 우측 구조 3개 부분의 이해를 돕기 위한 사진들

〈사진 3-1〉에서 C 부분을 보면 C 부분 중간에서 오른쪽으로 뻗은 지붕 용마루의 각도가 어쩐지 어색하게 느껴져 용마루 같아 보이지 않는다. 〈사진 3-2〉의 C 부분에서 보면 수평인 용마루도 사진을 찍는 위치와 각도에 따라 비전문가가 느끼는 것보다는 더 기울어져 C'처럼 보임을 알 수 있다.

〈사진 3-3〉은 제용감 건물 사진의 오른쪽 지붕 부분에서 의아하게 느껴지는 또 다른 구조를 알아보기 위한 것이다.

〈사진 3-3〉의 d1, d2, f와 g는 서울 중구 필동 한옥마을에서 찍은 건물 사진들이고 e1은 한옥마을 안내판에 나와 있는 그림의 하나이고, e2는 안내판 그림 중에서 하나를 택해 연구자가 포토샵으로 합성한 것이다. 이들 사진은 제용감 건물 사진 오른쪽의 지붕구조를 시각적으로 설명하기 위한 것이다.

184

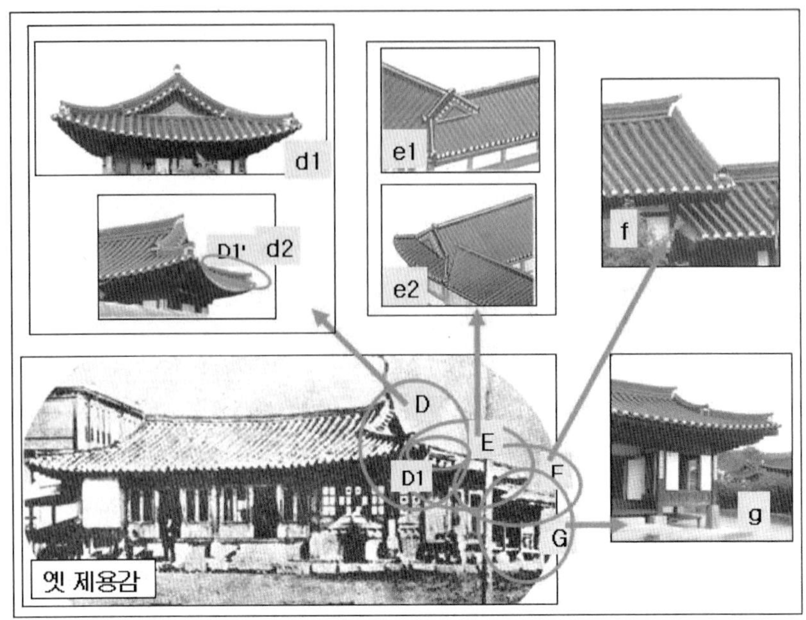

<사진 3-3> 제용감 건물 오른쪽 부분 지붕 구조의 이해를 위한 사진들
* d, e, f, g는 필동 한옥마을에서 찍은 사진들임.

〈사진 3-3〉에서 D 부분을 보면 d2와 같이 보이고 있다. d2와 d1은 동일 지붕의 사진이다. 다만 d2는 d1 지붕이 D와 같이 보일 수 있는 각도에서 찍은 사진이다. d2와 같이 보이는 지붕을 좀 더 오른쪽으로 돌아 정면으로 찍은 것이 d1이다. 옛 제용감 건물 사진에서 D 부분의 일부인 D1 부분을 보면 d2사진에서의 D1'와 같게 나타나 있다. 이로써 D 부분 지붕은 d1과 같은 구조를 하고 있음을 알 수 있다.

〈사진 3-3〉에서 E 부분은 '⌐' 자로 꺾인 건물의 지붕 구조 부분이다. 건물이 '⌐' 자로 꺾였을 때의 지붕 구조는 대부분 e1과 같은 구조를 하고 있다. 그런데 제용감 건물의 경우는 D 부분 지붕의 구조가 d1과 같이 되어 있는 것으로 보이기 때문에 꺾인 부분의 지붕 구조가 e2처럼 되어 있을 것 같이 생각된다. e2와 같은 지붕 구조의 실물이나 사진 또는 그림이 쉽게

찾아지지 않아 e2는 연구자가 포토샵을 사용해 합성해 본 것이다.

〈사진 3-3〉에서 F 부분은 지붕을 약간 낮추어 한 칸을 이어서 지은 것 같이 보인다. f와 같은 구조가 아닐까 생각된다.

〈사진 3-3〉에서 G 부분은 g에서 보듯이 지붕 처마 끝 가까이까지 좀 내어 지은 구조가 아닌가 생각된다.

한옥 구조 전문가와 사진 판독 전문가에게 자문을 구하지 못한 상황에서 연구자가 서울에 있는 한옥들을 찾아보며 얻게 된 지식만으로 황성신문 세 번째 사옥이었던 옛 제용감의 건물 구조를 추정해 보았다.

이러한 추정을 근거로 연구자가 〈스케치 1〉을 그려 보았다.

〈스케치 2〉는 연세대 주거환경학과 이현수 교수 연구실에서 한옥을 포함한 건축물의 디자인을 전공하고 있는 대학원 석사과정 이원혜(李垣慧) 원생이 연구자와 함께 제용감 사진을 검토 연구한 연후에 그린 스케치이다.

구한말 우리의 민족지 가운데 독립신문사의 경우는 그 사옥으로 추정되는 건물의 사진이[10] 확인된 바 있으며 대한매일신보의 경우도 그 창간사옥과 두 번째 사옥의 사진이[11] 확인된 바 있다.

구한말 4대 민족지 가운데 하나인 황성신문의 경우 신문을 발행하던 사옥 4개 가운데 현재까지 건물의 사진이 확인된 것은 세 번째 사옥인 옛 제용감 관아의 건물이 처음인 것 같다. 서울공고, 선린상고, 서울대 농대 3개 학교의 교사(校史)에 제용감의 사진이 실려 있어 구한말 구국 항일의 선봉에 서서 싸웠던 우리 민족지(民族紙)에 관한 기록 하나가 더 찾아지게 된 것이다.

---

10) 오인환, "독립신문사 있던 곳 여기 아닐까: 신아빌딩 바른쪽 앞으로 추정", 한국언론재단, ≪신문과 방송≫, 2002년 10월호, pp.85-94; 본서(本書) 제3장 제1절 '독립신문사 사옥 터의 현재의 위치' 참조.

11) 오인환, "구한말 大韓每日申報社의 위치와 사옥에 대하여", 서울特別市史編纂委員會 ≪鄕土서울≫, 제64호, 2004, pp.103-223; 본서(本書) 제7장 제1절 '대한매일신보 사옥 터의 현재의 위치와 사진' 참조.

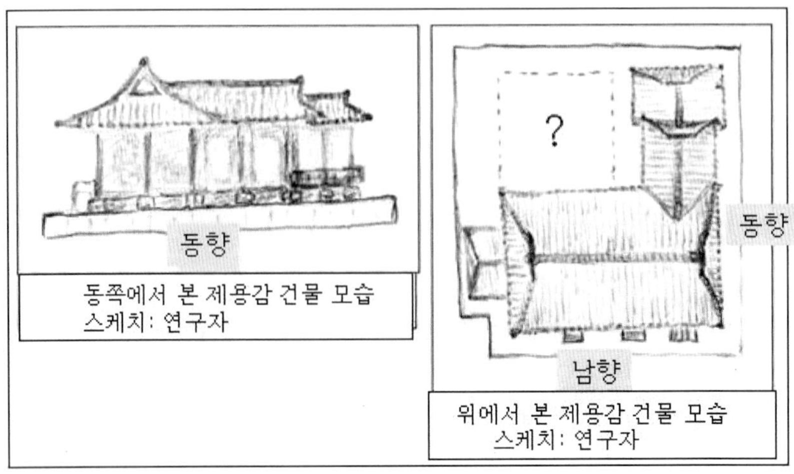

<스케치 1> 옛 제용감 건물을 동향에서 보았을 때와 위에서 내려다보았을 때의 스케치

<스케치 2> 옛 제용감 관아 건물 사진에 입각해서 한옥 전공 대학원생이 그린 스케치

4. 옛 관아 제용감(濟用監)과 관리서(管理署)

제용감(濟用監)은 「서울六百年史」12)에 의하면 "조선 초기에…… 제용고 (濟用庫)로 설치했다가 후에 제용감(濟用監)으로 이름이 고쳐졌고 세조 7 년(1461)에 염색을 담당하던 관청인 도염서(都染署)를 병합시켰다. …… 이 곳에서 관장하던 일은 진헌(進獻)되는 모시(苧), 마포(麻布), 피물(皮物), 인삼(人蔘) 등과 사여(賜與)되는 의복, 사라(紗羅), 능단(綾緞) 등과 포화 (布貨), 채색(綵色), 입염(入染), 직조(織造) 등에 관한 것이었다. 高宗 31 년(1894)에 폐지했다가 光武 8년(1904)에 제용사(濟用司)로 고쳐서 선수 (膳羞)와 특종 산물에 관한 일을 장악케 했다가 이듬해 3월에 이를 다시 폐지시키고 말았다."(제1권, p.333)

「서울六百年史」는 제용감이 있었던 위치를 "中部 壽進坊(오늘날의 수송 동 숙명여자중고등학교 북쪽)"이었다고 밝히고 있다.(제1권, p.333)

제용감 관아 건물은 1903년에 관리서(管理署)가 신설되자 관리서가 들어 서게 되었다. 관리서는 산림보호, 사찰(寺刹), 유물, 유적 등을 관리하기 위해 궁내부(宮內府) 산하에 설치한 관아였으나 1년 만에 폐지되고 소관업무는 내 부관방(內部官房)으로 이관되었다가 내부지방국으로 넘어가게 되었다.13)

이상의 자료를 종합해 보면 (1) 제용감 관아는 조선조 초기부터 수진방 에 있어 왔는데 1894년 갑오경장 때 폐지되었다가 1904년 초에 부활되었고 (2) 수진방에 있었던 종래의 제용감 건물은 제용감이 폐지되어 있을 때인 1903년에 신설된 관리서(管理署)가 차지해 사용해 오다가 1904년에 관리서 가 폐지되게 되자 (3) 황실에서 그 건물을 황성신문에게 넘겨주었으며 (4) 1904년에 농상공학교가 설립되게 되자 황실은 그 건물을 다시 농상공학교

---

12) 서울특별시사편찬위원회, 「서울六百年史」, 제1권, 서울: 서울특별시, 1977.

13) 관리서: http://seoul600.visitseoul.net/seoul-history/sidaesa/txt/6-7-3-1.html: http://100.empass.com/pentry.html?i=1098240.

로 넘겨주게 되었고 (5) 황성신문은 8월에 네 번째이자 마지막인 종각 부근 '백목전 뒷골목 전(前) 면주전 도가 집'으로 이사를 가게 된 것이었다.

5. 제용감(濟用監) 터에 얽힌 이야기

황성신문 세 번째 사옥이었던 옛 제용감 관아 터는 원래는 고려 말 이성계(李成桂) 역성혁명의 일등공신 삼봉 정도전(三峰 鄭道傳)이 살던 집터의 일부이었다.

「서울六百年史」에 의하면 정도전의 집터는 매우 넓어, 남쪽으로는 현재의 종로구청 터에서부터 북쪽으로는 중학동(中學洞), 동쪽으로는 현재의 연합뉴스 터 일부에까지 걸쳐 있었다고 한다.

본시(司僕寺: 연구자)는 원래 내사복시(內司僕寺)와 외사복시(外司僕寺)가 있었는데 내사복시는 경복궁 영추문 안과 창경궁 홍문관 남쪽에 있었고 현재 종로구청과 그 북쪽 일대에는 외사복시(外司僕寺)가 있었다.

본시는 궁중에서 소용되는 말(馬)을 기르고 궁중의 가마, 외양간 및 목장 등을 맡아보던 관아였다.

본시(외사복시: 연구자)가 있던 터는 조선조 초 개국공신 정도전의 마구(馬廐) 자리이며 이웃에 있던 중학(中學)은 그의 서당 자리이며 …….제용감(濟用監)은 그의 내사(內舍)(집의 안채, 흔히 부녀자가 거처하는 집채: 국어사전) 자리라고 한다.

한양전도(漢陽奠都)와 함께 정도전이 그의 집터를 이곳에 정했는데 이는 이곳이 천승(千乘)의 말을 기르고, 많은 물자를 수장(收藏)하고 백자천손(百子千孫)을 교육할 수 있는 명당자리로 보았던 것이다.

그가 서울의 방명(坊名)을 지을 때 이곳을 '수진방(壽進坊), 수진동(壽進洞)'이라 지었다. 그러나 불행히도 무인(戊寅) '왕자의 난'에 화를 입자 수진(壽進)이 아닌 수진(壽盡)이 된 셈이다. 그러나 이곳이 길지인 것은 사실이었던지 그의 사후 중학(中學)이 들어서고 또한 제용감, 사복시가 자리 잡았다.

한편 내사복시(內司僕寺)는 고종 31년(1894)에, 외사복시(外司僕寺)는 그 다음 해부터 태복시(太僕寺)라 개칭했다가 융희 원년(1907)에 폐하였다.14)

요컨대 제용감 터는 정도전의 집 안채 자리였었다는 이야기가 된다. 김정호(金正浩)가 1834년경에 제작한 것으로 추정되는 서울지도인「도성전도(都城全圖: 靑邱要覽)에 제용감, 중학, 사복시의 위치가 나타나 있다.〈지도 1-1〉

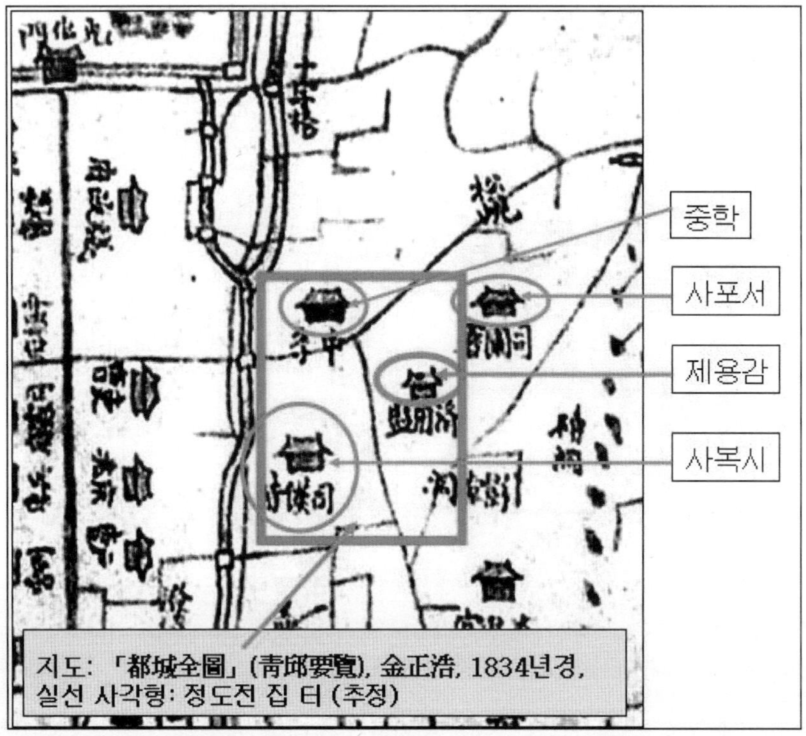

〈지도 1-1〉「도성전도」에 나타난 제용감, 중학, 사복시 위치

* 실선 직사각형 표시 지역이 정도전의 집터로 추정되는 지역임.

---

14)「서울六百年史」인터넷 판 사복시(司僕寺) 항.
  http://seoul600.visitseoul.net/seoul-history/munwhasa/txt/4-3-1-2-1-4-2.html.

〈지도 1-1〉에서 보면 제용감 바로 옆 동북방향 위쪽으로 사포서(司圃署)가 있다. 사포서는 조선시대 왕실 소유의 원포(園圃)와 채소재배 등을 관장하던 관아였었는데 고종 19년(1882)에 관제개편에 따라 폐지되었다.

제용감, 중학, 사복시 그리고 사포서는 「도성전도」 이후에 제작되었을 것으로 추정되는 「수선전도」에도 나온다.〈지도 1-2〉

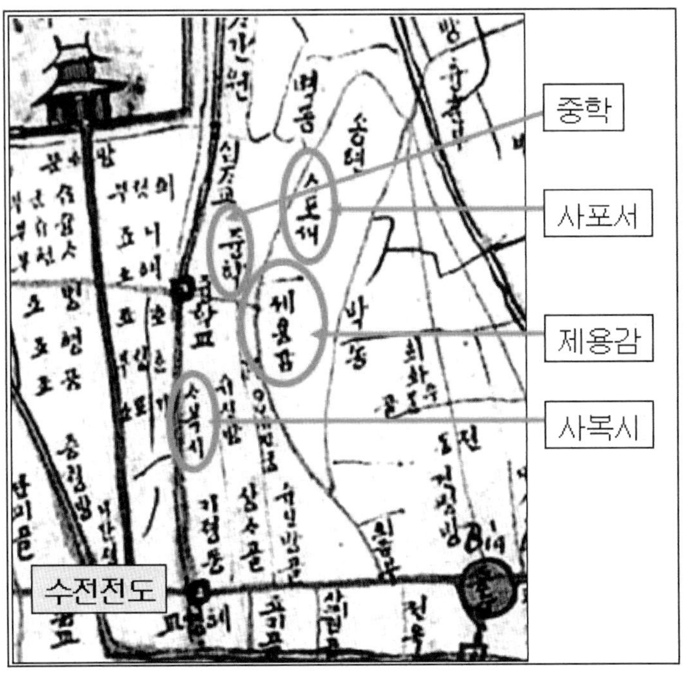

〈지도 1-2〉 「수선전도」에 나타난 제용감, 중학, 사복시의 위치

여기에 지도로 제시는 안 되어 있지만 1902년에 제작된 「한성부지도(漢城府地圖)」에는 이들 4개 가운데 '중학'만이 표기되어 있고, 1903년 1907년에 제작된 지도에는 '대복시(大僕司: 太僕寺)'만이 표기되어 있고, 일제가 한국을 침탈한 직후인 1911년 지도에는 '주마과(主馬課)'만이 표기되어 있어 이곳이 옛날에 말과 관련이 있었던 곳임을 짐작게 해 주고 있다. 옛 사

복시(한말에 태복시) 자리는 그 뒤에 남쪽과 북쪽으로 나뉘어 남쪽에는 수송국민학교가, 북쪽에는 기마경찰대가 들어섰다가 근래에 이르러서는 수송초등학교 자리에 종로구청이, 기마경찰대 자리에는 이마(利馬)빌딩이 들어서 있다.

황성신문 세 번째 사옥이었던 제용감(濟用監) 관아 터는 앞에서 이미 언급이 된 바 있듯이 제용감→관리서→황성신문→농상공학교로 이어져 갔다.

그 뒤 어떻게 되었는지를 알려 주는 자료를 아직 찾지를 못해 확실하게 이야기할 수는 없으나 〈지도 2〉에서 보면 그 뒤의 변천과정을 짐작해 볼 수는 있을 것 같다.

옛 제용감 관아 터는 1911년 지도에서는 사범학교 부지의 일부로, 1918년 지도에서는 고등보통학교 교원양성소 부지(수송동 108번지: 국유)의 일부로, 1936년 지도에서는 여자사범교 부지의 일부로, 일제로부터의 해방 이후인 1947, 59년 지도에서는 수송전기공업학교(壽松電氣工業學校) 부지의 일부로 나타나 있다.(이상 〈지도 2〉 참조)

〈지도 3〉의 1984년 지도에서는 옛 제용감 터가 중동중고등학교(中東中高等學校) 부지로부터 분할되어 108-4번지로 나타나 있다.[15]

수송동 108-4번지의 분할은 1947, 1959년 지도에서는 나타나 있지 않으나 종로구청 발행 토지대장에 의하면 일제하였던 1941년에 이미 이루어진 것이었다.(〈토지대장 1과 2〉 참조)

---

15) 수송동 북반부 지번의 변동 상황과 경위에 관해서는 중동중고등학교의 「中東八十年史」에서 이를 찾아볼 수 있다. 중동중고등학교와 수송전기공업학교는 서로 담장을 사이에 둔 이웃 학교이었었는데 중동이 1974년에 수송전기공업학교를 합병했고, 이로 인해 수송전기공고가 중동전기공고로 이름이 바뀌게 되었으며, 1976년에 두 교정 간의 담을 헐어 한 교정으로 되고, 1977년에 중동전기공고가 대원학원에 양도됨으로써, 옛 수송전기공업 터 108번지와 중동중고등학교 원래의 터 85번지 모두가 중동중고등학교의 소유가 되게 되었다. 중동중고등학교는 1984년에 수송동에서 서울시 강남구의 일원동으로 학교를 옮겼는데, 이전(移轉)을 위해 교정 부지를 매각하게 되었고, 이 과정에서 현재와 같은 지번의 분할이 이루어지게 된 것으로 보인다. 中東中·高等學校, 「中東八十年」, 1986, p.539-41.

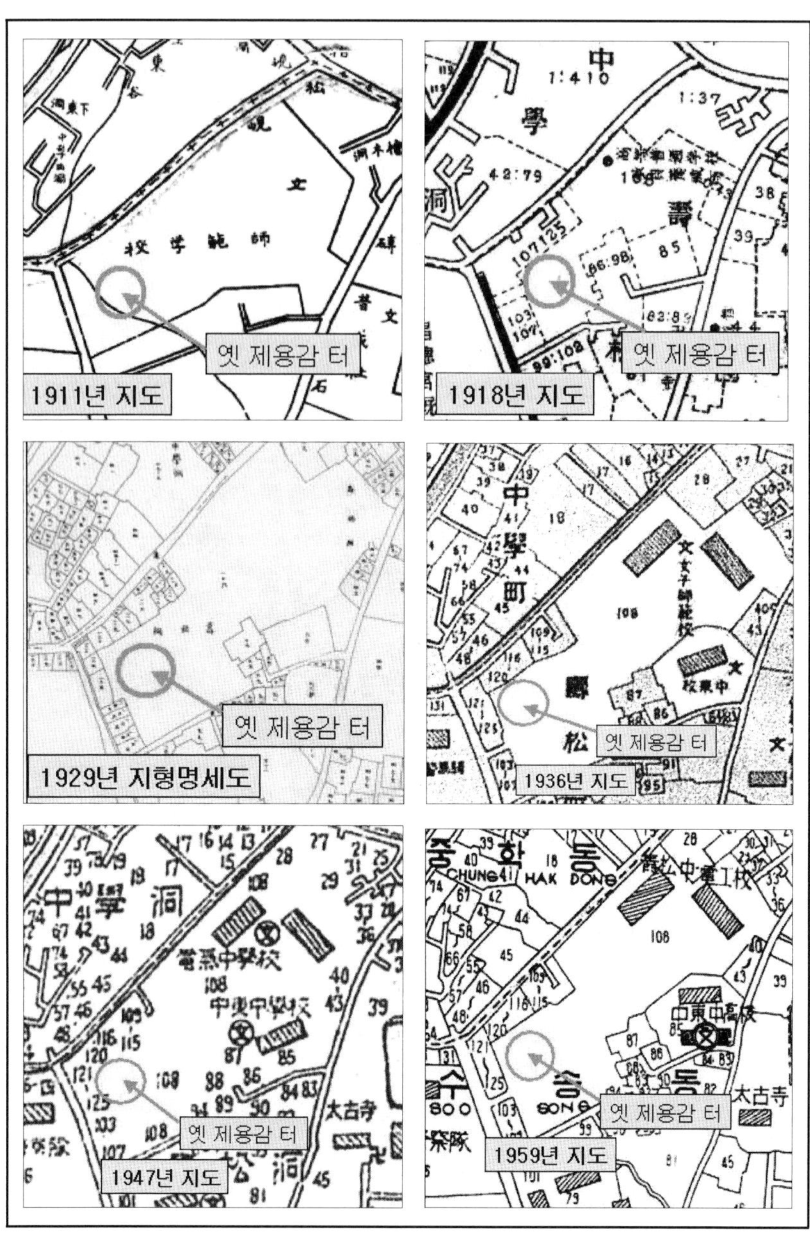

<지도 2> 1911, 1918, 1929, 1936, 1947, 1959년 지도상에서의 옛 제용감 터 위치

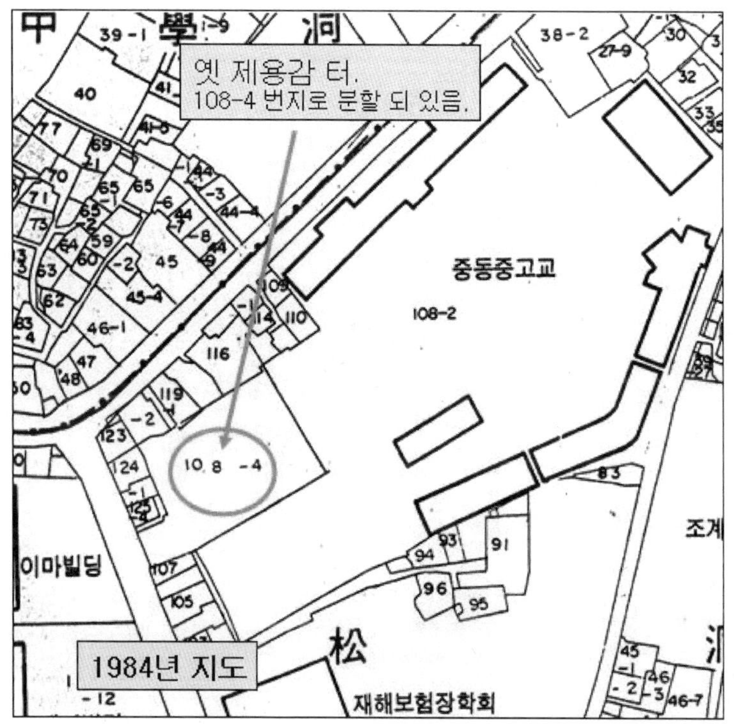

〈지도 3〉 옛 제용감 터가 수송동 108 – 4번지로 분할되어 있음

〈토지대장 1〉에서 보면 수송동 108–4번지는 일제하였던 1941년에 수송동 108번지에서 분할이 되었다. 지번 108–4번지인 이 부지는 1973년 초에 우리나라 주요 통신사의 하나인 합동통신(合同通信)이 이를 매입, 사옥을 신축해서, 을지로 입구에 있던 옛 사옥에서 이사를 와, 뉴스의 취재 및 공급 활동을 해 왔었다. 합동통신은 1980년 제5공화국 초기 언론통폐합 과정에서 새로 생긴 연합통신에 흡수되어 문을 닫지 않을 수 없게 되었다.

옛 제용감 관아 건물이 구한말의 주요 민족지 황성신문(皇城新聞)의 세 번째 사옥이었었고,16) 해방 후에는 우리의 주요 언론기관의 하나였던 합동통신

---

16) 황성신문은 사옥을 네 곳이나 옮겨 다니며 신문을 발행했었는데 이들 사옥 터에 관해서는 오인환, "황성신문 옛터를 찾아서", 동아일보사, ≪新東亞≫, 2003

이 현대식 빌딩을 신축해 언론활동을 펼쳤었다는 것 그리고 바로 옆 터는 구한말 1904년 7월 영국인 언론인 배설(裴說: Ernest Thomas Bethell)이 배일·구국(排日·救國)의 신문 ≪대한매일신보≫를 창간했었던 터이고,[17] 현재는 우리나라 주요 통신사인 연합뉴스가 옛 대한매일신보 사옥 터의 일부를 포함한 대지 위에 큰 사옥을 짓고 언론활동을 벌이고 있다는 것, 이러한 사항들이 우연에 의한 것만은 아니었을 것 같다는 생각이 든다.

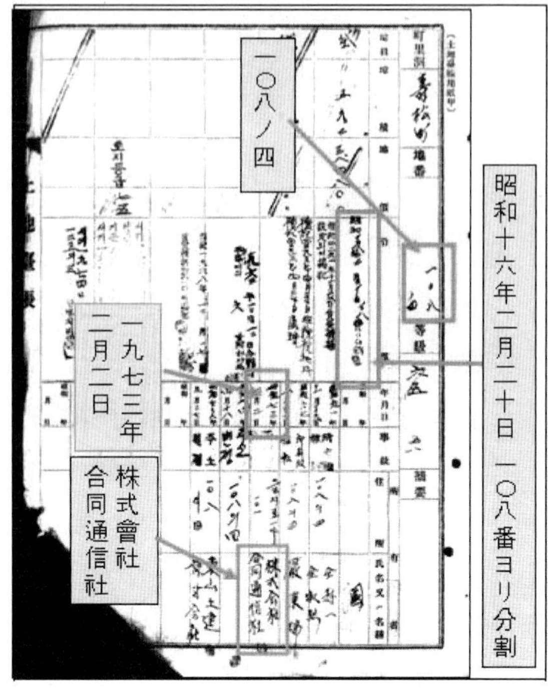

<토지대장 1> 서울시 종로구 소송동 108-4번지

* 108-4번지는 소화 16년(1941) 초에 108번지에서 분할.
1973년 초에 합동통신이 소유권자가 됨.

〈토지대장 2〉에서 보면 옛 제용감 터이었던 수송동 108-4번지의 부지는 1983년 9월에 당시 재무부 국세청으로 소유권이 이전되었고, 2003년 1월에 108-4번지가 104번지로 합병되어 108-4번지는 말소되게 되었다. 현재 국세청 본청과 서울지방국세청이 함께 쓰고 있는 건물 터, 즉 옛 제용감 관아가 있던 터의 지번은 수송동 104번지이다. 최신 지도나 지번도(地番圖)

____

년 12월호, pp.520-537; 본서(本書) 제5장 제1절 "황성신문 사옥 터의 현재의 위치" 참조.

17) 오인환, "구한말 ≪대한매일신보≫ 사옥과 배설 사저에 관한 연구", 한국언론사연구회 엮음, 「대한매일신보연구」, 서울: 커뮤니케이션북스, 2004, pp.137-182; 본서(本書) 제7장 제1절 "대한매일신보 사옥 터의 현재의 위치와 사진"참조.

가운데는 국세청 본청 터 지번의 이러한 변동이 수정되지 않은 채 수송동 108-4번지로 나와 있는 것들이 아직 있다.

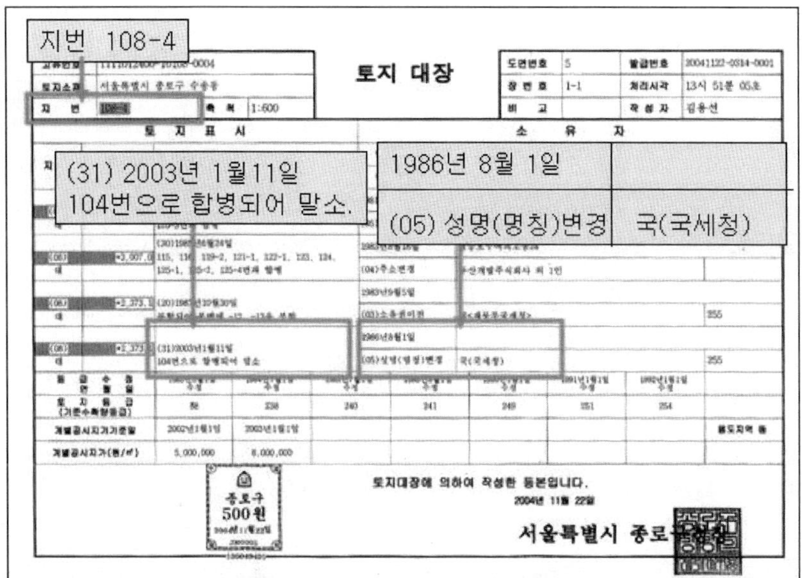

〈토지대장 2〉 서울시 종로구 수송동 104번지 토지대장

* 수송동 108-4번지에 인접한 작은 대지들이 합병되었음을 보여 줌.
* 108-4번지는 1983년 9월에 국세청으로 소유권이 이전되고 2003년 1월에 지번이 수송동 104번지로 바뀜.

〈지도 4〉는 서울시 종로구 수송동의 최근 지적도로서 그 위에 100년 전인 1904년 당시 우리 신문 황성신문과 대한매일신보가 발행되던 터가 표시되어 있다.

옛 황성신문사 터에서는 1970년대 후반에 합동통신이 발행되었었고, 1980년대 초 언론기관 통폐합으로 인해 새로 생긴 통신사 연합뉴스(당초 연합통신)가 바로 옆에서 발행되기 시작해 현재에 이르고 있고, 연합뉴스 빌딩 터는 100년 전 대한매일신보 사옥 터와 일부 겹쳐 있고, 길 바로 건너 중학동에서는 한국일보가 근 50년째 신문을 발행해 오다가 2007년 초에 중구(中

196

區)에 임시 사옥을 얻어 이전을 했다.

〈지도 4〉에서 이 지역이 우리나라 언론의 역사에서 갖는 특별한 의미를 읽을 수 있을 것 같다.

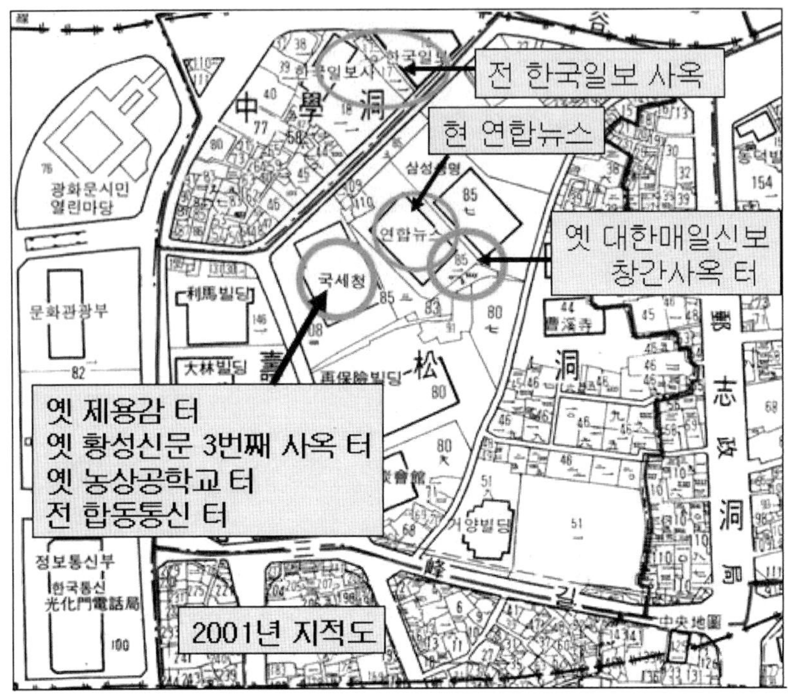

〈지도 4〉 옛 제용감, 즉 황성신문 세 번째 사옥 터의 현 위치

* 옛 대한매일신보 창간사옥 터가 바로 옆에 있으며 현재 연합뉴스가 바로 옆에서
  발행되고 있고, 한국일보도 최근까지 머지않은 곳에서 발행을 하고 있었음.

〈사진 4-1〉은 1904년 4월 ~ 8월 사이에 황성신문이 사옥으로 사용했던 옛 제용감 관아 건물의 사진이고 〈사진 4-2〉는 바로 그 터 위에 현재 들어선 국세청 본청 빌딩의 2004년 11월 현재의 사진이다.

함께 제시된 이들 두 사진 속에서 우리는 지난 100년간의 시대의 흐름과 변천상이 느껴지지 않을까 생각된다.

<사진 4-1> 황성신문 세 번째 사옥 제용감(濟用監) 관아 사진

* 출처: 「서울工高百年史」, 1999년; 「善隣百年史」, 2000년; 「水原農學八十年」, 1986.

<사진 4-2>

황성신문의 세 번째 사옥이었던 옛 제용감 터에 솟아 있는 국세청 본청 빌딩

* 북악산과 연합뉴스 빌딩이 보인다.

* 2004년 11월 종로구청 쪽에서 촬영.

6. 새로 확인한 옛 황성신문 세 번째 사옥 사진에 관한 연구를 끝내며

황성신문이 옛 제용감 관아 건물에서 신문을 발행한 기간은 1904년 4월 중순부터 8월 초순까지 4개월 기간이었다. 이때 황성신문의 사장 겸 편집인은 장지연(張志淵)이었다.

이 시기는 일본이 러시아를 상대로 시작한 러일전쟁의 초기로서 일본이 우리나라에 강요해 1904년 2월 23일 제일차의정서를 체결한 직후이었고, 일본이 우리나라에 강요해 1904년 8월 22일 한일협정서를 체결해 이른바 '고문정치(顧問政治)'라는 명목하에 한국을 일본의 실질적인 속국으로 만들기 직전에 해당된다.[18]

황성신문이 옛 제용감 건물을 떠나 종로의 종각 부근 네 번째 사옥으로 이전을 하고 그로부터 1년여가 지난 1905년 11월 17일에 일본의 강압으로 불법적인 을사늑약(乙巳勒約)이 '체결'되었다. 황성신문이 이에 분격 11월 20일자 신문에 사장 겸 주필 장지연의 "是日也放聲大哭"이란 제목의 논설을 실어 국민봉기의 불을 지르게 된다.

황성신문의 항일·구국 언론활동과 이 과정에서 황성신문이 겪어야 했던 어려움에 관해서는 상당한 연구가 이루어져서 이미 많은 것이 알려져 있기 때문에 그에 관한 것은 이들 연구에 미루고 본 연구에서는 황성신문의 세 번째 사옥이었던 제용감의 사진과 그 위치에 관한 것에 국한시켰다.

본 연구자의 눈에 옛 제용감 관아 건물의 사진이 처음 띈 것은 2003년 12월호 ≪新東亞≫에 황성신문사 사옥들의 위치에 관한 본 연구자의 글이

---

18) 일본은 그 뒤에도 한국을 병탐하기 위한 정책을 계속 추구해, 1905년 11월 17일에 무력을 동원한 강압과 불법적인 방법으로 을사늑약(乙巳勒約)을 '체결'했다. 일본은 한국을 식민화하기 위한 조치를 가속화시켜 1906년 2월 한국에 통감부를 설치했으며, 1910년 8월 28일 한국을 강제로 합병해 식민통치를 하기 시작했다.

실린 직후였었다.

그 당시 대한매일신보사 사옥의 위치와 사진을 찾는 작업도 거의 마무리가 지어지고 있었는데 그 탐색과정에서 옛날 그 신문사 주변에 있었던 학교들의 문건 속에서 결정적인 자료들을 찾아볼 수 있었기에 황성신문의 경우에도 그럴 수 있지 않을까 하는 기대감 속에서 관련 학교들을 찾아 나섰었다.

황성신문사의 세 번째 사옥이 옛 제용감 관아 건물이었고, 농상공학교가 새로 창립되어 제용감 건물을 교사로 사용하게 되었기 때문에 황성신문이 제용감 건물을 내주고 종로 서린동 쪽으로 이사를 가게 되었다는 사실 그리고 농상공학교는 곧 3개 학교로 분리되게 되었는데 그 후신이 현재 서울대학교 농업생명과학대학(전 농과대학), 선린정보산업고등학교(전 선린상업고등학교), 서울공업고등학교라는 사실을 알게 되었다.

첫 번째로 동작구 대방동에 있는 서울공업고등학교를 찾았다. 먼저 동창회 사무실에 연락을 했더니 학교의 역사자료관이 있다고 했다. 동창회 사무실이 2층에 있는데 2층으로 올라가는 계단 복도 벽면에 옛 사진들이 걸려 있었다. 그중 하나인 옛 한옥 사진에 눈길이 갔다. 사진설명에 첫 교사(校舍) '제용감'이라 적혀 있었다. 그 순간 황성신문사가 있던 사옥 가운데 하나의 사진을 찾았다는 기쁨이 온몸을 감싸 왔다. 마치 이 사진이 오랫동안 연구자가 찾아오기를 기다리고 있었던 것 같은 착각이 들기까지 했었다.

서울공업고등학교동창회 김기택(金箕澤) 사무국장이 연구자의 설명을 듣고 연구를 위한 적극적인 협조를 약속하면서 학교의 연혁을 자세히 알려 주었다. 또 그런 연구가 목적이라면 제용감 사진을 사용해도 좋다는 구두 허락을 해 주었다.

서울공고 동창회 사무실 직원의 안내로 바로 위 3층에 있는 넓은 역사자료실의 사진과 자료들을 돌아볼 수 있었다. 제용감 건물이 들어 있는 또 다른 사진은 없었다.

두 번째로 용산구 청파동에 있는 선린정보산업고등학교(善隣情報産業高

等學校: 전 선린상업고등학교)를 찾았다. 학교 행정실 관계자에게 농상공학교가 시작된 제용감이 황성신문 사옥이었었다는 이야기를 하니 새로 알게 된 이 사실에 큰 관심을 표명하면서 학교 역사자료관을 안내해 주어 귀한 자료들을 접할 수 있었다. 제용감에 관한 또 다른 사진은 얼른 눈에 띄지 않았었다.

서울대 농과대학의 교사(校史)는 연세대 중앙도서관에서 찾아볼 수 있었다.

이들 3개교의 학교역사인 「서울工高百年史」, 「善隣百年史」, 「水原農業七十年」, 「水原農業八十年」에는 모두 제용감(濟用監) 사진이 들어 있었다.

황성신문의 세 번째 사옥이었던 옛 제용감 관아 건물의 사진을 찾았다는 것을 언론계와 언론학계에 바로 알리려다 보니 사진에 나타나 있는 제용감 건물의 구조 일부가 잘 이해가 안 되는 부분이 있어 이를 분명히 한 연후에 발표하기로 했다.

한옥 전문가에게 자문을 구했으면 곧 알 수 있었겠지만 가깝게 아는 전문가도 없었고 한옥전문설계소 같은데 부탁을 하려니 자문료 부담도 있을 것 같고 해서, 연구자가 혼자서 알아내 보기로 하고, 정동의 덕수궁, 필동의 한옥 마을 등을 찾아다니며 학습을 하느라 발표가 근 1년이나 늦어지게 되었다.

앞에서 '제용감 건물 구조'에 관해 연구자 나름대로의 설명을 시도해 보았으나 이는 한옥에 관한 전문지식이 없는 연구자의 아마추어적 안목에서 행해진 것인 만큼, 잘못 본 부분이 있을 것으로 생각된다. 전문가들의 지적을 받아 제용감 건물의 제대로 된 모형이 만들어질 수 있었으면 하는 기대를 가져 본다.

연구자는 이 연구를 일단 끝내면서 다음과 같은 생각을 해 본다.

황성신문 세 번째 사옥이었던 제용감 관아 건물의 사진은 있었다. 다만 제용감의 사진을 다루거나 본 사람들 중에는 제용감이 황성신문과 관련이 있었던 사실을 아는 사람이 없었고, 언론사(史)에 관심이 있는 사람들에게는 제용감 사진이 그 모습을 드러내지 않아 왔을 뿐이었다.

우리나라 근대언론 초기 사진자료들 가운데 사진 자체는 있는데 그 사진에서 언론사적 연관이 누군가에 의해 확인되기를 기다리고 있는 사진들이 아직도 더러는 있지 않을까.

우리나라 언론사(史)에서 사적(史的) 가치가 있어 찾아지기를 바라는 사진들에 어떤 것들이 있는지를 언론학계 내외에 널리 알려 여러 사람들의 관심을 유발해 놓게 되면 중요한 사진들이 좀 더 발굴될 수 있지 않을까 하는 꿈을 꿔 본다.

(≪新東亞≫, 2005년 2월호에 일부 발표)

제3절 황성신문 전신(前身) 경성신문 및 대한황성신문 사옥 터

"〈경성신문(京城新聞)〉: 1898년 3월 4일, 정해원, 윤치소, 윤치호 등은 상업신문으로 경성신문의 발행인가 신청을 농상공부에 내놓아 그달 8일에 정식으로 인가를 얻었다. 그러나 경성신문은 정식인가를 받기 전 그해 3월 2일부터 창간 제1호를 발행하였다. 이것은 경성신문만이 아니고 협성회회보 역시 정식인가를 얻기 전에 이미 신문을 발행하고 있었다. 경성신문은 매주 수요일과 토요일의 주 2회 간행으로 순 국문의 소형 2면제 신문이었으나 그해 4월 6일 제11호부터 대한황성신문이라 개제하였다."

崔埈, 「韓國新聞史」, 서울: 일조각, 1960, pp.80-81.

"〈황성신문〉: 이들(장지연, 남궁억, 나수연, 유근)은 신문 창간을 위해 고표(股票) 5백을 발행하였으나 절반 정도가 모금되자 회사를 발족했다. 신문은 새로 인가를 받지 않고 이미 있던 신문의 판권을 물려받았다. 즉 윤치호가 1898년 3월 2일 경성신문을 창간하였다가, 국호가 대한으로 바뀐 뒤 제호를 대한황성신문으로 바꾸어 발행하던 것을 이들이 물려받아 합자회사 체제를 갖추어 황성신문을 낸 것이다."

김민환, 「한국언론사」, 서울: 사회비평사, 1996, p.128.

1. 경성신문, 대한황성신문: 황성신문의 전신

경성신문(京城新聞)은 윤치호가 중심이 돼 1898년 3월 2일 창간호를 낸 민간신문이다. 경성신문은 우리나라 국호가 대한제국으로 바뀌게 되자 발간 한 달 뒤인 4월 6일부터 신문제호가 대한황성신문으로 바뀌게 되었다. 5개월 뒤인 9월에 장지연, 남궁억, 나수연, 유근 등이 대한황성신문의 판권을 물려받아 제호를 한자로 皇城新聞으로 바꾸어 1898년 9월 5일부터 국한문 혼용의 신문을 발행하게 된다.

이 절(節)에서는 황성신문의 전신인 경성신문과 대한황성신문의 사옥 위치를 알아보고자 한다.

본 장(章) 제1절에서 간단히 언급이 되기는 했지만 윤치호(尹致昊)는 서재필(徐載弼)이 국내정치기류의 변화 때문에 다시 미국으로 떠나게 되자 1898년 5월 12일부터는 독립신문의 제2대 사장을 맡아 관리 운영하기 시작했으니까 대한황성신문을 9월 초 황성신문에 넘겨주기 전까지 약 4개월 동안(5월 12일 ~ 9월 초) 독립신문과 대한황성신문의 2개 신문을 운영하고 있었던 것이 된다.

경성신문과 대한황성신문의 발행소 위치에 관해서는 장규식이 이미 "종로·북촌 문화산책"(서울YMCA 도시문화·환경센터, 2000)이란 소책자에서 밝힌 바 있다. 장규식이 이 소책자에서 경성신문과 대한황성신문의 발행소인 구한말 당시 윤치호의 집터(현재의 주소: 견지동 68번지)를 약도로 표시한 것이 〈지도 1-1〉에 제시되어 있다.

장규식의 약도인 〈지도 1-1〉에서 보면 종로4거리에서 안국동 로터리로 가는 우정국로 아래쪽 오른편에 제주은행이 표시되어 있고 그 바로 위쪽(북쪽)에 윤치호 집터가 표시되어 있다.

이것으로 황성신문의 전신인 경성신문과 대한황성신문의 발행소 위치는 밝혀진 셈이다.

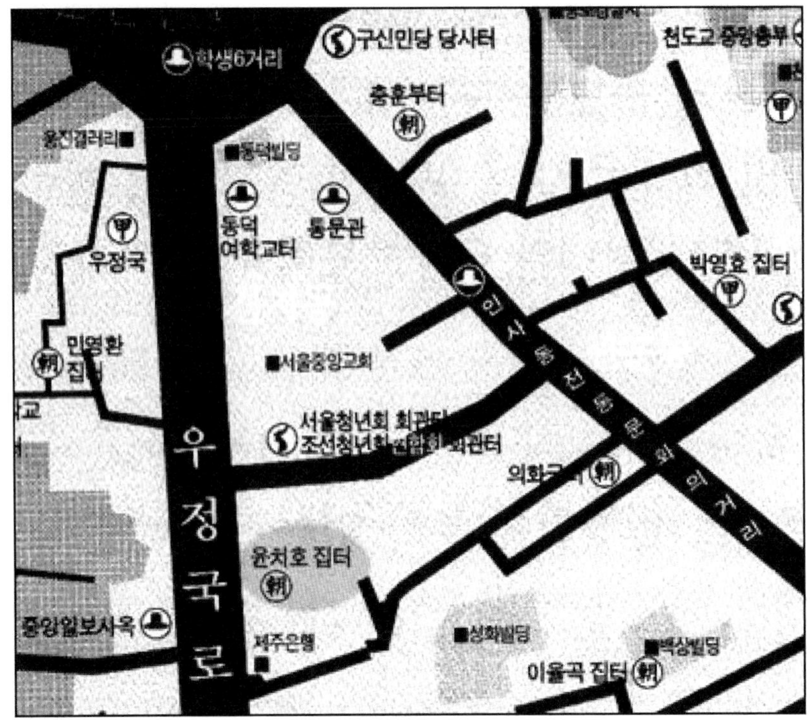

<지도 1-1> 윤치호의 옛 집터: 京城新聞과 대한황성신문 발행소 터의 현재
의 위치

* 자료: 장규식 집필, 「종로·북촌 문화산책」, 서울 YMCA 도시문화·환경센터 발
행, 2000년 12월, p.20.

이 절에서는 관련 자료들을 몇 건 더 제시함으로써 이들 두 신문의 발행
소 터 위치를 좀 더 자세히 알아보고 그 터의 2007년 현재의 상황을 지도
와 사진 등을 통해 보다 시각적으로 제시해 보고자 한다.

이 절에서의 이런 작업은 앞으로 이 지역이 개발사업 등으로 변하게 되더라도
이들 두 신문의 발행소 터를 알아보는 데 도움을 줄 수 있을 것으로 생각된다.

2. 경성신문과 대한황성신문 발행소 현재의 위치와 현재의 모습

경성신문에 관한 광고와 대한황성신문에 관한 광고가 각기 협성회회보 1898년 3월 12일자와 4월 9일자에 실려 있다.

이들 광고가 〈광고 1〉에 제시되어 있는데, 경성신문과 대한황성신문 모두 "…… 신문파는 쳐쇼는 젼동 젼 협판 윤치호씨 집이오……."로 나와 있음을 볼 수 있다. 이 광고문에서 문제가 될 수 있는 것은 '신문 파는 처소'와 '전동'의 두 부분이다.

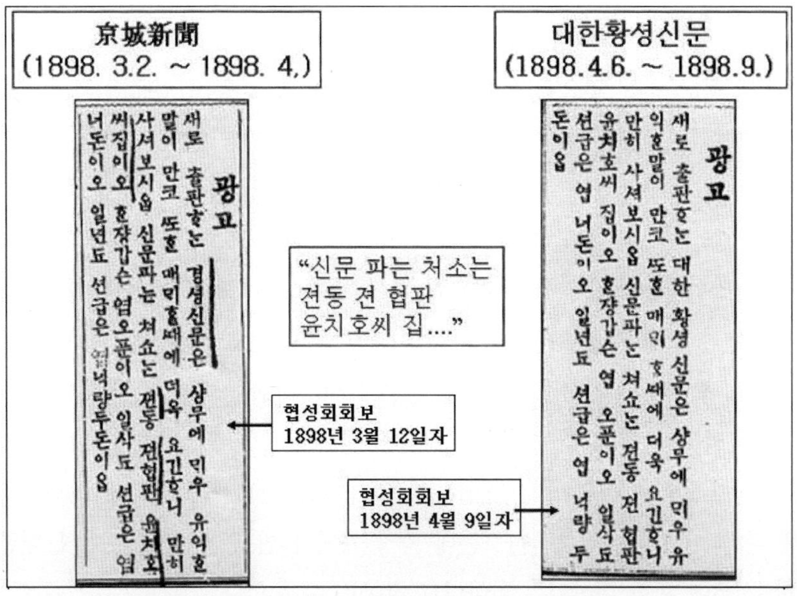

〈광고 1〉 황성신문의 전신인 경성신문과 대한황성신문의 발행소 위치
 * 출처: 협성회회보 1898년 3월 12일자와 4월 9일자 광고.

'신문 파는 처소'의 경우 이를 '신문사가 있는 곳', 즉 신문 발행소의 위치를 나타낸 것으로 볼 수 있느냐가 문제가 될 수 있다. '신문을 파는 곳'이

206

윤치호의 집이라는 말인데, 신문사는 다른 곳에 있고 신문을 살 수 있는 곳이 윤치호의 집일 경우에도 이렇게 표현이 될 수 있기 때문이다. 다만 구독자의 입장에서는 신문을 살 수 있는 것이 중요하지 신문사가 어디에 있느냐는 그리 중요하지 않기 때문에 신문 발행소가 윤치호의 집에 있을 경우에도 광고에서는 이런 표현을 쓸 수도 있겠다는 생각이 들기도 한다.

장규식은 "개항기 서울의 개화·개혁운동 공간"이란 논문에서 '사무실'이라는 용어를 써 "사무실은 사장인 전 협판 윤치호의 전동 집에 있었다."[19]라고 적고 있다. 장규식에 의하면 신문제호가 경성신문에서 대한황성신문으로 바뀐 뒤 신문의 판권도 이상재, 남궁억 등에게로 넘어간 것 같고 그 뒤 신문사 '사옥'이 황토현의 전 우순청 자리로 이전하게 되었다고 한다.[20] '사무실'이라는 용어와 '사옥'이라는 용어를 함께 쓰고 있는 것으로 보아 '발행소'를 뜻하는 것으로 생각된다.

윤치호가 발간한 이들 두 신문의 발행소 위치는 김을한의 「佐翁 尹致昊 傳」 등 윤치호 전기에 관한 책들에서도 아무런 언급이 없고, 최준의 「韓國 新聞史」에 나오는 경성신문사 발행인가 청원서[21]에도 나와 있지 않다. 국사편찬위원회에서 발간한 윤치호의 영문 일기에도 경성신문과 대한황성신문에 관한 언급은 한마디도 나와 있지 않다. 윤치호의 영문 일기에서 경성신문 발행(1898년 3월 2일) 한 달 전부터 신문제호를 대한황성신문으로 바꾼 뒤 남궁억 등에게 넘겨주고 난(1898년 9월) 한 달 뒤까지, 그러니까 1898년 2월부터 10월까지 9개월분의 일기[22]를 검토해 보았는데 독립신문에 관한 이야기는 몇 번 나오는데 막상 자기가 발행한 경성신문이나 대한황성신문에 관한 이야기는 한마디도 찾아볼 수가 없다.

---

19) 張圭植, "開港期 서울의 開化·改革運動 공간", 서울시립대학교 국사학과, 《典農史論》 제5집, 별쇄, 1999년 3월, p.19.

20) 위의 논문, 같은 쪽.

21) 최준, 「韓國新聞史」, 일조각, 1960, p.92.

22) 국사편찬위원회, 「尹致昊 日記 五」, 탐구당, 1975.

관련 자료를 좀 더 찾아보아야겠지만 연구자로서는 현 단계에서 협셩회 회보에 난 광고에서 '신문을 파는 곳'으로 나와 있는 '윤치호의 집'이 '신문을 발행하는 곳'이었다는 추정을 내려 보고 싶다.

그렇다면 '신문을 인쇄한 곳'은 어디였을까. 윤치호의 집에서 신문 인쇄까지 한 것 같지는 않다. 윤춘병은 윤치호의 경성신문이 인쇄된 곳이 정동(貞洞)의 '감리교 활판소'(일명 삼문출판사: 연구자)라고 적고 있다.[23]

경성신문은 감리교 활판소에서 인쇄를 했을 수도 있겠으나 경성신문이 제호를 대한황성신문으로 변경한 것이 1898년 4월 6일인데 이 신문의 발행인인 윤치호가 한 달 뒤인 1898년 5월 12일에 독립신문의 제2대 사장으로 되고 난 뒤에는 인쇄를 독립신문사 사옥에 있는 인쇄시설로 했을지도 모르겠다는 생각을 연구자는 하게 된다. 왜냐하면 이때는 독립신문이 1896년 4월 7일 발행을 시작한 지 2년이나 지난 뒤여서 인쇄시설이 당시의 기준으로는 잘 갖추어져 있을 때이기 때문이다. 다만 서재필이 국내의 정치상황에 밀려 미국으로 다시 나가면서 독립신문사의 신문 발행은 윤치호에게 넘기고 인쇄시설은 독립신문을 계속 찍어 준다는 조건하에 감리교 삼문출판사에 2년간 임대를 해 준 상황[24]이었기 때문에 명의상으로는 삼문출판사가 인쇄를 맡은 것으로 이야기될 수는 있겠다.

대한황성신문의 경우 제호를 경성신문에서 대한황성신문으로 바꾸고 나서 2개월쯤 지난 1898년 6월에 사옥을 전 우순청 자리로 이전[25]을 했고 그로부터 3개월 후에 황성신문이 판권을 인수해 그 자리 그 건물에서(전 우순청 자리) 창간을 했으니까 대한황성신문이 사옥을 전 우순청 자리로 이전을 했을 때는 그곳에 인쇄시설도 갖추고 있었을 것 같은 생각이 든다.

---

23) 尹春炳, 「韓國監理敎會 出版文化硏究」, 감리교신학대학교 출판부, 2005, pp.57-58.

24) 서재필, '논설', ≪독립신문≫, 1898년 5월 17일, p.1; "Report 1-W.B. Scranton, Superintendent", *Journal of the Fourteenth Annual Meeting of the Korea Mission of the Methodist Episcopal Church* held at the First Methodist Episcopal Church, Seoul, August 25 to September 1, 1898, p.24.

25) 장규식 앞의 논문, p.19.

다음은 경성신문과 대한황성신문의 발행소 위치 '전동'에 관한 것으로서, 위 〈광고 1〉에 이 두 신문의 발행소, 즉 윤치호의 집이 있는 곳이 '전동'으로 나와 있는데 이것도 옛 지도에서 사전지식 없이 '전동'을 찾으려 할 경우 혼선이 일어날 수가 있다. 왜냐하면 옛 지도들 가운데는 현재의 우정국로 주변에 전동(典洞)과 전동(磚洞)이 나와 있는 경우가 더러 있기 때문에 어느 쪽 '전동'인지 헷갈릴 수가 있다.

결론부터 말을 하면 윤치호의 집이 있던 '전동'은 典洞으로서 현재의 주소로 견지동에 포함되어 있다. '벽돌 전', '기와 전' 자인 '磚' 자를 쓴 磚洞은 원래는 '땅형세 박', '가득할 박', '넓게 덮일 박' 자인 '박(礴)' 자를 쓴 '박동'으로서 현재의 주소로 수송동에 포함되어 있는 지역인데 그 어떤 이유에서인지 일부 옛 지도에 礴(박) 자 대신에 그와 비슷한 磚(전) 자가 쓰이고 있어 혼선이 빚어질 수가 있다.

일제는 1910년 우리나라를 합병한 뒤 1914년에 서울 지역의 주소체계를 크게 개정했는데 이때 우리의 옛 전동(典洞)은 견지동과 공평동으로 분할되어[26] 현재에 이르고 있다.

경성신문과 대한황성신문의 발행소가 있었던 윤치호의 전동(典洞) 집은 현재의 주소로 종로구 견지동(堅志洞)에 있었다.

〈지적목록 1〉에 1917년과 1927년 당시의 견지동 지적목록에서 윤치호의 집터 부분이 제시되어 있다. 윤치호의 집터가 1917년 A 문서에는 주소(지번)가 견지동 68번지 648평으로 나와 있고 1927년 B 문서에서는 견지동 68-1 573평 7합으로 나와 있다.

---

26) 「京城府史」, 제2권, 1936, p.534.

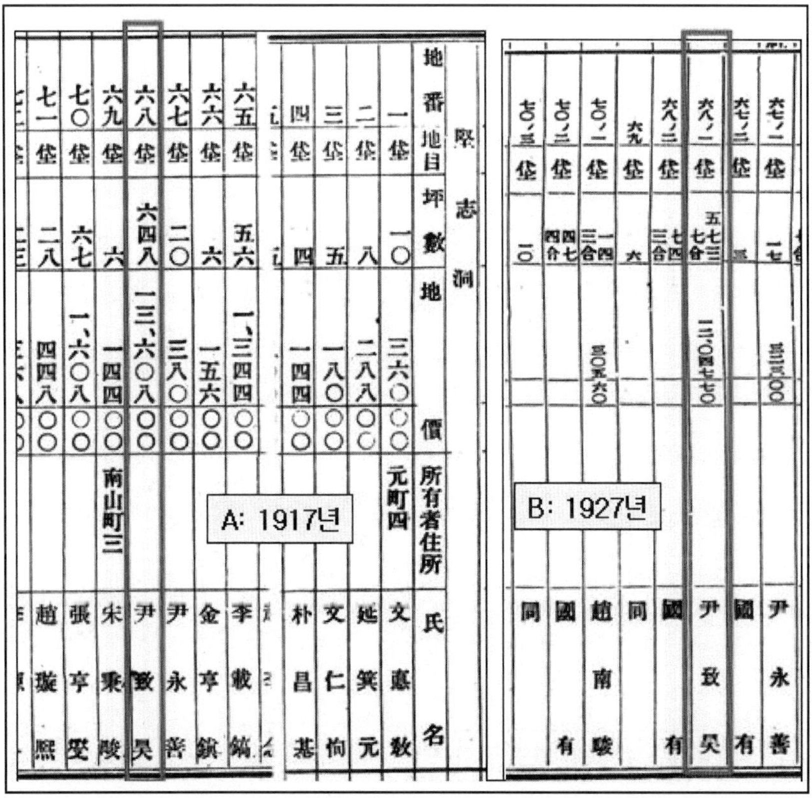

A: 1917년 — 堅志洞

地番	地目	坪數	地價	所有者住所	氏名
一	垈	一〇	三六〇〇	元町四	文惠敎
二	垈	八	二八八〇		延箕元
三	垈	五	一八〇〇		文仁恂
四	垈	四	一四四〇		朴昌基
六五	垈	五六	一,三四四〇〇		李敬鎬
六六	垈	一六	一五六〇〇		金亨鎭
六七	垈	二〇	三八〇〇		尹永善
六八	垈	六四八	一三,六〇八〇〇		尹致昊
六九	垈	六	一四四〇〇	南山町三	宋秉陵
七〇	垈	六七	一,六〇八〇〇		張亨奭
七一	垈	二八	一,四四八〇〇		趙璇熙

B: 1927년 — 堅志洞

地番	地目	坪數	地價	所有者住所	氏名
六七ノ一	垈	一七	[illegible]		尹永善
六七ノ三	垈	三一合四	[illegible]		國有
六八ノ一	垈	五七三	[illegible]		尹致昊
六八ノ三	垈	七	[illegible]		國有
六九	垈	[illegible]	[illegible]		同
七〇ノ一	垈	三一合七	[illegible]		趙南晙
七〇ノ三	垈	四四合七	[illegible]		國有
七〇ノ五	垈	一〇	[illegible]		同

〈지적목록 1〉 경성신문과 대한황성신문 발행소가 있던 윤치호 집터 지번:
견지동 68번지

* 출전: 「京城府管內地籍目錄」. 1917, 1927.

〈지도 1-2〉에 윤치호의 집이 있던 견지동 68번지의 위치가 표시되어 있다.

〈지도 1-2〉는 1929년 당시의 「京城府 壹筆每 地形明細圖」에서 윤치호의 집이 있던 견지동 68번지 주변의 지번 구획을 보여 주고 있다.

견지동 68-1번지의 윤치호 집터가 상당히 넓은데 이 넓은 터에 건물이 몇 채가 들어 있었고, 어떻게 배치되어 있었는지 그리고 이들 건물들 가운데 신문 발행을 하던 곳은 어디에 위치해 있었는지 현재로서는 알 수가 없다.

〈지도 1-2〉 윤치호의 옛 집터: 경성신문과 대한황성
신문 발행소 현재의 위치 추정 작업

〈지도 1-3〉은 2007년 현재의 서울시GIS지도에서 견지동 68번지와 그 주변의 지번 구획을 나타낸 것으로서 견지동 68번지 터가 여러 지번으로 나뉘어 있음을 보여 주고 있다.

신한은행이 있는 서흥빌딩이 2007년 현재 68번지대 터의 거의 반을 차지하고 있다. 우정국로 쪽으로 전주지업사 운필당필방 녹야원이 들어서 있고 청석길 쪽으로 불교나라와 AGIO(이태리 음식점)가 들어서 있다.

지도와 지적도로 알아본 견지동 68번지 터의 2007년 현재의 모습을 보다 시각적으로 표시하기 위해 사진에 담아 본 것이 〈사진 1-1〉, 〈사진 1-2〉,

〈사진 1-3〉에 제시되어 있다.

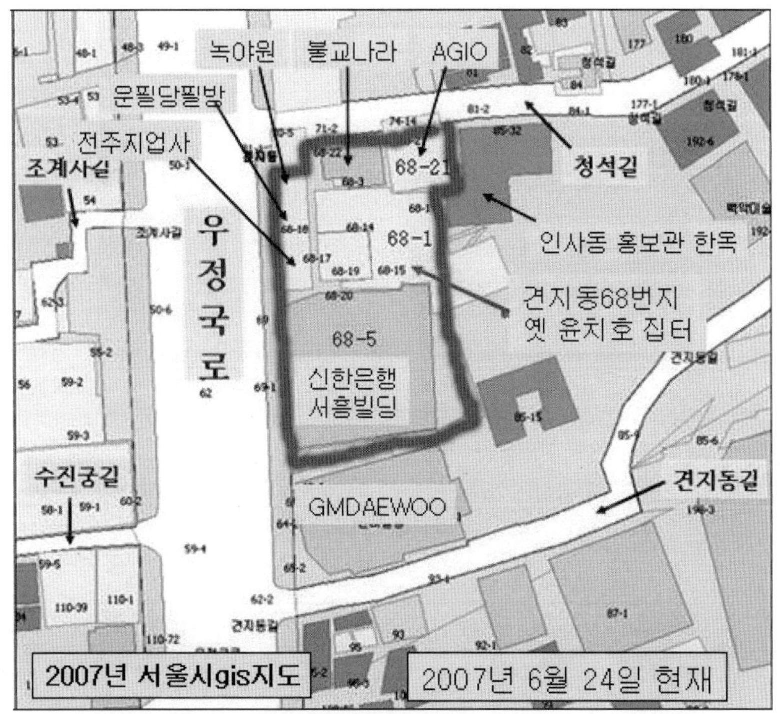

〈지도 1-3〉 윤치호 옛 집터의 2007년 현재 상황

 * 경성신문과 대한황성신문 발행소가 그 안에 있었던 옛 윤치호 집터(굵은 실
   선)는 여러 지번으로 분할되어 있음.

〈사진 1-1〉은 안국동 방향으로 비스듬히 찍은 사진이고 〈사진 1-2〉는
종로 사거리 방향으로 비스듬히 찍은 사진이고 〈사진 1-3〉은 청석길로 좀
들어가 우정국로 방향으로 비스듬히 찍은 사진이다.

옛 윤치호 집터인 견지동 68번지 터에 들어서 있는 건물들 가운데 고층
으로 크게 지은 서흥빌딩과 불교나라빌딩을 제외한 나머지 건물들은 앞으
로 조만간 헐려 새로운 빌딩이 들어설 것이 틀림없다.

〈사진 1-1〉 옛 윤치호 집터의 2007년 현재의 모습: 안국동 방향으로 찍은 사진

* 신한은행이 들어 있는 건물을 포함해서 안국동 방향으로 녹야원이 들어 있는 건물까지가 견지동 68번지대임.

〈사진 1-2〉 옛 윤치호 집터의 2007년 현재의 모습: 약간 종로 방향으로 찍은 사진

* 왼쪽 청석길로 들어서 녹야원, 불교나라, AGIO(이태리 요리점)까지가 견지동 68번지대임.

〈사진 1-3〉 옛 윤치호 집터의 2007년 현재의 모습: 청석길로
좀 들어와서 우정국로 방향으로 찍은 사진

* 한옥으로 지은 '인사동 홍보관'이 그 뒤편에 있었던 옛 윤치호 집
 건물들의 모습을 연상시켜 주고 있음.

여기 제시된 세 장의 사진은 100여 년 전 경성신문과 대한황성신문 발행
소 터의 2007년 현재의 변한 모습을 기록으로 남김으로써 먼 훗날 이 두
신문 발행소 터에 관심을 두는 사람이 혹시라도 있을 경우 그 변화과정을
점검해 볼 수 있는 자료를 제공키 위한 것이다.

3. 경성신문(京城新聞)과 대한황성신문 발행소 건물의 위치 추정

견지동 68번지 이 넓은 터에 윤치호의 집이 들어서 있었는데 정문이 어
느 쪽으로 어디쯤에 있었는지 안채와 사랑채 혹은 행랑채가 어떻게 배치되
어 있었는지에 관한 자료를 아직 접하지 못하고 있어 짐작을 할 수가 없지

만, 신문을 발행하던 건물은 길가 행랑채였을 가능성이 크다.

행랑채는 큰길가에 면해 있었을 것이기에 우정국로에 접해 있었거나 아니면 청석길에 접해 있었거나 그것도 아니면 집터 남쪽으로 들어온 골목길 쪽에 접해 있었을 가능성이 있다.

윤치호에 관한 기록이나 기존의 연구에서 윤치호 집터 건물 배치 상황에 관한 자료를 더 찾아봐야 할 것 같다.

제국신문

제국신문 사옥 터의 현재의 위치

"한말 民族紙를 대표하는 두 신문 뎨국신문과 皇城新聞은……. 뎨국신문은 1898년 8월 10일 '몇몇 有志한 친구를 모아 회사를 조직하여가지고'(뎨국신문 創刊號 논설) 창간했다. 몇몇 유지한 친구들이란 사장 李鍾一을 비롯하여 미일신문에서 뛰쳐나온 李承晚·柳永錫 등과 발행허가를 얻은 李鍾冕 등이었을 것이다. 창간 시에는 沈相珝이 인쇄시설을 제공하였고, 운영은 以文社와 공동으로 그 관계자들이 맡았다. 회사형태는 주식회사가 아닌 合資會社였다. 그러나 1899년 5월부터 재정의 곤란을 겪기 시작하여 늘 재정난에 시달렸다. 이 신문은 처음부터 국민계몽을 내세우고, 한글전용으로 하층민과 부녀자들을 대상으로 제작하여 국문으로 발간하였다."

鄭晋錫, 「한국언론사」, 서울: 나남, 1990, pp.165－66.

"《帝國新聞》은 개화를 통한 근대국가의 수립을 위하여 국민계몽에 진력하였다. 일본의 국권침탈이 본격화되면서 더욱 국민계몽을 중시하였다. 國文을 중시하였고, 법률의 공정한 시행과 풍속개량을 국가발전의 요체로 보았다. 특히 여성문제에 관심이 많았다. 교육과 殖産興業을 國權恢復의 방책으로 주장한 帝國新聞은 武裝義兵活動에 대해서는 회의적이었다. 實力養成論에 입각한 改良主義的인 입장이 아니었나 한다……. 결국 신문은 1910년 3월 31일자까지 발행하고 4월 1일부터 휴간에 들어갔다. 휴간이 장기화되자 개인과 단체에서 신문사의 인수를 시도하였으나 실패하였고, 帝國新聞社는 8월 초에 폐업하였다. 11년 동안 帝國新聞은 약 3,240호 정도를 발행하였던 것이다. 大韓帝國 시기에 발행된 최장의 국문 신문이었다."

崔起榮, 「大韓帝國時期 新聞研究」, 서울: 一潮閣, 1991, p.65.

1. 제국신문 사옥 터를 찾아 나서며

제국신문은 구한말 독립신문, 황성신문 그리고 대한매일신보와 함께 우리 민족의 개화와 국권수호를 위해 투쟁한 우리 신문의 하나였다. 제국신문이 우리의 근세사와 언론사에서 갖는 의의와 역할에 관해서는 그간 사학계와 언론학계에서 폭넓은 연구가 이루어져 왔기 때문에 큰 그림은 이미 제시되어 있는 상태이다. 앞으로 남은 일이 있다면 세밀한 부분들을 좀 더 깊이 있게 조명해 나감으로써 큰 그림의 보완을 돕는 일이 아닐까 생각된다.

이 연구는 제국신문에 관해 아직 분명히 밝혀지지 않고 있는 작은 사항들 가운데 하나인 신문사 사옥의 위치에 관한 것으로서 제국신문이 발행되던 신문사 사옥의 현재의 위치를 가능한 한 정확하게 추정해 보고자 하는 데 목적이 있다.

제국신문사 사옥들의 위치 추정을 위한 이 작업에서는 옛 지도들이 크게 도움이 되었다. 이 연구에 활용된 주요 지도와 문건은 「都城全圖(청구요람)」(1834 경), 「漢城府地圖」(1902), 「漢城府市街圖」(1903), 「(實測詳密) 最新京城全圖」(1907), 「京城府市街圖」(1911), 「京城府管內地籍目錄」(1917), 「京城府 壹筆每 地形明細圖」(1929), 「서울特別市地籍·林野略圖」(2001-2)이었다.

제국신문사 사옥의 위치는 사고(社告)에 나와 있다. 〈사고 1〉에서 볼 수 있듯이 초기에는 주요 건물이나 도로 또는 관서를 기준으로 신문 발행소의 위치를 나타내 오다가('남대문안 칠간안 모퉁이', '모교다리 교번소 근처', '종로 사기전 건너편 상동교번소 뒷집') 조금 지나면서부터는 당시의 주소를 곁들이기 시작했으며('황토현23통9호 철도원 건너 집', '철물교내 대사동 초입 대로 동쪽변 제238통 10호', '교동 대빈궁 위쪽 모퉁이 제18통 1호'), 마지막인 일곱 번째 사옥의 경우는 당시의 주소만을 제시하고 있다(중서 하한동 제58통 3호).

구한말 당시의 주소는 위에서 보듯이 'xx동(洞) xx통(統) xx호(戶)'로 되어 있는데 이 주소는 그 주소지가 현재 어느 지점인지를 짐작하는 데 거의 도움이 안 된다. 왜냐하면 일제(日帝)가 구한말 우리의 주소를 무시하고 새로 주소를 매기는 과정에서 옛 주소와의 관련성이 단절되었기 때문이다. 연구자가 그간 구한말 우리 신문사들의 위치를 확인하는 과정에서 나름대로 찾아보았으나 구한말 서울 4대문 안 주소에 관해서는 '행정구역'[1] 내지는 '동명연혁고(洞名沿革攷)'[2]에 관한 연구는 있으나 '통호(統戸)'까지를 아우르는 연구는 아직 없는 것 같다. 우리 옛 주소에 관한 비전문가인 연구자로서는 옛 주소의 통호(統戸)는 말할 것도 없고 동(洞)도 잘 파악이 안 된다. 중서 경행방(中署 慶幸坊)에 있었던 교동(校洞)의 경우를 예로 들어보면, 어의동契의 교동, 교동契의 어의궁동, 오순덕契의 교동, 답동契의 교동, 포병契의 교동[3]으로 나와 있어 교동(校洞)이 여러 계(契)에 걸쳐 있었음을 알 수 있다.[4]

구한말 당시의 주소가 도움이 안 되는 상황하에서 당시의 서울 지도(地圖)들이 구한말 우리 신문사들의 사옥 위치를 찾는 데 큰 도움이 되었다. 수선전도를 비롯해 1902, 1903, 1907, 1911년 지도 등에는 주요 도로와 동명(洞名)이 나와 있고 일부 주요 관서(官署)의 위치가 나와 있다. 때문에 이들 지도는 신문사들이 자기의 위치를 알리는 데 도로나 동명 또는 관서 등 주요 표지들을 들어 설명하고 있을 경우는 그 사옥의 위치를 추정하는 데 많은 도움이 될 수 있다.

---

1) "제1장 漢城府의 行政區域", 朴慶龍, 「開化期 漢城府 硏究」, 서울: 一志社, 1995, pp.15−51.

2) 서울特別市史編纂委員會 편, 「洞名沿革攷: 1 종로구편」, 제2판, 1992.

3) 박경룡, 앞의 책, 1995, p.31.

4) 1894년 갑오개혁 때의 한성부(서울)의 행정체계는 5署 47坊 283契 775洞이었다. 출처: 박경룡, 위의 책, pp.37−38.

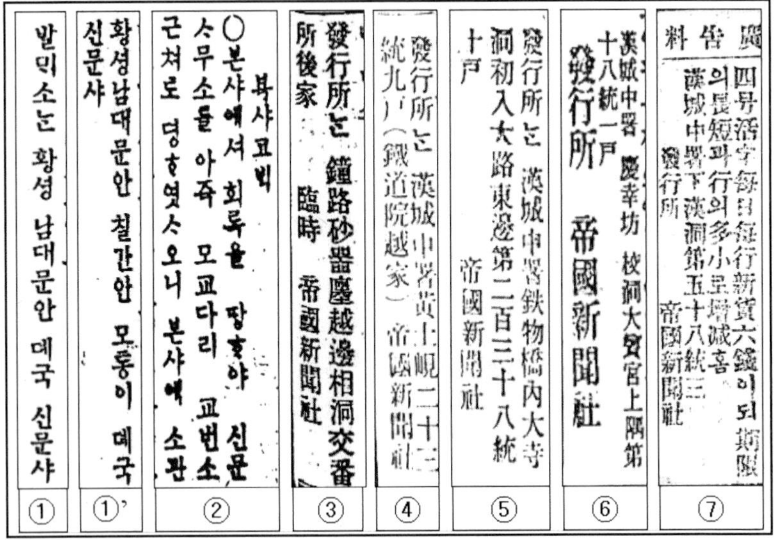

〈사고 1〉 제국신문 사고에 난 신문사 사옥의 위치

* 게재일자: ① 1898. 09. 08; ①′ 1899. 02. 20; ② 1899. 12. 29; ③ 1900. 01. 13;
④ 1900. 10. 05; ⑤ 1901 .04. 16; ⑥ 1902. 08. 11; ⑦ 1905. 12. 03(하
한동으로 옮긴 것은 1903년 3월임).

〈사고 1〉을 표의 형식으로 다시 한 번 정리해 본 것이 〈표 1〉에 나와 있다.

〈표 1〉 제국신문(1898. 8 .10~1910 .8 .2) 사고(社告)에 나온 사옥의 위치

```
① 1898.09.08. 사고 p .4.:     황셩 남대문안 뎨국신문샤....
①′1899.02.20. 사고 p. 4.:     황셩 남대문안 칠간안 모퉁이 뎨국신문샤
② 1899.12.29. 사고 p. 4 :     모교 다리 교번소 근처
③ 1900.07.06. 사고     :     종로 砂器廛 越邊 相洞 交番所 後家
④ 1900.10.05. 사고     :     한성 중서 黃土峴 23통 9호 (鐵道院 越家)
⑤ 01.04.16. 사고   : 한성 중서 鐵物橋 內 大寺洞 初入 大路 東邊 제238통 10호
⑥ 02.08.11. 사고   : 한성 중서 慶幸坊 校洞 大嬪宮 上隅 제18통 1호
⑦ 05.12.03. 1면 사고 : 한성 중서 下漢洞 58통 3호.
           *** 사옥을 하한동으로 옮긴 것은 1903년 3월 초순임.
              1903년 초부터 1905년 11월까지 보존본 못 찾았음.
```


〈표 2〉에는 제국신문사가 있던 일곱 곳의 위치와 그 각각의 위치에 언제
부터 언제까지 있었고 그 기간이 얼마 동안이었는지가 나타나 있다.

〈표 2〉 제국신문 사옥 위치와 기간

위치	부터	까지	기간
1. 남문안 칠간안 모퉁이	1898년 8월 10일	1899년 12월 하순	1년 4개월 여
2. 모교다리 교번소 근처	1899년 12월 하순	1900년 7월 초순	6개월 여
3. 사기전 건너 상동 교번소 뒷집	1900년 7월 초순	1900년 10월 초순	3개월
4. 철도원 건너 황토현 23통 9호	1900년 10월 초순	1901년 4월 중순	6개월 여
5. 대사동 초입 대로 동변 238통 10호	1901년 4월 중순	1902년 8월 중순	1년 4개월
6. 교동 대빈궁 위쪽 모퉁이 18통 1호	1902년 8월 중순	1903년 3월 초순	7개월
7. 하한동 58통 3호	1903년 3월 초순	1910년 8월 초순	7년 5개월

* 비고: 1899년 12월 화재로 사옥과 인쇄시설 전소; 1903년 초 이종일 사임;
1910년 4월 1일 휴간, 1910년 8월 초 폐업.

제국신문은 1898년 8월 10일 '남문 안 칠간안 모퉁이' 집에서 창간을 했는데 1899년 12월 하순에 불이 나서 '모교다리 교번소 근처' 집으로 사옥을 옮겼다. 제국신문이 남문안의 창간사옥에서 신문을 발행한 기간은 1년 4개월여 동안이었다. 다음 두 번째 사옥인 '모교다리 교번소 근처' 집에서 신문을 발행한 기간은 6개월여, 세 번째 사옥인 '사기전 건너 상동 교번소 뒷집'에 머물렀던 기간은 3개월여, 네 번째 사옥인 '철도원 건너 황토현 23통9호'에서 신문을 발행했던 기간은 역시 짧아 6개월여에 지나지 않았다.

제국신문은 1901년 봄에 종로1가 지역을 떠나 종로2-3가 지역으로 사옥을 옮겨 갔다. 종로2-3가 지역에서의 첫 번째 사옥, 창간으로부터는 다섯 번째 사옥이 있었던 곳은 '대사동 초입 대로 동변 238통 10호'이었다. 이 다섯 번째 사옥에서 1년 4개월간 신문을 발행하다가, 여섯 번째 사옥인 '교동 대빈궁 위쪽 모퉁이 18통 1호'로 이전을 했다. 제국신문이 이곳 여섯 번째 사옥에 있었던 기간은 7개월이었다. 제국신문은 1903년 3월에 사옥을 다시 '하한동 58통 3호'로 옮기는데, 이곳이 제국신문의 일곱 번째이자 마지막 사옥이었다. 제국신문사가 이 마지막 사옥에 있었던 기간은 7년 5개월이었다. 제국신문이 폐간한 것은 1910년 8월이었으나 이보다 4개월 전인 4월에 극도로 악화된 재정사정으로 신문의 발행을 일시 중단했고 그 뒤 속간을 못 한 채 8월에 폐간을 했으니까, 이곳 마지막 사옥에서 신문을 발행한 기간은 7년 1개월 정도였었다.

제국신문의 역사를 사옥의 위치를 기준으로 본다면, 신문을 창간한 '남문 안 시기', 그 뒤 잠시 거쳐 간 '종로1가 시기' 그리고 기간이 길었던 '종로2 -3가 시기'로 나누어 볼 수 있을 것 같다.

〈지도 1〉은 〈사고 1〉에 나와 있는 사옥의 대략적인 위치를 1902년 Royal Asiatic Society 발행 「한성부지도(漢城府地圖)」 위에 나타내 본 것이다.

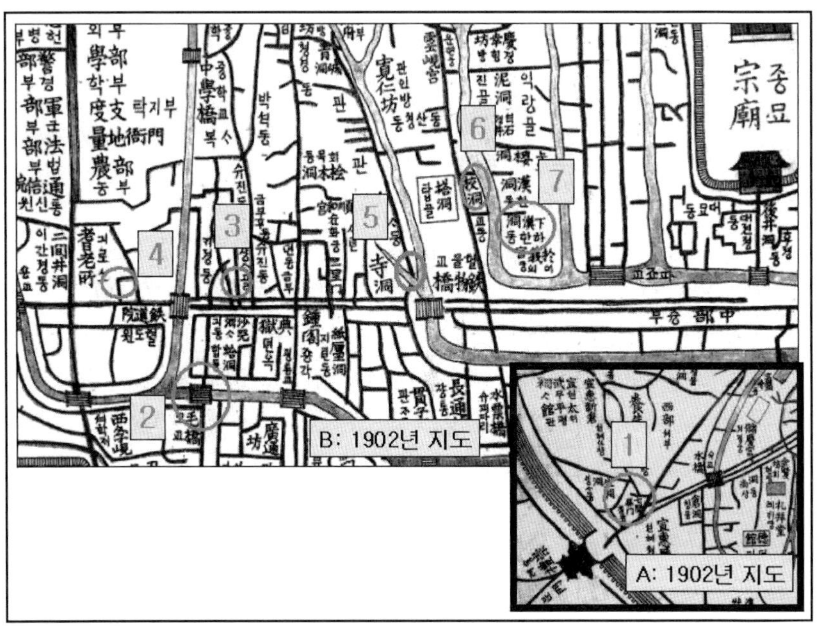

〈지도 1〉 제국신문사 사옥이 있었던 위치

* 번호는 순서.
* 제국신문사의 역사를 사옥 위치를 기준으로 구분해 보면, 남대문 시기, 종로1가 시기, 종로2-3가 시기의 3기로 나누어질 수 있을 것 같다.

〈지도 1〉의 A는 남대문 부근 지도이고 B는 종로1-2-3가 지역을 보여주는 지도이다. 〈지도 1〉의 A를 보면 남대문인 숭례문(崇禮門)이 보이고, 그 바로 앞에 칠간안[七間屛門]이 보인다. 제국신문이 사고에서 자기 신문사가 '남문 안 칠간안 모퉁이'에 있다고 밝히고 있는데, 칠간안은 칠간병문을 가리키는 것이고 병문은 골목 초입을 뜻하는 말이기 때문에 정확하지는 않지만 원으로 표시한 지역에 제국신문 창간사옥이 있었을 것으로 추정이 된다.

〈지도 1〉의 B에서 2, 3, 4번으로 표시된 지점이 제국신문 두 번째, 세 번째, 네 번째 사옥이 있던 곳으로 추정되는 지점들이다. 두 번째 사옥은 '모교다리 교번소 근처'에 있다고 했는데 교번소(현재의 파출소)가 다리 어느 쪽에 있었는지 알 수가 없기 때문에 다리 네 모퉁이 모두에 걸친 원을 그려 신문사 사옥 위치를 추정해 보았다. 세 번째 사옥은 '사기전 건너편 상동 교번소 뒷집'이라고 했는데, 이 경우에도 교번소의 위치를 모르기 때문에 확실히는 알 수 없지만, 교번소가 큰길가에 있었을 가능성이 크고, 그 뒷집이라고 한 것으로 보아, 종로 대로 북쪽 소로, 즉 '피마골'에 있지 않았을까 짐작이 된다. 사기전 건너편에 원을 그어 세 번째 사옥이 있었을 지역을 추정해 보았다. 네 번째 사옥은 "철도원(鐵道院) 건너편 황토현 23통9호"로 나와 있어 그 위치를 철도원 건너편 대로 가에 원으로 표시해 보았다.

〈지도 1〉의 B에서 5, 6, 7번으로 표시된 곳이 제국신문 다섯 번째, 여섯 번째 그리고 마지막 일곱 번째 사옥이 있었던 지역으로 추정되는 곳이다. 다섯 번째 사옥은 "철물교 안 대사동 초입 대로의 동쪽"에 있다고 했기 때문에 5번 원으로 표시된 지역이었을 것으로 추정된다. 여섯 번째 사옥은 "교동 대빈궁 위쪽 모퉁이 18통 1호"에 있었는데 6번 원으로 표시된 지역이 아니었을까 생각된다. 제국신문의 일곱 번째이자 마지막 사옥은 '하한동 58통 3호'에 있었으니까 지도에서 하한동(下漢洞)으로 표시된 7번 원 지역 안에 있었을 것으로 추정된다.

〈지도 1〉에서 제국신문이 창간된 곳과 그 뒤 여섯 차례 옮겨 다닌 사옥

224

이 있던 곳들의 대체적인 위치를 알아보았다. 이어지는 2, 3, 4항(項)에서는 1903, 1907, 1911년 지도와 1929년 지형명세도(지적도) 등을 추가로 사용해서 2000년대 현재의 지도(지적도)상에서의 옛 제국신문 사옥 7개소의 위치를 추정해 보고자 했다. 제국신문 사옥 터 7개소 중 마지막 사옥 터에 관해서는 추정 지역을 좁히지 못하고 넓은 지역인 채로 놓아둘 수밖에 없었다. 이것이 못내 아쉬워 5항에서 일곱 번째 사옥 위치 추정 문제를 다시 다루어 보았는데, 이번에는 몇 가지 상황적 자료, 즉 직접적인 관련이 있음이 아직 확인되지 않은 몇 가지 자료들을 엮어 봄으로써 일곱 번째인 마지막 사옥 터 위치에 관해 어쩌면 억지에 가까울 수도 있는 추정을 시도해 보았다.

2. 남대문 시기: 창간사옥 터

제국신문은 1898년 8월 10일 이종일(沃坡 李鍾一)에 의해 창간되었는데, 발간 초기에는 신문사의 위치에 관해 "발매소는 황셩 남대문안 데국 신문사"라고만 한 것으로 미루어 보아 남대문 가까운 곳 길가에 있어서 남대문 근처에만 가면 눈에 쉽게 뜨이는 곳에 있었을 것으로 짐작된다. 제국신문은 발간 6개월 뒤부터는 신문사 사옥의 위치를 '남문안'이라고만 하지 않고 '남문안 칠간안 모퉁이'라고 좀 더 구체적으로 밝히고 있다. 제국신문은 1898년 8월 창간 이래 1899년 12월 21일 새벽 '회록(回祿: 화재)'을 당하여 "사옥과 기계·집기·서책 등이 모두 타 버려",5) '모교다리' 근처로 옮길 때까지 사옥을 옮겼다는 기록이 없는 것 같다. 그렇다면 '남문안 제국신문사'와 '남문안 칠간안 모퉁이 제국신문사'가 동일 사옥이었을 것으로 생각된다.

제국신문 창간사옥의 위치를 찾는 데 '남문안 칠간안 모퉁이'라는 부분이

---

5) 최기영, 「《데국신문》 연구」, 서강대언론문화연구소, 1989, p.28.

큰 도움을 주고 있다. 왜냐하면 〈지도 2-1〉에서 보듯이 1902년, 1903년, 1907년 지도에 남대문 안 '칠간안'이 표시되어 있기 때문이다. 1902년 지도에는 한자로 七間屛門으로 나와 있고 1903, 1907년 지도에는 七間內屛으로 나와 있는데 일반적으로 '칠간안 병문'으로 불렸을 것으로 생각된다. 1902년 지도는 옛날식으로 작성된 것이고 1903년과 1907년 지도는 현대작도법에 따라 작성된 것이다. 병문(屛門)은 국어사전에 "골목 어귀의 길가"[6]로 나와 있다. '칠간안'은 한국땅이름학회 배우리 회장의 '태평로' 해설에 "남대문 서북쪽에 있던 일곱 골목 입구는 칠간동(七間洞) 또는 '칠간안'이라 했다."[7]라고 나와 있다. 이들을 종합해 보면 '칠간안 병문'은 "일곱 골목길로 통하는 골목길 입구"를 가리키는 것이 된다.

〈지도 2-1〉에 나와 있는 3개 지도에 나타나 있듯이 구한말 당시의 대로(大路)는 남대문에서

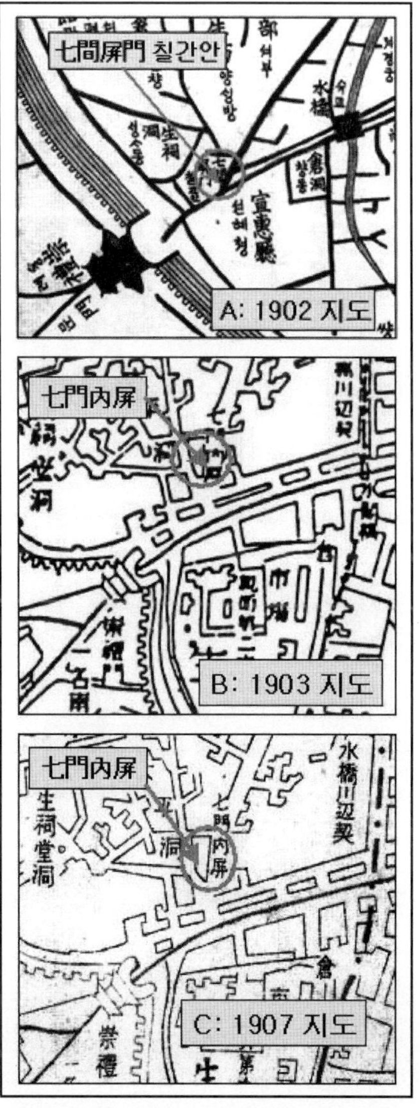

〈지도 2-1〉
제국신문 창간사옥이 있던 곳: 남문안 칠간안 모퉁이

---

6) 금성교과서(주), 「뉴에이스國語辭典」, 1991, p.796.

7) 배우리, "태평로(2)", http://namelove.com/wwwb/data/board2/10-아이템풀.hwp.

조선은행 앞을 지나 광교를 건너 종각에 이르는 현재의 '남대문로4가, 3가, 2가, 1가'이었고, 당시 남대문에서 덕수궁에 이르는 현재의 '태평로2가'는 소로(小路), 즉 '골목'이었다. 〈지도 2-1〉의 B와 C를 보면 덕수궁으로 통하는 골목길 입구가 '칠간안 병문'으로 나와 있다.

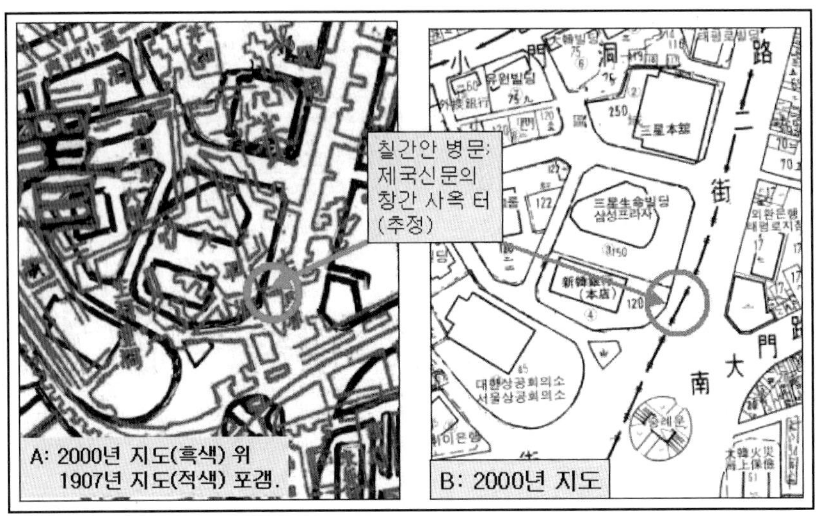

〈지도 2-2〉 제국신문 창간사옥 터를 현재의 지도상에서 추정해 본 작업

* 제국신문 창간사옥이 그 부근에 있었던 '칠간안 병문'의 위치를 1907년 지도 위에서 찾고, 1907년 지도를 2000년 지도 위에 남대문, 서소문, 성벽, 남대문로 서소문로 태평로 등을 기준으로 포개 봄으로써 칠간안 병문 자리의 현재의 위치를 추정해 본 것임.

〈지도 2-2〉는 제국신문 창간사옥이 있었던 '남문안 칠간안 모퉁이'가 현재의 지도상에서 어디쯤일까를 추정해 보기 위한 작업이다. 〈지도 2-2〉의 A는 현재의 지도 위에 1907년 지도를 포개 봄으로써 1907년 지도상에서 추정한 '칠간안 모퉁이'의 현재의 위치를 알아본 것이고 〈지도 2-2〉의 B는 포갰던 1907년 지도를 걷어 내고 현재의 지도만을 남겨 둔 것이다.

〈지도 2-2〉의 A는 포토샵 프로그램을 이용해 1907년 지도에서 선과 글자만을 남겨 두고 면(面) 부분을 투명하게 한 뒤, 이를 2000년 지도 위에

올려놓고 남대문과 성벽 그리고 주요 도로를 일치시켜 놓은 지도이다. 이 작업을 통해 옛 지도상에서의 '칠간안 모퉁이'의 현재의 위치를 확인하고 난 뒤 1907년 지도를 걷어 내고 2000년 현재의 지도만을 남겨 놓은 것이 〈지도 2-2〉의 B이다.

〈지도 2-2〉의 B에서 보면 구한말에 제국신문의 창간사옥이 그 모퉁이에 있었다는 '칠간안 병문'은 현재 남대문로2가 끝 부분 도로 한가운데에 위치했었던 것으로 추정된다. 제국신문 사고에 '남문안 칠간안 모퉁이'라고만 했을 뿐 어느 쪽 모퉁이인지가 밝혀지지 않고 있어 확실치는 않지만, 제국신문사 사옥이 '칠간안 병문'의 서쪽 모퉁이에 있었다면 그 위치는 현재 신한은행 건물 앞 보도 위가 되고, '칠간안 병문'의 동쪽 모퉁이에 있었다면 그 위치는 태평로2가 끝의 대로(大路) 한가운데가 된다.

제국신문 창간사옥 위치에 관한 추가 자료가 찾아져서 그 정확한 위치가 밝혀질 수 있었으면 하는 것이 연구자의 바람이다.

3. 종로1가 시기: 두 번째, 세 번째, 네 번째 사옥 터

제국신문사는 1899년 12월 21일 새벽에 이웃으로부터 번진 화재로 "사옥과 기계·집기·서책 등이 모두 타 버려"[8] 사옥을 임시로 '모교다리' 근처로 옮기게 된다. 이로써 제국신문의 '종로1가 시기'가 시작된다. 제국신문은 앞 〈표 2〉에 나와 있듯이 이곳 두 번째 사옥에서 6개월, 다음 사기전 건너 상동의 교번소 뒷집인 세 번째 사옥에서 3개월, 그다음 철도원 건너 황토현 23통9호인 네 번째 사옥에서 6개월 등 사옥을 자주 옮기며 전전하게 된다.

〈지도 3-1〉은 제국신문사의 '종로1가 시기' 중 사옥이 있었을 것으로 추정되는 곳을 1902년 지도와 1907년 지도에 나타내 본 것이다. 1907년 지도

---

8) 최기영, 앞의 책, 1989, p.28.

에는 사기전과 철도원의 위치가 나타나 있지 않으나 1902년 지도에 표시되어 있는 것을 근거로 그 대체적인 위치를 나타내 보았다.

먼저 제국신문 두 번째 사옥의 경우를 보면 '모교다리 교번소 근처'에 있었다고 했는데, 교번소(交番所)가 모교다리(毛橋)를 중심으로 해서 어느 쪽에 있었는지에 관한 자료를 연구자가 아직 접하지 못하고 있기 때문에, 모교다리 네 모퉁이 지역을 모두 포함한 원을 그려 이 범위 안에 제국신문사의 두 번째 사옥이 있었을 것이라는 추정을 해 보았다. 이곳 교번소의 위치에 관한 자료가 나오게 되면 두 번째 사옥의 위치가 좀 더 정확하게 밝혀질 수 있을 것으로 기대된다.

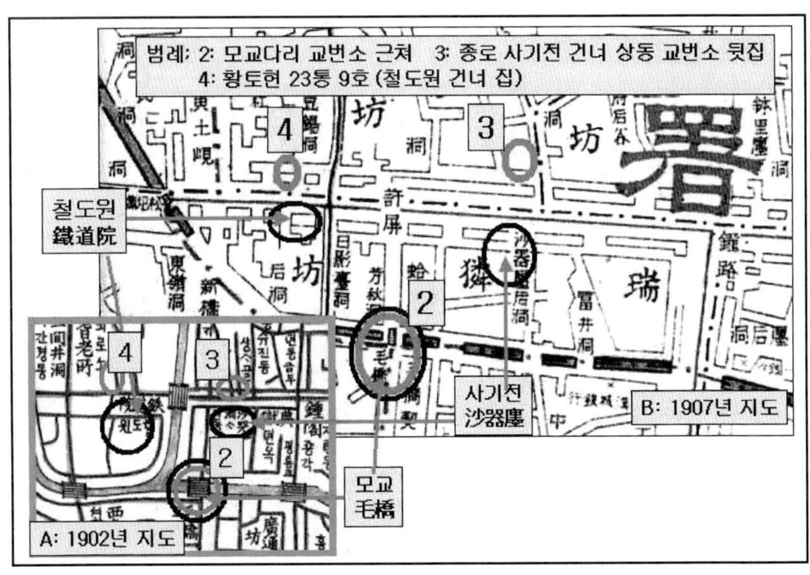

<지도 3-1> 제국신문 '종로1가 시기'의 사옥 위치

* 1902년과 1907년 지도를 바탕으로 추정해 본 두 번째, 세 번째, 네 번째 사옥의 위치.

제국신문사의 세 번째 사옥은 '사기전 건너편 상동의 교번소 뒷집'이었다. 여기서도 교번소의 위치를 알지 못하는 상태에서 정확히 그 위치를 추정하기가 어렵다. 다만 교번소가 종로 대로변에 있었을 가능성이 크기 때문에 그 뒷집은 뒷골목, 즉 '피마길(避馬길)', 옛날에 평민들이 대감들의 말 탄 행차 시 겪어야 했던 번거로움을 피해 다닌 길이었다는 피마길에 있었을 것으로 추정된다. 교번소는 길이 교차하는 모퉁이에 있었을 가능성이 크기 때문에 종로 큰길에서 북쪽으로 들어가는 골목길 가운데서도 주된 골목길의 모퉁이에 그 교번소가 있었을 것 같은 생각이 든다. 〈지도 3-1〉의 B에서 보면 사기전 동쪽 끝 부분 건너편에 북쪽으로 난 골목이 보인다. 이 골목길이 피마길과 만나는 지점 부근에 3자가 적혀 있는 원이 그려져 있는데 이곳이 제국신문 세 번째 사옥이 있었던 곳으로 추정이 된다.

제국신문 네 번째 사옥은 '철도원 건너에 있는 황토현 23통9호집'이었다. 〈지도 3-1〉의 A에는 '철도원'의 위치가 표시되어 있다. 철도원 건너편 큰길가 집들이 늘어선 곳에 원을 그려 제국신문의 네 번째 사옥 터 위치를 추정해 보았다. 〈지도 3-1〉의 B, 즉 1907년 지도에는 철도원이 표시되어 있지 않으나 A의 1902년 지도를 근거로 추정한 위치에 원으로 표시를 해 보았다.

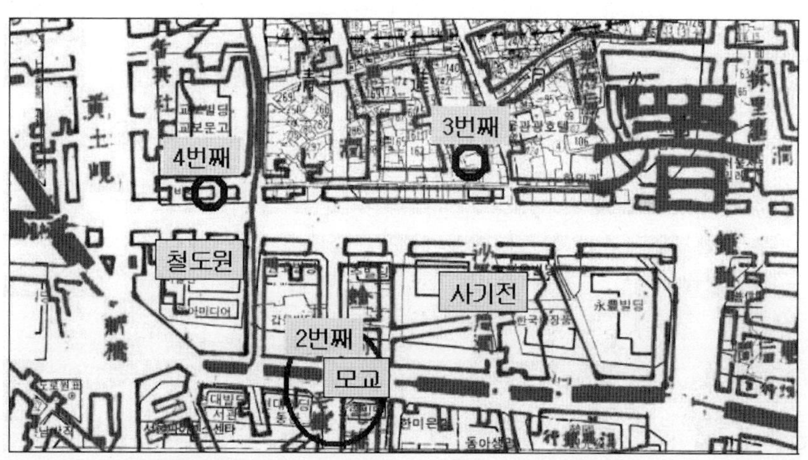

〈지도 3-2〉 제국신문 두 번째, 세 번째, 네 번째 사옥 터를 현재의 지도상에서 추정해 본 작업

* 원 ②③④: 제국신문 사옥 터.
* 사고에 난 사항을 근거로 1907년 지도 위에서 사옥 터를 추정한 뒤, 그 지도를 2001년 지도 위에 포개서, 제국신문사 사옥 터의 현재 위치를 추정해 본 것임.

〈지도 3-2〉는 현재의 지도(2001년 지적도) 위에 1907년 지도를 포개서 방위와 척도 그리고 주요 도로와 골목길 등을 맞추어 놓은 지도이다. 종로1가 도로가 북쪽에는 피마골이 대체로 남아 있으나 남쪽의 경우는 도로확장으로 사라져 없어졌고, 청계천 복개도로의 경우는 북쪽으로 길이 넓어져 있는 모습을 볼 수 있다. 1907년 지도상에서 추정해 본 제국신문 두 번째, 세 번째, 네 번째 사옥의 위치가 현재 어느 지점인지를 짐작해 볼 수가 있다.

〈지도 3-3〉 2001년 현재 지도상에서 제국신문의 두 번째, 세 번째, 네 번째
사옥 터로 추정되는 곳

* 앞 〈지도 3-2〉에서 옛 1907년 지도를 벗긴 것임.
  두 번째 사옥은 모교다리 교번소가 다리의 어느 쪽에 있었는지 아직 알지 못해 넓
  게 잡았음.

〈지도 3-3〉은 〈지도 3-2〉에서 1907년 지도를 벗긴 2001년 현재의 지도로서 제국신문 두 번째, 세 번째, 네 번째 사옥의 현재의 위치를 보다 분명히 알아볼 수가 있다. 제국신문 두 번째 사옥의 경우 그 사옥이 옛 무교를 기준으로 보아 어느 쪽에 있었는지 아직 알지를 못하는 상황이기 때문에 분명히 말할 수는 없지만 만약 두 번째 사옥이 옛 무교의 북쪽에 있었다면 청계천이 복원된 현재는 그 위치가 청계천 한가운데가 될 것이고, 만약 그

사옥이 옛 무교의 남쪽에 있었다면 그 위치는 현대빌딩 동관 터나 효령빌딩 터 두 곳 중의 하나가 될 것으로 짐작된다.

제국신문 세 번째 사옥의 경우는 그 위치가 현재 청진동 입구 농협건물 바로 뒤가 아니었을까 생각된다.

〈지도 3-3〉에 표시되어 있는 제국신문 네 번째 사옥의 추정 위치를 보면 교보빌딩 남쪽 벽에 접해 있고 기념비각(고종황제 등극 40년을 기념해 세운) 가까이에 있다. 그 추정 위치가 〈사진 1〉에 나타나 있다.

〈사진 1〉 제국신문 네 번째 사옥 터의 현재의 위치
* 주소의 호수(戶數)로 보아 황성신문 창간사옥의 옆옆집이었을 것으로 추정됨.

〈사진 1〉은 2005년 여름에 피마길 입구 햄버거 집 2층에서 기념비전(紀念碑殿) 쪽을 향해 내려다보고 찍은 사진이다. 기념비전은 황성신문 창간사옥이 있던 자리에 고종(高宗) 즉위 40년을 칭경(稱慶)하기 위해 세워진 것인데 그 터의 옛 주소가 '황토현 23통7호'이었었다. 그런데 제국신문 네 번째 사옥의 주

소가 '황토현 23통9호'이니까 한 집 건너쯤의 위치에 있었을 것이다. '황토현 23통9호' 터는 〈사진 1〉에서 제국신문 네 번째 사옥 터로 추정한 곳이 될 것으로 짐작된다. 제국신문사 사고에 네 번째 사옥의 위치가 '철도원 길 건너 집'이라고 했는데, 당시의 철도원 건물은 현재의 광화문 우체국 자리에 있었다.

제국신문이 남문안 창간사옥에서 종로1가 지역으로 옮겨 와 신문을 발행하던 기간 동안에 신문사의 사옥이 있었던 곳 세 곳의 위치를 추정해 보았다. 종로1가 지역으로 와서의 세 번째, 즉 제국신문의 네 번째 사옥 터에 대한 위치 추정이 가장 정확할 것으로 생각된다.

4. 종로2, 3가 시기: 다섯 번째, 여섯 번째, 일곱 번째 사옥 터

제국신문은 1901년 4월 중순에 "중서 철물교내 대사동 초입 대로 동변 제238통 10호(中署 鐵物橋內 大寺洞 初入大路 東邊 第238統10戶)" 터의 다섯 번째 사옥으로 이사를 감으로써 '종로2, 3가 시기'로 접어들게 된다. 앞의 〈표 2〉에 나와 있듯이 이 다섯 번째 사옥에서는 1년 4개월 정도 신문을 발행하다가 여섯 번째 사옥인 "교동 대빈궁 상우 제18통 1호(校洞 大賓宮 上隅 第18統 1戶)"로 옮겨가 6개월여를 발행하고 있었는데 1903년 3월 황실(皇室)로부터 "하한동 58통 3호(下漢洞 58統 3戶)"의 건물을 하사받아[9] 일곱 번째이자 마지막인 이 사옥에서 7년여 신문을 발행했었다.

〈지도 4-1〉에 제국신문의 종로2-3가 시기 사옥, 즉 다섯 번째, 여섯 번째와 일곱 번째 사옥의 대체적인 위치가 나타나 있다. 〈지도 4-1〉의 A는 1902년 지도상에 이들 3개 사옥의 위치를 나타낸 것이고 B는 제국신문이 폐간된 1910년 8월에 가장 가까운 시기인 1911년에 제작된 지도상에 같은 다섯 번째, 여섯 번째, 일곱 번째 사옥의 위치를 표시해 본 것이다.

---

9) 최기영, 위의 책, 1989, p.30.

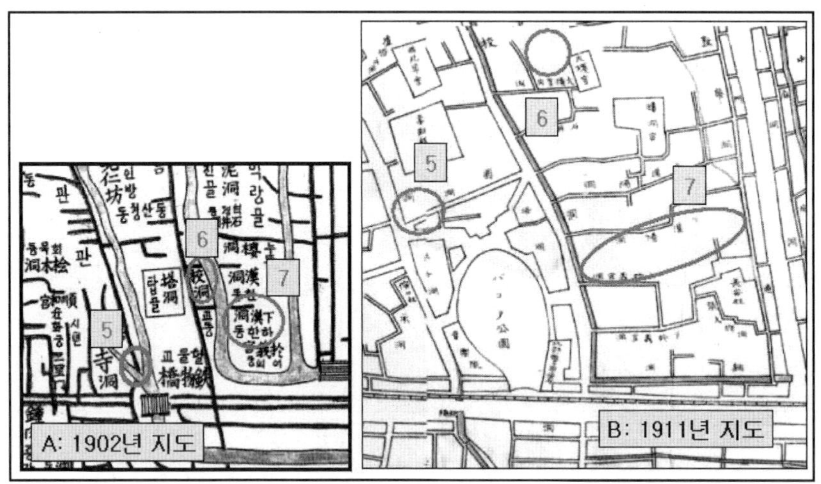

〈지도 4-1〉 제국신문사의 종로2-3가 시기 사옥 위치: 5, 6, 7번 사옥 위치
* 번호는 순서.
* 이 시기 제국신문 사옥 위치는 社告에 난 사항만으로는 그 위치를 추정하기가 어려움.

　　제국신문 다섯 번째 사옥의 위치를 좀 더 정확히 추정해 보기 위한 작업
이 〈표 4-2-1〉에 나와 있다. 〈지도 4-2-1〉의 A에서 보면 '사동(寺洞)'
으로 들어가는 길이 '철물교(鐵物橋)'와 맞닿아 있는 것으로 나타나 있다.
이 지도에는 표시되어 있지 않으나 철물교 북변에 당시에 이미 탑동공원
(파고다공원)이 있었다.[10] 이 지도에 나타나 있는 대로 사동(寺洞: 大寺
洞: 현재의 인사동) 길이 철물교에 맞닿아 있다고 하더라도 탑동공원을 기
준으로 사옥의 위치를 나타내는 것이 보다 편리할 것 같은데 탑동공원을
언급하지 않고 왜 굳이 "철물교내 대사동 초입 대로 동변"으로 사옥의 위
치를 나타낸 것일까 하는 의문이 들게 된다. 이 의문은 B의 1907년과 C의
1911년 지도에서 그 해답이 찾아진다. 1907년 지도를 보면 사동(寺洞) 길

---

10) "당시 파고다공원으로 불렸던 이 공원은 우리나라 최초의 공원으로 광무(光武)
　　원년(1897)에 영국인 고문(顧問) 브라운(Brown)의 건의에 의하여 조성되었다."
　　출전: 서울육백년사(인터넷)
　　http://seoul600.visitseoul.net/seoul-history/sidaesa/txt/8-10-9-1-5-1.html.

234

이 파고다공원 뒤쪽에서부터 시작되고 있음을 알 수 있다. 1907년 지도에는 철물교에서 북북서쪽으로 난 길이 파고다공원 뒷부분에서 동쪽으로 약간 휘었다가 서북쪽으로 다시 휘어지면서 사동(寺洞) 길이 시작되고 있음을 보여 주고 있다. 1911년 지도에는 철물교-사동 길이 직선화되어 있음을 볼 수 있다. 이들 3개 지도를 종합해 판단해 보면 제국신문의 다섯 번째 사옥, 즉 '철물교내 대사동 초입 대로 동변 제283통 10호'의 위치는 〈지도 4-2-1〉의 B에 실선 원으로 표시한 지점일 것으로 추정된다.

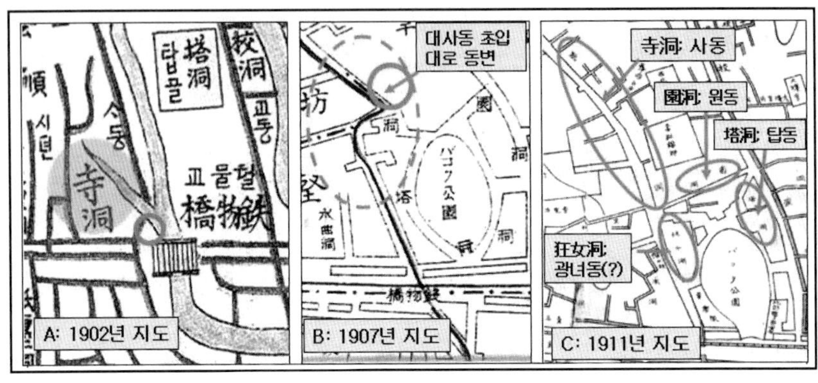

〈지도 4-2-1〉 다섯 번째 사옥 터: 철물교내 대사동 초입 대로 동변 238통 10호

* 1902년 지도: 사동(寺洞)이 철물교부터 시작되는 것같이 나타나 있음.
  1907년, 1911년 지도: 파고다공원 서편에서 인사동으로 이어지는 길이 1907년 지도에서는 공원 뒤쪽에서 휘어져 있는데 1911년 지도에서는 직선화되어 있음.
  1907년 지도에서는 사동의 위치가 표시 안 되어 있으나 1911년 지도로 미루어 보아, 1907년 지도에 실선 원으로 표시된 곳이 '대사동 초입'으로 판단됨.

〈지도 4-2-2〉에서는 〈지도 4-2-1〉 B의 1907년 지도를 현재의 지도(2001년 지적도) 위에 포개 봄으로써 제국신문 다섯 번째 사옥이 있었던 곳의 현재의 위치를 추정해 보았다.

〈지도 4-2-2〉의 A는 1907년 지도에서 길을 나타내는 선(線)과 지역을 나타내는 글자만을 남겨 두고 면(面) 부분을 투명으로 한 뒤 이를 2001년 지도 위에 방위와 척도 그리고 도로 등이 서로 일치되도록 해서 포개어 놓

은 지도이다. 〈지도 4-2-2〉의 B는 앞의 A 지도에서 1907년 지도를 걷어내고 2001년 지도만을 남겨 놓음으로써 원(圓)으로 표시한 다섯 번째 사옥의 현재의 위치가 보다 분명히 들어나 보이게 한 지도이다.

구한말 지적도가 없는 상황에서 차선의 방법으로 지도들을 이용해 이렇게 추정해 본 결과 제국신문 다섯 번째 사옥이 있었던 곳은 현재의 낙원빌딩 동남남(東南南) 쪽으로 길 바로 건너에 있는 낙원동 285번지 건물과 그 앞 도로의 일부 지역 범위 안에 들어 있지 않았을까 하는 생각이 든다.

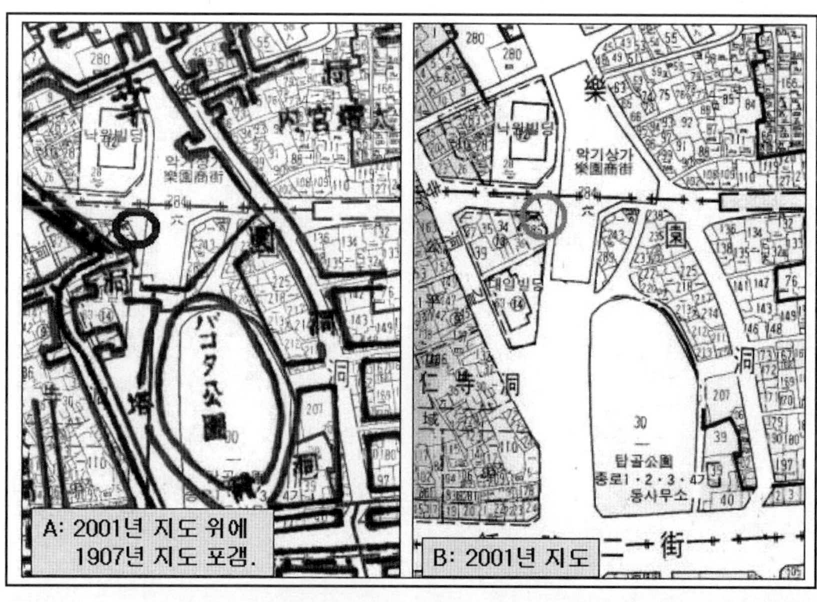

〈지도 4-2-2〉 1907년 지도를 2001년 현재 지도 위에 포개서(A), 1907년 지도에서 추정한 제국신문사 다섯 번째 사옥 위치를 현재의 지도 상에서 추정해 본 (B) 작업

제국신문 여섯 번째 사옥은 '校洞 大賓宮 上隅 제18통 1호'에 있었다. 대빈궁(大賓宮)의 위치가 1911년 지도에 처음으로 나온다. 그 이전 지도 예컨대 1907년 지도에서는 大賓宮內라는 동명은 나오나 대빈궁의 위치는 표시되어 있지 않다.

〈지도 4-3〉
제국신문 여섯 번째 사옥이 있었던
'대빈궁 위쪽 모퉁이'를 추정해 보기
위한 작업

〈지도 4-3〉에 1929년 지도가 처음으로 나왔는데 이 지도는 「경성부 일필매 지형명세도(京城府 壹筆每 地形明細圖)」의 일부로서 1929년 당시의 지적도(地籍圖)이다. 번지가 나와 있고 번지별 대지의 크기를 알아볼 수 있게 되어 있다. 이 지적도의 번지는 일제가 매긴 것인데 그 지번이 현재도 거의 그대로 유지되고 있다. 큰 건물이 들어서느라 지번이 합쳐진 경우나 큰 도로가 새로 나게 되어 없어진 경우 등 예외적인 경우를 제외하고는 거의 변함이 없다. 제국신문 여섯 번째 사옥과 일곱 번째 사옥이 있었던 지역인 현재의 낙원동, 익선동, 돈의동 지역은 이 글을 쓰고 있는 2005년 현재 옛 골목길까지도 아직 거의 그대로 남아 있다. 1929년 지도(지적도)는 이런 점에서 구한말과 현재를 이어 주는 중요한 고리가 되어 준다.

예컨대, 1911년 지도에 대빈궁이 표시되어 있으나 그것은 그 궁이 있었던 대체적인 위치를 나타낼 뿐 그 궁터의 형태나 넓이를 정확하게 보여 주는 것은 아니다. 〈자료 1>에서 보듯이 「경성부사(京城府史)」에 대빈궁 터의 정확한 위치가 나와 있는데 이전의 경성측후소(京城測候所) 자리가 옛 대빈궁 터였었다. 〈지도 4-3〉 B의 1929년 지도에 측후소의 지형이 나와 있고 그 지번은 낙원동 58번지로 되어 있다. 경성부사에는 측후소의 지번이 낙원동 24번지로 나와 있는데 경성부사의 지번이 잘못된 것으로 보인다. 왜냐하면 1917년에 작성된 「경성부관내지적목록(京城府管內地籍目錄)」에는 낙원동 24번지가 47평으로 개인소유로 되어 있고 낙원동 58번지는 1,118평으로 국유로 되어 있기 때문이다. 〈지도 4-3〉 B의 1929년 지도에서 보면 대빈궁 터 안으로 길이 들어와 58번지가 58-1과 58-2번지로 분할되어 있다.

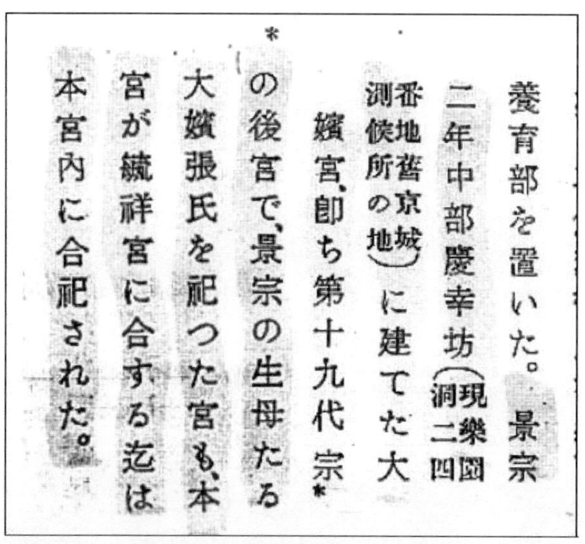

養育部を置いた。景宗二年中部慶幸坊（現樂園洞二四番地舊京城測候所の地）に建てた大嬪宮、即ち第十九代宗*の後宮で、景宗の生母たる大嬪張氏を祀つた宮も本宮が毓祥宮に合する迄は本宮内に合祀された。

〈자료 1〉 옛 대빈궁(大嬪宮) 터 위치

출처: 「京城府史 제1권」, 1934, p.433.
* 1918년 지도에는 경성측후소가 낙원동 58번지로 되어 있음.
　낙원동 24번지는 착오로 판단됨.

　〈지도 4-3〉의 A에 대빈궁 터의 지형을 나타내 보았다. B의 1929년 지도를 기준으로 하고 그 지역의 도로와 골목들을 고려해 나타내 보았다.

238

〈지도 4-3〉A의 1911년 지도에서 보면 제국신문이 사고에서 밝힌 사옥의 위치 '대빈궁 위쪽 모퉁이'로 볼 수 있는 곳이 3곳이나 된다. 번호 1, 2, 3 으로 매겨진 곳 모두가 대빈궁의 위쪽 모퉁이에 해당된다. 이 세 곳 중 어디였을까가 문제가 된다. 한 가지 교동이란 동명이 앞에 붙어 있는데 이를 참고하면 구한말 시기에 세워진 교동학교 쪽에 가까운 1번, 2번 지역이 아니었을까 하는 생각이 든다. 3번 지역은 교동이 아니었을 것 같다는 생각이 든다. 여기서 옛 지도에서 어떤 지점을 찾는 데 어려운 점은 동경계선 (洞境界線)이 그어져 있지 않다는 점이다.

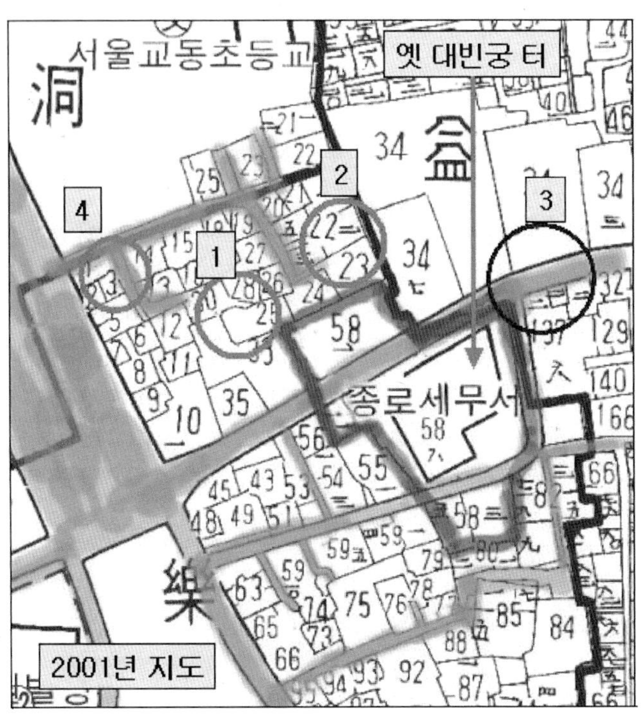

〈지도 4-3-1〉 제국신문 여섯 번째 사옥 추정 위치를 2001년 지적도 위에 나타내 본 작업

* 〈지도 4-3-C〉를 확대한 것임.

다음은 '위쪽 모퉁이'라고 한 점에 주목을 하면 2번은 '위쪽'이라 할 수 있고 '위쪽 모퉁이'는 아무래도 1번 쪽이 아닐까 하는 생각이 들기도 한다. '위쪽 모퉁이'를 조금 확대 해석을 할 수가 있다면 4번 지역으로 볼 수도 있을 것 같기도 하다. 당시 제국신문은 재정적으로 아주 어려워 사옥을 세를 내어 사용하던 처지였음을 감안하면 위치상으로 보아 집세가 더 나갔을 4번 지역은 아니었을 가능성이 크다.

〈지도 4-3〉 C의 현재의 지도(2001년 지적도)를 보면 옛 대빈궁 터에 큰길이 새로 관통하면서 58-1번지가 다시 둘로 분할되어 있다. 옛 대빈궁 터 주변의 지형(地形)의 경우 대빈궁을 관통하는 길 둘이 난 것을 제외하고는 1911년 당시와 크게 변하지 않고 있음을 볼 수 있다. 제국신문 여섯 번째 사옥이 있었던 곳을 1번 지역으로 추정한다면 그 터의 현재의 지번은 낙원동 24, 25, 26, 18, 30번지 중 어느 하나가 되지 않을까 생각된다. 여섯 번째 사옥의 정확한 위치는 좀 더 직접적인 자료가 나타나야 알 수 있을 것 같다. 구한말 당시의 사람들에게는 '교동 대빈궁 상우 18통 1호'라는 위치 정보로 충분했을 것인데 100년이 지난 현재의 우리에게는 다소 막연하기만 하다.

제국신문 여섯 번째 사옥의 위치는 정확하지는 않지만 대체로 여기쯤이 아니었을까 하는 정도는 알 수가 있다. 제국신문 일곱 번째이자 마지막 사옥의 위치는 사고(社告)에서 이제까지와는 달리 주변의 관아나 건물 혹은 도로 등을 밝힘이 없이 '하한동 58통 3호'라고 주소만을 밝히고 있기 때문에 그 사옥 터의 범위를 좁혀서 추정하는 것이 현재의 연구자로서는 거의 불가능한 형편이다.

〈지도 4-4〉는 하한동(下漢洞)의 위치와 그 경계선을 추정해 보기 위한 것이다. A의 1902년 지도에 하한동이 표시되어 있다. B의 1911년 지도에는 하한양동(下漢陽洞)과 상한양동(上漢陽洞)이 표시되어 있다. 하한동과 하한양동이 같은 동(洞)임을 알 수 있다. 문제는 하한양동과 상한양동의 경계가 표시되어 있지 않다는 데 있다. 때문에 하한양동과 상한양동을 나타

내는 두 원이 부분적으로 겹치게 나타내 보았다. 〈지도 4-4〉의 C는 1929
년도 지도(지적도)인데 옛 도로들이 그대로 유지되어 있는데 이들 도로들
을 기준으로 해서 볼 때 옛 하한양동과 상한양동이 돈의동에 포함되어 있
다. C의 1929년 지도 위에 B의 1911년 지도를 준거로 해서 옛 하한동과 상
한동 지역을 추정해 보는 원을 그려 보았다.

〈지도 4-4-1〉은 〈지도 4-4〉의 B를 확대한 것인데 하한양동은 상한양
동과의 경계가 모호할 뿐 아니라 남쪽의 상어의궁동(上於義宮洞)과의 경계
도 분명치가 않다.

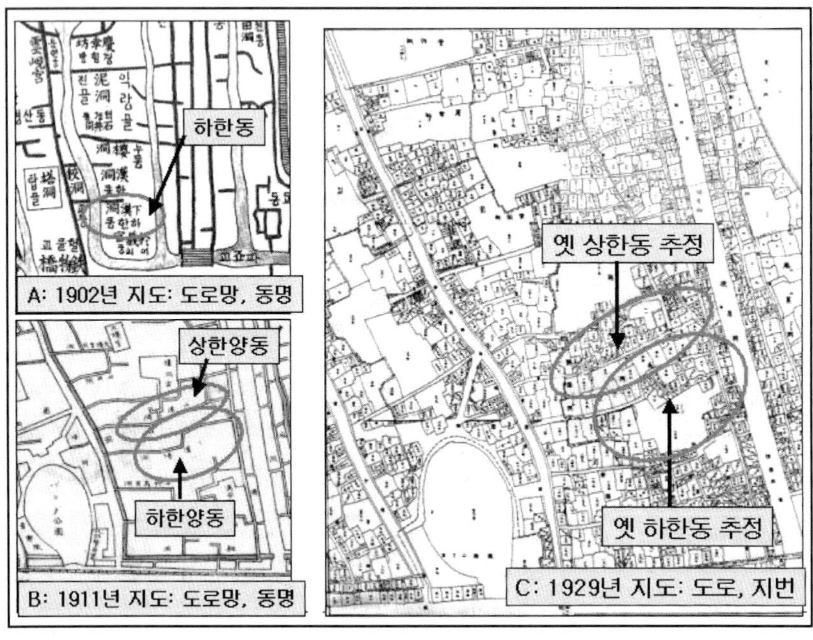

〈지도 4-4〉 제국신문 마지막 사옥 터였던 '중서 하한동(下漢洞) 58통 3호'의
위치를 추정해 보기 위한 작업

이렇게 동(洞) 경계를 알지 못하는 상황에서 옛 하한동의 경계를 최대한
으로 넓혀 〈지도 4-4-2〉의 1929년 지도 위에 표시해 보았다. 범위를 좁

게 잡는 것보다는 넓게 잡아서 이 범위 안 어딘가에 있었을 것이라고 추정
하는 것이 빗나갈 가능성이 적기 때문이었다. 1929년 지도(지적도)는 도로
와 건물 대지의 크기와 형태를 짐작할 수 있게 해 준다. 제국신문 마지막
사옥 터 '하한동 58통 3호'는 1899년에 시사총보(時事叢報) 사옥이었었고
뒤에 인쇄소 광문사(廣文社)가 사용하다가 황실소유로 넘어갔던 것을 1903
년 3월에 황실이 제국신문에 그 가옥과 인쇄시설을 하사한[11] 것인 만큼
그 터가 작지는 않았을 것이라는 생각이 든다.

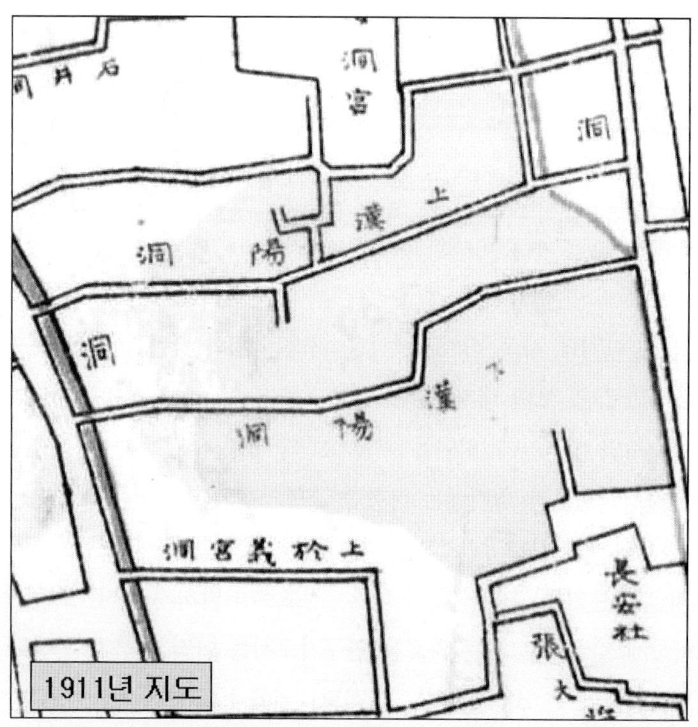

<지도 4-4-1> 하한양동과 상한양동의 경계(境界)가 분명치 않음
* 가운데 부분이 어느 쪽에 속하는지 알 수가 없음.

---

11) 최기영, 앞의 책, 1989, p.30.

〈지도 4-4-2〉 1929년 지적도: 옛 하한동(下漢洞)으로 추정되는 지역

* '하한동 58통 3호'가 어디쯤이었는지 당시의 주소만으로는 짐작하기 어려움.
대로변에 있었을 가능성이 크다고 보면 1번 지역이나 3번 지역으로 추정됨.

제국신문 마지막 사옥 터가 좀 컸을 거라는 위와 같은 추정을 하고 나서
〈지도 4-4-2〉를 보면 대지 평수가 큰 터들이 주로 1번과 3번 지역에 있는
데, 이 두 지역 어딘가에 '하한동 58통 3호'가 있지 않았을까 하는 생각이 든
다. 대한자강회월보가 초기에는 하한동 58통 3호의 제국신문사 사옥에서 발
간되었었는데 이 월보 발간소의 위치에 관해서도 그곳이 '하한동(탑골공원
동편, 지금의 돈의동) 제국신문사 내'[12] 정도로만 밝혀져 있다. 그 위치를 좀
더 정확하게 언급하고 있는 자료는 연구자로서는 아직 접하지 못하고 있다.

〈지도 4-4-3〉은 2001년 지도(지적도) 위에 1911년 당시의 도로망을 나
타내고 최근에 복원해 사용하고 있는 옛 도로명을 나타내 본 것이다. 지하
철 종로3가역 위로 큰 도로가 난 것과 1929년까지만 하더라도 궁터로 남아
있던 곳에 집들이 촘촘히 들어선 것 말고는 도로망과 지형이 거의 변함이

---

12) 장규식, "開港期 서울의 開化·改革運動 공간", 서울시립대학교 국사학과, 「典
農史論」, 제5집 별쇄, 1999년 3월, p.23.

없음을 알 수 있다. 〈지도 4-4-3〉 위에도 제국신문 마지막 사옥 터가 있었을 것으로 추정되는 1번, 3번 지역을 넓게 잡아 실선 원으로 표시를 해 보았다.

제국신문 7개 사옥 가운데 마지막 사옥 터의 경우 그 위치의 범위를 좁히는 데 도움이 될 수 있는 자료들을 연구자는 계속 찾고 있다. 한때 사옥을 같이 사용했던 대한자강회월보를 뒤져 보았으나 찾지를 못했다. 연구자로서는 일곱 번째 사옥 위치를 찾는 데 도움이 될 직접적인 자료 아니면 간접적인 자료가 제국신문 관련자들이나 당시 사람들이 남긴 문건들 어디엔가는 있어 찾아질 것을 바라면서 마지막으로 한 번 더 추리를 시도해 보고자 한다.

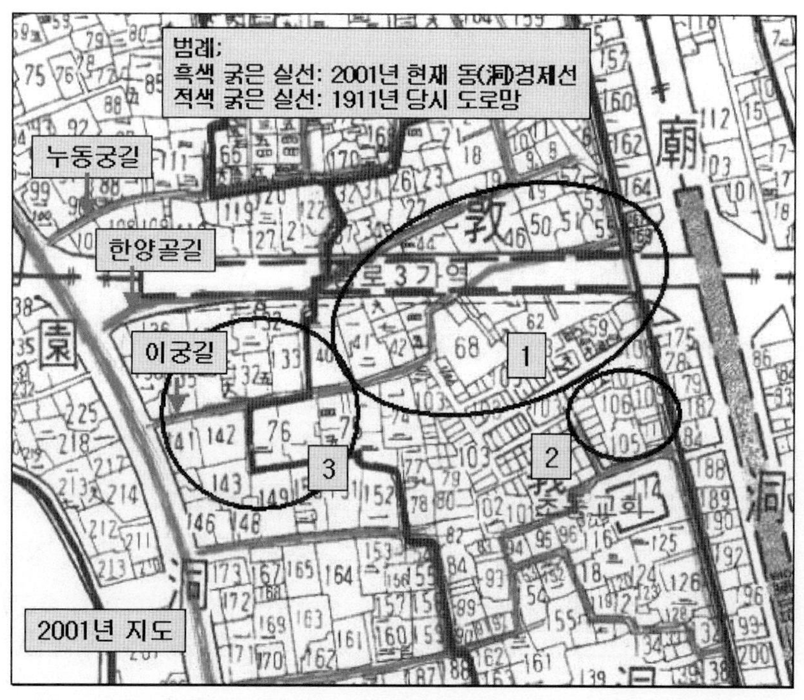

〈지도 4-4-3〉 제국신문 일곱 번째인 마지막 사옥이 있었을 것으로 추정되는 곳의 범위를 2001년 지적도 위에 나타내 본 작업

244

5. 상황적 자료에 입각한 마지막 사옥 터 위치 추정 재시도

거의 모든 연구자는 자신의 연구를 미완인 채 끝내게 될 때 크게 미진한 심정이 들지 않을 수 없을 것이다. 본 연구자도 제국신문 마지막 사옥 터의 위치 추정을 못 한 채로 연구를 마치는 것이 무척 아쉽기만 했다. 그래서 자료의 연관성과 적합성이 인정되기 위해서 필요한 전제조건들이 미비한 상황적 자료들을 동원해 다시 한 번 제국신문의 마지막 사옥 터의 위치를 추정해 보고자 했다.

우선 제국신문에 관한 선행연구들을 다시 한 번 점검해 보기 시작했다. 전에는 눈여겨보지 않았던 구절에 눈길이 꽂혔다.

최기영의 연구 중에 "제국신문사는 1910년 8월 말에 한불흥업주식회사(韓佛興業株式會社)에 대한 부채(負債)로 말미암아 사옥의 매도가 불가피하게 되어, 9월 3일에는 채주(債主)가 인쇄기계 등의 매도를 집행하였다. 제국신문사(帝國新聞社)의 총부채액은 1萬圜이 넘었던 것 같다."[13]는 구절이었다.

인터넷에서 '한불흥업주식회사'를 주제어로 넣고 탐색을 해 보았다. 규장각 문서인 "토지가옥전당증명원본, 한성부편(土地家屋典當證明原本, 漢城府編)" 1910년(융희 4)[14]의 해설 속에 '韓佛興業社'에 관한 언급이 있었다. 규장각에 가서 해당 문서를 뒤져 보았더니 한불흥업사의 부래상(富來祥)이란 사람이 채권자로 되어 있는 문건들이 나왔다.(토지가옥전당서 1 참조)

인터넷에 부래상(富來祥)을 주제어로 넣고 다시 검색을 해 보았다. 부래상이 프랑스 사람으로서 구한말에서 일제 초, 중기에 걸쳐 땔감(柴炭) 장사를 크게 하던 사람으로 나왔다. 그리고 그 부래상이 돈의동(敦義洞), 즉 제국신문 마지막 사옥이 있었던 돈의동에도 시탄시장을 운영하고 있었다.[15]

---

13) 최기영, 앞의 책, 1989, p.71.

14) http://kyujanggak.snu.ac.kr/BA/SGP-049-005427.htm

<토지가옥전당서 1> 韓佛興業社의 富來祥(프랑스 인)이 채권자인 전당계약서
A는 전당계약서, B는 한성부윤의 명의로 된 증명서.

* 자료: 土地家屋典當證明原本, 隆熙4년(1910) 5-6월 中署, 奎章閣圖書 奎22107.

경성부관내지적목록(京城府管內地籍目錄)(1917)에서 '불국인 부래상(佛國人 富來祥)'을 본 기억이 떠올라 찾아보았다. 돈의동 44번지와 73번지가 부래상(富來祥)의 소유로 나와 있었다.(〈지적목록 1〉 참조) 돈의동 44번지는 132평이고 돈의동 73번지는 72평이었다. 44번지는 대지가 상당히 넓은 집이었다. 73번지도 대지가 적지는 않은 집이었다. 제국신문사 사옥이 큰 부채로 인해 팔려 넘어간 것이 1910년 8월 말이었으니까 이 지적목록은 그로부터 7년이 지난 뒤의 것이었다.

이 두 곳 중의 하나가 제국신문의 마지막 사옥이 있었던 곳이 아니었을까 하는 생각이 들었다. 부래상이 1910년에 빌려 준 돈을 받지 못하자 사옥을 넘겨받아 소유권등록을 하고 그대로 가지고 있었던 것이 아닐까 하는 희망적인 생각이 들었다.

---

15) 서울육백년사: http://seoul600.visitseoul.net/seoul-history/sidaesa/txt/6-4-6-5.html

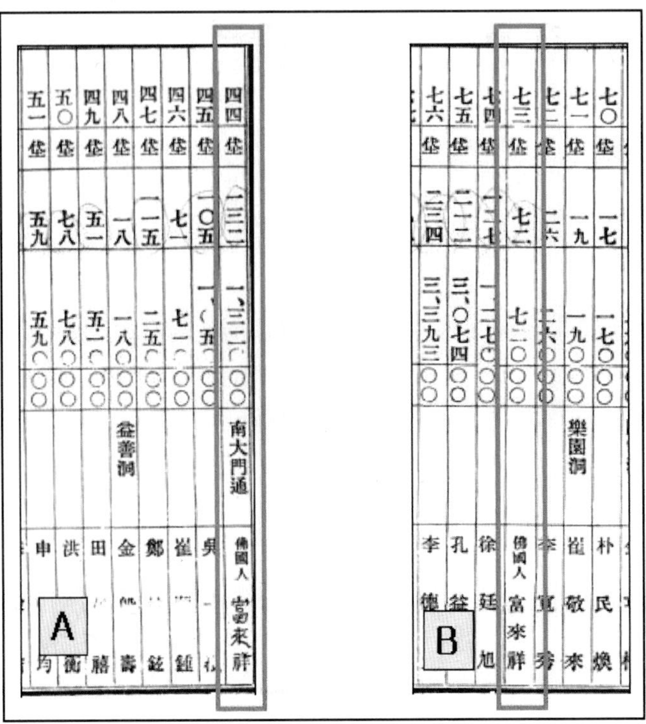

**〈지적목록 1〉 돈의동 44번지(A)와 73번지(B)의 소유자가
佛國人 富來祥으로 나와 있음**

* 자료: 1917년(大正6년) 京城府管內地籍目錄 178쪽.

 1910년부터 1917년까지 사이의 소유권 상황을 확인하기 위해 종로구청에서 돈의동 44번지와 돈의동 73번지의 멸실구토지대장(滅失舊土地臺帳)을 떼어 보았다. 이 토지대장은 분실되어 없어진 것들도 많지만 아직 보존되어 있을 경우에는 일제(日帝)의 한국 강점 다음 해인 1911년부터의 토지소유상황이 기록되어 있다. 다행히 돈의동 44번지와 73번지의 옛 토지대장이 있었다.

 〈토지대장 1〉에서 보듯이 돈의동 44번지(A)의 경우는 1911년 조경구(趙經九)의 소유이던 것이 1914년에 富來祥의 소유로 되었다가 1918년에 진학선(秦學善)의 소유로 넘어가 있다. 돈의동 73번지(B)의 경우는 1911년 김형대(金炯

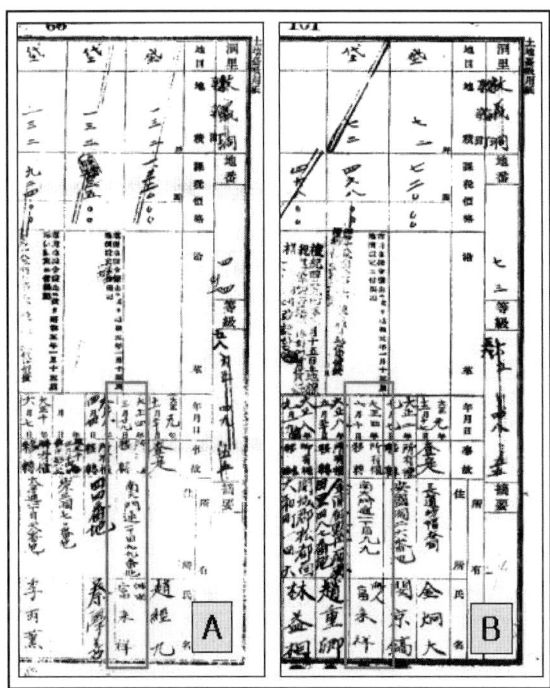

<**토지대장 1**> 돈의동 44(A), 73(B)번지의 옛 토지대장(滅失舊土地臺帳)

* 돈의동 44번지(A):
   1911년 조경구의 소유;
   1914년 3월 부래상 소유;
   1918년 4월 진학선에게 매도.
* 돈의동 73번지(B):
   1911년 김형대의 소유;
   1912년 7월 민경호 소유;
   1914년 4월 부래상 소유;
   1918년 5월 조중경에게 매도.
자료: 서울시 종로구청에서 발행한 滅失舊土地臺帳.

大)의 소유, 1912년 민경호(閔京鎬)16)의 소유이던 것이 1914년 부래상(富來祥)의 소유로 되었다가 1918년에 조중경(趙重卿)의 소유로 넘어가 있다.

돈의동 44번지와 73번지 둘 중의 하나가 제국신문 마지막 사옥 터 아니었을까, 제국신문이 부래상(富來祥)에게서 빌린 빚을 갚지 못하게 되자 부래상이 제국신문 사옥 터와 건물을 넘겨받아 소유를 하게 된 것이 아니었을까 하던 희망적인 추정이 일단 틀렸었다는 것을 이 토지대장이 보여 주고 있다.

그럼에도 불구하고 돈의동 44번지와 73번지 둘 중 한 곳이 제국신문 사옥 터가 아니었을까 하는 희망적인 추정을 본 연구자가 완전히 버리지 못하는

---

16) 동명이인일 수도 있겠으나 閔京鎬라는 이름을 가진 사람 가운데는 1891-92년에 判漢城府使(漢城府尹)을 지낸 사람이 있음.

248

것은 또 하나의 상황적 자료 때문이다. 앞서 하나의 사례를 예로 들었던 1910년의 토지가옥전당증명원본에서 보면 전당증명이 '전당증명서'와 '한성부 명의의 확인서'만으로 되어 있는 것들이 대부분이지만 간혹은 〈토지가옥전당서 2〉에서 보듯이 추가로 조건을 명시하는 경우도 있었다.

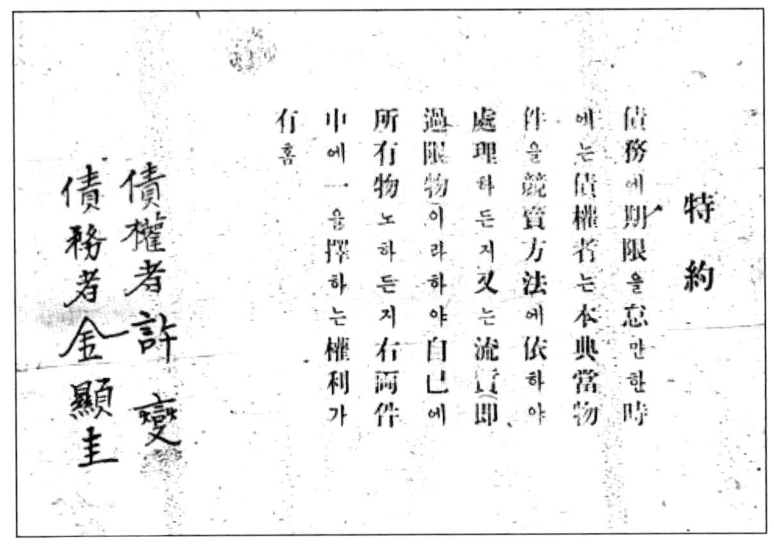

〈토지가옥전당서 2〉 전당계약서 중에는 채무 未履行 時의 조건이 첨부
되어 있는 것이 있음

* 자료: 土地家屋典當證明原本, 융희4년(1910) 5-6월 中暑, 奎章閣圖書 奎22107.

〈토지가옥전당서 2〉에 '특약'이란 제목으로 되어 있는 추가조건을 보면, 채무를 이행 못 하게 되었을 경우 그 전당물을 경매에 붙여 처분하든지 아니면 채권자가 소유권을 직접 넘겨받든지 하는 두 가지 방법이 있었음을 알 수 있다. 그렇다면 제국신문 사옥과 그 터의 경우 우선 경매방식으로 처리했고 그래서 채권자 부래상(富來祥)이 아닌 제3자에게 소유권이 넘어가게 되었던 것이 아닐까 그리고 나서 4년 뒤 어떤 사연에서인지는 모르지만 부래상이 일단 소유권을 넘겨받아 4년간 가지고 있다가 최종적으로 팔아넘긴 것이 아닐까 하는 희망적인 추정을 또다시 해 보았다.

〈지도 5〉 부래상(富來祥) 소유인 돈의동 44, 73번지의 위치

* 돈의동 44번지가 상한양동이었는지 하한양동이었는지가 불분명.

　희망적인 추정을 몇 차례 계속해 가며 돈의동 44번지와 73번지 둘 중 한 곳이 제국신문 사옥 터였을 거라는 생각을 버리지 못하는 또 다른 이유는 그 두 곳의 위치가, 그렇게 보고 싶은 생각이 앞서기 때문인지, 신문사가 자리할 곳으로 적합해 보이기 때문이다. 〈지도 5〉에서 보듯이 돈의동 44번지는 북쪽은 '한양골 길'이, 남쪽은 '이궁 길'이 지나고 있고 돈의동 73번지는 '이궁 길'에서 남쪽으로 조금 들어간 골목길과 통하고 있어 신문용지나 발행된 신문지들을 실어 나르기에 적합했을 것 같은 느낌이 든다.

　〈지도 5〉는 1929년 지적도인데 앞에서도 이야기한 바 있듯이 이 지역은 구한말의 상황이 거의 그대로 유지되어 있다. 때문에 1929년에 작도된 이 지적도에서 제국신문이 폐간되던 1910년경의 이곳 지형을 읽을 수 있다.

돈의동 44번지가 상한양동이었느냐 하한양동이었느냐는 앞 1911년 지도
에서 보았듯이 분명치 않지만 신문사 사옥이 위치하기에는 매우 적합한 곳
으로 보인다. 돈의동 73번지는 분명히 하한양동(하한동)에 속했던 것으로
1911년 지도에 나와 있다. 돈의동 73번지도 신문사 사옥이 위치하기에 크
게 부적합해 보이지는 않는다.

제국신문의 일곱 번째이자 마지막 사옥 터의 위치를 가리는 일은 보다
확실하고 직접적인 자료가 찾아지기를 기다려 보아야 할 것 같다. 다만 본
연구자가 상황적 자료들을 가지고 희망적인 추정을 통해 돈의동 44번지와
73번지 중 한 곳을 제국신문 마지막 사옥 터가 있었던 곳으로 지목하려 하
고 있는 만큼 그 위치가 현재 어디쯤인지도 알아보고 넘어가야 할 것 같다.

〈지도 5-1〉 2001년 지적도 위에 1929년도 지적도를 포개 놓은 지도
* 부래상의 소유이었던 돈의동 44번지와 73번지의 현재의 위치를 알아볼 수 있음.

〈지도 5-1〉은 이 작업을 위해 1929년 지적도를 2001년 지적도 위에 포
개 봄으로써 옛 돈의동 44번지와 73번지의 현재의 위치를 알아보고자 한

것이다. 〈지도 5-2〉는 〈지도 5-1〉에서 이렇게 확인한 돈의동 44번지와 73번지만을 남겨둔 채 1929년 지적도를 거두어 냄으로써 옛 돈의동 44번지와 73번지의 현재의 위치를 보다 분명하게 나타내 본 것이다.

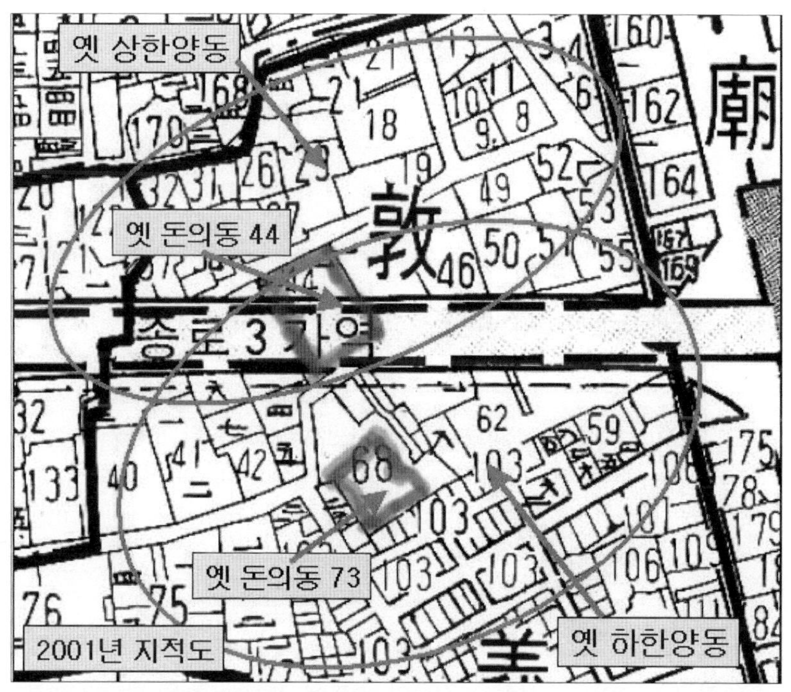

〈지도 5-2〉 2001년 지적도 위에 1929년 지적도상에서의 돈의동 44번지
와 73번지를 표시한 것임

* 현 돈의동 68번지는 1977년에 돈의동 68, 69-1, 71, 72, 73번지의 합병으로 이루어짐.

〈지도 5-2〉에서 보면 옛 돈의동 44번지는 전철 종로3가역 위에 난 큰길로 인해 많이 잘려 나가 원래 132평이던 것이 40평으로 줄었으며 번지가 44번지의 1호(44-1)로 바뀌어 있다. 옛 돈의동 73번지는 1977년에 68, 69-1, 71, 72번지 등과 함께 돈의동 68번지로 통합되어 있다. 현재의 돈의동 68번지는 대지가 163평이며 그 안에 옛 돈의동 73번지의 72평이 포함되어 있다.

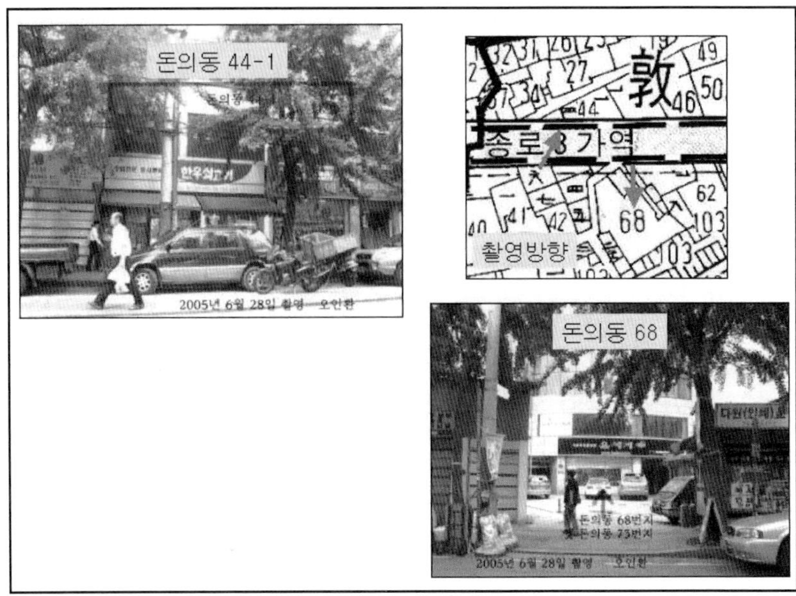

〈사진 2〉 2005년 6월 현재의 돈의동 44-1번지와 68번지의 모습

* 옛 돈의동 44번지는 큰 도로가 나서 대지면적이 132평에서 40평으로 줌.
* 옛 돈의동 73번지는 72평이었는데 1977년 68번지를 포함한 주변 대지와 합병해
  돈의동 68번지(160평)가 되었음.

〈사진 2〉는 현재의 돈의동 44-1번지와 68번지 건물의 전면(前面)들을 보여 주고 있다. 이 두 사진은 곁들인 지도에 표시해 놓은 방향에서 2005년 여름에 촬영한 것이다.

6. 추가 자료들이 찾아지기를 바라며

제국신문은 1898년 8월 10일 창간한 이래 처음에는 화재 때문에, 그 뒤로는 극심한 재정난 때문에 신문사 사옥을 옮겨 다니다가 1903년 3월 황실이 가옥과 인쇄시설을 하사함으로써 다시 자사 사옥을 갖게 되었다. 일곱

번째 사옥이었다. 제국신문은 이렇게 해서 사옥 문제와 인쇄시설 문제는 일단 해결되었으나 재정적인 어려움은 계속되어 1910년 4월 1일부터 장기 휴간에 들어가게 되었으며 큰 부채를 해결 못 한 채 8월 초 끝내 폐업을 하였다.

제국신문은 창간 이래 여섯 차례 사옥을 옮겼기 때문에 제국신문이 신문을 발행한 사옥은 창간사옥을 포함해 일곱 곳이 된다. 본 연구에서는 이들 7개 사옥의 위치를 찾아보고자 했다. 사옥의 위치를 정확히 짚어 볼 수 있게 하는 직접적인 자료들이 아직 찾아지지 않고 있는 상황에서 연구자는 제국신문 사고에 나와 있는 자사의 위치정보와 제국신문 발행 당시와 그 전후에 제작된 지도를 주로 이용해서 작업을 해 보았다. 따라서 제국신문사 사옥들의 정확한 위치를 찾는다기보다는 이들 사옥의 대체적인 위치를 추정하는 데 만족할 수밖에 없었다.

우리나라 언론의 역사에서 가장 중요한 것은 그 언론활동의 내용임은 말할 필요도 없다. 언론사가 있던 위치는 그 중요도에서 크게 떨어진다. 그런 때문이겠지만 본 연구자가 몇 년째 구한말 우리 신문사들의 위치가 현재 어디쯤인지를 말해 주는 자료를 찾아 나섰으나 관련 기록을 거의 찾지 못하고 있다. 본 연구자가 합동통신에 입사해 언론과 인연을 맺은 것이 45년 전이었는데 그때만 하더라도 구한말 신문사들의 위치를 직접 알고 있는 원로들이 몇 분 생존해 있었을 때인데 왜 그때는 지금과 같은 생각을 해 보지 못했을까. 당시의 언론계 원로들에게 직접 문의해 보기만 했어도 알 수 있었을 것인데, 왜 그때 그러지 못했을까 자책을 해 보지만 이미 지난 일이니 어쩔 수가 없다.

도움이 될 만한 자료가 전혀 뜻하지 않은 곳에서 우연히 모습을 드러낼 수 있다. 구한말 우리 언론에 관련된 사항들이 그 당시 여러 분야 문건들 속에 단편적으로 산재되어 있을 수도 있다. 예컨대 당시 지도급 인사들의 편지나 문집들 속에 당시의 언론을 연구하는 오늘날의 우리들에게 중요한 단초를 제공해 줄 수 있는 사항들에 관한 언급이 있을 수 있다. 이러한 단

편적인 자료들을 언론사(言論史) 연구자들이 개인적으로 모두 찾아 나선다
는 것은 사실상 불가능하다. 따라서 여러 사람들의 도움이 필요하다. 구한
말 대한제국(大韓帝國) 시기를 연구하거나 그 시기에 관심이 있는 여러 사
람들에게 우리의 언론사(言論史) 연구에서 찾고 있는 사항들이 어떤 것이
라는 것을 널리 알려 줄 수만 있다면, 그래서 이들 타 분야 연구자들이 자
신들의 연구에서 접하게 된 언론관련 사항들을 알려 주게만 할 수 있다면
의외로 많은 기초 자료들이 수집될 수 있을 것 아닌가 생각된다. 타 분야
연구자들로부터의 이러한 협력은 비록 단편적인 자료일 경우에도 그 자료
가 누구에 의해 제공된 것인지를 분명히 밝힘으로써 그 공을 학술적으로
십분 인정해 주는 관행을 확립하게 되면 어느 정도는 가능해지지 않을까
하는 생각이 든다.

앞으로 보다 직접적인 자료들이 나와서 구한말 제국신문사 사옥 터의 정
확한 위치들이 찾아질 수 있기를 바란다.

제7장

대한매일신보

제1절 대한매일신보 사옥 터의 현재의 위치와 사진

1. 구한말 대한매일신보 언론활동의 역사적 의의

대한매일신보(大韓每日申報)는 1904년 7월 18일 서울에서 영국인 특파원 배설(裵說: E. T. Bethell)이 양기택(梁起鐸)과 손을 잡고 창간한 신문이다.

당시 우리 대한제국의 국운은 일본의 제국주의적 팽창야욕 앞에서 너무나도 무력하게 그리고 급격하게 무너져 가고 있었다. 일본이 청일전쟁(1894-5)에서 이겨 우리나라에서 청의 세력을 물리치고 난 뒤 1904년 2월에 다시 러시아와 전쟁을 벌여 이겨 가면서 우리나라에 대한 무력점령을 사실상 끝내 가고 있었다.

1904년 2월 6일 일본이 러시아와 국교 단절, 2월 8일 인천항과 여순항(만주)에서 일본군이 러시아군함 공격, 2월 9일 일본군 대거 인천상륙, 서울 입성, 서울 사실상 점령, 2월 10일 일본 대(對)러시아 선전포고, 2월 23일 한일제1차의정서(한일간 공수동맹의 미명하에 일본에게 군략상 필요한 지점을 수용할 수 있게 한 조약)가 강제로 조인되기에 이른다.

정세가 이렇게 급박하게 돌아가고 있을 때인 1904년 3월 10일 배설은 한국에 왔다. 약 2개월여에 걸쳐 영국 데일리 크로니클지(紙)(Daily Chronicle)의 통신원(correspondent)으로 활약했다. 6월 중순 그의 부인과 아들도 서울에 왔다. 배설은 신문발간을 위한 노력을 해, 6월 29일 견본판 신문을 제작했고, 7월 18일에 대한매일신보를 창간하게 된다.

대한매일신보가 창간된 지 1년 6개월이 지난 1905년 11월 18일 을사늑약(乙巳勒約)의 체결로 나라가 일본에게 외교권을 빼앗기고 통감부의 통치하에 들게 되자 민영환(閔泳煥: 민충정공) 등 열사의 자결이 이어지고, 분노한 국민들의 의병 봉기가 도처에서 일어나게 되었다.

대한매일신보는 창간과 더불어 한국과 한국국민의 대변지로서 일본의 야욕과 한국 내 사정을 국내외에 널리 알림으로써 한국의 국권 수호를 위해 일본의 집요한 탄압에 맞서 필봉을 휘둘러 왔었다.

구한말 대한매일신보의 이러한 언론활동이 가졌었던 역사적 의의에 관해서는 정진석이 그의 저서 「대한매일신보와 배설」(1987)에서 아주 정확히 짚고 있다.

> ……. 이 신문(대한매일신보)은 영국인 소유의 치외법권 아래 발행되었으므로 일본 측의 검열을 피할 수 있었다. 이로 인해 일본의 한국 침략정책을 가장 신랄하게 비판하고, 한국 국민들의 저항운동을 자유롭게 보도할 수 있었다. 많은 의병들이 이 신문의 영향을 받아 무장 항일투쟁에 가담했음을 증언한 바 있듯이 이 신문은 한국 민족독립 운동의 정신적인 구심점이 되었다. 그뿐 아니라 신보사는 국채보상운동의 총합소가 되기도 했고, 양기택·박은식·신채호 등은 논설로써 일제의 침략에 항거하는 한편으로는 비밀결사 신민회를 결성하여 항일독립운동을 조직적으로 전개했다…….1)

본 연구에서는 우리의 언론사(史)에서 이러한 의의를 갖는 대한매일신보의 발행소 위치가 아직 정확하게는 알려지지 않고 있는 것 같고 사옥의 사진도 모습이 잘 알려져 있지 않은 것 같다는 데 주목하고 신보가 발행되던 곳의 정확한 위치를 알아보고 사옥의 사진을 찾아보고자 했다.

대한매일신보(大韓每日申報)에 관해서는 그간 많은 연구가 이루어져 왔다.(이광린 등, 1986; 정진석, 1987; 한국언론사연구회, 2004)2) 대한매일신

---

1) 鄭晋錫, 「大韓每日申報와 裵說」, 서울: 나남, 1987, p.22.
2) 이광린 등, ≪大韓每日申報硏究≫, 人文硏究論集 제16집, 서울: 서강대학교 인문

보사의 사옥이 있던 위치에 관해서도 그곳이 '어디쯤이었다'는 것은 이미 알려져 있다.(이광린, 1986; 정진석, 1999; 장규식, 1999)[3]

본 연구자는 이광린, 정진석, 장규식의 이들 연구, 특히 정진석의 선행연구를 밑그림으로 삼고, 이 밑그림 위에 새로 찾아진 몇 가지 자료를 추가하고 이에 옛 지도와 현재의 지도를 대입함으로써 대한매일신보가 있던 위치가 현재 어느 지점에 해당하는지를 좀 더 정확히 알아보려는 연구를 2004년에 했었다.[4]

여기 제7장 제1절의 글은 본 연구자가 대한매일신보사 터에 관해 행했던 기존의 연구와 발표들을 종합 보완한 것이다.

본 연구자는 대한매일신보를 비롯한 우리나라 옛 신문들에 관한 연구에서 사진이 갖는 의미가 크게 느껴져서 사진을 새로 발굴하거나 이미 나와 있는 사진들 속에서 새로운 사실들을 찾아보려는 작업을 해 오고 있다. 대한매일신보사 터의 위치에 관련된 이 연구에서도 사진을 곁들인 설명과 논의가 따르게 될 것이다.

2. 발행소의 위치와 사옥 사진

대한매일신보는 〈사고 1〉에 제시되어 있듯이 1904년 7월 초에 '박동'에서 창간해서, 1907년 1월 초에 '석정동'으로 이전했다가, 1910년 6월에 '포전

과학연구소, 1986; 정진석, 위의 책; 한국언론사연구회 엮음, 「대한매일신보연구」, 서울: 커뮤니케이션북스, 2004.

3) 이광린 등, 위의 논문집; 정진석, 「언론유사: 체험적 언론사 연구의 뒷이야기」, 서울: 커뮤니케이션북스, 1999; 장규식, "開港期 서울의 開化·改革運動 공간", 서울시립대학교 국사학과, ≪典農史論≫ 제5집 별쇄, 1999년 3월.

4) 오인환, "구한말 大韓每日申報社의 위치와 사옥에 대하여", 서울특별시사편찬위원회, ≪鄕土서울≫, 제64호, 2004; 오인환, "구한말 대한매일신보 사옥과 배설 사저에 관한 연구", 한국언론사연구회 엮음, 「대한매일신보연구」, 2004.

260

병문 2궁가'로 다시 이전을 했다.

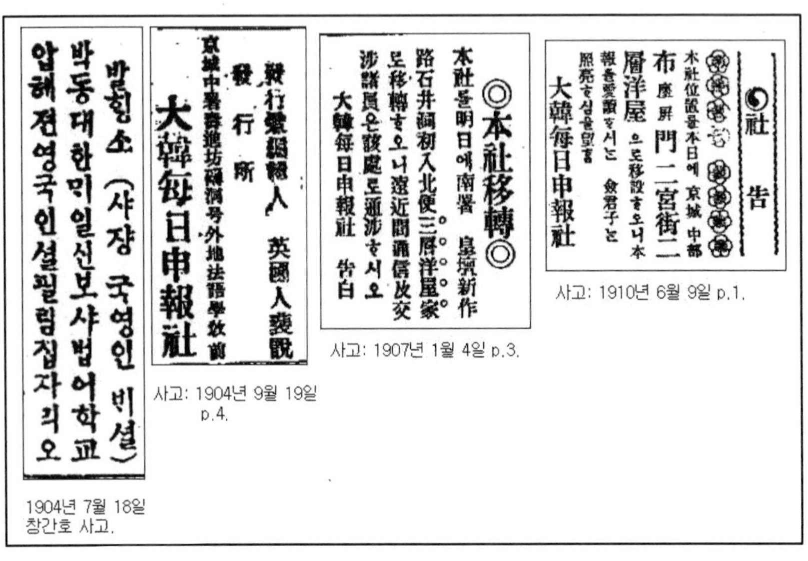

사고: 1910년 6월 9일 p.1.

사고: 1907년 1월 4일 p.3.

사고: 1904년 9월 19일
p.4.

1904년 7월 18일
창간호 사고.

<사고 1> 대한매일신보 발행소의 위치를 알리는 社告들

1910년 8월 28일에 일본의 조선 강탈 합병이 있은 직후부터 신문의 제호에서 '대한'이 빠지고 '매일신보'로 발행하게 되었다. 포전병문 2궁가 2층 양옥으로 사옥을 옮기고 나서도 2개월여를 '대한매일신보'라는 제호로 발행을 했으니까 대한매일신보의 사옥이 있었던 자리는 창간사옥을 포함해 세 곳이 된다.

다만 배설이 창간한 대한매일신보가 막을 내린 시점을 언제로 보아야 하느냐에 따라 이 신문의 사옥 자리는 두 곳이 될 수도 있고 세 곳이 될 수도 있다.

배설에게서 발행인 겸 편집인 자리를 넘겨받은 만함(A. W. Marnham: 한국명 滿咸)이 1910년 6월에 이장훈(李章薰)에게 신문사 시설과 경영권을 팔아넘기게 되는데 매입자가 표면상으로는 이장훈으로 되어 있으나 실제는 일본 통감부로 알려져 있기 때문에5) 배설 정신(精神)의 대한매일신보는 이장훈으로의 신문사 매도로서 끝이 났다고 보면 대한매일신보의 사옥 터는 두 곳이 된다. 대한매일신보는 1910년 6월 14일자로 발행인의 명의가 이장훈으로 바뀌면서 사옥을 '석정동'에서 '경성 중부 포전병문 이궁가'로 옮겨 갔으나 신문의 제호는 그대로 유지되어 오다가 1910년 8월 28일 일본이 조선을 합병한 직후인 8월 30일부터는 제호에서 '대한'을 빼고 '매일신보'로 발행되기 시작했는데 이때를 기준으로 삼을 경우에는 대한매일신보의 사옥 터는 세 곳이 된다.

이 연구에서는 '대한매일신보'라는 제호로 발행된 기간을 기준으로 삼아, 대한매일신보사의 사옥 터 세 곳의 위치를 알아보고자 한다.

대한매일신보는 발행소의 위치를 사고(社告)로 알렸다. 사옥을 이전할 때에도 옮겨 갈 새 사옥의 위치를 며칠 전부터 사고로 이를 알렸다. 〈사고 1〉에 대한매일신보가 사옥의 위치를 알리는 사고가 나와 있다.

구한말 서울에서 발행된 신문들이 발행소의 위치를 알리는 방식에는 두 가지가 있었다. 하나는 당시의 주소로 알리는 방식이고 또 다른 하나는 당시의 거리 이름과 주요 관아 또는 건물들의 이름을 이용해서 알리는 방식이었다.

신문 발행소의 위치가 구한말의 주소로 되어 있을 경우에는 그 지점이 현재 어디에 해당하는지를 확인하기가 어려울 경우가 많다. 왜냐하면 일제(日帝)가 조선 합병 후 주소체계를 일본식으로 바꾸어 새로 매기는 과정에서 구한말 우리의 주소체계와의 관련성이 무너졌기 때문이다.

한편 신문 발행소의 위치가 대한매일신보사의 경우와 같이 거리의 이름과 건물의 특징 등으로 표시되어 있을 경우 그 위치를 오늘날의 지도상에서 확인하기가 오히려 용이할 수가 있다. 왜냐하면 서울 4대문 안의 도로망들이 도로의 폭을 넓힌 경우와 도로를 직선화한 경우 몇 건을 제외하고는 100년 전의 도로망이 거의 그대로 유지되어 있기 때문이다.

---

5) 정진석, 「대한매일신보와 배설」, pp.461-2.

1) 박동(礴洞: 현 수송동) 창간사옥

대한매일신보가 사고를 통해 밝힌 창간 시 발행소의 위치는 다음과 같다.

"박동 대한미일신보샤 법어학교 압 전 영국인 셜필림 집 자리오"
"경성 중서 수진방 박동 호외지 법어학교 전"
(京城 中署 壽進坊 礴洞 号外地 法語學校 前)

① 창간사옥의 위치

당시 '박동'으로 불리던 지역은 현재 종로구 수송동의 일부 지역으로서 석탄회관에서 조계사 후문과 수송공원 사이를 지나 안국동 로터리로 나가는 길 양쪽 지역을 가리킨다. 옛 지도 「수선전도(首善全圖)」에는 한글로 '박동'으로 표시되어 있고, 서양 선교사들이 만든 1902년 지도에는 한글로 '박셕동'으로 나와 있다. '박동'의 '박' 자는 한자로는 돌석 변에 엷을 박을 쓴 '널리 덮일 박' 자인 礴이었었는데 1900년의 「한양경성도」, 1907년의 「최신경성전도」, 1911년의 「경성부지도」 등에서는 '벽돌 전', '기와 전' 자인 磚으로 표기되어 있다. 당시의 신문에 나온 기사나 광고에서도 박동이 대부분 磚洞으로 나와 있다. 이를 한글로 '전동'으로 표기하면 우정국로 건너편에 있던 당시의 '전동(典洞)'과 혼동을 일으키게 된다.

대한매일신보사의 박동 사옥이 있었던 위치가 대략 어디쯤인지에 관해서는 이미 알려져 있다. 정진석은 그의 연구서 「언론유사」에서 "법어학교가 있던 곳은 중동중고등학교 부근이었고, 중동중고등학교가 원래 있었던 곳은 종로구 수송동 85번지였으며(따라서) 대한매일신보는 수송동의 현 연합통신 부근에서 발행되었다."[6] 라고 밝히고 있다. 장규식도 「개항기 서울의 개화·개혁운동 공간」이란 논문에서 "대한매일신보 사옥은 조계사 맞은 편

---

6) 정진석, 「언론유사: 체험적 언론사 연구의 뒷이야기」, 커뮤니케이션북스, 1999, pp.388-9.

예전 중동고 부지, 즉 지금의 연합통신 근처에 있었을 것으로 추정된다."[7] 라고 말하고 있다.

대한매일신보의 첫 사옥 위치에 관해서 이 정도면 충분할 수도 있으나 연구자는 이를 좀 더 정확히 알아보고 싶은 욕심에서 관련 자료들을 좀 더 추적해 보았다.

'박동'이 어느 지역인지는 알 수 있으나 대한매일신보사의 위치를 좀 더 정확히 알려면 설필림(A. B. Stripling: 薛弼林) 집터의 위치를 알면 되는데 설필림에 관해 알려진 바가 거의 없기 때문에 그의 집이 어디였는지는 더더구나 알 수가 없는 실정이다. 설필림에 관해 알려진 것이라면 제물포항이 개항되고 1883년 해관(海關: 세관)이 설치되었을 때 초대 해관장을 지냈다는 것과 1899년 전후해서는 경무청 고문관을 지냈다는 것 정도가 알려져 있다. 유영익은 그의 저서 「젊은 날의 이승만」에서 설필림에 관해 그가 경무청 고문관일 때 미국공사 알렌의 부탁을 받아 당시 황제폐위 음모에 가담한 죄로 한성감옥에 수감되어 있던 이승만을 매일 면회를 감으로써 이승만이 가혹한 형벌을 받지 않게끔 했었다는 일화를 밝히고 있다.[8]

대한매일신보사의 위치를 알리면서 설필림이 전에 살던 집이라는 것만으로는 불충분하다고 생각했는지 법어학교(法語學校: 프랑스어학교) 앞임을 부연 설명한 것을 보면 법어학교가 좀 더 널리 알려져 있었기 때문으로 생각된다. 그런데 박동 법어학교의 위치를 정확히 짚어 주는 사람이나 자료가 아직은 찾아지지 않고 있다.(법어학교는 처음에는 정동의 프랑스 영사관 앞에 있었음. 현재 정동 그곳에 표석이 설치되어 있음.)

법어학교의 위치를 찾기 위한 나름대로의 노력이 별 소득이 없게 되자 연구자는 대한매일신보가 그곳을 떠난 1907년을 전후해서 주변에 있었던 다른 학교들 쪽으로 눈길을 돌렸다.

---

7) 張圭植, 「開港期 서울의 開化・改革運動 공간」, 서울시립대학교 국사학과, 「典農史論」, 제5집, 1999, 별쇄, p.26.

8) 유영익, 「젊은 날의 이승만」, 연세대학교 출판부, 2002, p.15.

1905년을 전후해서 현재 수송동의 일부인 당시의 박동에는 중동(中東), 보성(普成), 숙명(淑明), 한성사범(漢城師範) 등 여러 학교가 있었다.

그런데 중동중·고등학교에서 대한매일신보의 박동 사옥의 위치를 밝혀주는 직접적인 자료가 나왔다.

중동은 현재의 안국동 로터리 서남쪽 모퉁이에 있었던 전 우정국(郵政局)(그 이전에는 典醫監) 자리에 설립된 한어학교(漢語學校) 교사를 야간에 빌려 1906년 4월부터 야학을 설립해 학생들에게 한어(漢語)와 산술(算術)을 가르치기 시작했는데 1908년 5월에 한어학교가 폐지되자 그 교사 전체를 빌려 사용해 오다가 1914년에 그 건물이 처분되게 되자 당시의 주소로 '수송동 85번지'의 한옥으로 학교를 옮겨 획기적인 발전의 계기를 마련하게 된다.

중동중·고등학교가 1986년 4월에 발간한 「中東八十年史」는 122쪽에서 1914년에 옮겨간 수송동 85번지가 '대한매일신보사 자리'였음을 밝히고 있다.〈자료 1〉

2. 당시 교지는 대한매일신보사 자리

중동의 당시 교지는 영국인 베텔(裵說)이 대한매일신보를 경영하던 사지(社址)였다. 백농 선생이 중동을 전동(典洞)에서 현 수송동(壽松洞) 85번지로 이전해 올 때는 벌써 베텔(Ernest Thomas, Bethell)이 사망한 이후였으므로, 그 유가족이 1909년 8월 27일 본국으로 귀국하기 전에 독일인에게 가옥을 매도한 이후였으며, 1914년 2월 15일 이후 그 독일인으로부터 가옥을 월세(月貰)로 차용하였다. 1935년 1월 1일자 발행〈동아일보〉

〈자료 1〉 중동80년사 편찬위원회, 「中東80年史」, 1986, p.122.

1917년 당시의 「경성부 관내 지적목록(京城府 管內 地籍目錄)」에서 수송동 부분을 보면 〈자료 2〉에 나와 있듯이 중동이 이사를 간 '수송동 85번지'는 평수가 369평이고 소유주가 '고르샬기(A. F. Gorshalki)'로 나와 있다.

중동이 이 부지를 매입한 것은 1922년이었다. 따라서 중동이 월세를 내고 교사로 사용하고 있던 수송동 85번지의 한옥 건물은 1920년대 초까지는 크게 개축됨이 없이 그대로 교사로 사용되었을 것으로 추정된다.

壽松洞

地番	地目	坪數	地價	所有者住所氏名
一	垈	一二	四四〇〇〇	崔秉均
二	垈	二三	六一六〇〇〇	崔相鎬
四三	垈	六七	一,〇七二〇〇	延浚
四四	垈	一四九	二〇,四三〇五〇	朴寅浩
四五	垈	一四五	二,三三〇〇〇	金錫泰
七九	垈	一,二四〇		國有
八〇	垈	四八四	七,七四四〇〇	私立淑明高等普通女學校
八一	垈	八三八	三,一五一〇〇	閔泳韶
八二	垈	四一〇	六,五六〇〇〇	覺皇寺（淸進洞）
八三	垈	一八	二八八〇〇	金潤冕
八四	垈	一三	一八八五〇	羅召史
八五	垈	三六九	五,三五〇五〇	ゴルシャルキー
八六	垈	四一	五五三五〇	金永旭

〈자료 2〉 "수송동 85번지", 「경성부관내 지적목록」, 1917, p.169.

　현재 일반에게 알려진 서울의 지도 중에서 번지가 적혀 있는 것은 1918년의 「경성관내도(京城管內圖)」가 처음이 아닌가 생각된다. 이 지적도는 삼각측량법에 의해 작성된 것이어서 방향과 거리가 실제와 비례하고 번지가 표시되어 있기 때문에 오늘날의 지적도와 대비시켜 보게 되면 1900년대 초의 그 어떤 위치가 현재 어디인지를 상당히 정확히 알아볼 수가 있다.

266

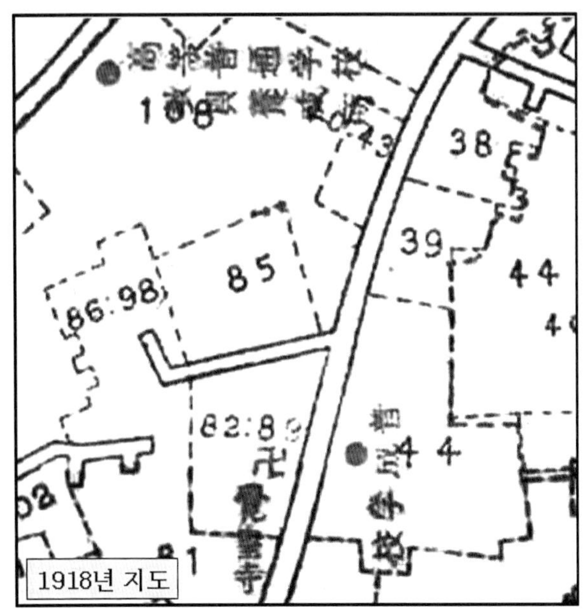

<지도 1> 중동이 1914년에 이사 온 수송동 85번지와
그 주변

* 자료: 「경성관내도」, 1918.

〈지도 1〉은 1918년 지도에서 이 연구의 관심 대상인 수송동 85번지 주변만을 따서 제시한 것이다. 중동이 1914년에 이사 온 곳이 대한매일신보 사옥 터였었고 그곳의 주소가 수송동 85번지이었기 때문에 이 지적도를 현재의 지적도 위에 거리와 방향을 같게 조정해서 포개 얹게 되면 1900년대 초의 수송동 85번지, 즉 대한매일신보 사옥 터가 현재 어디인지를 '어디 부근'이라는 것보다는 정확히 알 수 있게 된다.

이 작업을 한 것이 〈지도 2〉에 나타나 있다. 컴퓨터 프로그램 '포토샵'을 이용해 〈지도 1〉에서 선(線)과 글자만을 남겨 두고 면(面) 부분은 투명하게 한 뒤 이를 「서울특별시 지적·임야 약도: 종로구, 2001년」판 수송동 부분 위에 방향과 거리가 맞게 포개 얹은 것이다.

〈지도 2〉에서 1918년 지적도에서의 수송동 85번지가 2001년도 지적도상에서 겹치는 부분을 보면, 연합통신 빌딩의 동쪽 모퉁이 일부와 삼성생명 빌딩의 동남쪽 반 정도에 걸쳐 있음을 알 수 있다.

이로써 구한말 '박동 법어학교 앞 전 설필림 집'에 있었던 대한매일신보 창간사옥의 현재의 위치를 보다 정확하게 알 수 있게 되었다. 배설이 창간한 대한매일신보사는 현재의 수송공원 북쪽 모퉁이 일부와 그에 접한 연합통신 부지 100여 평과 삼성생명 부지 200여 평을 포함한 정사각형에 가까운 대지 안에 서 있었다.

　이로써 '연합통신(뉴스)' 부근으로 알려져 왔던 대한매일신보 창간사옥 터의 위치가 좀 더 정확히 밝혀지게 되었다.9)

〈지도 2〉 2001년 지적도 위에 1918년 지적도를 포갠 지도

　〈지도 2〉에서 '전 법어학교' 터로 추정하고 있는 곳, 즉 이전에 각황사가 있었던 곳은 현재 수송공원이라는 이름의 조그마한 공원이 들어서 있는데

---

9) 장규식은 "대한매일신보 사옥은 조계사 맞은 편 예전 중동고 부지, 즉 지금의 연합통신 근처에 있었을 것으로 추정된다."라고 말함으로써 대한매일신보사 터가 중동교 부지 안에 있었을 것으로 추정한 바 있다.(장규식, 1999, p.26)

이 공원 안에는 중동학교 터 표석, 숙명여학교 터 표석, 3·1독립선언서를
인쇄한 보성사 터 표석 등이 세워져 있다.

② 창간사옥의 사진

「중동80년사(中東八十年史)」에는 구교사(舊校舍), 즉 수송동 85번지에
있던 원래의 한옥 교사 앞에서 각과 학생들 여럿이 찍은 사진이 나와 있다
〈사진 1〉. 「중동80년사」에는 그 교사 앞마당에서 입학시험을 치르고 있는
장면을 담고 있는 1920년에 촬영한 또 다른 사진 한 장이 나와 있다. 이
두 사진을 합쳐 보면 중동의 구교사 모습을 짐작해 볼 수가 있다. 중동이
당시에 이 교사를 차용하고 있을 때였기 때문에 대한매일신보가 사옥으로
사용하고 있던 원래의 건물구조를 바꾸지 않았을 것으로 추정되며 따라서
1910년대 후반에 찍은 이 두 사진을 통해 10여 년 전 대한매일신보의 박동
사옥 모습을 짐작해 볼 수가 있다.

〈사진 1〉 중동이 1914년에 옮겨 와서 여러 해 동안 교사로 사용하던 건물
  * 출처: 「中東80年史」, 1986, p.99.

앞 〈지도 1〉에 나와 있는 1918년 지적도 중 수송동 부분을 보면 85번지의 중동학교 구교사 터와 82번지의 각황사(覺皇寺) 터 그리고 44번지의 보성전문·보성중학의 학교 터가 서로 골목길을 사이에 두고 붙어 있다.

중동학교는 수송동 85번지 터를 중심으로 동쪽과 서쪽으로 학교 터를 넓히면서 크게 발전해 나갔으며 1970년대 중반에는 북쪽 담을 사이에 두고 접해 있던 수송전기공업고등학교를 합병해 또다시 큰 발전을 이루었다. 중동학교는 1984년에 강남구 일원동으로 이사를 해 현재에 이르고 있다.

각황사는 원래 고려 말에 창건되었었으나 조선조에 들어와 소실되었던 것을 1910년에 원래의 터인 수송동 82번지에 중창한 사찰이다. 중창된 각황사는 1938년 길 건너편의 보성학교 터인 44번지, 즉 현재의 조계사 터에 대웅전이 준공되어 그쪽으로 옮겨 태고사(太古寺)가 되었다가 1954년 사찰명이 다시 조계사(曹溪寺)로 바뀌게 되었으며 현재 대대적인 확장 공사가 끝나가고 있다.

보성학교 터에는 1905년에 개교한 사립보성전문학교(私立普成專門學校)와 1906년에 개교한 사립보성중학교(私立普成中學校)가 있었다. 이곳에는 1919년 3월 1일 독립운동 때 독립선언서를 인쇄한 보성사(普成社)도 함께 있었다. 사립보성전문학교는 고려대학교(高麗大學校)의 전신으로서 1918년에 낙원동으로, 1922년에는 송현동으로 옮겼다가 1934년에 안암동으로 옮겨 현재에 이르고 있다. 사립보성중학교는 보성중고등학교(普成中高等學校)의 전신으로서 1927년에 혜화동으로 옮겼다가 1989년에 송파구 방이동으로 옮겨 현재에 이르고 있다.

연구자는 중동학교와 이웃했던 각황사(현재의 조계사)와 보성학교 쪽 자료에서 대한매일신보사 사옥의 모습을 좀 더 보여 주는 사진이 혹시 있지 않을까 해서 이를 찾아 나섰다.

보성중고등학교의 교사(校史)인 「普成80年史」에 1910년대 중반에 촬영한 학교 주변 사진들이 나와 있었다. 그중에 중동학교 구교사, 즉 대한매일신보사 박동 사옥의 거의 전모를 보여 주는 사진인 〈사진 2-1〉이 있었다. 이 사진의 원본은 '사립보성중학교 제7회 졸업생 기념(私立普成中學校 第

270

七回卒業生 紀念)' 사진첩에 들어 있었다.

<사진 2-1> 보성의 운동장, 각황사, 중동의 교사가 다 보이는 사진
보성학교 쪽에서 각황사 방향을 찍은 1915년경 사진

* 출처: '私立普成中學校 第七回卒業生 紀念' 사진첩, 1916.

<사진 2-2> 앞 사진에서 전(前) 대한매일신보 사옥 부분을 확대한 것

* 출처: '私立普成中學校 第七回卒業生 紀念' 사진첩, 1916.

〈사진 2-1〉은 1916년 3월에 졸업한 보성중학교 제7회 졸업생의 졸업 앨범에 나와 있는 사진이기 때문에 그 촬영시기는 1915년이었을 것으로 추정된다. 중동학교가 〈사진 2-1〉에서 각황사 오른쪽의 수송동 85번지 한옥교사로 이사를 온 것이 1914년이었으니까 중동이 이사 온 지 1년쯤 뒤에 찍은 사진인 것이다. 대한매일신보가 지금의 시청 앞인 당시의 석정동(石井洞) 쪽으로 이사를 간 것이 1907년 1월 초였으니까 대한매일신보가 떠난 때부터 치면 7년이 좀 지난 뒤에 찍은 사진인 것이다.

사진에 보이는 중동의 구교사는 중동이 1914년에 소유주인 독일인 '고르샬기'에게 월세를 내고 빌려서 사용하던 건물이었다. 고르샬기가 이 건물을 매입한 것은 「中東80年史」에 의하면 1908년 8월 27일 대한매일신보의 창간·운영자 배설의 유족이 영국으로 귀국하기 직전이었을 것으로 추정된다.[10] 건물주 '고르샬기'가 이 건물을 매입해서 중동에 세를 내주기까지의 기간이 약 6년이었음을 뜻하는데 그간에도 이 건물은 세를 내주었을 것으로 짐작이 되기 때문에 중동이 세를 얻어 이사를 올 때까지 이 건물이 개축 혹은 신축되지는 않았을 것으로 생각된다.

대한매일신보가 떠나고 난 직후의 그 건물에 대한 자료가 하나 있다. 고르샬기가 매입하기 전인지 후인지는 알 수 없으나 그 건물에 인쇄출판회사 일신사(日新社)가 들어 있었다. 일신사는 황성신문 1907년 6월 29일자에 낸 광고에서 자기 회사의 위치를 '전 대한매일신보사'라고 밝히고 있다. 일신사가 그 건물에 얼마나 오래 들어 있었는지에 관해서는 아직 자료를 찾지 못해 알 수는 없다.

〈사진 2-1〉은 보성학교 안에서 각황사 쪽을 향해 찍은 사진이다. 운동장에서 학생들이 야구시합을 하고 있고, 운동장 가에 학교 담이 있고, 그 담 왼쪽에 출입문이 있고, 운동장 담 너머에 길을 사이에 두고 각황사의 담이 있고 그 담 바른쪽에 각황사 출입문이 보이고 그 안 경내에 각황사 건물의 전모가 보인다. 각황사 오른쪽에 이 연구의 주 관심대상인 중동학

---

10) 「中東80年史」, 1986, p.122. 앞의 〈자료 1〉 참조.

교의 옛 교사, 즉 그 이전에 대한매일신보 사옥이었던 건물의 모습과 출입문이 보인다.

중동학교 교사 뒤에 큰 건물이 하나 보이는데 그 건물 터는 1918년 지도인 〈지도 1〉에는 '고등보통학교 교원양성소'로 표기되어 있다. 그보다 앞선 1911년 지도에서는 그 터가 '사범학교'로 나와 있다.

〈사진 2-1〉에서 중동학교 옛 교사 부분을 확대한 것이 〈사진 2-2〉이다.

이 사진을 〈지도 1〉에 대입시켜 볼 때 대한매일신보의 첫 사옥은 "동서로 길게 지어진 그리고 서쪽 끝에서 남쪽으로 약간 꺾여져 나온 단층 한옥 기와집"이었음을 알 수가 있다.

한옥 전문가는 이 사진만으로도 대한매일신보 사옥의 설계도를 스케치해 낼 수 있을 것으로 생각된다.

2) 두 번째 사옥인 석정동 사옥

대한매일신보가 사고를 통해 밝힌 두 번째 사옥의 위치는 다음과 같다.

"남서 황단 신작로 석정동 초입 북편 3층 양옥가"
(南署 皇壇 新作路 石井洞 初入 北便 三層 洋屋家)

① 두 번째 사옥의 위치

대한매일신보는 1907년 1월 초에 현재의 시청 앞으로 이사를 갔다. 1907년 1월 5일자 사고(社告)에서 새 사옥의 위치가 "남서 황단 신작로 초입 석정동 북변 3층 양옥(南署 皇壇 新作路初入 石井洞北便 三層洋屋)"이라 밝히고 있다.

'남서'는 현재의 표현으로 하면 '남구(南區)'가 된다. 구한말 한성부(漢城府)는 조선조 초부터 東, 西, 南, 北, 中의 5개 행정구역으로 구분되어 있었다. 이 행정구역의 명칭이 처음에는 부(部)이었던 것이 갑오경장 때 서

(署)로 바뀌게 되었다.

황단의 정식명칭은 환구단(圜丘壇)[11]으로서 구한말 고종(高宗)은 남별궁 터에 세워진 이 환구단에서 1897년 10월 12일에 황제(皇帝)의 즉위식을 올리면서 대한제국(大韓帝國)을 선포했었다. 일제는 우리나라를 강점한 직후인 1913년에 우리나라의 독립과 자주를 상징하는 이 환구단을 헐어 내고 그 자리에 철도호텔을 지었고 이 호텔이 조선호텔이 되었다가 현재는 웨스틴조선호텔이 되어 있다. 환구단의 일부로서 환구단보다 2년 뒤인 1899년에는 3층 팔각지붕의 황궁우(皇穹宇)가 지어졌는데 이 황궁우는 하늘과 땅의 여러 신위를 모시고 조선조 역대 왕들의 위패를 모신 사당이었다. 지금은 황궁우만이 웨스틴조선호텔 뒤쪽 경내에 남아 있는데 이것이 지니고 있는 역사적인 상징성을 모르는 사람들에게는 이 황궁우가 후원의 조경물로만 느껴지지 않을까 해서 마음이 쓰인다.

대한매일신보가 황단으로 들어가는 신작로 초입 북쪽 구획에 있는 3층 양옥이라고 밝히고 있는 이 두 번째 사옥의 위치에 관해서도 첫 번째 사옥의 경우와 같이 그곳이 현재의 위치로 대강 어디쯤이었는지는 이미 알려져 있다.

정진석은 「언론유사」에서 "석정동은 소공동에서 서울시청 앞 광장을 돌아 을지로 입구로 꺾어지는 방면이었으며, 대한매일신보의 사옥은 지금의 백남 빌딩—프레지던트 호텔과 조선호텔 입구 근처였다."[12]라고 했고 장규식도 "지금의 프레지던트 호텔 근처"라고 지목한 바 있었다.

이 연구에서는 위의 연구자들이 말로 '근처'라고 한 것을 지도를 사용해서 좀 더 정확하게 짚어 보려고 했다.

이 작업을 위해 1911년 지도, 1918년 지도 그리고 2000년 현재의 지도가 동원되었다. 우선 〈지도 3-1〉에서는 대한매일신보가 3층 양옥 사옥이 있

---

11) 圜 자는 '둘릴 환', '에울 환', '둥글 원', '제단 원'으로 한자옥편에 나와 있음. 음이 '환'과 '원' 두 가지로 나와 있음. 圜 자가 圓 자와 같게 쓰이기도 함. 따라서 圜丘壇은 전에는 '환구단'으로 읽히기도 하고 '원구단'으로 읽히기도 했었음. 현재는 '환구단'으로 공식화되어 있음.

12) 정진석, 「언론유사」, p.390.

는 곳이라고 밝힌 '황단 신작로 초입 북변'의 위치를 1911년과 1918년 지도 위에다 지정해 보았다. 대한매일신보가 1910년 6월 초순까지 그 자리에 있었으니까 그때로부터 1년이 채 지나지 않았을 때인 1911년의 지도상에서의 황단 신작로 초입 지형이 7년여가 지나 태평로가 새로 곧고 넓게 뚫리고 을지로도 직선화되고 폭이 넓어진 1918년 지도에서도 큰 변화 없이 거의 그대로 유지되고 있음을 볼 수 있다.

1918년 지도는 1911년의 지도와 큰 차이가 없으면서도 현재의 지도와도 유사한 점이 많아 구한말의 위치를 현재의 지도상에서 찾아보는 데 많은 참고가 될 수 있다. 바로 뒤에서 밝혀지겠지만 대한매일신보 두 번째 사옥의 사진을 찾는 데는 1918년 지도가 결정적인 도움을 주고 있다.

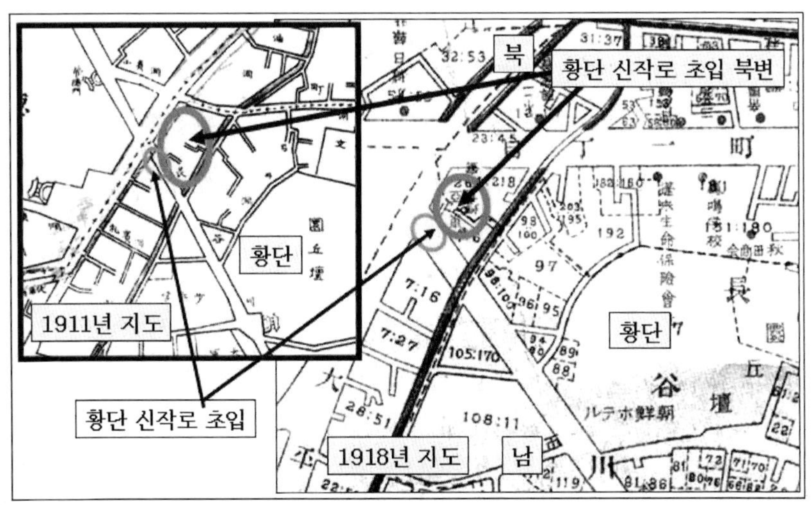

<지도 3-1> 1911년과 1918년 지도상에서의 '황단 신작로 초입'과 그 '북변'

〈지도 3-1〉에 1911년과 1918년 당시의 환구단 부근 지도가 제시되어 있다. 1911년 지도에서는 옛 도로가 그대로 나타나 있으나 1918년 지도에서는 태평로와 을지로(당시 황금정 1정목)가 직선화되고 폭이 넓어져 있음을

볼 수 있다. 현재의 서울시청 자리에는 1914년에 이곳에 신축사옥을 짓고 이사를 온 경성일보(京城日報: 당시 총독부 일본어 기관지)가 있었음을 알 수 있다.

1911년과 1918년 지도 위에 '황단 신작로 초입'이 실선 작은 타원으로, '초입 북변'이 큰 실선 원과 타원으로 표시되어 있다. 큰 실선 원과 타원으로 표시된 '황단 신작로 초입 북변'이 대한매일신보의 두 번째 사옥이 있었던 곳이 된다. 그런데 문제는 큰 실선 원과 타원으로 표시된 지역 안 어디에 있었을까가 확실치 않다는 데 있다. 대한매일신보가 이사를 들어간 건물이 '3층 양옥'이었기 때문에 그 건물은 길가에 있었을 것으로 추정이 된다.

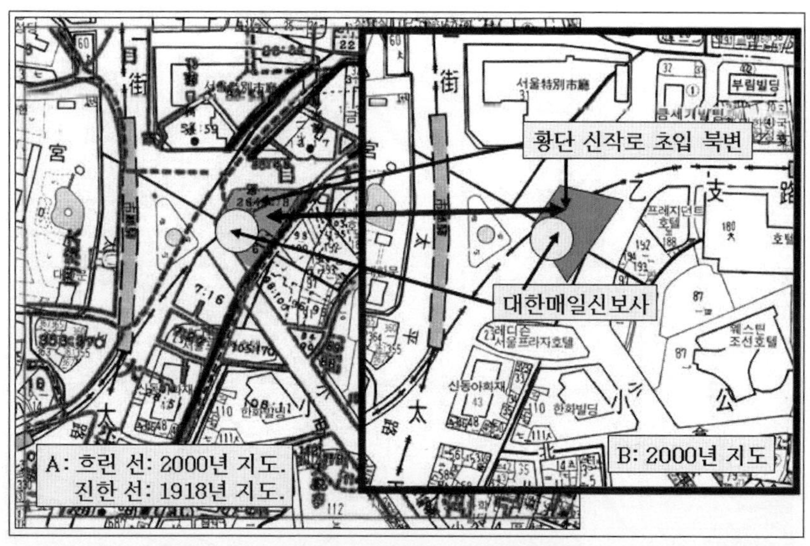

〈지도 3-2〉 1918년 지도를 2000년 지도 위에 포갠 지도(A)와 이 작업을 통해 확인 된 대한매일신보사 두 번째 사옥 위치를 2000년 지도 상에 표시해 본 지도(B)

〈지도 3-2〉에서 A 부분은 1918년의 지도에서 선과 글자만을 남겨 면(面) 부분은 투명으로 한 것을 2000년 현재의 지도 위에다 포갬으로써 대

한매일신보 두 번째 사옥이 있던 지점을 2000년 현재의 지도상에서 확인해 본 것이고 〈지도 3-2〉의 B 부분은 이렇게 해서 확인된 지점을 2000년 현재의 지도상에다 표시해 본 것이다.

'황단 신작로 초입 북변'이라고 하면 앞의 1918년 지도상에서 사다리꼴 부분 전체에 해당될 수 있으나 사옥이 '3층 양옥'이었기 때문에 길가에 있었을 것으로 생각되며 그 위치는 원으로 표시한 '신작로 초입 북변 모퉁이' 쯤이 아니었을까 생각된다.

이상의 작업에 입각해 보면 대한매일신보 두 번째 사옥은 〈지도 3-3〉에 표시된 바와 같이 현재 시청 앞 광장 중앙부에서 약간 동쪽으로 치우친 지점에 있었다고 추정해 볼 수 있을 것 같다.

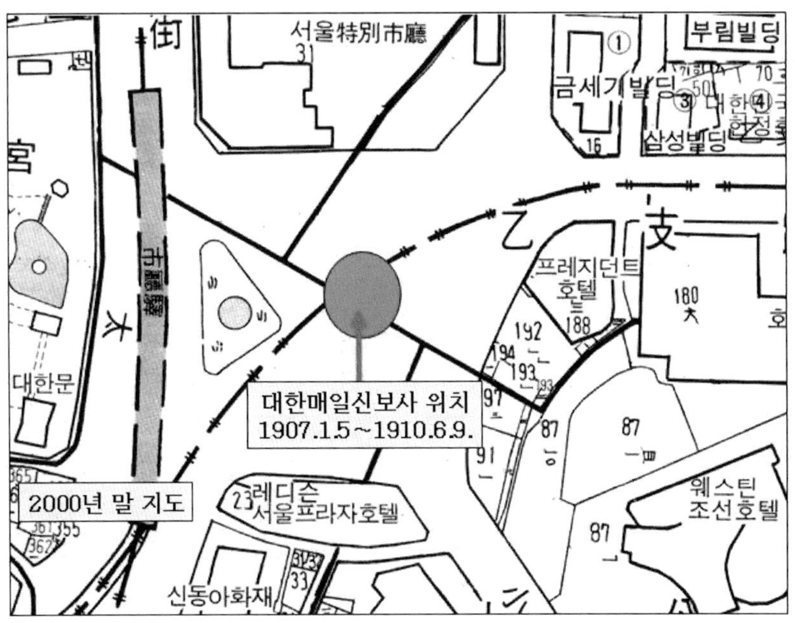

〈지도 3-3〉 2000년 말 지도상에서의 대한매일신보 두 번째 사옥 위치

② 두 번째 사옥의 사진

일제는 1910년 8월 29일 우리나라를 강제 합병하면서 총독부를 설치하고 그 기관지로서 경성일보(京城日報: 일어판)와 매일신보(每日申報: 국문판)를 발행했는데 매일신보 1914년 10월 25일자 제1면에 실린 사진 속에서 구한말의 항일지 대한매일신보의 두 번째 사옥으로 추정되는 건물의 사진을 찾을 수 있었다.

이 건물이 대한매일신보 사옥임을 입증하는 데는 1918년의 지도가 크게 도움이 된다.

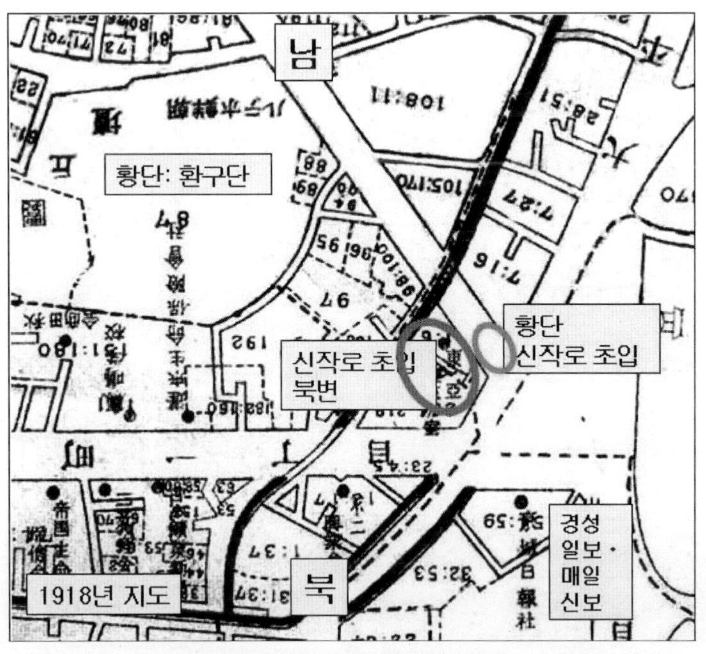

<지도 3-4> 1918년 지도를 북에서 남을 바라보게 회전시킨 지도

앞에서도 언급이 되었지만 1918년 지도에서 보면 태평로가 넓게 곧게 새로 개설되어 있고 을지로도 곧게 넓게 정비되어 있음에도 대한매일신보가 있었던 지역 부분에는 큰 변화가 없었다. 그리고 지금의 시청 자리에는 총

독부 기관지 경성일보가 있었다. 총독부의 국문판 기관지 매일신보도 그때 경성일보 건물에 함께 들어 있었다.

경성일보·매일신보는 필동 쪽에 있다가 1914년 10월에 지금의 시청 자리에 새로 지은 사옥으로 이사를 했다. 매일신보는 신축 사옥으로의 이전을 기념하는 특집기획의 하나로 신사옥(新社屋) 주변을 보여 주는 사진들을 싣고 있다. 이들 사진 가운데서 신사옥 중앙의 고층 옥탑에서 남산 방향으로 찍은 사진이 있는데 이 사진 속에 대한매일신보 사옥으로 추정되는 건물의 모습이 들어 있다.(당시의 경성일보가 보존이 안 되어 있어 확인은 안 되지만 경성일보도 같은 사진을 실었을 것으로 추정된다.)

경성일보·매일신보에서 남산 방향으로 찍은 사진과의 시각을 맞추기 위해 1918년의 지도를 180도 회전시켜 아래쪽이 '북'이고 위쪽이 '남'이 되게 한 것이 〈지도 3-4〉이다.

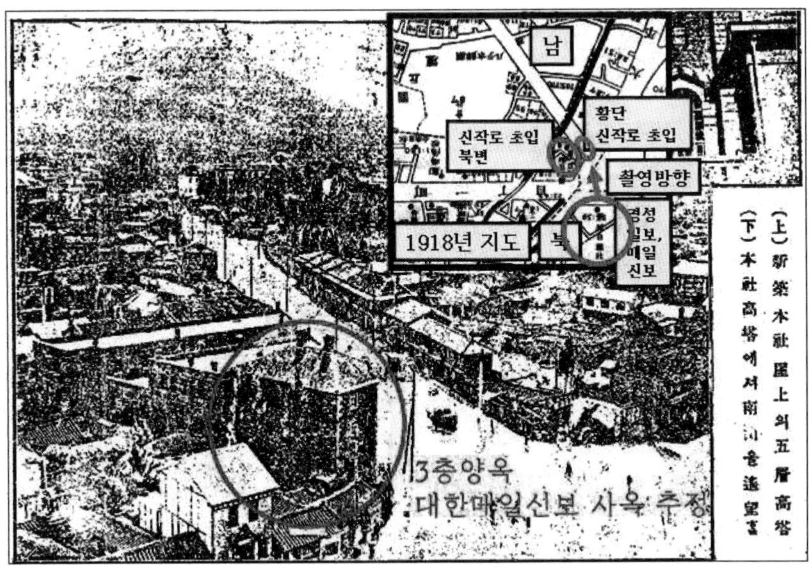

〈사진 3-1〉 현 서울시청 자리에 1914년 10월 신축된 경성일보·매일신보의 사옥 중앙의 옥탑에서 남산 방향으로 촬영한 사진

* 출처: 《매일신보》, 1914년 10월 25일, p.1.

〈사진 3-1〉은 매일신보 1914년 10월 25일자 제1면에 실린 '매일신보에서 남산 쪽 방향으로 찍은 사진'인데 그 안에다가 시각을 같이하기 위해 180도 회전시킨 1918년 지도를 삽입한 것이다.

사진을 지도와 대비시켜 보면 지도에서 '황단 신작로 입구 북변 3층 양옥'의 위치로 표시되어 있는 지점에 '3층 양옥' 건물이 서 있음을 볼 수 있다.

대한매일신보가 1910년 6월 9일까지 '황단 신작로 입구 북변 3층 양옥'에 있었으니까 이 사진은 그로부터 4년밖에 지나지 않은 시점에 찍은 사진인 것이다. 그로부터 다시 4년 뒤인 1918년 지도에서도 그 부근의 지형은 크게 바뀌지 않고 있다. 이로 미루어 보아 대한매일신보 사옥이 확실시되는 이 3층 양옥 건물은 1918년경 어쩌면 1920년대 초까지 그대로 있지 않았을까 생각된다.

〈사진 3-2〉 대한매일신보의 두 번째 사옥으로 추정되는 3층 양옥의 확대 사진
* 자료: ≪매일신보≫, 1914년 10월 25일, p.1.

〈사진 3-2〉는 매일신보 옥상 고탑에서 남산방향으로 찍은 사진을 좀 더 크게 한 것이다. 원 속에 밝게 나타나 보이도록 한 3층 양옥이 연구자가 구한말 대한매일신보 두 번째 사옥이었을 것으로 지목하는 건물이다.

1920년을 전후해서는 사진이 그 이전에 비해 좀 더 보급이 되었을 것이기 때문에 이 부근 사진들은 찾아 나서면 찾아질 수 있을 것 같은 생각이 든다. 이들 사진이 찾아지면 좀 더 선명한 모습을 볼 수 있을 것 같고 이 연구에서 지목하고 있는 건물이 과연 대한매일신보 사옥이었던 건물인지를 보다 확실히 판별할 수 있을 것으로 생각된다.

3) 세 번째 사옥인 포전병문 2궁가 사옥

대한매일신보가 사고를 통해 밝힌 세 번째 사옥의 위치는 다음과 같다.

"경성 중부 포전병문 이궁가 2층 양옥"
(京城 中部 布塵屛門 二宮街 二層 洋屋)

① 세 번째 사옥의 위치

대한매일신보는 이 신보의 한국인 사원이었던 이장훈(李章薰)이 시설과 판권을 1910년 6월에 당시의 사주였던 영국인 만함(萬咸: A. W. Marnham)에게서 사들인 뒤 사옥을 당시의 석정동, 즉 현재의 시청 앞에서 "경성 중부 포전병문 이궁가 2층 양옥(京城中部布塵屛門二宮街二層洋屋)"으로 옮겼다.

대한매일신보 창간자인 배설(裵說: E. T. Bethell)은 일본 통감부의 탄압에 맞서 항일언론의 필봉을 휘둘렀으나 일본의 탄압이 극심해지자 신보의 발행인 겸 편집인 자리를 1908년 5월에 비서였던 영국인 만함(萬咸: A. W. Marnham)에게 넘겼다. 만함은 신보를 맡아 첫 1년은 배설의 후견과 지원 하에, 그리고 배설이 타계한 1909년 5월 1일 이후에는 혼자의 힘으로 다시 1년간 더 신보를 운영했다. 그러나 일본 통감부의 계속되는 탄압과 회유를 더 이상 견디어 내지 못하고 신문사의 시설과 경영권을 1910년 6월에 신보사의 한국인 사원 이장훈에게 팔아넘기고 자신은 영국으로 돌아갔다.

이때 대한매일신보의 매입은 매입자가 표면상으로는 이장훈으로 되어 있지만 실제로는 일본 통감부가 사들인 것으로 알려져 있다.[13]

때문에 구한말 배설의 대한매일신보가 막을 내린 시점을 언제로 보아야 할 것이냐에 관해 논의의 여지가 있을 수 있다. 만함의 명의로 발행된 마지막 호가 1910년 6월 9일이고 6월 14일자부터 이장훈이 발행인 겸 편집인으로 나오기 시작하는데 이때를 기준으로 잡아야 할 것인지, 아니면 제호가 《대한매일신보》로 발행된 마지막 호가 1910년 8월 28일이고 8월 30일부터는 제호에서 '대한'을 떼고 《매일신보》로 발행되기 시작했는데 이때를 기준으로 삼아야 할 것인지가 문제가 될 수 있다.

대한매일신보의 사옥은 앞의 시점(1910년 6월 9일)을 기준으로 하게 되면 두 번째 사옥까지로 끝나게 되고 뒤의 시점(1910년 8월 28일)을 기준으로 삼게 되면 세 번째 사옥까지 있었던 것이 된다.

이 연구에서는 신문의 제호를 기준으로 잡고 대한매일신보의 세 번째 사옥의 위치도 알아보고자 했다.

대한매일신보는 1910년 6월 14일자로 발행인의 명의가 이장훈으로 바뀌면서 '경성 중부 포전병문 이궁가 2층 양옥'으로 사옥을 옮겼으며 한일합병으로 1910년 8월 30일 제호를 《매일신보》로 바꾸고 나서도 그 자리에서 발행을 계속하다가 1910년 10월 19일 '경성 서부 정동 대한문 앞'(경성 태평정 2정목 35번호)으로 다시 사옥을 옮기게 된다.

따라서 대한매일신보가 세 번째 사옥인 포전병문 2궁가 2층 양옥에서 《대한매일신보》라는 제호로 발행된 기간은 2개월 15일밖에 안 된다.

대한매일신보가 세 번째 사옥의 위치를 알리면서 '포전병문'이라고만 하지 않고 '이궁가'를 추가한 것을 보면 당시 서울에 포전병문(布廛屛門)이 두 곳 혹은 그 이상이 되었었기 때문으로 생각된다. 포전병문에서 병문은

---

13) 정진석, 「대한매일신보와 배설」, pp.461-2.

'골목의 어귀', '골목의 입구'를 일컫는 것으로서 포전병문은 포전에 있는 골목의 입구를 말하는 것으로 판단된다.

〈지도 4-1〉에서 보면 1911년 지도상에 '포점(布店)'이 두 곳에 표기되어 있다. 하나는 보신각(普信閣) 바로 남쪽의 '포점'이고 다른 하나는 파고다 공원 남쪽 종로 대로 건너편에 위치해 있는 '포점동(布店洞)'이 그것이다.

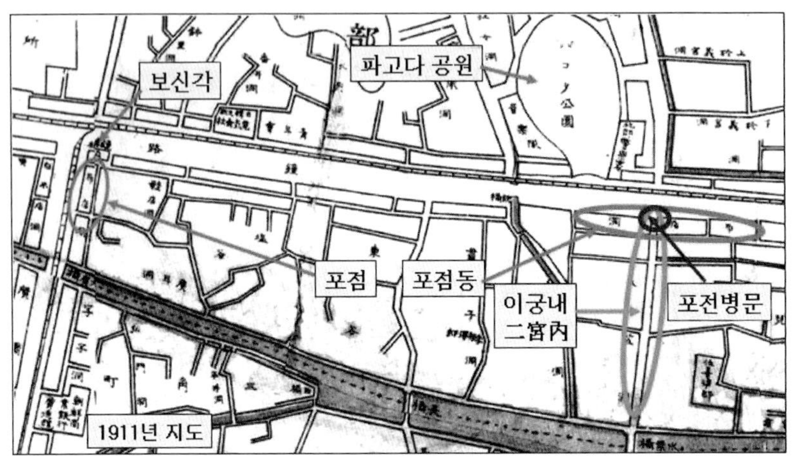

〈지도 4-1〉 1911년 지도상에 나타난 '포전'(일본식 표기로 포점)의 위치
* 포점이 보신각 바로 남쪽과 파고다공원 건너편 두 곳에 있었다.

이들 두 곳 중 '이궁가'가 있는 곳이 대한매일신보의 세 번째 사옥이 있었던 곳이 된다. 〈지도 4-2〉에서 볼 수 있듯이 1903년과 1907년 지도에 '이궁내(二宮內)'로 표기되어 있는 곳이 나온다. 이 거리가 '이궁가(二宮街)'로 판단된다.

포전병문이란 포전 골목 입구를 말하는 것이고 이궁가의 북쪽 끝 종로 대로와 맞닿는 곳 양쪽에 포점들이 있었으니까 이곳이 '포전병문 이궁가'의 위치가 된다.

대한매일신보 세 번째 사옥이 있었던 '포전병문 이궁가'의 위치에 관해서는 그간 두 가지 추정이 있어 왔다. 하나는 '광화문 부근'이었다는 추정이고 다른 하나는 정진석의 "탑골공원 근처에 위치했을 것으로 짐작된다."[14]
라는 추정이 그것이다. 정진석은 "베전(布廛)은 종로2가와 3가 근처에 있
었으며 포전과 병문을 합쳐 '포병동'으로 부르기도 했었다. 대한매일신보는
탑골공원 근처에 위치했을 것으로 짐작된다."라고 동명(洞名)을 근거로 해
정확한 추정을 내리고 있다.

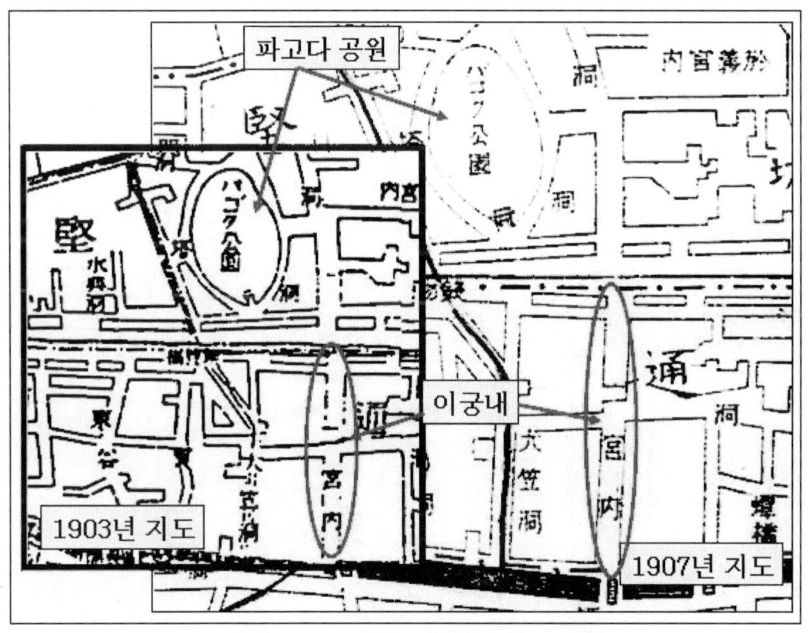

<지도 4 - 2> 1903년과 1907년 지도상에서 '이궁가(二宮街)' 위치
 * 지도상에서는 '이궁내(二宮街)'로 표기되어 있음.

　1910년을 전후에서 나온 지도들을 검토해 본 결과 정진석의 '탑골공원
근처'가 맞는 것으로 나타났다.
　그렇다면 '포전병문 이궁가'의 현재의 위치는 어디가 될까?
　이를 알아보기 위해 현재의 지도 위에 1911년의 지도를 포개 본 것이

---

14) 정진석, 「언론유사」, p.394.

〈지도 4-3〉에 나타나 있다. 1911년 지도에서 선과 글자는 남기고 면(面) 부분은 투명되게 한 뒤 이를 현재의 지도 위에 포개서 거리와 방향을 현재의 지도와 맞게 조정을 한 것이기 때문에 1911년 지도상에서의 위치를 현재 지도상에서 확인해 볼 수가 있다.

이렇게 확인한 결과 실선 원으로 표시되어 있는 옛날의 이궁가 포전병문의 현재의 위치는 파고다공원 정문 앞에서 동남방향으로 약간 떨어져 있는 지점이고 종로통 가로의 남쪽 부분 길 위가 된다. 이렇게 된 것은 1960-70년대에 종로통의 가로 폭을 확장하면서 북쪽은 그대로 놓아두고 남쪽을 정비했기 때문이다.

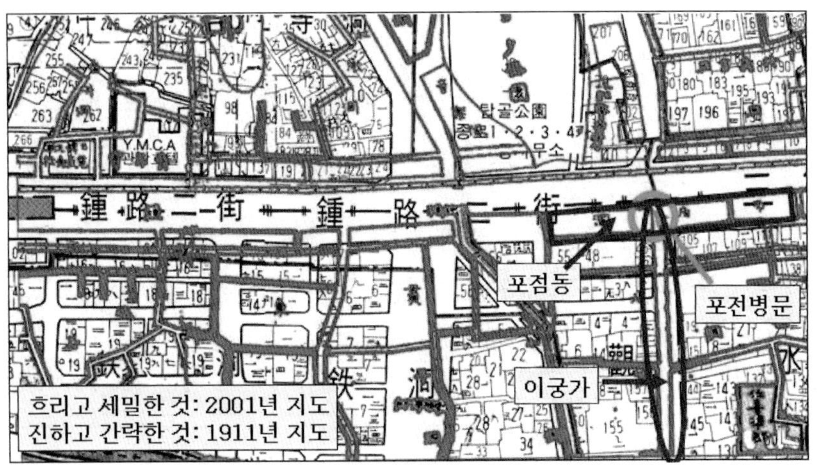

〈지도 4-3〉 2001년 지도 위에 1911년 지도를 포갠 지도

* '포전병문(布塵屛門)'의 현재의 위치는 넓혀진 도로 안에 들어 있음.

〈지도 4-4〉는 〈지도 4-3〉에서 확인된 포전병문의 위치를 현재의 지도 상에다 표시를 해 놓은 것이다. 대한매일신보가 들어 있던 2층 양옥이 포전 병문에 접해 있었거나 아주 가까이 있었을 것으로 생각되는데 병문의 동과 서 어느 쪽에 있었는지 아직은 확실치가 않다. 앞으로 그 부근 사진이나 또

다른 자료가 발견되면 확인이 되겠지만 현재로서는 지도상에 'A'와 'B'로 표기된 두 곳 중 한 곳이었을 것으로 추정하는 도리밖에 없을 것 같다.

포전병문에서 남쪽으로 난 길이 옛날의 '이궁가'로서 현재는 거리 이름이 '수표다리길'로 되어 있다. 2층 양옥이 있었을 것으로 추정되는 곳의 하나인 'A' 지점은 현재 'YBM 시사 빌딩' 앞의 보도와 그 바깥 차도의 일부를 차지하는 것으로 추정된다. 또 하나의 추정지 'B' 지점은 수표다리길이 동대문 쪽으로 꺾이는 모퉁이 1-2층 상가 건물들 앞의 보도와 그 바깥 차도의 일부를 차지하는 것으로 추정된다.

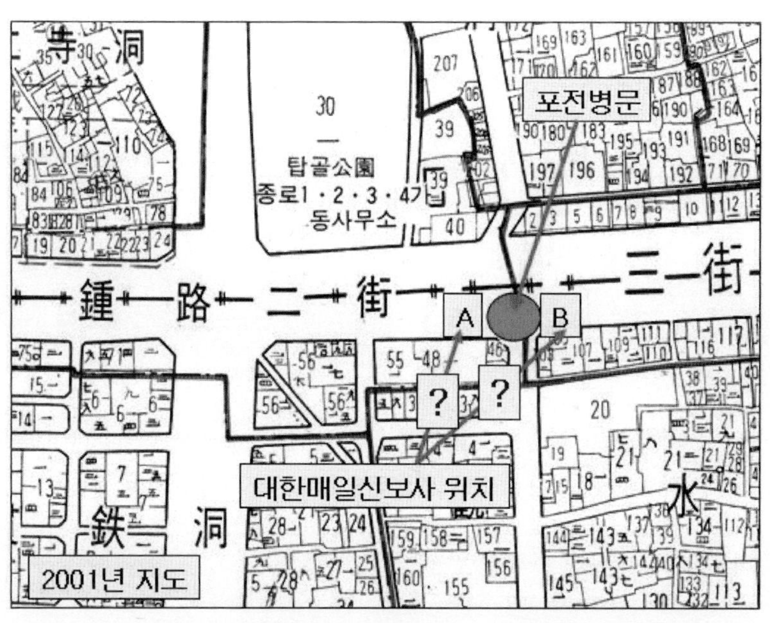

<지도 4-4> 현재 지도상에서의 대한매일신보 세 번째 사옥의 위치: A와 B 두 곳 중 한 곳에 있었을 것으로 추정됨

② 세 번째 사옥의 사진

이곳에 있었던 대한매일신보 세 번째 사옥을 직접 보여 주는 사진은 아직 찾지를 못하고 있다. 파고다공원 길 건너편의 대체적인 상황을 보여 주는 사진만이라도 나타나게 되면 'A'와 'B' 두 지점 중 어느 쪽이었는지는 알 수 있을 것으로 생각된다. 종로2가에서 3가로 넘어가는 이 지역 거리는 1920년대까지 큰 변화가 없었을 것 같으며, 그렇다면 1910년대가 아닌 1920년대의 사진에서도 대한매일신보 세 번째 사옥의 위치와 모습은 찾아질 수 있을 것이라는 기대에서 관련된 사진들을 계속 찾아보고자 한다.

직접적인 사진을 아직 찾지를 못하고 있는 상태에서 혹시 이 건물이 아닐까 하는 희망 섞인 추정을 하게 하는 사진이 하나 있어 여기에 제시해 보았다.

〈사진 4〉 대한매일신보 사옥으로 추정되는 2층 건물이 바른쪽 끝 부분에 보임
* 자료: 서문당, 「사진으로 보는 近代韓國(상)」, 1986, p.22.
* 사진 설명: '1910년대 종로통'.

〈사진 4〉는 1910년대에 종로 네거리에서 동대문 방향으로 찍은 사진이다. 바른쪽 전면에 보신각의 앞부분이 보이고 왼쪽 전면에는 일한와사전기회사(전 한미전기회사)의 건물과 돔이 보이고 그 뒤에 YMCA 건물(1908년 준공)이 보인다. 사진의 바른쪽 끝 부분에 2층 양옥으로 판단되는 건물이 보이는데 이 2층 건물의 위치는 YMCA 건물을 훨씬 지나서 파고다공원 앞

쪽쯤이 되지 않을까 생각된다.

이러한 추정이 맞는 것이라면 1910년 8월의 한일합방을 전후해서 약 2개월여 '중부 포전병문 이궁가 2층 양옥'에서 신문을 발행했었던 당시의 대한매일신보 사옥과 그 주변의 분위기를 이 사진에서 어렴풋이나마 느낄 수 있을 것도 같다.

3. 대한매일신보 발간 100주년에 부쳐서

본 연구는 대한매일신보 창간 100주년(2004년)에 즈음하여 이 신문이 우리나라 최근세사 벽두에 수행했던 항일 구국의 언론투쟁이 우리의 언론사적 측면에서 지니는 큰 의의를 상기하면서 그 언론투쟁의 현장이었던 대한매일신보사 사옥의 정확한 위치를 알아보고자 한데서 시작이 됐다.

본 절(節) 대한매일신보사 사옥의 위치와 사진에 관한 부분은 본 연구자가 2004년에 발표한 연구의 내용을 요약 정리한 것이다.[15]

본 연구가 주로 위치를 찾으려는 것이었기 때문이기도 하지만 연구를 진행함에 있어서 지도와 지적도, 지상에서 찍은 사진 등이 주로 동원되었다. 다만 연구자가 지적도나 측량 전문가가 아니기 때문에 위치를 지정함에 있어 얼마간의 오차가 있었을 것이 틀림없다. 이들 분야 전문가들의 도움을 받아 신문사의 보다 정확한 위치가 밝혀질 수 있기를 기대해 본다.

본 연구자는 구한말 우리 신문사들, 예컨대 독립신문, 황성신문, 대한매일신보 등이 어디에 있었는지 그 위치를 정확히 알아보기 위한 작업을 해오면서 몇 가지 아쉬운 느낌이 드는 사항이 있다.

신문사가 있었던 위치에 관한 사항은 지극히 간단한 것인데 왜 그에 관한 자료를 찾기가 어려운 것일까. 너무나 단순한 것이기도 하고 또 동시대

---

15) 앞의 주4 참조.

인들 사이에서는 다 아는 사항이어서 기록을 해 둘 필요를 못 느꼈기 때문이었을까. 그 당시의 사항을 알고 있던 원로 분들이 아직도 생존해 계시는 동안, 예컨대 멀게는 60년 전이나 50년 전, 가깝게는 30여 년 전에라도 그 분들에게 여쭈어 보기만 했어도 확인이 가능했었을 터인데……

그러면서 본 연구자는 스스로에게 물어보곤 한다. 100년 아니면 50년 후의 후학들이 지금 "당신이 아쉬워하고 있는 사항과 비슷한 상황을 아쉬워하지 않게끔 하기 위해 무엇을 하고 있느냐."라고, ……

(《鄕土서울》, 제64호, 2004에 발표. 본서에서 부분 보완.)

제2절 배설(裴說 : Bethell) 사저의 사진과 현재의 위치

대한매일신보사 사옥(社屋)의 사진이 극히 최근에 이르러서야 찾아진 것과는 달리 이 신문을 창간해서 운영했던 배설(裴說) 사장이 살았던 홍파동 집의 모습은 사진과 스케치 형태로 이미 우리에게 알려져 있다.

여기 제2절에서는 배설 사장 사저(私邸) 사진에 관한 것을 먼저 다루고 뒤이어 배설 사저의 위치 특히 현재의 위치를 보다 정확히 추정해 보는 작업을 진행해 보겠다. 배설 사저의 현재 위치를 추정하는 데 항공촬영 사진도 동원되는데 이 항공촬영 사진의 판독에 배설 사저의 옛 사진들이 중요한 단서를 제공해 주고 있다.

1. 배설 사저의 사진

배설 사저의 사진과 스케치는 정진석의 대한매일신보에 대한 본격적인 연구에서 일찍부터 우리에게 소개가 되었다.(정진석, 1987, 1999)[16]

〈사진 1-1〉의 A는 캐나다 태생 영국 신문 특파원 매켄지(F. A. Mckenzie)가 취재를 위해 두 번째 한국에 왔을 때 찍은 배설 사저의 사진이고 C는 일본의 강압에 의한 한국 합병이 있기 10일 전인 1910년 8월 19일 영국의

---

16) 鄭晋錫, 「大韓每日申報와 裴說」, 서울: 나남, 1987: 정진석, 「언론유사」, 서울: 커뮤니케이션북스, 1999.

290

한 신문에 실린 배설 사저의 스케치이다.(정진석, 1999, p.397)

〈사진 1-1〉의 A를 〈사진 1-2〉의 B, 즉 1968년에 중앙일보에 실린 사진과 비교해 보거나 〈사진 1-3〉의 A에 나와 있는 배설의 사진과 비교해 보면, 〈사진 1-1〉의 A쪽 사진보다는 〈사진 1-1〉의 B쪽 사진(좌우를 뒤집기 한)이 맞는 것임을 알 수 있다. 〈사진 1-1〉에서 사진 A를 좌우 뒤집기를 한 사진 B쪽이 스케치 C와 맞아떨어진다.

〈사진 1-1〉 배설(Bethell) 생존 시 그의 사저 사진과 스케치

* '사진 B'는 '사진 A'의 좌우를 뒤집기 한 사진.
* '사진 B'는 뒤 〈사진 1-3〉의 A에 나온 배설의 사진과 〈사진 1-2〉 B의 1968년의 중앙일보 사진 등으로 미루어 보아 좌우가 바뀐 것으로 판단되어 좌우를 뒤집은 사진임.

다음은 〈사진 1-2〉를 보자. A는 1907년경 사진(좌우를 뒤바꿔 바로잡은)이고 B는 1968년 7월 26일자에 중앙일보에 난 배설의 옛집 사진이고 C는 그보다 7년 뒤인 1975년 6월호 ≪신문평론≫에 실린 배설의 옛집 사진이다.

<사진 1-2> 배설이 살았던 사저의 사진들: 1907년경 사진(A), 1968년 7월
　　　　　사진(B), 1975년 6월 사진(C)

* 'A' 사진에서 실선 원으로 표시된 동(棟)이 'B'와 'C' 사진에 나와 있는 것과 같
　은 건물임.

　B의 사진과 C의 사진이 얼뜬 보기에 같은 사진 같아 보이기도 하지만
자세히 보면 지붕 밑쪽 그림자에 차이가 있다는 점 그리고 사진을 찍은 각
도가 약간 다르다는 점 등으로 미루어 보아 둘은 같은 사진이 아님을 알
수 있다. 신문평론이 1975년 6월호에 실은 사진은 같은 집을 새로 찍어 사
용한 것으로 볼 수 있다. 그렇다면 배설의 옛 사저 건물은 최소한 1975년
까지 그대로 남아 있었음을 알 수 있다.

　배설의 옛 사저에 관한 검토에는 중앙일보에 난 배설 옛 사저에 관한 설
명이 큰 도움을 준다. 중앙일보 1968년 7월 26일자 기사에 의하면 "배설의
옛 사저였던 집이 있는 곳의 주소는 홍파동 2-4번지이고, 대지 600평에
건평은 100평이며, 두 채로 나뉘어 있고, 한국식 기와지붕에 벽은 중국식
빨간 벽돌로 쌓은 집이고 두 채로 된 집을 안동원 씨와 구영숙 씨가 한

채씩 나누어 매입을 했었고, 안 씨가 매입한 집은 옛 모습을 유지하고 있으나 구 씨가 매입한 집은 양옥으로 개조되어 있었다."라고 한다.

〈사진 1-2〉의 A를 보면 한국식 기와지붕의 집 두 채가 보인다. B와 C의 집은 같은 집인데 옛 모습을 유지하고 있는 것으로 미루어 안동원이 매입했던 집이다. 집의 구조로 보아 B와 C 사진의 집은 A 사진에 나와 있는 두 채 중 실선 타원으로 표시한 뒤쪽의 건물이다.

〈사진 1-3〉의 A는 배설이 자기 집 앞마당에서 찍은 사진으로서 배설이 살던 집의 구조를 앞에 나왔던 사진에 비해 보다 근접해서 그리고 또 다른 각도에서 볼 수 있게 해 준다.

연구자는 앞의 〈사진 1-1〉의 A와 C를 보기 전에 이 사진(〈사진 1-3〉의 A)을 먼저 보게 되었다. 이 사진을 처음 보았을 때 연구자는 이 건물이 대한매일신보 첫 번째 사옥이 아닐까 하는 생각까지 했었다. 뒤에 〈사진 1-1〉의 A와 C를 접하고 나서 이 집이 배설의 사저임을 알게 되었는데, 문제는 〈사진 1-3〉 A의 이 사진(배설 사진)을 〈1-1〉 A(배설 사저)의 사진에 대입해 보려는데 아무리 해도 들어맞지가 않았다.(사진 뒤쪽에 보이는 열린 창문을 기준으로 해서 볼 경우)

그때 마침 매켄지 책의 번역본 하나에서 〈사진 1-3〉의 B 사진(배설 사진)을 접하게 되었다. 이 사진은 〈사진 1-1〉 A의 사진에 대입이 될 수 있었다. 그런데 아무리 보아도 상의의 손수건이 꽂힌 주머니의 위치가 좌우가 바뀐 것 같은 생각이 들었다.

이런 혼란을 겪은 끝에 배설 사저의 모습은 〈사진 1-1〉 C의 스케치 쪽이 바르게 된 것이고 A 사진은 좌우가 뒤바뀌어 인쇄된 것 같다는 결론을 얻게 되었다.

〈사진 1-4〉는 배설 사저의 사진에 배설이 사저 앞에서 찍은 또 다른 사진을 결합시켜 본 것인데, 어찌 보면 지극히 작은 사항에 지나치게 법석을 떤 것같이 보이는 이 작업을 통해 배설(裴說) 옛 사저(私邸) 건물의 방위와 구조가 확인될 수 있었고, 배설 사저의 방위와 구조에 대한 이 지식은 뒤에

항공촬영 사진을 이용한 배설 사저 위치 찾기에 중요한 정보로 쓰이게 된다.

<사진 1-3> 자기 집 마당에서 포즈를 취한 배설 모습

<사진 1-4> 배설의 사저 사진에 그가 자기 집을 배경으로
찍은 또 다른 사진을 대입해 본 것

2. 배설 사저의 위치 찾기 (1)

배설 사저가 옛 기상청, 현재의 기상청 서울관측소[17] 근처의 홍파동 높은 언덕에 있었다는 것은 이미 알려져 있다. 그러나 배설 옛 사저의 위치가 정확히 어디였는지는 아직 알려지지 않고 있었다.

이 절(節)에서는 지번도(地番圖), 지도, 가옥대장, 토지대장 및 항공사진 등을 이용해서 배설 옛 시지의 현재의 위치를 보다 정확히 짚어 보고자 한다.

배설 옛 사저의 위치를 주소(지번)로 이야기한 것은 중앙일보 1968년 7월 26일자가 처음이었던 것 같다. 중앙일보는 이 날짜에 실린 "배설씨 옛 집 발견: 서울 홍파동…… 향나무도 그대로"라는 제목의 기사에서 배설 옛 집의 위치에 관해 다음과 같이 적고 있다.

> "서울 서대문구 홍파동[18] 2의4 인왕산 줄기의 漢城성벽을 뒤로 끼고 앞은 훤히 트인 양지바른 집이다……. 건평 100평에 대지는 6백 평, 정원에 베텔 씨가 집지을 때 심은 향나무 30여 구루가 그대로 남아 있다……. 베텔 씨 집은 두 동강으로 잘려 제헌국회의원 안동원 씨(81)와 전(前) 보사부장관 구영숙 씨의 소유가 됐다."

요약하면 배설 옛 사저는 상당히 큰 집이고 두 채로 되어 있고 안동원과 구영숙이 한 채씩 나누어 매입을 했었고, 주소는 홍파동 2의 4번지라는 것이다.

배설 옛 사저의 주소에 관한 언급이 또 다른 곳에서도 나온다. 정재정, 염인호, 장규식 지음, 「서울 근현대 역사기행」(1998)의 제1부 '개화 개혁의 고민이 서린 자취들'에서 이 부분을 맡은 장규식은 배설 사저 터와 관련해 다음과 같이 적고 있다.

---

17) 기상청 본청은 보라매공원 부근으로 이전했음. 옛 기상청 자리는 '기상청 서울 관측소'가 되어 있음.

18) 홍파동은 2004년 현재 종로구 관할로 되어 있음.

> "사직터널 남쪽, 기상청 위편 홍파동 2번지 38호에는 대한매일신보 사
> 장 베텔(E. T. Bethell)이 살던 옛집이 남아 있다. 약 50평의 대지에 벽
> 돌로 지어진 한식 기와집으로, ……."[19]

장규식의 이 글에는 배설 옛 사저의 주소가 홍파동 2의 38로 되어 있고, 대지의 넓이도 50평으로 나와 있어 중앙일보의 기사와는 다르게 되어 있다. 홍파동 2의 38이란 주소(지번)가 현재 홍파동에는 없는데 연구자에게 확인을 아직 못 해 본 상태에서 단언하기는 어렵지만 주소가 오식(誤植)으로 잘못 찍힌 것이 아닐까 생각된다.

때문에 본 연구에서는 우선 홍파동 2의 4번지를 중심으로 추적을 해 보고 이어서 범위를 넓혀 홍파동 2번지 일대를 알아보고자 한다.

〈지도 1-1〉에 홍파동 2-4번지의 2004년 현재의 지적도와 1929년 당시의 지적도가 제시되어 있다.

〈지도 1-1〉 2004년과 1929년 지번도에서 '홍파동 2-4'의 위치와 넓이

* 중앙일보(1968) 기사에 배설의 옛집 터 지번이 홍파동 2-4번지로 나와 있는데 2004년 지번도에서 보면 2-4번지 터(점선 원)가 아주 좁게 나와 있음.
* 1929년 지번도에서는 2-4번지 터(점선 원)가 훨씬 넓게 나타나 있음.
* 위 두 지번도는 그간에 2-4번지가 분할과 통합을 거쳤음을 보여주고 있음.
* 뒤에서 밝혀지겠지만 홍파동 2-4번지는 2-44번지의 오식이었을 가능성이 큼.

---

19) 정재정 염인호 장규식 지음, 「서울 근현대 역사기행」, 서울: 혜안, 1998, p.162.

2004년 현재의 지적도에서 보면 홍파동 2-4번지는 면적이 아주 좁다. 배설의 옛 사저는 중앙일보에 의하면 건평이 100평이나 되는 큰 집이었기 때문에 여기는 아님이 분명하다. 중앙일보가 배설 옛 사저에 관한 기사를 실으면서 주소를 홍파동 2-4라고 한 것이 1968년 7월이었기 때문에 현재의 2-4번지가 혹시 그 이후에 분할된 것일지도 모른다는 생각에서 알아보았더니 현재의 2-4번지는 1957년에 분할된 것임이 밝혀졌다.

〈지도 1-1〉에는 일제치하에 있었을 때인 1929년 당시의 홍파동 2-4번지의 지번도가 함께 제시되어 있다. 1929년 당시의 홍파동 2-4번지가 상당히 넓게 나타나 있다. 여기라면 배설의 건평 100평에 달하는 사저가 들어섰을 수 있겠다는 생각이 들었다.

그래서 현장을 수차례 직접 찾아가서 지형을 살펴보고 중앙일보에 기사가 났던 1960년대 말 또는 ≪신문평론≫에 글이 실렸던 1975년 이래 그 부근에서 산 주민들을 찾아서 배설 옛 집의 사진을 제시하면서 탐문을 해 보았으나 확실히 그 집이 여기에 있었다는 이야기를 들려주는 사람이 없어, 찾지를 못했다.

탐색의 범위를 홍파동 2번지 일대로 넓혔다.〈지도 1-2〉에는 1929년 발행의 「경성부 일필매 지형명세도(京城府

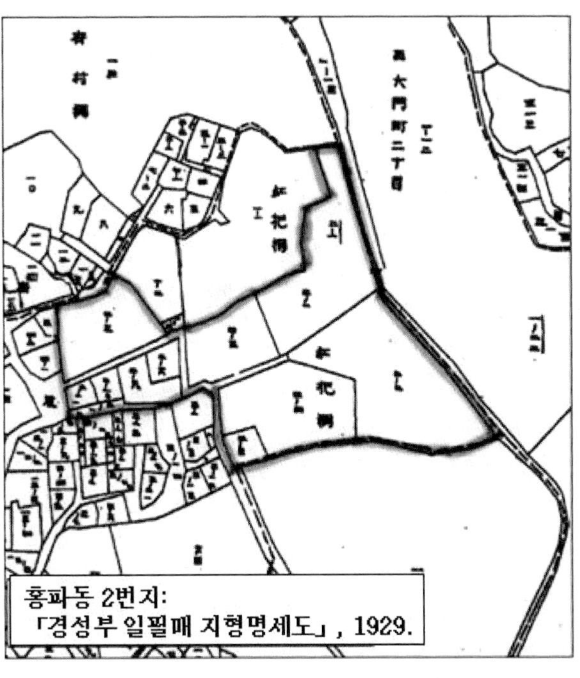

〈지도 1-2〉 1929년 당시 홍파동 2번지 일대의 지번도

壹筆每 地形明細圖)」에서 홍파동 2번지 일대가 제시되어 있다. 홍파동 2번지가 2-1, 2-2, 2-3, 2-4, 2-5 등 여러 필지로 분할되어 있음을 볼 수가 있다.

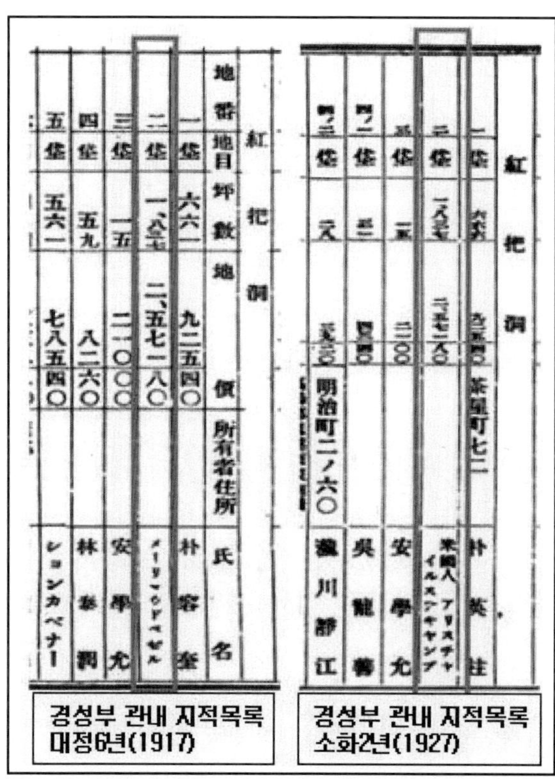

<지적목록 1> 홍파동 2번지 일대의 옛 지적목록 1917년과 1927년 당시의 지적목록(地籍目錄)

* 홍파동 2번지는 원래 1,837평으로서 1927년까지는 분할이 안 되어 있었음.
* 1917년: 배설의 미망인 '매리 모드 베텔' 여사 소유.
* 1927년 아리스 C. 데캄프 소유.

홍파동 2번지가 이렇게 분할되기 이전의 상황이 <지적목록 1>에 제시되어 있다.

「경성부관내 지적목록, 1917」에 보면 홍파동 2번지가 1,837평으로서 배설의 미망인 '매리 모드 베텔'의 명의로 되어 있다. 배설 여사가 남편 배설의 사망(1909년 5월) 후 고국인 영국으로 돌아갈 때 보유 재산을 모두 정리하고 떠난 것이 아니었음을 알 수 있다. 1927년의 지적목록에는 홍파동 2번지의 소유주가 '미국인 아리스 차일스 데캄프'로 바뀌어 있다.

홍파동 2번지는 1927년도 지적목록에서는 분할이 안 된 채로 있고 1929년의 지형명세도〈지도 1-2〉에는 2-1, 2-2, 2-3, 2-4 등 10여 개 대지로 분할이 되어 있는 것으로 보아 1928년경에 분할이 된 것으로 짐작이 된다.

홍파동에 관한 자료를 1917년까지 거슬러 올라가 보았는데 그 이전의 상황을 짐작게 하는 1911년 지도가 〈지도 1-3〉에 제시되어 있다.

〈지도 1-3〉에서 보면 배설이 살던 때의 그 동네 이름이 일산동(日傘洞) 아니면 월암동(月岩洞)이었을 것 같다. 홍파동(紅把洞)이라는 현재의 동명은 일제가 1914년 행정구역을 재편하면서 홍문동(紅門洞)과 파발동(把發洞)의 머리 자를 합쳐서 작명한 것이다.

앞의 〈사진 1-1〉 C에 배설 사저 스케치가 나와 있는데 집 바로 뒤에 성벽이 지나고 있는 것이 보인다. 중앙일보 1968년 7월 26일자 기사에서도 배설의 사저가 "인왕산 줄기의 漢城성벽을 뒤로 끼고 앞은 훤히 트인 양지 바른 집"이라고 기술하고 있다.

〈지도 1-3〉에서 실선 타원으로 표시된 지역이 배설의 사저 터로 추정되는 곳인 홍파동 2번지대 지번에 해당되는 곳이다. 뒤에 성벽이 지나고 있다. 등고선도 집이 어떻게 놓여 있었을까를 추정하는 데 도움이 될 수가 있다.

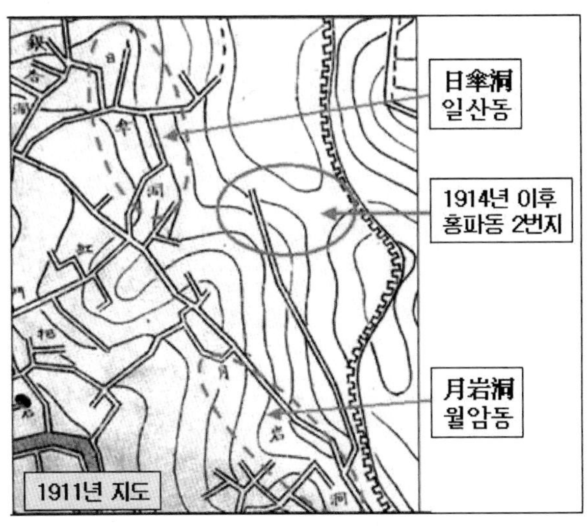

〈지도 1-3〉

1911년 지도에 나타난 현재의 홍파동 일대 도로와 지형

* 당시의 동명, 성벽의 위치, 도로, 등고선 등이 표시되어 있음.
* 홍파동이란 동명은 1914년 일제가 홍문동과 파발동을 합쳐 만든 것임.

일제 때의 홍파동 2-4번지(〈지도 1-2〉 참조)에서 배설의 옛 사저 위치를 찾지 못하게 된 뒤, 연구자는 옛날의 건물대장에서 혹시 중앙일보가 배설의 집터를 분할 매입했다고 말한 안동원과 구영숙의 이름이 찾아질 수 있지 않을까 하는 생각을 하게 되었다.

홍파동이 속해 있는 종로구청에 가서 현재의 지적도에서 홍파동 2번지대로 나오는 주소를 모두 적어(예컨대 2-1, 2-2, 2-3, 2-4, 2-5, ……2-30, …… 2-44 등) 이들 주소의 옛날 가옥대장(멸실건물대장)을 신청해 보았다. 신청한 것 중에서 일부의 옛 건물대장이 나왔다. 소유주 이름에 안동원과 구영숙이 들어 있는 건물대장이 나왔다.

중앙일보에서 말한 홍파동 2-4번지가 아니라 홍파동 2-1번지(안동원)와 홍파동 2-2번지(구영숙)로 나왔다.

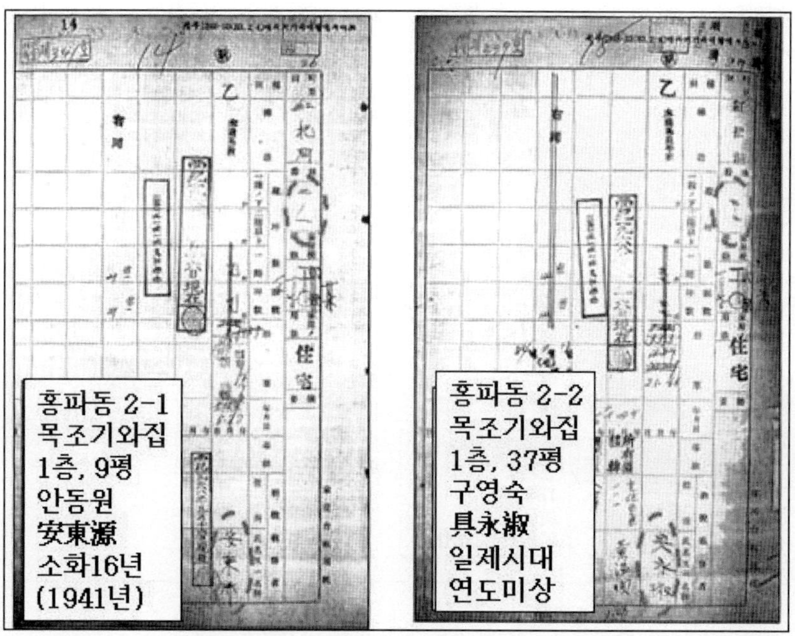

〈건물대장 1〉 일제 시 홍파동 2-1, 2-2번지의 건물대장

* 자료: 서울시 종로구청. '멸실가옥대장' 항목으로 찾음.

〈건물대장 1〉에 제시되어 있듯이 홍파동 2−1번지에는 안동원이 소화 16년(1941)에 9평짜리 목조기와집을 신축해 소유등기를 한 것으로 나와 있고, 홍파동 2−2번지에는 구영숙이 연도는 적혀 있지 않지만 일제 시에 37평짜리 목조기와 단층집을 소유한 것으로 나와 있다.

이들 두 멸실(혹은 말소)건물대장에서 분명해진 것은 배설의 옛 사저를 안동원과 구영숙이 분할 매입을 했는데 그 주소(지번)가 홍파동 2−4번지가 아니라 홍파동 2−1번지와 2−2번지였다는 사실이다.

중앙일보 기사에는 배설의 옛 사저가 건평 100평이었다고 나와 있는데 멸실건물대장에 안동원의 집 9평, 구영숙의 집 34평으로 되어 있어, 합쳐서 41평으로 너무 차이가 난다는 점이 문제로 떠올랐다.

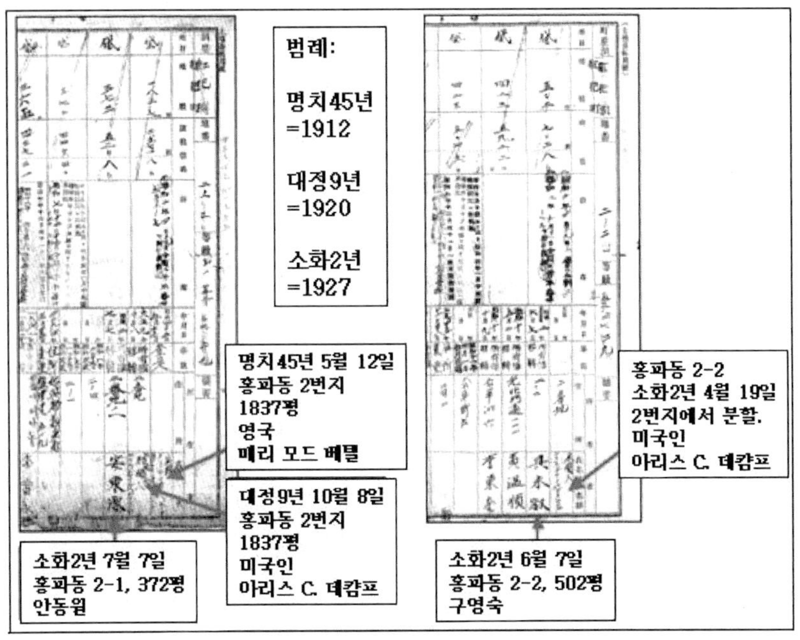

〈토지대장 1〉 홍파동 2−1, 2−2번지에 관한 구(舊)토지대장

* 대지면적이 안동원 소유의 2−1번지는 372평, 구영숙 소유의 2−2번지는 502평.

종로구청에서 다시 홍파동 2번지대(臺) 지번 모두의 구(舊)토지대장을 신청해 떼어 보았다. 그중에서 홍파동 2-1번지와 2-2번지의 토지대장이 〈토지대장 1〉에 제시되어 있다.

〈토지대장 1〉에서 보면, 홍파동 2-1번지의 경우는 소화 2년(1927)에 2번지에서 지번이 분할되었으며 분할되기 이전의 평수는 1,837평이었고, 원소유주는 명치 45년(1912) 토지사정(査定) 시 영국인 매리 모드 베텔(배설의 미망인)로 되어 있고, 그 소유주가 대정 9년(1920)에 미국인 '아리스 차일스 데캄프'로 옮겨졌다가, 소화 2년(1927)에 대지면적 372평의 2-1번지가 분할되게 되었으며, 분할된 홍파동 2-1번지를 안동원(安東源)이 매입해서 소유등기를 한 것으로 나타나 있다.

홍파동 2-2번지의 경우는 소화 2년(1927)에 2번지에서 분할되었으며, 분할된 2-2번지의 면적은 502평으로서 미국인 '데캄프'로부터 구영숙이 매입해 소유등기를 한 것으로 나와 있다.

이를 정리해 보면, 홍파동 2번지 1,837평을 배설의 미망인이 1920년에 미국인 '아리스 차일스 데캄프'[20]에게 매도했고, 데캄프가 1927년에 홍파동 2번지를 여럿으로 분할해 그중 2-1번지 372평은 안동원에게, 2-2번지 502평은 구영숙에게 판 것이다.

3. 배설 사저의 위치 찾기 (2)

앞 1항과 2항에서 검토했던 사항들을 다시 한 번 정리를 해 보면 다음과 같다.

(1) 배설의 옛 사저는 2개 동(棟)으로 이루어져 있었고, 그 2개 동이 가깝게 붙어 있었고, 일자로 길게 늘어 서 있었다.(〈사진 2-1〉 참조)

---

20) 정진석, 「언론유사」, 1999, p.395에는 '드캠프'(Allen Ford DeCamp)로 나와 있음.

(2) 배설 옛 사저를 안동원과 구영숙이 나누어 매입했는데, 안동원은 2-
1번지 쪽을 구영숙은 2-2번지 쪽을 매입했다.(중앙일보 1968년 7월
26일 참조) 즉 배설의 옛 사저 2개 동은 홍파동 2-1번지와 2-2번
지에 걸쳐서 있었다.(〈건물대장 1〉과 〈토지대장 1〉 참조)

(3) 배설의 옛 사저 2개 동 중 안동원이 소유한 쪽은 최소한 1975년까지
는 원래의 모습이 그대로 유지되어 있었으나 구영숙이 소유한 쪽은
양옥으로 개조되어 있었다.(〈사진 2-1〉과 중앙일보 1968년 7월 26
일 기사 참조)

(4) 배설의 옛 사지 건물은 최소한 1975년까지 헐리지 않고 있었다.(〈사
진 1-2〉 C 참조)

연구자는 배설 옛 사저가 있었던 위치를 알려 주는 직접적인 자료들을
찾아보았으나 이 연구를 쓰는 시점까지 이를 구하지 못한 상태에서 간접적
인 방법의 하나로 서울시 주택과에서 1972년부터 매년 최소한 2회씩 찍어
온 항공사진에서 중요한 단서가 찾아지지 않을까 하는 생각을 하게 되었다.

서울시는 불법건물 건축 단속 등의 목적을 위해서 1972년부터 서울시 일
원에 대해 항공촬영을 해 왔었는데 2003부터 이를 일반에게 공개하기 시작
했다.

연구자는 배설의 옛 사저 건물이 최소한 1975년경까지 그대로 있었을 것
으로 추정되기 때문에 1972년~1975년 사이에 찍은 홍파동 2번지 일대의
항공사진에서 배설 옛 사저의 정확한 위치를 찾을 수 있을 것이라는 데 착
안하게 되었다.

항공사진에서 배설 옛 사저를 판독해 낼 수 있기 위해서는 아래 〈사진 2
-1〉에 나와 있는 배설 옛 사저의 모습을 염두에 두는 것이 도움이 된 것
같다.

<사진 2-1> 배설이 살던 옛 사저의 1907년경 사진

* 두 채로 이루어진 그 집의 1970년 전후 당시의 가옥 소유자 표시

앞에서 알아본 바와 같이 배설의 옛 사저 건물 2개 동은 1929년 당시의 지적도를 기준으로 홍파동 2-1번지와 2-2번지에 길게 걸쳐 있었다.

<사진 2-2>는 홍파동 2번지 일대를 찍은 1973년 항공사진 위에 1929년 당시의 홍파동 2번지 일대 지적도를 포개 본 지도이다.

이 사진에 1929년 당시의 지적을 기준으로 해서 홍파동 2-1번지와 2-2번지에 걸쳐 있는 긴 건물 하나가 보인다. 이 건물이 배설 옛 사저였던 건물임이 틀림이 없어 보인다.

〈사진 2-2〉 홍파동 2번지 일대 항공사진 위에 1929년 당시 지적도를 포
개 놓은 지도

* 배설의 옛 사저는 홍파동 2-1번지와 2-2번지에 걸쳐 있었음.
* 위의 사진에서도 2-1번지와 2-2번지에 걸쳐 있는 집이 보임.

〈사진 2-3〉은 〈사진 2-2〉에서 배설 옛 사저였던 건물과 그 주변을 확
대한 사진이다. 앞의 〈토지대장 1〉에서 보면 1929년 지적도에서 홍파동 2
-1번지 터는 안동원의 소유로 되어 있고 홍파동 2-2번지 터는 구영숙의
소유로 되어 있다. 이 두 터에 아주 가까이 붙은 두 채의 집이 길게 걸쳐
있는데 2-1번지 터의 집은 안동원의 소유이고 2-2번지 터의 집은 구영숙
의 소유인 것이다.

중앙일보는 1968년 7월 26일자 기사에서 안동원이 살았던 집은 옛날의 한

옥 구조 모습이 비교적 그대로 보존되어 있다고 했다. 그 기사에 안동원이 살던 집의 사진도 나와 있는데 그 집은 서쪽 끝이 꺾인 'ㄱ' 자 집이었다.

〈사진 2-3〉 앞의 사진(2-2)에서 배설 옛 사저 건물과 그 주변을 확대한 사진

〈사진 2-3〉에서 안동원이 살던 집으로 지목되고 있는 집이 'ㄱ' 자 집임을 확인할 수가 있다. 지붕 한가운데에 있는 굴뚝도 보인다.

한 가지 문제점은 안동원이 살았던 집과 붙어 있는 구영숙이 살았던 집이 중앙일보 보도에 1968년 당시 양옥으로 개조되어 있었다고 했는데, 〈사진 2-3〉에 나와 있는 1973년 당시의 항공촬영 사진에서 보면 홍파동 2-2번지의 구영숙 집 지붕이 홍파동 2-1번지의 재래식 한옥인 안동원 집 지

붕과 같이 재래식 기와지붕으로 되어 있어서 지붕 밑의 집 구조가 양옥인
지를 확인할 수가 없다는 점이다.[21]

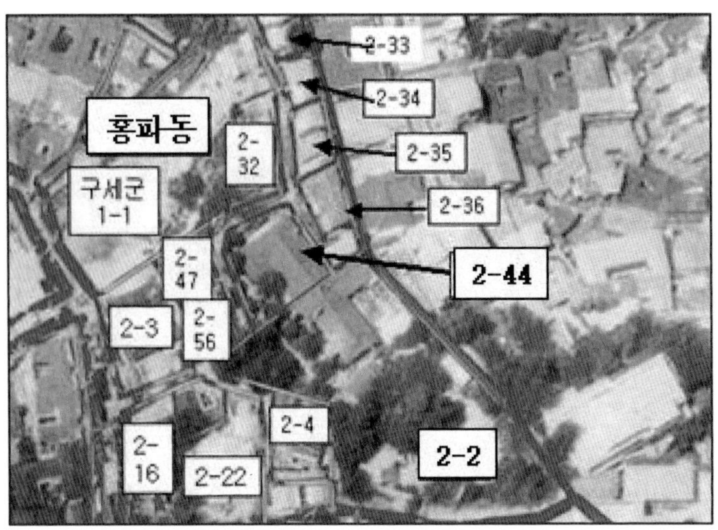

〈사진 2-4〉 홍파동 2번지 일대에 대한 1973년 항공사진 위에
2004년 지적도를 포갠 사진

* 1973년 항공사진 위에 2004년 지적도를 포갠 사진. 배설의 옛 집이 있던
  곳이 2004년 현재의 지번으로 2-44번지와 2-2번지에 걸쳐있음을 볼 수
  있음.

〈사진 2-4〉는 1973년에 촬영한 항공사진 위에 2004년도 현재의 지번도
를 포갬으로써 배설 옛 사저이었던 건물이 있던 곳의 현재의 주소(지번)를
알아본 것이다.

〈사진 2-4〉를 통해 배설 옛 사저이었던 건물은 현재의 지번으로는 홍파
동 2-44번지와 2-2번지에 걸쳐서 있었다는 것을 알 수가 있다.

---

21) 〈사진 2-3〉에 관한 설명 부분은 오인환, "구한말 〈대한매일신보〉 사옥과 배설
사저에 관한 연구", 한국언론사연구회 엮음, 「대한매일신보연구」, 서울: 커뮤니
케이션북스, 2004의 해당 부분을 수정한 것임.

<사진 2-5> 홍파동 2번지 일대의 2002년 항공사진에 2004년 지번도를 포갠 사진

* 2002년 항공사진 위에 2004년 지적도를 포갠 사진.
* 점선 나원. 배실의 옛 집 터. 굵은 실신: 2004년 지직도
* 배설의 옛 사저 터에 2004년 현재 '새문안 빌라'와 '광화문 스튜디오 아파트'가 들어서 있음.

〈사진 2-5〉는 2002년에 촬영한 항공사진 위에 2004년 현재의 지번도를 포갬으로써 배설 옛 사저가 있던 곳이 현재 어떻게 변해 있는지를 알아본 것이다.

이 글을 쓰고 있던 2004년 당시 배설의 옛 사저이었던 건물은 이미 사라지고 그 자리에는 '새문안 빌라'(2-44번지, 옛 2-1번지)와 '광화문 스튜디오 아파트'(2-2번지)가 들어서 있는 것을 볼 수 있다.

4. 결론을 대신해서

본 연구에서는 대한매일신보가 우리나라 최근세사 벽두에 수행했던 항일구국의 언론투쟁이 우리의 언론사적 측면에서 지니는 큰 의의를 상기하면

서 그 언론투쟁을 진두지휘한 영국인 사장 배설(E. T. Bethell: 한국명 裴說)이 살았던 사저(私邸) 터의 정확한 위치를 찾아보고자 했다.

본 연구에서 지도와 지적도, 건물대장과 토지대장, 지상에서 찍은 사진과 항공촬영 사진 등을 동원해서 알아본 결과 배설의 옛 사저이었던 건물은 사라지고 2004년 현재 그 터에는 '새문안 빌라'(현재 2-44번지, 옛 2-1번지)와 '광화문 스튜디오 아파트'(옛 지번이나 현재의 지번 다 같이 2-2번지)가 들어서 있음을 알게 되었다.

다만 연구자가 지적도나 측량 전문가가 아니기 때문에 위치를 지정함에 있어 얼마간의 오차가 있었을 것이 틀림없다. 이들 분야 전문가들의 도움을 받아 배설 사저의 보다 정확한 위치가 밝혀질 수 있기를 기대해 본다.

(한국언론사연구회 엮음, 「대한매일신보연구」,
2004에 발표. 본서에서 일부 수정 보완.)

제8장

기타 신문들

—기타 우리 신문들 발행소 터의 현재 위치—

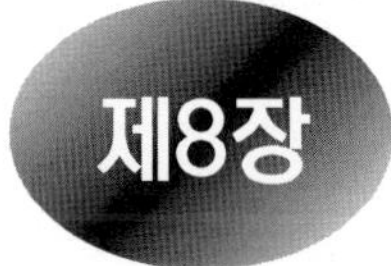

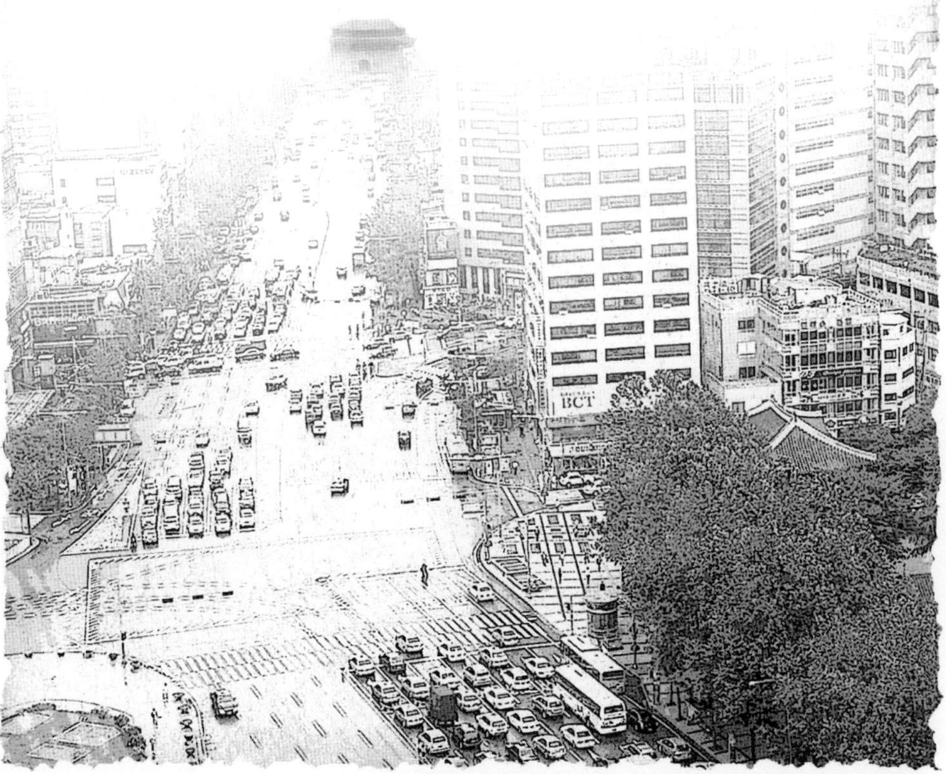

1. 서 언

구한말에 서울에서 발행되었던 우리의 신문들 가운데는 앞에서 다룬 한성순보, 한성주보, 독립신문, 믹일신문, 황성신문, 제국신문, 대한매일신보 이외에도 여럿이 있었다.

여기서는 이들 기타 신문들 중에서 일반신문인 시사총보, 상무총보, 대한민보와 종교계 신문인 죠션크리스도인회보(대한크리스도인회보), 그리스도신문, 만세보, 경향신문, 구세신문 그리고 친일계인 국민신보와 대한신문 등 10개 신문의 경우를 다루어 보고자 한다.

여기서 '우리 신문'의 범주에 포함시켜 다루고 있는 이들 10개 신문은 이 책 맨 앞 '서언'에서 잠깐 언급했듯이 단일 기준이 아니라 이중적인 기준을 적용해 선정한 것이다. 즉 발행 주체는 외국인이지만 '우리 편'이었던 기독교계 신문들과 함께 '우리 편이 아니라 일본 편이었지만 발행 주체가 우리나라 사람'이었던 친일계(親日系) 신문들까지 포함이 되어 있다. 이들 10개 신문은 대부분이 우리 언론사(言論史) 책들에서 아직은 큰 관심을 끌지 못하고 있는 신문들로서 그 존재가 짧게 언급이 되고 있을 뿐이다. 개중에는 석사학위논문을 포함해 논문이 두세 편 나와 있는 것도 있으나 실물(實物)이 한두 호(号)밖에 발견되지 않고 있는 것도 있다.

〈표 1〉에 이들 10개 신문을 일반신문, 종교계 신문, 친일계 신문의 3개

범주로 나누어 각 범주별 발행연도 순으로 기본적인 사항을 제시해 보았다.

여기 〈표 1〉에 정리되어 있는 신문들과 그에 관한 사항들은 이 책 맨 앞 제1장의 〈표 1〉에 이미 나와 있는 것들이어서 중복이 되지만 읽는 데 편하게 하기 위해 본 장(章)에 관련된 신문들만을 뽑아 다시 제시해 본 것이다.

〈표 1〉 구한말에 서울에서 발행되던 그 밖의 우리 신문들**

	신문제호	창간일	종간·폐간일	발 행 소	비 고
일반신문	時事叢報	1899.01.22.	1899.08.17.	한성 중부 정선방 하한동 58통 제3호	皇國協會계(?): 협회 해산 후 창간
	商務總報	1899.04.14.	1899.05.	한성 中署 泥洞	보부상계 상무회사가 매일신문 판권을 인수, 상무총보로 개제
	大韓民報	1909.06.02.	1910.08.31.	한성 중부 壽進坊 壽進洞 前 壽進宮(인쇄소는 같은 주소지의 同文館)	대한협회
종교계신문	죠션크리스도인회보	1897.02.02.	1897.12.01.	정동 아펜젤러 목사 집	감리교 신문
	대한크리스도인회보	1897.12.08.	1905.06.24.	정동 아펜젤러 목사 집	신문제호 변경
	그리스도신문	1897.04.01.	1905.06.24.	정동 언더우드 목사 집	장로교 신문
	그리스도신문/예수교신보(제호변경)	1905.07.01	1910.02.21.	?	감리교, 장로교 통합신문
	萬歲報	1906.06.17.	1907.06.30.	경성 남서 會賢坊 會洞 85통 4호	천도교 신문
	京鄕新聞	1906.10.19.	1910.12.30.	명동 천주교 성당 내	천주교 신문
	구세신문	1909.07.01.	1910.09.이후에도 계속	서대문 밖 평동76번지	구세군 신문
친일계	國民新報	1906.01.06.	?	한성 중서 美洞 30통 4호	일진회 기관지, 친일
	大韓新聞	1907.07.18.	1910.08.30.	경성 남서 會賢坊 會洞 85통 4호	만세보를 인수. 이완용 내각의 친일 기관지

* 출처: "韓國新聞100年年表", 「韓國新聞百年誌」, 한국언론연구원, 1983년 12월.
尹春炳, 「韓國監理敎會 出版文化硏究」, 감리교신학대학교 출판부, 2005.
** 이 〈표〉는 제1장에 나오는 〈표 1〉에서 '기타 신문들'을 뽑아 작성한 것임.

2. 일반 신문 : 시사총보, 상무총보, 대한민보

1) 시사총보(時事叢報)

　"시사총보는 1899년(光武3년) 1월 22일 농상공부(農商工部)와 내부(內部)의 인가를 얻어 발행인 홍중섭, 편집인 장지연에 의해서 격일간으로 발간되었다. 이 신문은 그 당시 수구파(守舊派)의 성격을 지닌 신문으로서……"

李海暢, 「韓國新聞史研究」, 서울: 성문각, 1971, p.50.

　"독립협회와 대항하기 위해 그 발족을 본 황국협회(皇國協會)에서도 신문의 필요성을 알게 되자 1899년 1월 24일 격일간제의 시사총보를 창간하였다."

崔埈, 「韓國新聞史」, 서울: 일조각, 1960, p.85.

　"이홍직편 국사사전에 시사총보는 황국협회가 독립협회에 대항하기 위하여 현영운 홍중섭으로 하여금 그들의 기관지로서 발간한 것이라고 기록되어 있다……. 그해(1898) 12월에 독립협회를 해산시킬 때 황국협회도 함께 해산시켰으므로, 다음 해(1899) 1월 시사총보가 간행될 때에는 황국협회가 존재하지 아니하였다. 그러므로 이 신문을 황국협회의 기관지로 못 박을 수는 없는 것이다……. 시사총보사를 광문사(廣文社)로 삼아 여러 가지 서적을 출판할 때 고종(高宗)의 허락을 받았다는 것은 시사총보사의 건물과 인쇄 시설이 황제 또는 정부 소유였다는 것을 말하는 것이다. 그리고 또 시사총보의 기사 내용을 검토하면 황제와 정부를 찬양한 기사가 많이 있다. 이러한 것을 종합할 때 본보(시사총보)는 고종황제가 독립협회에 대항하기 위하여 발행한 정부의 기관지라 할 수 있는 것이다. 요컨대 시사총보는 황국협회의 기관지라기보다는 정부의 기관지라 하는 것이 타당할 것이다."

申爽鎬, "解題", ≪時事叢報≫(영인판), 영남대학교 출판부, 1973.

314

　〈사고 1〉에 시사총보(時事叢報) 1899년 1월 22일자 창간호에 난 사고(社
告)가 제시되어 있는데 발행소의 위치가 황성 중부 정선방 하한동(下漢洞)
58통 제3호로 나와 있다.

　이 주소지는 8년 뒤인 1907년 5월에 제국신문사가 옮겨 와 1910년 폐간
할 때까지 신문을 발행하던 곳이다.

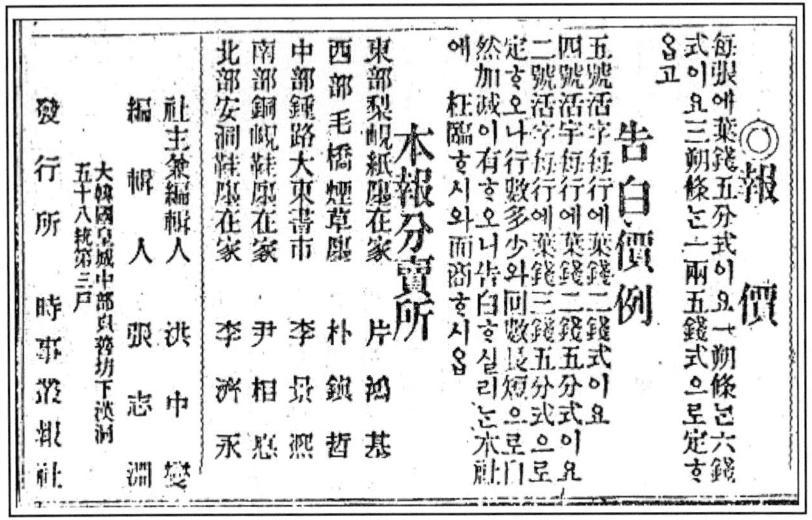

◯報價

每張에 葉錢五分式이요 十朔條는 六錢
式이요 三朔條는 一兩五錢式으로 定호
옵고

告白價例

五號活字每行에 葉錢二錢式이요
四號活字每行에 葉錢二錢五分式이요
二號活字每行에 葉錢三錢五分式이요
定호오나 行數多少와 回數長短으로 木
然이나 加減이 有호오니 告白호실리는 木杜
에 加減호시와 而商호시옵

本報分賣所

東部 梨峴紙廛在家　　片鴻基
西部 毛橋煙草廛　　　朴鎭哲
中部 鍾路大東書市　　李景熙
南部 銅峴鞋廛在家　　尹相悳
北部 安洞鞋廛在家　　李洙永

社主兼編輯人　洪中燮
編輯人　　　　張志淵

發行所　時事叢報社
大韓國皇城中部貞善坊下漢洞
五十八統第三戶

〈사고 1〉 시사총보(時事叢報) 발행소의 위치 :

大韓國 皇城 中部 貞善坊 下漢洞 五十八統 第三戶

* 시사총보 창간호(1899년 1월 22일자)에 난 사고
* 제국신문사가 8년 뒤인 1907년 5월에 이곳으로 이사를 가서 1910년 폐간 때까지
　신문을 발행했었음. 大韓自强會月報도 초기에는 이곳 제국신문사에서 발행되었음.

　앞 제6장에서 제국신문 사옥 터의 현재의 위치를 찾는 과정에서 이미 논
의가 된 바 있지만 일제(日帝)가 1914년 행정단위 체계를 자기네 식으로
개편하면서 한말의 우리 주소체계를 반영하지 않았기 때문에 그리고 한말
우리 주소체계에 관한 연구가 동(洞)의 수준까지는 시도된 바 있지만 그보
다 한 차원 아래인 통호(統戶) 수준까지 다룬 연구는 아직 없기 때문에,

한말의 우리 주소로는 그곳의 현재의 위치를 추정하기가 어렵다.

시사총보 발행소의 위치가 앞 제6장에서 다룬 제국신문의 일곱 번째이자 마지막 발행소[1]의 위치와 같기 때문에 여기에서는 그곳에서 논의되었던 것을 요약해 제시해 보고자 한다.

<지도 1> 시사총보 사옥 터 추정작업: 현재 돈의동 44번지와 68번지 두 곳 중 한 곳

* 제국신문 마지막 사옥 터 추정작업에서 추정한 '중부 정선방 하한동 58통 제3호'의 현재의 위치
* 앞 '제국신문 사옥 터'에 관한 해당 부분 참조.

<지도 1>은 2001년 현재의 지적도인데(2007년 현재와 같음), 실선 큰 타원으로 한말의 상한양동(上漢陽洞)과 하한양동(下漢陽洞)이었던 곳으로 추

---

1) 제국신문은 사옥을 여섯 번 옮겨 다녔음. 하한동의 사옥은 일곱 번째 사옥임.

정되는 곳이 표시되어 있다.

시사총보 발행소의 위치가 하한동(下漢洞)으로 나와 있는데, 1902년 지도에는 '한동'과 '하한동'이 나오고 1911년 지도에는 '상한양동'과 '하한양동'이 나와 있다. 이로 미루어 보아 하한동은 1911년 지도에 하한양동으로 나와 있은 곳일 것으로 추정된다.

〈지도 1〉에 실선 사각형으로 표시되어 있는 곳 중에 '옛 돈의동 44번지'로 되어 있는 곳은 그 지역에 지하철이 놓이고 도로가 넓혀지기 이전에 44번지였던 터를 표시한 것이고, '옛 돈의동 73번지'로 되어 있는 곳은 이 부근 대지가 68번지로 통합이 되기 이전에 73번지였던 터를 표시한 것이다. 상한양동 하한양동 앞에 붙어 있는 '옛'이란 표현은 한말(韓末) 시기를 지칭하는 것이고 돈의동 앞에 붙어 있는 '옛'이란 표현은 일제(日帝) 이후 시기에서 이곳 지번들이 분할 통합되기 이전까지를 지칭하는 것이다.

제국신문사의 마지막 사옥 터 위치를 추정하는 과정에서 이미 논의가 된 바 있지만 한말 시기에 '하한동 58통 제3호' 터의 위치를 정확히 짚어 주는 자료가 아직 찾아지지 않고 있는 상황에서 몇 가지 상황적인 자료만을 가지고 희망적인 추정을 해 본 결과, '하한동 58통 제3호'이었을 것으로 생각되는 곳이 두 곳으로 압축이 되었는데, 그 두 곳이 〈지도 1〉에 실선 사각형으로 표시된 돈의동 44번지(분할되기 이전의)와 돈의동 73번지(68번지로 통합되기 이전의)이다.

〈지도 1-1〉은 2007년 서울시GIS지도 위에 시사총보 발행소가 있었던 곳으로 압축된 두 곳을 실선 원으로 표시해 본 것이다.

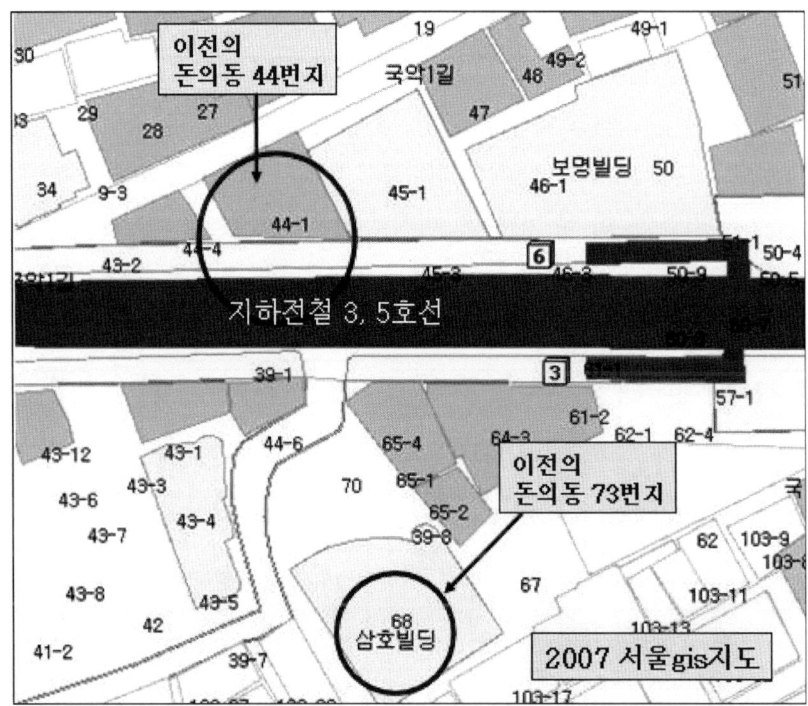

〈지도 1-1〉 시사총보 발행소가 있었던 곳으로 추정되는 두 곳의 현재의 위치

2) 상무총보(商務總報)

"상무총보(商務叢報)는 보부상의 특권 단체인 상무회사의 기관지로 1899년 4월 15일에 창간된 우리나라 최초의 경제일간지이다. 순한글 신문으로 발행되었으며 일간신문으로는 매일신문, 독립신문, 뎨국신문, 황성신문에 이어 나온 다섯 번째 신문이며 발행기간은 한 달 남짓 지속되었다."
박정규, "상무총보・대한상무신보에 대한 역사적 고찰", 지역언론학회 연합회, 《언론과학연구》, 제3권2호, 2003년 8월, p.155.

상무총보(商務叢報) 발행소는 니동(泥洞)에 있었다. 〈광고 1〉에서 보듯이 "中學에서 발간하던 미일신문"이 폐간하게 되자 그 판권과 기기 등 일

체의 시설을 인수해서 "泥洞에 있는 商務會社로 옮겨다가 제호를 商務叢報로 바꾸어 발간한" 신문이다.

중학(中學)은 조선조 때 동학, 서학, 남학, 북학(東學, 西學, 南學, 北學)과 함께 있던 다섯 개 학당(學堂)의 하나로서 현재의 서울시 종로구 중학동에 있었는데 미일신문이 네 번째이자 마지막 사옥인 이곳에서 폐간을 하게 되자 상무총보가 이를 인수해 간 것이었다.(앞 제4장 미일신문 부분 참조)

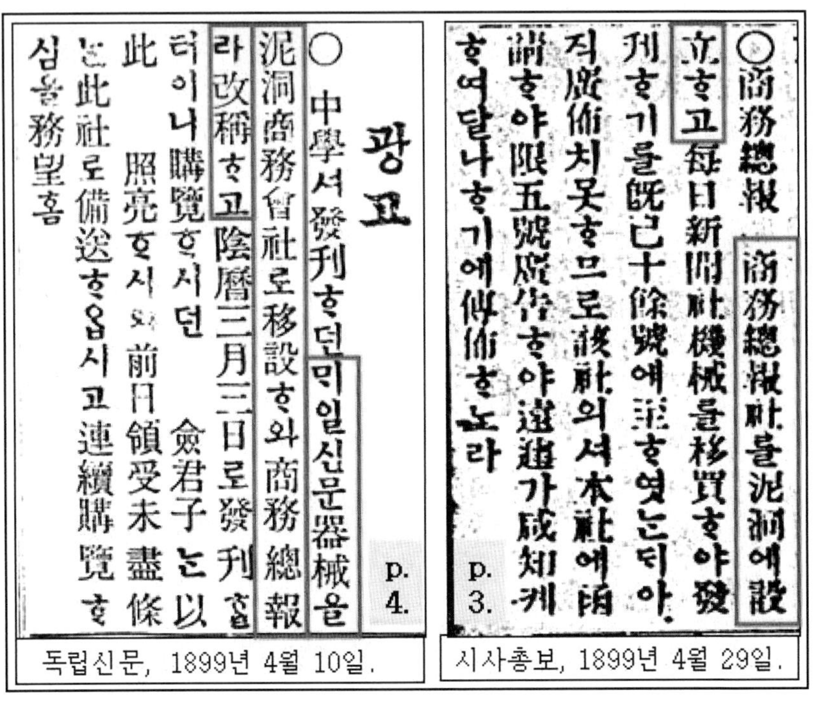

독립신문, 1899년 4월 10일.

시사총보, 1899년 4월 29일.

<광고 1> 상무총보가 다른 두 신문에 낸 광고

* 발행소가 니동(泥洞)으로만 나와 있음.

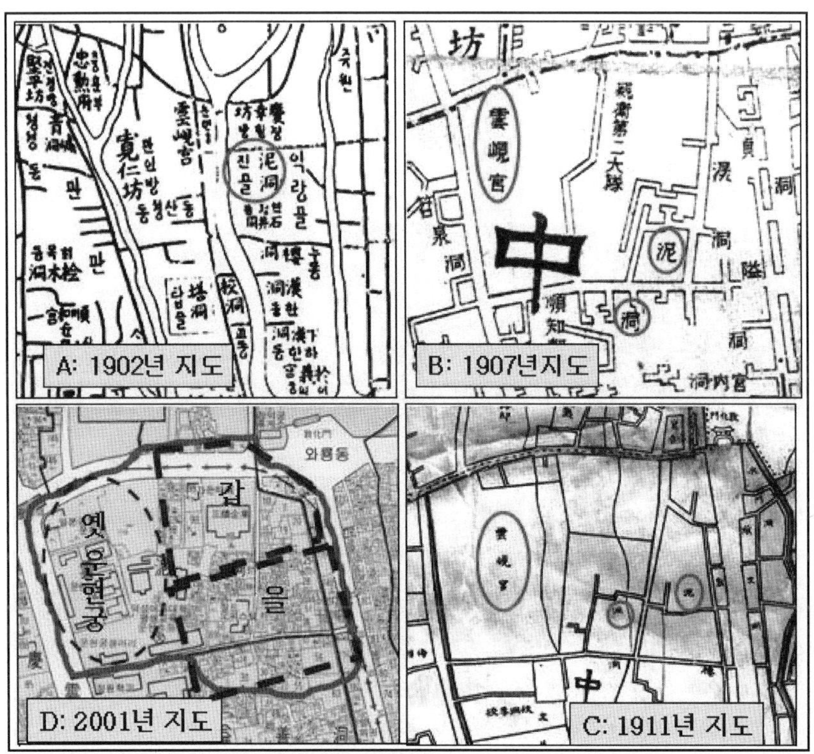

〈지도 2〉 상무총보 사옥 터 추정 작업: 옛 니동의 위치와 범위

한말의 니동(泥洞)은 대체로 현재의 종로구 운니동(雲泥洞)에 해당한다. 〈지도 2〉에 한말과 일제 초기의 지도 셋과 현재의 지도가 제시되어 있다. A의 1902년 지도에는 '진골 니동'이 석정동의 북쪽, 운현궁의 동남쪽에 위치해 있는 것으로 나와 있다. B의 1907년 지도에는 니동이 운현궁 동남쪽의 골목길이 여럿 있는 지역에 위치해 있는 것으로 나와 있다. C의 1911년 지도에는 니동이 운현궁의 동쪽, 교동학교의 동북쪽에 위치해 있는 것으로 나와 있다. D는 2001년 현재의 지도로서, 곧 이어지는 〈자료와 지도 1〉에서 좀 더 자세히 설명을 하겠지만 「경성부사(京城府史)」에 나와 있는 자료를 근거로 옛 니동의 범위와 동경계(洞境界)를 추정해 본 것이다.

〈자료와 지도 1〉 A에 일제가 1914년 행정구역을 개편한 자료 중에서 니

320

동(泥洞)에 관한 것이 윗부분에 제시되어 있다. 이를 근거로 보면 구한말 당시의 니동 지역에는 현재의 운니동 전체와 현재의 익선동 지역 중 일부와 현재의 와룡동 지역 중 일부가 들어가 있다.

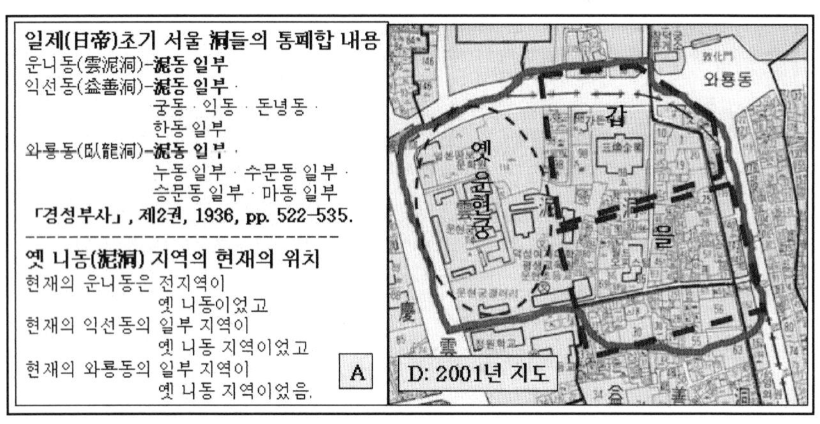

〈자료와 지도 1〉 옛 니동(泥洞)의 현재 위치 추정 작업: '갑' 아니면 '을' 지역 어딘가에 상무총보사가 있었을 것으로 추정됨

* 구한말 때의 **泥洞** = 현재의 운니동 + 익선동의 일부 + 와룡동의 일부.
  현 익선동과 와룡동의 어디까지가 옛 **泥洞의 범위**에 들어가는지에 관한 확실한 자료는 아직 접하지 못하고 있음.

〈자료와 지도 1〉 D는 바로 앞 〈지도 2〉의 D와 같은 지도로서 「경성부사」의 자료를 근거로 옛 니동(泥洞)의 경계를 굵은 실선으로 추정해 표시해 본 것이다. 현재 익선동의 어느 정도가 옛 니동 지역이었는지는 확실치 않으나 현재 와룡동 지역에 포함되어 있는 옛 니동 지역은 비원의 돈화문 앞에서 종로로 난 '돈화문로' 서쪽 부분이었을 가능성이 매우 높다. '돈화문로'의 도로 폭이 옛날에 비해 많이 넓어졌기 때문에 이 도로 서쪽 부분의 일부가 옛 니동 지역에 들어가 있었을 것으로 생각되기도 한다.

상무총보 발행소가 있던 곳의 위치는 가는 점선 원으로 표시된 옛 운현궁 터를 제외한 굵은 점선으로 표시된 '갑'과 '을' 지역 어딘가가 아니었을까 추정을 해 본다.

발행 주체인 보부상에 관한 연구, 보부상 단체인 상무회사에 관한 연구 등에서 상무총보 발행소 위치를 좀 더 정확히 짚어 볼 수 있는 단서가 찾아지기를 기대해 본다.

상무총보의 실물은 현재 2부밖에 찾아진 것이 없지만[2] 앞으로 누군가에 의해 어디에선가 좀 더 많은 부수가 찾아지게 되면 어쩌면 그들 신문에 실려 있는 기사나 광고 등에서 상무총보 발행 사옥이 있었던 정확한 위치가 밝혀질 수 있을지도 모른다는 생각을 해 본다.

3) 대한민보(大韓民報)

"大韓民報는 大韓協會를 배경으로 吳世昌을 비롯하여 張孝根·崔榮穆·沈宜性 등이 兪吉濬의 興士團 소속 同文館印刷所에서 창간되었다."
崔埈, 「韓國新聞史」, 서울: 일조각, 1960, p.171.

"대한협회가 1909년 6월 2일 창간한 신문으로, …… 1910년 8월 30일 〈민보〉로 제호를 바꾸었다가 그다음 날 357호를 내고 폐간했다."
김민환, 「한국언론사」, 서울: 사회비평사, 1996, p.138.

대한민보(大韓民報)의 발행소는 수진동(壽進洞) 전 수진궁(前 壽進宮) 터 안에 있었다.

〈사고와 발행청원서 1〉에서 보면 사고(社告)에서는 발행소가 '한성 중부 수동(漢城 中部 壽洞)'으로 간단히 나와 있으나 발행청원서에서는 발행소의 위치가 "漢城 中部 壽進坊 壽進洞 前壽進宮"으로 좀 더 자세히 나와 있다. 인쇄소도 같은 곳인 '이전에 수진궁이던 곳'에 있는 동문관임을 밝히고 있다.

---

2) 박정규, "상무총보·대한상무신보에 대한 역사적 고찰", ≪언론과학연구≫, 2003, p.175; 박정규가 상무총보 1899년 4월 29일자와 5월 4일자 2부를 찾아 낸 것으로 알려져 있음.

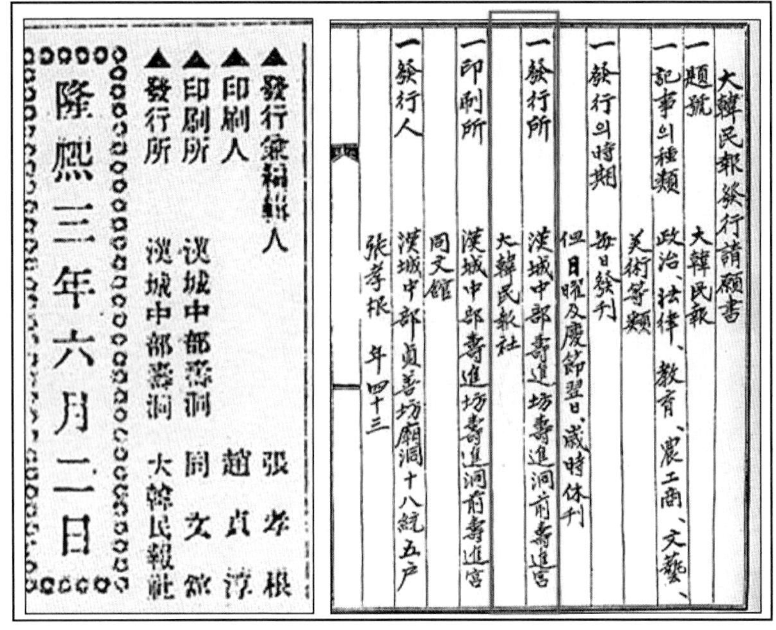

大韓民報發行請願書

一、題號　大韓民報

一、記事의種類　政治、法律、教育、農工商、文藝、

一、發行의時期　每日發刊　但日曜及慶節翌日、歲時休刊

一、發行所　漢城中部壽進坊壽進洞前壽進宮

一、印刷所　漢城中部壽進坊壽進洞前壽進宮　大韓民報社

一、發行所　漢城中部眞善坊廟洞十八統五戶　同文館

一、發行人　漢城中部眞善坊廟洞十八統五戶　張孝根　年四十三

▲發行兼編輯人　張孝根

▲印刷人　趙貞淳

▲印刷所　漢城中部慈洞　同文館

▲發行所　漢城中部壽洞　大韓民報社

隆熙三年六月二日

〈사고와 발행청원서 1〉 대한민보(大韓民報) 발행소 위치
* 사고는 대한민보 1909년 6월 2일 발간호에 난 것임.
* 발행청원서는 ≪대한민보≫(영인판), 1985의 앞 解題에 나와 있는 것임.

한말의 수진동(壽進洞)은 현재의 종로구 수송동의 일부 지역에 해당한다.
〈지도 3〉은 한말 수진동에 있던 수진궁의 현재의 위치를 추정해 보는 작
업을 위한 것이다. 한말의 지도(A), 일제가 1914년 행정구역 재편을 하고
난 지 4년이 지난 1918년 지도(B), 1945년 해방 직후의 지도(C) 그리고 마
지막으로 2007년 현재의 지도(D)가 한자리에 제시되어 있다. 서울 시내 4
대문 안의 경우 주요 도로들은 지난 100여 년 사이에 큰 변동이 없는 것들
이 많기 때문에 이들 4개 지도에서 주요 도로들을 기준으로 대비해 보면
옛 수진궁 터의 현재의 위치를 대강은 짚어 볼 수가 있게 된다.

〈지도 3〉의 A는 한말 김정호 지도인데 수진궁이 표시되어 있다. A 지도
에서의 수진궁의 위치를 1918년의 B 지도에 대입시켜 보면 옛 수진궁 터

에 종로소학교가 들어서 있음을 볼 수가 있다. 1918년 지도상에서는 종로소학교가 들어서 있는 곳의 지번은 52번지이고 53번지에서 60번지까지의 대지는 종로소학교 부지에 포함이 안 되어 있는 것으로 나와 있다. 해방 직후인 1947년경의 지도인 C 지도에서 보면 53번지에서 60번지까지가 53번지로 통합이 되어 종로소학교의 운동장으로 편입이 되어 있는 것으로 나타나 있다. 2007년 현재 지도인 D 지도에서 보면 옛 종로소학교 터가 58번지로 통합이 되어 그 자리에 '두산위브파빌리온'이 들어서 있다.

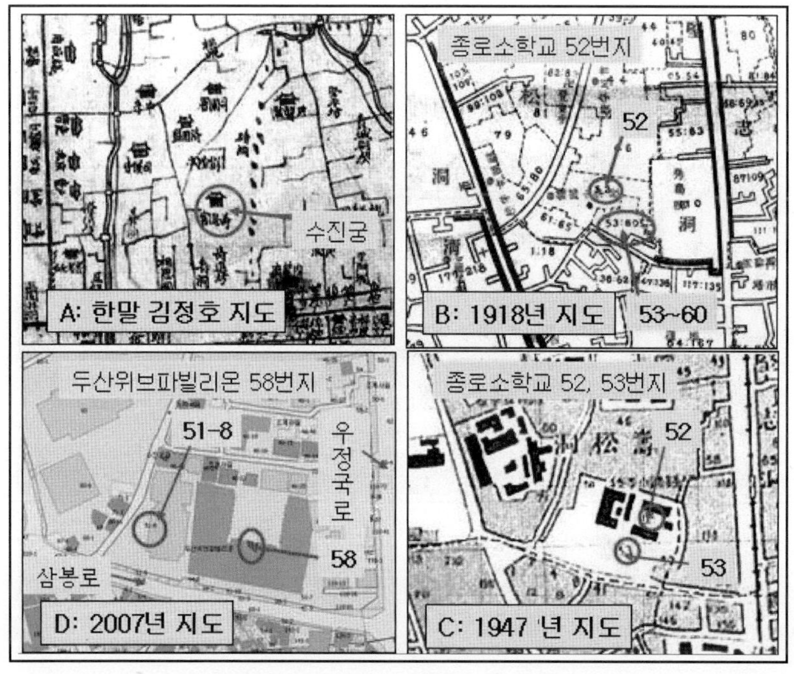

〈지도 3〉 대한민보 사옥이 있던 옛 수진궁 터 추정 작업

* 한말의 지도(A)에 수진궁 터의 위치가 나와 있음.
* 일제 초기 지도(B)에서 보면 이 터 52번지에 종로소학교가 들어서 있음.
* 해방 후 지도(C)에서 보면 종로소학교 부지가 확장되어 53번지까지 포함.
* 옛 수진궁 터에는 현재(지도 D) 두산위브파빌리온(58번지)이 들어서 있음.

〈사진 1〉은 《대한민보》(영인판)3)에 나와 있는 대한민보 사옥(社屋) 사진이다. 정창열이 이 영인본에 쓴 "대한민보 해제(大韓民報 解題)"에서 "사옥(대한민보 사옥)은 유길준의 흥사단 소속 동문관(同文舘) 인쇄소 건물이었던 것 같고"라고 한 것으로 보아 〈사진 1〉에 나와 있는 것은 동문관의 일부인 사무 공간 부분인 것 같다.

〈사진 1〉 대한민보 사옥 사진

 * 이 사진에 나와 있는 사진 설명: "大韓民報 社屋 앞에서(앞줄 왼쪽 끝이 李鐘麟, 세 번째가 吳世昌, 뒷줄 右 첫 번째가 帝國新聞社 社長 李鐘一)"

옛 수진궁 터의 경계선이 표시되어 있는 지도가 있었으면, 옛 수진궁 터 내의 건물 배치 상황을 알 수 있는 평면도가 찾아질 수 있었으면, 〈사진 1〉에 나와 있는 대한민보(大韓民報) 발행소가 수진궁 터 내 어디쯤에 있었는지 그 위치를 좀 더 정확히 알아볼 수 있을 터인데 하는 아쉬움이 남는다.

3) 《大韓民報》(영인본), 서울: 아세아문화사, 1985.

〈사진 2〉은 대한민보의 발행소가 있었던 옛 수진궁 터에 새롭게 세워진 '두산위브파빌리온' 건물의 전면과 그 앞 길 삼봉로의 2007년 현재 모습을 보여 주는 사진이다.

그 왼쪽의 사진은 옛 수진궁 터에서 좀 떨어진 곳에 있는 종로구청 민원실 건물 사진인데 그 출입구 오른편에 한말에 유길준이 수진궁 터 안에 설립해 운영했던 '수진측량학교 터' 표석이 세워져 있다. 일반인들의 경우는 그 표석이 세워져 있는 곳이 옛 수진궁 터이었을 것으로 잘못 알게 될 가능성이 클 것도 같다.

〈사진 2〉 대한민보가 발행되던 수진궁 터의 2007년 현재의 모습 사진

3. 종교계 신문: 죠션크리스도인회보, 그리스도신문, 만세보, 경향신문, 구셰신문

종교계 신문들 가운데 신교인 감리교계 신문과 장로교계 신문에 관해서는 그 계보에 관해 간단한 설명이 필요할 것 같아, 이를 표로 제시해 보면

〈표 2〉와 같다.

〈표 2〉는 윤춘병의 「한국감리교회 출판문화연구」[4]에 정리되어 나와 있
는 것으로서, 감리교회의 신문과 장로교회의 신문의 발간과 이들 두 교파
신문들의 통합·분리 과정을 보여 주고 있다.

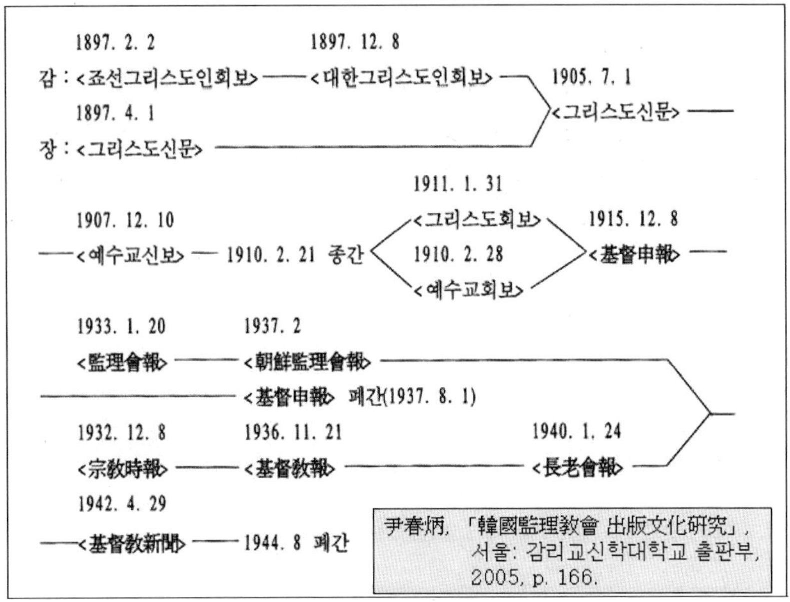

〈표 2〉 구한말 이래의 기독교 신교계 신문의 계보
* 본 연구에서는 발간 초기의 발행소 위치에 관해서만 다루고 있음.

기독교 신교계에서는 감리교회가 제일 처음으로 죠선크리스도인회보를
1897년 2월 2일에 발간했고, 곧 이어 장로교회에서 그리스도신문을 1897년 4
월 1일 발간했다. 감리교와 장로교 두 교파의 이들 신문은 1905년 7월 1일에
통합을 해서 그리스도신문이란 제호로 함께 발행하다가 1907년 12월 10일부터
제호를 예수교신보로 바꾸어 발행을 계속했었다. 감·장 통합신문인 이 예수
교신보는 1910년 2월 21일 종간을 했는데 장로교회에서는 곧이어 1910년 2월

---

4) 尹春炳, 「韓國監理敎會 出版文化硏究」, 감리교신학대학 출판부, 2005, p.166.

28일부터 예수교회보를 발행하기 시작해서 1910년 8월 28일 일제의 강압적인 한국합병 이후에도 발행을 해 나갔었는데, 감리교회에서는 통합신문인 예수교신보의 종간 이후 신문의 발행을 잠시 중단하고 있다가 일제에 의한 한국합병 6개월 뒤인 1911년 1월 31일에 그리스도회보라는 제호로 다시 신문을 발행하기 시작했다. 장로교회의 예수교회보와 감리교회의 그리스도회보는 1915년 12월 8일 다시 통합해 기독신보(基督申報)를 함께 발행하게 된다.

여기서는 감리교계 신문과 장로교계 신문 두 신문 초기의 발행소 위치에 관한 것만을 알아보고자 한다.

1) 죠션크리스도인회보(제호 변경 대한크리스도인회보): 감리교계 신문

"≪죠션그리스도인회보≫, 주간: 발행인/아펜젤라: 발행소/경성 정동, 감리교 선교부: 창간일/건양 2년(1897) 2월 2일: 한국 교계의 첫 주간지." p.85.

"본지는 국호가 대한제국 광무 원년으로 바뀌자 같은 해 12월 8일자 5호부터 국호를 따라 제호를 대한그리스도인회보로 개제 발행하였고……." p.86.

"죠션그리스도인회보는 1897년 2월 2일 ~ 12월 1일 통권 44호까지, 대한그리스토인회보는 1897년 12월 8일 ~ 1905년 6월 24일까지 발간한 후 폐간하고 그 후에는 장·감 합동하여 그리스도신문을 1905년 7월 1일 ~ 1907년 12월 3일까지 발간했다." p.87.

尹春炳, 「韓國基督敎 新聞·雜誌 百年史(1885~1945)」,
대한기독교출판사, 1984.

감리교계의 죠션크리스도인회보는 아펜젤러(H. G. Appenzeller: 한국명 아편셜라 亞扁薛羅) 목사가 1897년 2월 2일 주간(週刊)으로 창간한 기독교계 최초의 신문이다. 10개월 후 우리 조선의 국호가 대한제국으로 바뀌자 신문의 제호가 대한크리스도인회보로 바뀌었다.

죠션크리스도인회보가 기획되고 편집된 곳인 신문국(新聞局)은 어디에 있었을까.

〈사고 2〉에 나와 있는 것을 보면 신문에 관한 업무가 아펜젤러 교사 집
(죠션크리스도인회보), 아펜젤러 목사 집(대한크리스도인회보)에서 이루어
졌던 것 같다.

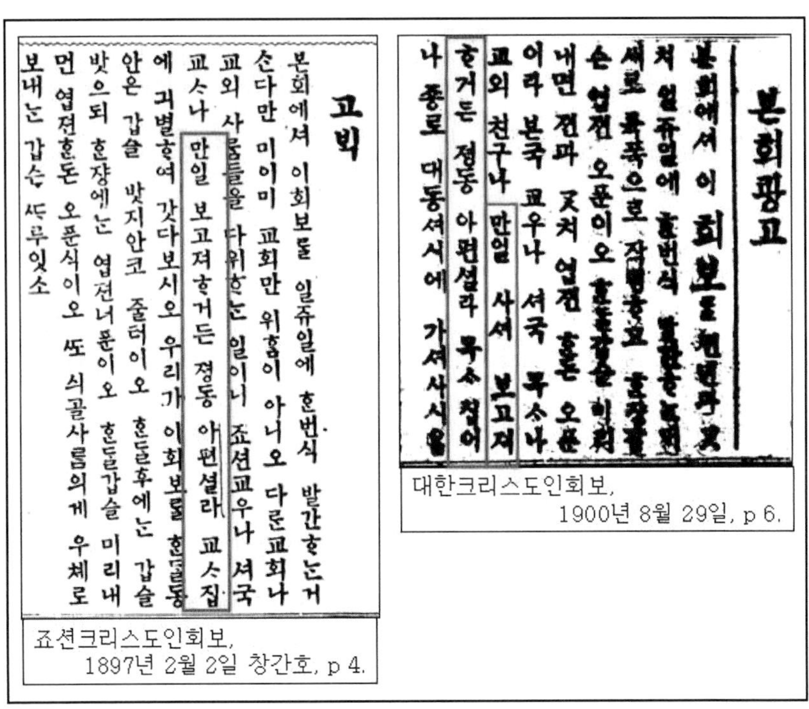

죠션크리스도인회보,
　　　1897년 2월 2일 창간호, p 4.

대한크리스도인회보,
　　　1900년 8월 29일, p 6.

〈사고 2〉 감리교계의 신문 죠션크리스도인회보와 대한크리스도인회보의
　　　　　발행소 위치

〈사고 2〉에서 실선 직사각형으로 표시된 부분의 글을 보면 신문에 실릴
사설 또는 논설, 성경공부 등의 글이 기획되고 쓰인 곳이 주로 아펜젤러
목사 사저이었을 것 같고, 소식란에 들어갈 기사(記事)거리가 전해지고 수
집되어 기사로 작성된 곳이 주로 아펜젤러 목사 사저가 아니었을까 하는
생각이 들게 한다.

다음 절에서 다룰 장로교계 신문 그리스도신문의 경우를 보면 "신문국은 대정동 미국목사 원두우 교사 집이오."라고 나와 있는데 감리교계의 죠선크리스도인회보의 경우도 사정이 같아 아펜젤러 목사 사저가 신문국 기능을 했을 것으로 생각되기 때문이다.

그렇다면 죠선(대한)크리스도인회보의 신문국이었던 아펜젤러 목사 사저는 어디에 있었을까.

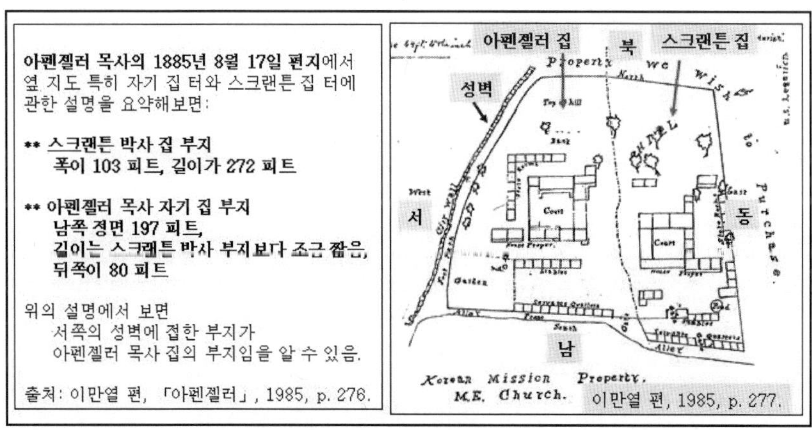

아펜젤러 목사의 1885년 8월 17일 편지에서 옆 지도 특히 자기 집 터와 스크랜튼 집 터에 관한 설명을 요약해보면:

** 스크랜튼 박사 집 부지
   폭이 103 피트, 길이가 272 피트

** 아펜젤러 목사 자기 집 부지
   남쪽 정면 197 피트,
   길이는 스크랜튼 박사 부지보다 조금 짧음,
   뒤쪽이 80 피트

위의 설명에서 보면
   서쪽의 성벽에 접한 부지가
   아펜젤러 목사 집의 부지임을 알 수 있음.

출처: 이만열 편, 「아펜젤러」, 1985, p. 276.

〈자료와 약도 1〉 죠선크리스도인회보 발행소이었던 아펜젤러 사저의 위치

〈자료와 약도 1〉에 아펜젤러 사저의 위치를 밝혀 주는 자료와 약도가 제시되어 있다. 왼쪽 자료 부분에 요약되어 있는 내용을 바른쪽 약도에 대입해 보면 성벽 쪽에 붙어 있는 집이 아펜젤러의 집이고 그 동쪽이 이화학당 창시자이고 의사(醫師) 스크랜튼의 어머니인 스크랜튼 대부인(大夫人: Mrs. Scranton)의 집임을 알 수 있다.(스크랜튼 집터는 북쪽과 남쪽 폭이 비슷함. 아펜젤러 집터는 스크랜튼 집터에 비해 뒤쪽, 즉 북쪽 폭이 좀 좁고, 남쪽 폭은 훨씬 넓고, 남북으로 난 길이는 조금 짧다고 나와 있음.)

성벽 쪽에 붙은 서쪽집이 아펜젤러 집이고 그 동쪽에 있는 집이 스크랜튼 집이라는 것이 이덕주의 "한국 기독교 문화유적을 찾아서: 근대화의 요

람 정동 이야기(3)"에 나와 있는 약도에 보다 분명히 밝혀져 있다.5)

아펜젤러의 사저가 어디에 있었는지 알고 있는 사람이 있겠지만 여기서는 모르고 있는 대다수의 사람들을 위해 지도(地圖)들을 이용해 그 위치를 표시해 보고자 한다.

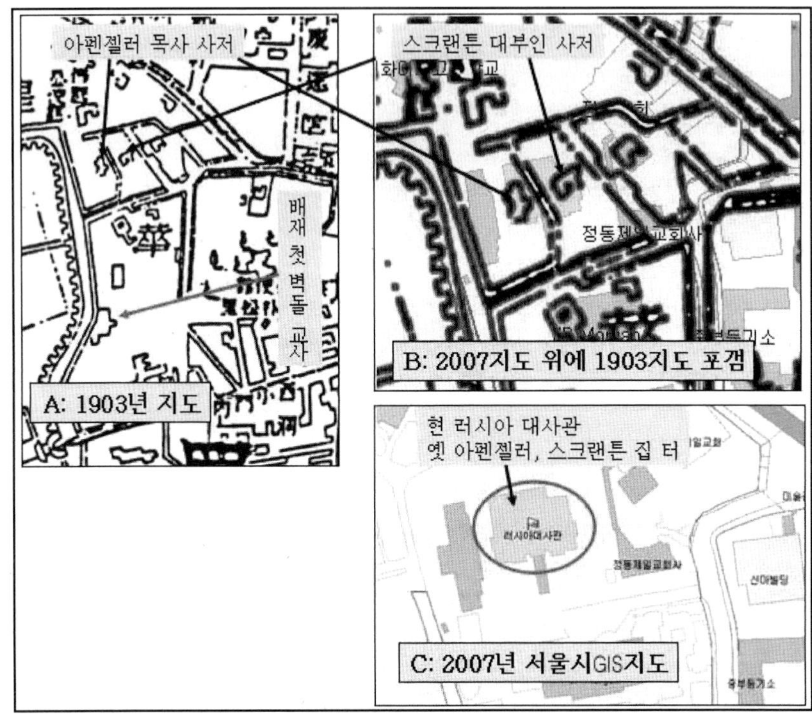

〈지도 4〉 죠선크리스도인회보의 신문국이던 아펜젤러 목사 사저 터의 현재 위치 추정 작업

〈지도 4〉에는 옛 1903년 지도에서 아펜젤러 사저의 위치를 찾아 이를 2007년 현재 지도에 대입해 봄으로써 아펜젤러의 사저가 있던 터의 현재의 위치를 알아보는 작업이 제시되어 있다.

---

5) 이덕주, "한국 기독교 문화유적을 찾아서: 근대화의 요람 정동 이야기 (3)", 한국기독교서회, 《기독교사상》, 1997년 4월호, p.82.

〈지도 4〉의 A는 1903년 당시 정동의 일부 지역을 보여 주는 지도인데 배재학당 이화학당과 그 사이의 감리교 선교사들 집터가 표시되어 있다. 바로 앞의 〈자료와 약도 1〉에서 확인한 아펜젤러 사저의 위치를 참고해 보면 성벽에 접해 있는 집이 아펜젤러의 사저임을 알 수 있다.

〈지도 4〉의 B는 2007년 현재의 지도 위에 A의 1903년 지도를 포갬으로써 아펜젤러 사저가 있었던 터의 현재의 위치를 알아본 것이다. 옛 아펜젤러의 사저와 스크랜튼의 사저 두 사저 터에 큰 건물이 들어서 있음을 알 수 있다.

〈지도 4〉의 C는 2007년 현재의 지도인데, B 지도에서 아펜젤러 사저와 스크랜튼 사저 부분을 실선 원으로 표시하고 1903년 지도의 나머지 부분을 지워버림으로써 옛 아펜젤러 사저 터의 현재의 위치를 보다 분명히 나타내 본 것이다.

옛 죠션크리스도인회보의 신문국이었던 아펜젤러 목사 사저 터에는 현재 러시아 대사관 건물이 들어서 있음을 알 수 있다.

〈그림과 사진 1〉 감리교계 신문 죠션크리스도인회보의 발행소 신문국이 있었던 아펜젤러 목사 사저의 펜그림과 이 신문을 인쇄했었던 곳인 배재학당 제일교사의 사진

〈그림과 사진 1〉에 구한말 당시의 아펜젤러의 사저와 스크랜튼 대부인의 사저를 펜으로 그린 펜화와 죠션크리스도인회보를 인쇄했던 배재학당 제1 교사 사진이 제시되어 있다.

〈그림과 사진 1〉 A의 펜화는 원래 The Gospel in All Lands, 1887년 6월호에 난 것인데 현재 정동제일교회 역사화보집인 「자유와 빛으로」를 비롯해 몇몇 출판물에서 접할 수 있는 그림이다.

앞의 〈자료와 약도 1〉과 〈지도 4〉에서 알게 된 사실을 근거로 판단해 볼 때 이 펜화는 성벽 쪽에서 바로 앞의 아펜젤러 사저와 그 뒤의 스크랜튼 대부인 사저를 바라보며 그린 그림임을 알 수 있다.

아펜젤러 목사는 1902년 6월 11일 배를 타고 목포로 가던 중 배 충돌로 익사해 별세를 했는데 그 이후 죠션크리스도인회보의 편집 책임자가 누구로 바뀌었는지, 신문국이 어디로 옮겼는지는 좀 더 알아보아야 할 것 같다.

〈그림과 사진 1〉의 B는 배재학당의 첫 벽돌 교사(校舍) 사진인데, 아펜젤러는 이 교사 지하에 인쇄소를 차려놓고 문서선교에 힘을 썼다. 일명 삼문출판사(三文出版社: 三文은 한글, 한문, 영문 세 문자를 다룬다는 뜻임)라 불리기도 했던 이 인쇄소에서 죠션크리스도인회보가 인쇄되었었다.

죠션크리스도인회보를 인쇄했던 곳인 배재학당 첫 벽돌교사가 있던 곳은 어디이고 지금은 어떻게 변해 있을까.

〈사진과 지도 1〉에 1972년 항공사진과 2006년 지도를 통해 이를 알아보기 위한 작업이 제시되어 있다.

배제학당의 첫 벽돌교사는 1930년대 초에 헐리고 그 터를 포함한 넓은 터에 1935년 대강당이 세워졌다. 따라서 배제학당 대강당 터가 옛 죠션크리스도인회보를 인쇄하던 삼문출판사 자리인 것이다.

〈사진과 지도 1〉의 A는 서울시에서 1972년에 찍은 항공사진으로서 배재 중고등학교가 강남으로 이전하기 이전의 배재학당 건물 분포상황을 보여주고 있다. 옛 성벽 길가에 실선 원으로 표시된 두 곳 중 왼쪽 것이 대강당 건물이다.

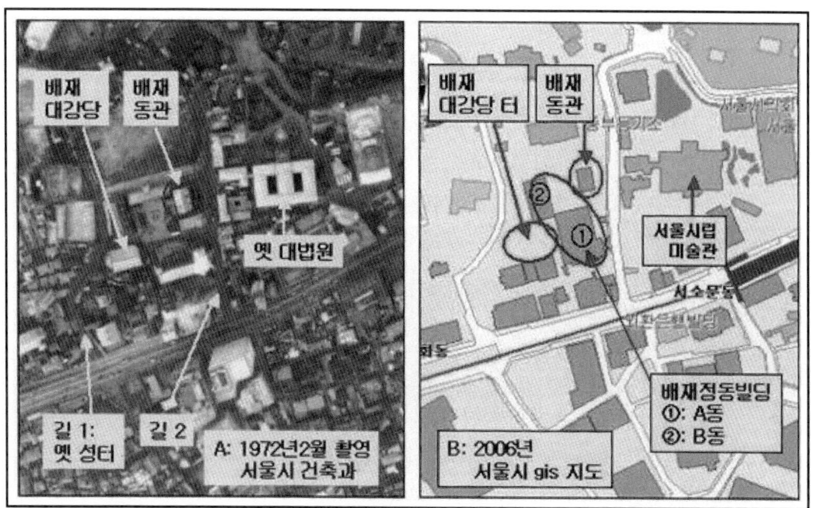

〈사진과 지도 1〉 죠션크리스도인회보(감리교) 인쇄소 터 추정 작업: 현재배 재정동빌딩 A동 서편 광장 옛 배재고교 대강당 터

* 아펜젤러 목사가 창간한 이 회보는 처음에는 배재학당 제1교사 지하실에 마련한 인쇄시설에서 인쇄를 했음.
* 앞 매일신문 발행소에 관한 글 중에서 그 전신인 협성회회보 발행소에 관한 부분 과 독립신문 사옥 위치에 관한 글 중에서 해당 부분 참조.

〈사진과 지도 1〉의 B는 2006년 현재의 지도인데 여기에서 볼 수 있듯이 배재중고등학교가 강남으로 이전을 하고 난 뒤 그 터의 북쪽 부분은 매각 되어 러시아 대사관과 제이피모간(JP Morgan) 등 건물과 배재공원이 들어 서 있고 남쪽 부분은 배재학원 재단이 배재정동빌딩 2개 동을 지었는데 이 건물에는 배재대학이 들어서 있고 남은 공간은 대여를 하고 있다.

A 사진에서의 대강당 터를 B 지도에 옮겨 보면 옛 대강당이 서 있던 자 리는 현재 작은 정원(실선 원으로 표시)으로 만들어져 그 중심에 '신교육 의 발상지' 표석이 서 있고 정원 한편 구석에 '독립신문사 터' 표석6)이 세 워져 있다.(제4장 민일신문 부분의 〈사진과 지도 1-2〉 참조)

---

6) 독립신문사 사옥이 있었던 곳은 이곳이 아님. 본서(本書) 제3장 제1절 '독립신 문사'의 해당 부분을 참조.

2) 그리스도신문: 장로교계 신문

"《그리스도신문》, 주간: 저술자/언더우드, 사무/빈톤: 발행소/서울
정동: 창간일/1897년(건양 2년) 4월 1일."
"…… 교계 신문으로는 우리나라에서 두 번째로 창간된 장로회의 신문
으로서……"

尹春炳, 「韓國基督敎 新聞·雜誌 百年史(1885~1945)」,
대한기독교출판사, 1984, p.87.

장로교계의 신문인 그리스도신문은 언더우드(H. G. Underwood: 한국명
원두우 元杜尤) 목사가 1897년 4월 1일 주간(週刊)으로 창간한 기독교계
두 번째 신문이다.

<사고와 광고 1> 장로교계의 그리스도신문을 발행한 신문국 위치:
언더우드(한국명: 원두우) 목사 사저

〈사고와 광고 1〉에서 보듯이 그리스도신문을 기획 편집한 '신문국'은 당시 정동(貞洞)의 '언더우드 목사 집'에 있었다.

언더우드는 1901년 5월에 안식년 휴식을 위해 미국으로 가면서 그리스도신문의 편집 책임을 게일(J. S. Gale) 목사에게 맡겼는데,[7] 이때 신문국이 다른 곳으로 옮겼는지 언더우드 사저에 그대로 있었는지는 좀 더 알아보아야 할 것 같다.

언더우드의 정동 사저는 1902년 정부가 이를 매입해 덕수궁 소유로 되었으니까[8] 그리스도신문의 신문국이 정동 언더우드 사저에 있었던 기간은 1897년 4월에서 1901년까지 4년여, 길게는 1902년까지 5년여 정도가 될 것 같다.

그리스도신문의 발행소인 신문국이 있었던 정동의 언더우드 사저 터는 현재 정원학교 운동장 터로 알려져 있다.

이덕주에 의하면 "(언더우드는) 지금의 정동 13−1번지 일대에 있던 9백 평이 넘는 넓은 집을 구했다. 큰 기와집 세 채가 딸린 저택으로 조선시대 정승을 지냈다는 강노(姜䉶)의 집이었다.[9] ……. 언더우드의 정동 주택은 정부 쪽에서 매도할 것을 요구해 3년 협상 끝에 1902년 덕수궁 소유가 되었다. 그러나 일제시대 들어서 '이왕직' 소유가 되었다가 미국 감리교 여선교부에서 구입하여 서양식 건물을 짓고 독신 여선교사 사택으로 사용하였다. '그레이 하우스'(Gray House)로 불린 이 집은 해방 후에도 계속 사용되다가 1977년에 예원여중 운동장으로 변하였다."[10]

장규식도 "언더우드의 사택은……. 본래 강 모라는 정승이 살았던 집이라고 하는데, 지금의 정동 13번지 예원학교 교정 서편을 아우르는 넓은 터 안에 있었다."[11]라고 밝히고 있다.

---

7) 이광린, 「초대 언더우드 선교사의 생애」, 연세대학교 출판부, 1991, p.174.

8) 이덕주, "한국 기독교 문화유적을 찾아서: 근대화의 요람 정동 이야기(2)", 기독교사상, 1997년 3월호, p.75.

9) 이덕주, "…… 근대화의 요람 정동 이야기(2)", ≪기독교사상≫, 1997년 3월호, p.73.

10) 이덕주, 위의 글, p.75.

11) 장규식, "정동 일대 역사공간 2: 옛 러시아공사관—'아관파천'의 현장"〈장규

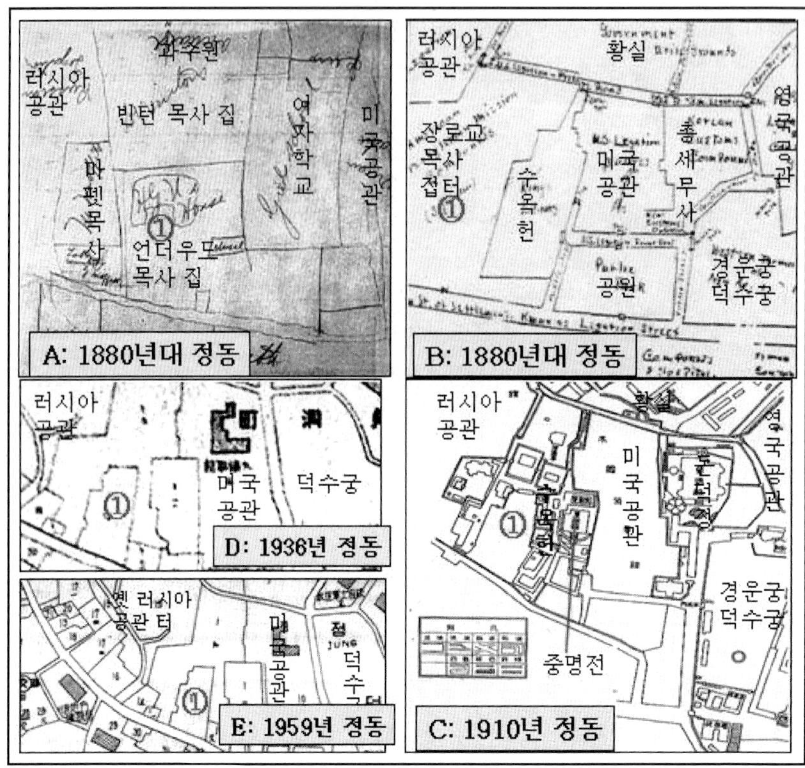

〈지도 5-1〉 그리스도신문 발행소(언더우드 사저 터) 위치 추정 작업

* 지도 출처: A는 「새문안교회 100년사」, 1995, p.78.
　　　　　　B는 「하늘 사명의 전당, 벧엘예배당」, 2002, p.18.

〈지도 5-1〉에는 1885년 기독교 신교 목사들이 정동에 선교를 위한 터전을 마련한 때로부터 일제를 거쳐 해방에 이르기까지의 정동(貞洞)지역 약도와 지도가 제시되어 있다.

이들 약도와 지도들은 그리스도신문 초기의 신문국, 즉 발행소가 있었던 언더우드 목사 사저의 위치를 보다 시각적으로 확인해 보는 작업을 위한 것이다.

식의 서울역사산책〉.

출처: http://blog.daum.net/srasky/3147059.

〈지도 5-1〉의 A는 언더우드가 그린 정동 장로교 선교부 지역 약도인데
언더우드의 집이 아래쪽으로 트인 'ㄷ'자 형태로 그려져 있다.12) B는 감
리교 쪽 자료에 나와 있는 옛 정동지역 약도인데 장로교 선교부가 자세히
구분이 안 된 채로 표시되어 있고 A에서 여자학교로 나와 있는 곳이 수옥
헌(漱玉軒: King's Library)으로 바뀌어 있다. 수옥헌으로 나와 있는 곳에
1900년대 초에 중명전(重明殿)이 세워졌으니까 B의 약도는 1903년 전후에
그려진 것으로 추정된다. C는 융희(隆熙) 4년, 즉 1910년에 제작된 덕수궁
평면도인데 언더우드 목사의 장로교 선교부 자리를 우리 정부에서 모두 사
들여 덕수궁이 확장되어 있음을 보여 주고 있다. D는 1936년의 정동 지도,
E는 해방 후인 1959년의 정동 지도이다.

〈지도 5-1〉의 A에서 E까지의 5개 지도에서 ①로 표기되어 있는 곳이
언더우드의 사저 터인데 그 터가 거의 변하지 않고 내려왔음을 알 수 있다.

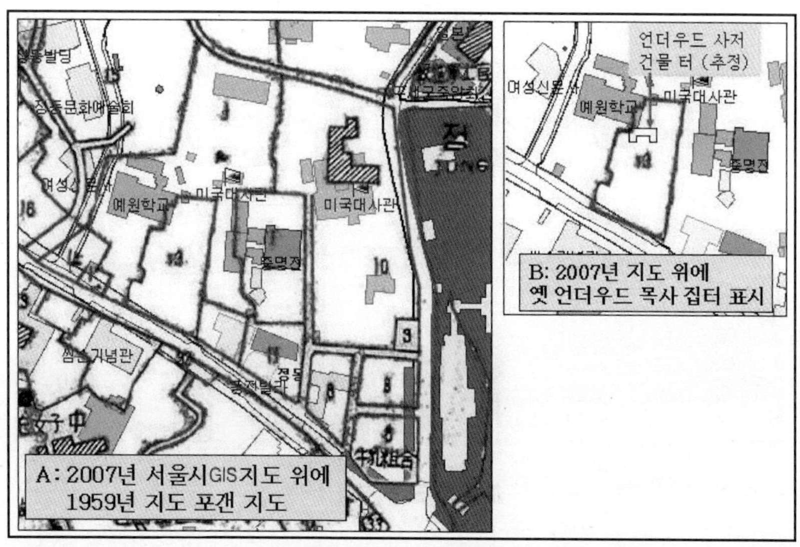

〈지도 5-2〉 그리스도신문 발행소(언더우드의 집터) 2007년 현재 위치 추정 작업

---

12) 새문안교회가 1973년에 발행한 「새문안 85년사」에는 지포드(D. L. Gifford)가
　　그린 좀 더 자세한 약도가 나와 있음.

〈지도 5-2〉는 2007년 지도 위에 1959년 지도를 포개 봄으로써, 언더우드의 사저 터로 알려진 ①번으로 표시된 정동 13번지 터의 현재의 위치를 확인해 보기 위한 작업을 보여 주고 있다.

〈지도 5-2〉의 A는 정동의 주요 도로들을 기준으로 2007년 지도 위에 1959년 지도를 포개 본 것이고, A의 포개진 지도에서 1959년 지도 부분 중 ①번으로 표시된 정동 13번지 터만을 남기고 나머지 부분을 지워 버린 것이 B 지도이다. 이런 작업을 통해 그리스도신문 초기에 그 신문의 신문국이 있었던 언더우드 목사 사저 터의 현재의 위치가 보다 확실히 들어나게 되었다.

〈지도 5-2〉의 B 지도에서 13번지 터로 나와 있는 곳이 예원학교 운동장인데, 그 운동장에 〈지도 5-1〉의 A 약도를 참조해 아래쪽으로 트인 'ㄷ' 자 형태로 언더우드의 사저 건물을 그려 넣어 보았다.

정확하지는 않겠지만 그 집 어디에선가 언더우드가 그리스도신문을 기획하고 글을 쓰고 편집을 했을 것으로 생각된다. 여기에는 제시가 안 되었지만 언더우드의 사저가 'ㅁ' 자 형태로 나와 있는 사진이 있는데 그 사진에는 서재(書齋)가 집의 동북쪽 모퉁이에 있었던 것으로 표시가 되어 있다. 아마도 이 서재가 그리스도신문의 신문국 자리가 아니었을까 생각된다.

〈사진 3〉 구한말 정동 언더우드의 사저 사진과 그 사저가 있었던 곳인 현 예원학교 운동장의 현재 모습

 * 언더우드 목사 사저는 처음에는 'ㄷ' 자형 집이었는데 나중에 앞쪽에 증축을 해서 'ㅁ' 자형 집이 됨. 'ㅁ' 자형 집의 사진이 두 개가 더 있음.
   언더우드는 1902년경에 정동을 떠나 남대문 밖 도동의 신축 사저로 이사를 감.

〈사진 3〉에는 그리스도신문 발행 초기에 그 신문의 신문국이 있었던 언더우드 사저의 사진과 언더우드 사저 터가 있었던 곳인 예원학교 운동장(후문 밖에서 찍은)의 2007년 6월 현재의 모습을 담은 사진이 제시되어 있다.

3) 만세보(萬歲報): 천도교계 신문

"≪萬歲報≫는 舊韓末인 光武10년(1906년) 6월 17일에 일간지로 창간되어 다음해 6월 29일까지 1년 남짓 짧은 기간 동안에 293호를 발행한 최초의 천도교기관지이다."

"舊韓末 광무10년 6월 17일에 천도교기관지로 창간된 萬歲報는 창간당시 社長은 吳世昌, 主筆은 李仁稙, 발행겸편집인은 申光熙였으며, 普文館 館長 權東鎭과 帝國新聞에서 일했던 張孝根등이 운영에 깊이 관여하였다."

李東初, "天道敎機關紙 ≪萬歲報≫에 關한 考察"
http://www.cheondos.org/만세보.htm

만세보(萬歲報)는 1906년 6월 17일자 제1호에 발행인 겸 편집인 신광희의 명의로 낸 사고(社告)에서 발행소의 위치를 '남서 회동 85통 4호'로 밝히고 있다.

〈사고 4-1〉에 '회동 85통 4호'로 나와 있는 발행소 주소는 한말의 우리 주소로서 별도의 단서가 없이는 그 위치가 정확히 어디쯤인지를 알 수가 없다.

한말의 회동(會洞)은 흔히 현재의 회현동(會賢洞)으로 알려져 있다. 그런데 현재의 회현동은 1가, 2가, 3가로 나누어져 그 지역이 상당히 넓기 때문에 "만세보사가 회현동에 있었다."는 이야기만으로는 만세보의 위치를 짐작하는 데 별로 도움이 될 수 없다.

여기서는 만세보 발행소의 위치를 알아보기 위한 첫 조치로 옛 회동(會洞) 지역의 현재의 범위를 추정해 보고자 한다.

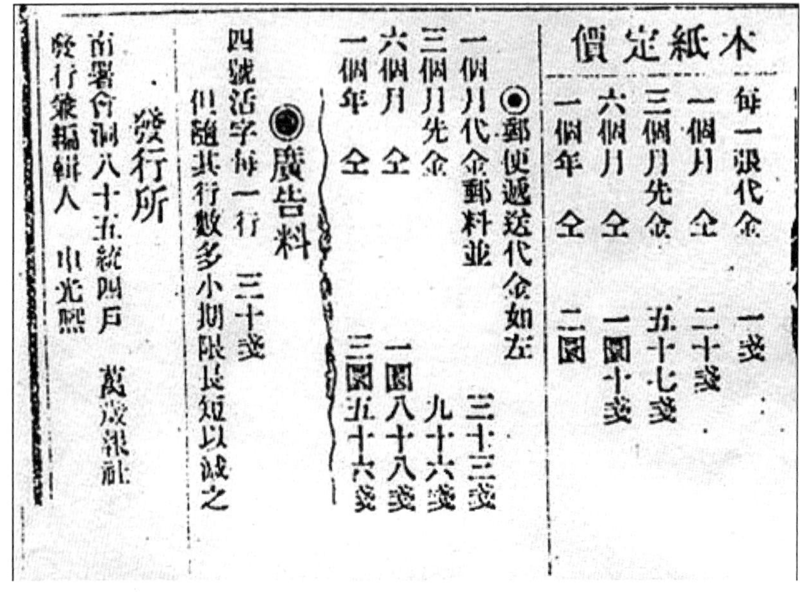

本紙定價

每一號代金　一錢
一個月代金　二十錢
三個月先金　五十七錢
六個月先金　一圓十錢
一個年先金　二圓

◉郵便遞送代金如左
一個月代金郵料並　三十三錢
三個月先金　九十六錢
六個月先金　一圓八十八錢
一個年先金　三圓五十六錢

◉廣告料
四號活字每一行　三十錢
但隨其行數多少期限長短以減之

發行所　萬歲報社
前署會洞八十五統四戶
發行兼編輯人　小光熙

〈사고 4-1〉 만세보(萬歲報: 천도교계) 발행소 위치: 남서 회동 85통 4호

* 만세보 1906년 6월 17일자 제1호 창간호에 난 사고.

　〈자료와 지도 2〉의 자료 부분에서 일제(日帝)가 1914년 우리 옛 동들을 통폐합하는 과정에서 우리의 옛 회동(會洞) 지역이 어떻게 되었는지를 우선 알아보아야 할 것 같다.

　「경성부사」에 의하면 옛 회동이 남대문통 3정목(현 남대문로3가), 본정1정목(현 충무로1가), 욱정1정목(현 회현동1가), 욱정2정목(현 회현동2가)으로 분할이 되어 있다.

　〈자료와 지도 2〉에서 A의 1903년 지도와 B의 2000년 지도를 검토해 보면 옛 회동의 대부분은 현재의 회현동1가 지역에 들어 있고 옛 회동 지역 중에서 인접한 3개 지역인 남대문로3가, 충무로1가, 회현동2가에 통합된 지역은 면적이 그리 크지 않음을 알 수 있다.

　2000년 지도인 B에서 굵은 실선은 2000년 현재의 동경계선(洞境界線)을 나타내는 것으로(2007년 현재도 같음) A 지역이 회현동1가 지역이 된다.

현재의 회현동1가 지역에는 남쪽의 옛 호박동 지역이 포함되어 있다. 따라서 옛 회동 지역은 ① 현재의 회현동1가 지역에서 옛 호박동 지역을 제외하고, ② B, D, E 지역에서 A에 인접한 지역 약간씩을 합친 지역이 된다.

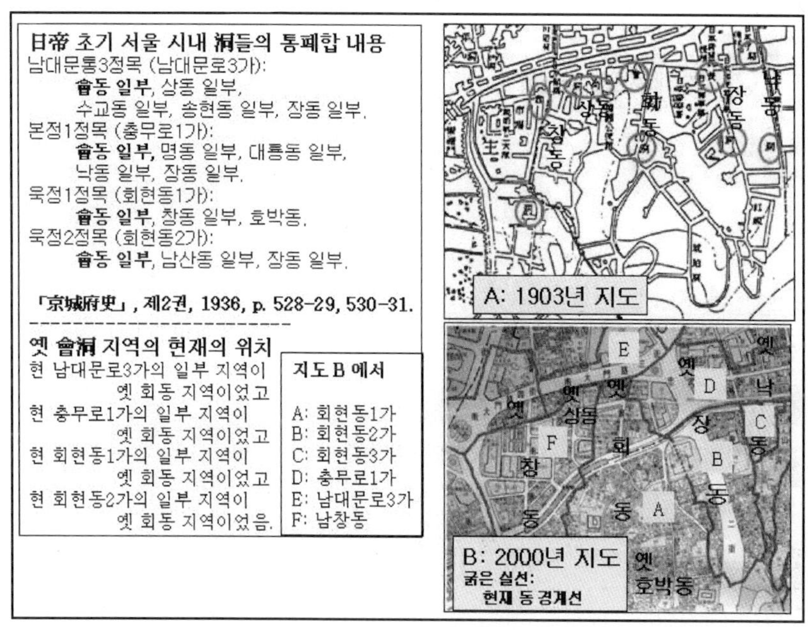

<자료와 지도 2> 옛 회동(會洞)의 현재 위치 추정 작업

〈지도 6-1〉에서 1907년 지도(A)와 2000년 지도(B) 위에 앞에서의 검토 결과를 근거로 옛 회동(會洞) 지역을 추정해 굵은 사각 점선으로 표시해 보았다.

1907년의 A 지도에서 보면 굵은 실선으로 표시된 줄들이 있는데 이것은 도로와 골목길을 눈에 띄게 나타내 보이기 위해 한 것이다. 남대문로에서 회동으로 들어가는 입구가 두 곳이 있고, 이 두 길은 곧 하나로 합쳐져서 회동 안으로 들어가다가 다시 둘로 갈라져 회동 안 깊숙이 들어가면서 중간 중간에 두 길 사이를 잇는 골목길들이 있음을 볼 수 있다.

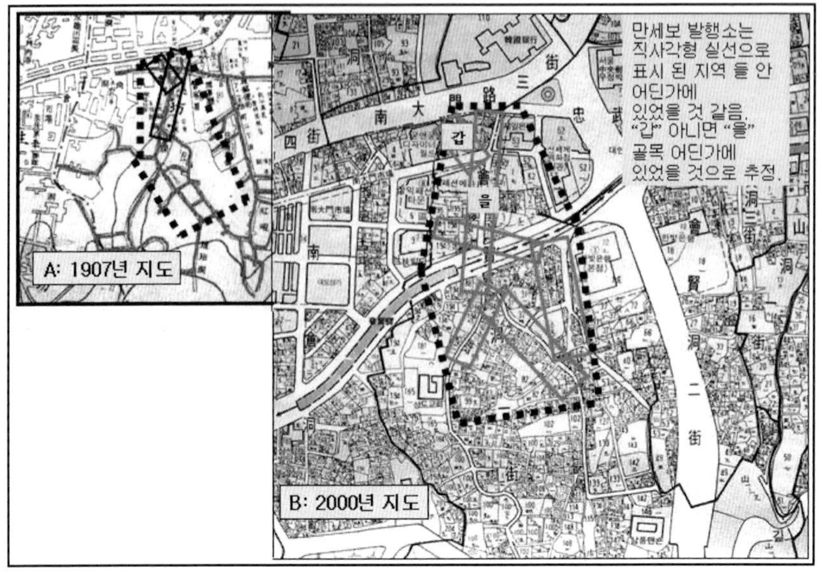

〈지도 6-1〉 만세보 발행소 위치 추정 작업

* 굵은 사각 점선으로 표시된 지역이 구한말 회동 지역(추정).
* A 지도에서 굵은 실선은 옛 회동 지역과 그 주변의 도로(道路).
* B 지도에서 실선 직사각형들은 옛 회동 지역 내 도로(道路)들을 표시한 것.

2000년의 B 지도에서도 옛 회동 지역의 도로와 골목길들은, 퇴계로가 크게 가로질러 뚫린 것 말고는, 100여 년 전과 거의 같아 큰 변동이 없음을 알 수 있다.

1907년의 A 지도에서 회동으로 들어가는 길 둘을 실선 직사각형으로 표시를 해 놓았다. 2000년의 B 지도에서는 옛 회동 지역 내 거의 모든 도로와 골목길들을 실선 직사각형들로 나타내 보았다.

만세보(萬歲報) 발행소는 이들 실선 직사각형으로 표시된 길가 어딘가에 있었을 것으로 추정된다. 확실한 증거가 없는 상황에서 단언하기는 어렵지만 만세보가 주요 도로변에서 멀리 떨어진 동리 깊숙한 곳에 발행소를 두지는 않았을 것 같다는 생각에서 남대문로로 곧바로 통하는 '갑' 아니면 '을' 골목길 어딘가에 있지 않았을까 추정을 해 본다.

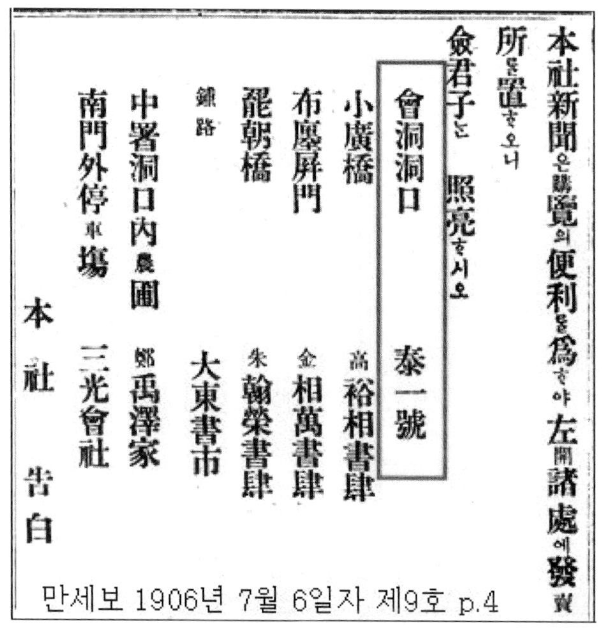

만세보 1906년 7월 6일자 제9호 p.4

〈사고 4-2〉 만세보의 발행소 위치를 추정케 하는 정보
의 하나

* 회동의 경우 발매소를 회동 길 입구에 구독자의 구독 편의
를 위해 따로 두었다는 것은 신문 발행소가 회동 길 조금
안쪽에 있었음을 짐작게 함.

〈사고 4-2〉에 제시된 만세보 발매소 위치 사고를 보면 회동의 경우 신문 발매소가 회동 입구 '태일호'로 되어 있다. 만세보 구독자의 구독 편의를 위해 회동 입구에 발매소를 두었다는 것은 만세보사(萬歲報社)가 회동 입구에서 좀 안으로 들어간 곳에 위치해 있었음을 알 수 있게 해 준다.

이상의 논의와 상상을 근거로 추리를 해 보면 만세보 발행소 사옥은 옛 회동으로 들어가는 두 길 초입이 아니라 회동 안으로 좀 들어간 곳에 있었을 것으로 생각된다.

이와 같은 추리의 결과를 앞 〈지도 6-1〉의 A 1907년 지도에 대입시켜서 보면, 만세보 사옥은 회동으로 들어가는 두 길이 하나로 합친 곳에서부

344

터 다시 둘로 갈리는 곳까지 사이의 길가에 있지 않았을까 생각된다. 이를 〈지도 6-1〉의 B 2000년 지도에서 보면 '을'로 표시된 길의 안쪽 지역에 해당된다.

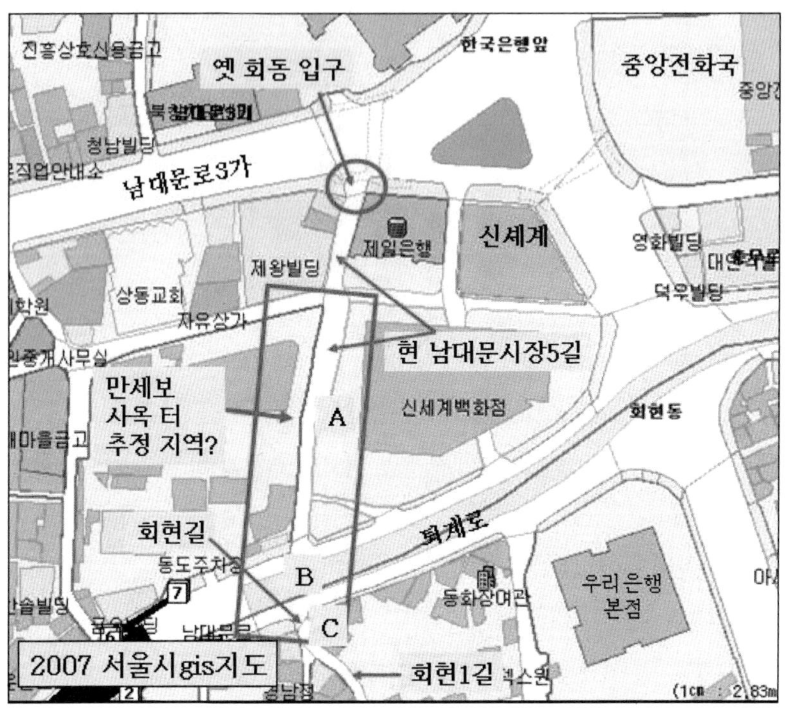

〈지도 6-2〉 만세보(萬歲報) 사옥 터의 현재의 위치 추정

* 실선 직사각형으로 표시한 지역 내 어딘가에 있었을 것으로 추정됨.

이상의 추리 결과를 2007년 현재의 지도 위에 나타내 본 것이 〈지도 6-2〉에 제시되어 있다. 만세보 발행소는 실선 직사각형으로 표시가 되어 있는 지역 어딘가에 있었을 것 같다. 남대문시장5길 중에서 제일은행 남쪽 지점에서 퇴계로에 이르기까지의 A 지역, 아니면 퇴계로 도로 중의 B 지역, 그것도 아니면 퇴계로 너머의 회현길이 회현1길로 갈리는 C 지역, 이들 세 지역을 합친 지역 어디엔가에 만세보사가 있었을 것 같다.

　지금까지의 논의를 통해 만세보사(萬歲報社)가 있었을 것으로 추정되는 지역의 범위가 상당히 줄어들었기를 기대하면서 보다 직접적인 자료가 나와 정확한 위치가 알려지게 되기를 바란다.

4) 경향신문(京鄕新聞) : 가톨릭계 신문

> "1906년 10월 19일, 교회에서는 종교 기관지가 아니라 시사 주간지의 성격이 강한 《경향신문(京鄕新聞)》을 창간하였다. 발행인 겸 편집인은 드망즈(F. Demange, 安世華) 신부였고, 발행소는 명동 성서 활판소였다."
> "韓國 가톨릭 出版史", 「한국가톨릭대사전」, Vol.12, 2006, p.9418.

　경향신문은 한국 천주교회에서 1906년 10월 19일에 주간지로 창간한 신문이다. 경향신문은 그러나 일제(日帝) 총독부의 단압으로 1910년 12월 30일 제220호를 마지막으로 폐간을 하게 된다.

　한말의 이 경향신문은 〈사고 5〉에 나와 있듯이 "종현 천주당내 경향신문사"에서 발행을 하고 "종현 천주당내 활판소"에서 인쇄를 했었다.

　경향신문의 발행소와 인쇄소가 오늘날의 표현으로 하면 '명동성당 부지 내'에 있었다는 이야기인데, 그렇다면 그 위치는 명동성당 내 어디였을까.

　앞의 직접 인용문에서 밝히고 있듯이 경향신문은 명동 성서 활판소에서 인쇄되었고 경

印刷日	發行日	發行兼編輯人	印刷人	印刷所	發行所
明治四十三年十二月廿二日	明治四十三年十二月廿三日	安世華 デマンジュ 京南部鍾峴天主堂	ビルモ 京南部鍾峴天主堂	活版所 京南部鍾峴天主堂內	京鄕新聞社 京南部鍾峴天主堂內

〈사고 5〉 경향신문 발행소 위치
* 경향신문 1906년 12월 23일자 사고

346

향신문 발행소도 그 활판소 건물 안에 함께 있었다. 따라서 명동 성서 활판
소가 있었던 위치를 알게 되면 경향신문 발행소의 위치가 찾아지게 되는 것
이다.

성서 활판소의 위치에 관한 언급이 「한국가톨릭대사전」, 12권, p.9417에
짤막하게 나와 있다.

> "정동의 성서 활판소는 1898년 10월 명동(현 명동 주교관 북쪽)의 2층
> 목조 인쇄소 건물로 이전하였다."

**〈사진 4-1〉 경향신문의 발행소와 인쇄소가 있던 '주교관 북쪽의 성서 활
판소' 사진**

* 성서 활판소는 1898년 10월에 이곳 2층 목조 인쇄소 건물로 이전하였음.
* 경향신문 발간(1906년 10월 19일) 8년 전쯤의 사진임.

〈사진 4-1〉에 명동성당이 1898년에 완공된 직후에 찍은 성당과 주교관
(主敎館) 사진[13]이 제시되어 있는데 이 사진 속에 '주교관 북쪽에 위치한'
성서 활판소의 2층 목조 건물 사진이 나온다. 경향신문이 이 활판소 건물

에서 창간된 것은 이 사진이 촬영된 때로부터 7-8년 뒤가 된다.

이 사진으로 경향신문사가 있던 위치가 대강 어디쯤인지는 알 수 있게 되었다. 그러나 한말의 경향신문이 창간되었을 때부터 100여 년이 지난 현시점에서 그 부근에 많은 변화가 있었기에 〈사진 4-1〉에 나와 있는 것만으로는 경향신문사가 있던 곳의 현재의 위치를 좀 더 정확히 알기가 어렵게 느껴진다.

그런데 경향신문사가 있던 정확한 위치를 알 수 있게 해 주는 또 하나의 중요한 자료가 있다.

한국교회사연구소가 1978년에 발행한 ≪京鄕新聞≫(영인판: 한국교회사연구자료 제8집) 앞부분에 〈경향신문 사옥〉 사진이 나와 있는데(〈사진 4-2〉 A), 벽돌 기와 2층 건물인 이 건물은 1950년대 중반에 가톨릭대학교 의학부(醫學部)가 출범하던 초기에 의학부 교사(校舍) 연구실 사무실로 사용되었던 건물14)이었기 때문에 그 건물이 헐려 사라진 후 여러 해가 지난 2007년 현재에도 그 건물이 명동성당 내 어디에 있었는지를 알고 있는 사람들이 있다.

〈사진 4-2〉 A에 한말의 옛 경향신문 사옥 사진이 제시되어 있다. B에 제시되어 있는 사진은 1950년대 중반 개교 초기 의학부 건물인데 사진을 찍은 방향이 다르기는 하지만 A의 사진과 동일 건물임을 알 수 있다. B에 나와 있는 의학부 초기의 이 건물은 곧 한 층을 더 올려 3층 건물이 되어 의학부에서 여러 해 사용했었다.

〈사진 4-2〉 B 사진에 나와 있는 건물은 그 뒤 헐려 지금은 그 모습을 찾아볼 수 없으나 한말에 경향신문사 사옥이었던 이 건물이 있었던 위치가 〈지도 7〉에 제시되어 있다.

---

13) 金源模·鄭成吉 편저, 「寫眞으로 본 韓國의 百年」, 대구: 한국문화홍보센타, 1989, p.132; 한국가톨릭대사전 편찬위원회, 「한국가톨릭대사전」, 4권, 2000, p.2636.
14) 가톨릭대학교 의과대학, 「가톨릭대학교 의과대학 50년사」, 2004, p.55.

<사진 4-2> 구한말의 경향신문 사옥이었던 벽돌기와 2층 건물 사진과
1950년대 중반 가톨릭의과대학 개교 초창기에 의학부의 교사,
연구실, 사무실로 사용했던 벽돌기와 2층 건물 사진

* 두 사진은 같은 건물을 다른 방향에서 찍은 사진임.
　A, B 두 사진의 건물이 구한말에 경향신문 사옥이었던 건물임.

「한국가톨릭대사전」(p.9417)에 의하면 1888년 10월에 명동성당 내 주교
관 북쪽의 2층 목조 인쇄소 건물로 이전해 온 성서활판소, 1906년 10월 19
일 발간된 경향신문이 이 활판소 건물에 들어 신문을 인쇄했던 이 건물(언
제 벽돌집이 되었는지는 확실치 않음. 경향신문 창간 이전이었을 것도 같
음), 일제가 우리의 국권을 탈취하고 난 직후인 1910년 12월 30일 일제의
탄압으로 경향신문을 폐간하고 난 뒤에는 경향잡지(京鄕雜誌)를 발간 인쇄
하던 이 건물, 〈사진 4-1〉에서는 주교관(主敎館) 바로 앞쪽(방위는 북쪽)
에 있는 것처럼 보이는 이 건물, 이 건물이 있었던 곳의 현재의 위치는
〈지도 7〉에서 보듯이 주교관에서 북쪽으로 사도관과 별관 너머에 있는 주
차장 터임이 확인되었다.

옛 경향신문(京鄕新聞) 발행소가 있던 곳의 현재의 위치가 명동성당 부
지 서북쪽 명동3길에 면한 주차장 터임을 확인하게 되기까지는 한국교회
사연구소의 백병근(미카엘) 연구원의 도움이 컸다. 백병근 연구원이 관련
자료들을 제공해 주고, 관련 사진들 속에서 중요한 사항들을 읽어 내고 그

들 간의 연관관계를 찾아 주고 했기에 옛 경향신문사 사옥이 있던 곳의 정확한 위치를 확인할 수가 있었다.

〈지도 7〉 구한말 경향신문(京鄕新聞) 사옥 터의 현재의 위치
* 경향신문 발간 당시에는 주교관 북쪽에 사도관과 별관이 아직 없었을 때임.

〈사진 4-3〉은 옛 경향신문사 사옥 터의 2007년 현재의 모습을 담은 사진이다.

로얄호텔(Royal Hotel) 정문에서 명동성당 쪽을 향해 찍은 사진이다. 명동성당의 별관이 서 있는 작은 언덕 아래 평지에 주차장이 있는데 바로 이 주차장 터가 옛 한말 때 경향신문사 사옥이 있던 곳이다.

<사진 4-3> 구한말 경향신문 사옥 터의 2007년 현재의 모습
* 길 건너 주차장 터에 옛 경향신문 사옥(벽돌 2층)이 들어서 있었음.

5) 구셰신문: 구세군계 신문

"한국 구세군은 1908년에 개척 선교사관으로 영국에서 온 정령 허가두
사관으로부터 선교활동을 시작하였습니다. 당시 정령 허가두 사관 일행
은 일제의 야욕으로 점점 도탄에 빠져가는 조선의 백성을 구원하며 구세
군의 교리와 사상을 널리 알리는 목적으로 이듬해인 1909년 7월 1일자로
≪구세신문≫ 창간호를 발행하였습니다."

강성환.15) "역사 현장의 기록·내일의 구세군 조명의 장", 「디지털
구세공보: The War Cry」, 구세군대한본영 편집부, 2003.

"구세군에서는 기관지로서 월간지를 간행하기로 하고 1909년 7월 1일
≪구세신문≫을 발간하였다."

李海暢, 「韓國 新聞史 硏究」, 서울: 성문각, 1971, p.271.

---

15) 한국 구세군 사령관.

구세군의 한국 선교는 정령 허가두(Colonel Hoggard) 사관이 1908년 서울에 파송되면서 시작이 되었다. 허가두 사관은 서울 서대문 밖 평동(平洞)에 '대한사령부'를 정하고 선교를 시작했으며, 평동의 이 사령부(본영)에서 1909년 7월 월간 구세신문을 창간했다.

구세군대한본영은 일제가 한국을 강탈한 이후에도 한동안 평동에 있었는데 일제에 의한 한국 병탄 직전인 1910년 2월에 평동 본영에서 개교한 구세군 사관학교 연혁에 당시 구세군 본영이 있던 터의 주소가 '평동 76번지'로 나온다.(〈사고와 연혁 1〉 참조)

B: 구세군 사관학교 연혁	
1910. 2. 15	[성경대학](Training Garrison) 개교 (서울 종로구 평동 76에서)
1912. 8. 1	[사관학교] 로 개칭.
1913. 11. 11	사관학교로 기존 교사 증축.
1917. 10. 24	여자 사관학생 교육 시작.
1925. 9. 26	제4대 교장 참모정위 로드취임.
1928. 9. 13	서울 중구 정동 1-23으로 교사 신축 이전
출처: http://otc.sarmy.or.kr/	

A:1909년 7월 호

〈사고와 연혁 1〉 구세신문 발행소가 있던 구세군 대한사령부의 위치와 구세군 사관학교 연혁에 나와 있는 구세군 대한사령부 본영의 주소

1917

地番	地目	坪數	地價	所有者住所	氏名
七二	垈	三七	一四八〇〇		金壽得
七三	垈	二一	八四〇〇		金相俊
七四	垈	三四	一七〇〇〇	芳橋	玄順泰
七五	垈	四八六	二、四三〇〇〇	茶洞	佛プレザン
七六	垈	九三一	四、六五五〇〇	蓬萊町一	救世軍
七七	垈	一八	九〇〇〇		崔俊相
七八	垈	四三	二三二五〇		亡崔戚根妻金召史
七九	垈	三六	一八〇〇〇		姜福男
八〇	垈	三〇	一五〇〇〇		朴敬憲

1927

地番	地目	坪數	地價	所有者住所	氏名
七六ノ一六	垈	三九合一	一五九五〇		白南震
七六ノ一七	垈	三八合九	一九五〇〇		安在鶴
七六ノ一八	垈	四合一	七〇〇	貞洞一七	獨國人 ルプレザン
七六ノ一九	垈	一三	六〇〇〇		同
七六	垈	九三一	四、六五五〇〇		救世軍
七七	垈	一八	九〇〇〇		洪吉杓
七七ノ一	垈	一合六	三〇五〇	橋南洞九一	洪順瑞
七八	垈	四三	二三二五〇		柳春玉
七九	垈	三六	一八〇〇〇	杏村洞一十	韓健植
八〇	垈	三〇	一五〇〇〇	和泉町二〇丁	金定俊

<지적목록 1> 구세군 본영 위치: 평동 76번지

* 자료: 「京城府管內地籍目錄」, 1917, 1927.

〈지적목록 1〉에 1917년과 1927년의 평동 지역 지적목록이 제시되어 있다. 1917년 지적목록에서 평동 76번지를 보면 대지 면적이 931평에 구세군(救世軍) 소유로 나와 있다. 1927년 지적목록에서도 평동 76번지가 구세군 소유로 나와 있다.

평동 76번지란 주소는 일제(日帝)가 1914년에 매긴 것으로서 이 주소가 있음으로써 구세군이 한말(韓末)에 평동에 정한 대한본영(大韓本營) 터의 정확한 위치를 찾아낼 수가 있게 되었다.

〈지도 8-1〉과 〈지도 8-2〉에는 옛 지도와 지적도를 사용해 구세군의 한말 평동 본영 터의 현재의 위치를 추정해 보기 위한 작업이 제시되어 있다.

우선 〈지도 8-1〉을 보면 1911년 지도(A), 1918년 지도(B), 1959년 지도

(C)가 제시되어 있다. A의 1911년 지도에는 대평동과 소평동 지역이 표시되어 있고, B의 1918년 지도에는 평동의 지번 주소가 표시되어 있기는 하나 76번지에서 84번지까지가 묶여서 제시되어 있다. C의 1959년 지도에는 평동 76번지 터의 경계가 제시되어 있어 그 터의 정확한 위치와 모습을 알 수가 있게 되어 있다.

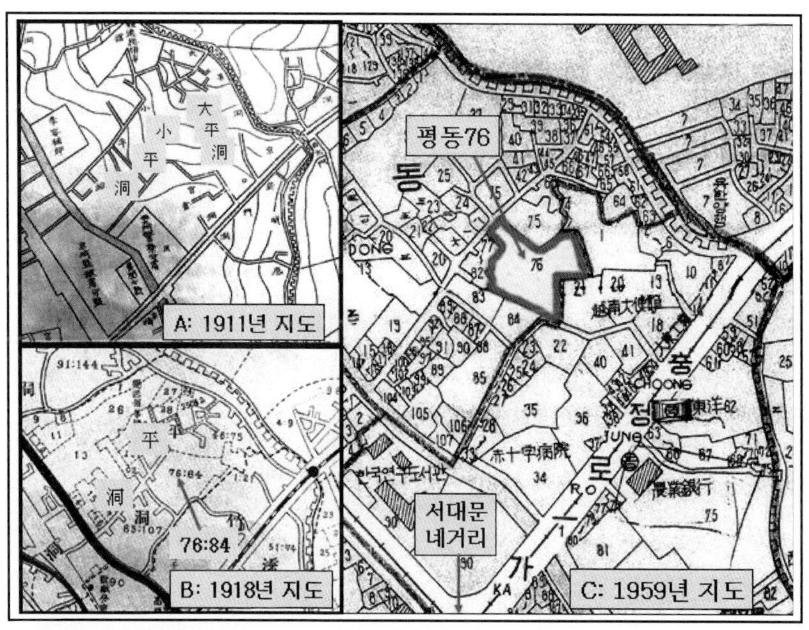

〈지도 8-1〉 구세신문 발행소 위치 추정 작업: 옛 평동 76번지 터

* 일제 초기 1911년 지도(A)에는 대평동과 소평동이 표시되어 있고, 1918년 지도 (B)에는 평동으로 표시되어 있음. 1959년 지도(C)에는 지번이 나옴.

〈지도 8-2〉는 2007년 현재의 지도 위에서 한말 구세군 본영이 있었던 평동 76번지 터의 정확한 위치를 알아본 것이다.

〈지도 8-2〉의 A는 평동 76번지 터의 경계가 분명히 나와 있는 1959년 지도에서 선과 글자만을 남기고 면(面) 부분을 투명으로 한 뒤 2007년 지도 위에 포개 놓고, 주요 도로들을 기준으로 방위와 척도를 일치(synchronize)

시켜서 평동 76번지 터를 확인하고, 1959년 지도에서 평동 76번지 부분만
을 2007년 지도 위에 남겨 놓은 것이다. 옛 평동 76번지 터가 현재 강북삼
성병원 터의 일부가 되어 있음을 볼 수가 있다.

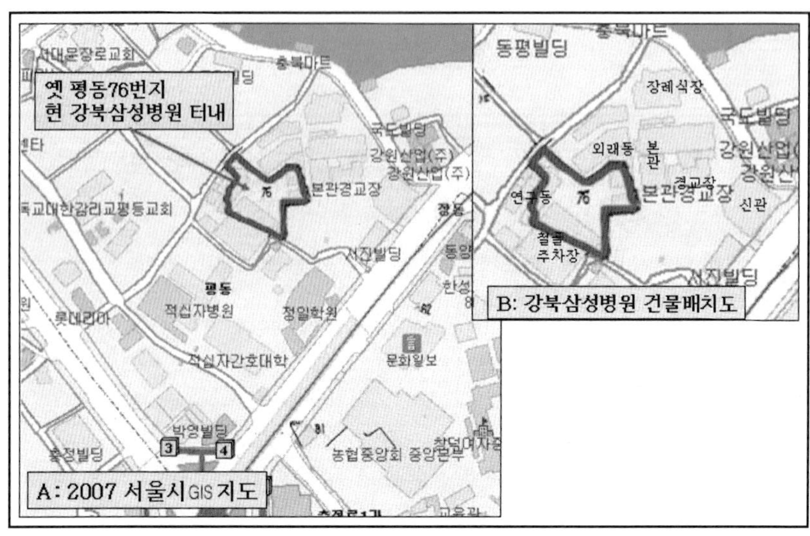

〈지도 8-2〉 2007년 지도 위에서 한말 구세군 본영이 있던 평동 76번지 터
의 현재의 위치를 알아본 작업

* 1959년 지도를 2007년 지도 위에 포갠 뒤 1959년 지도의 평동 76번지만을 남겨 놓음.

〈지도 8-2〉의 B는 A에서 강북삼성병원 터 부분을 확대한 것인데, 구세
군의 옛 본영이 있었던 평동 76번지 터가 외래동의 일부, 연구동의 일부,
철골 주차장의 일부 그리고 이들 3개 건물 사이의 평지를 아우르는 지역임
을 보여 주고 있다.

이로써 대한구세군의 옛 평동 본영 터의 위치와 경계(境界)는 상당히 정
확하게 알게 되었다. 이 연구에서의 관심사인 구세신문은 이 터 안에 있던
한 건물에서 발행되었을 것인데, 그 정확한 위치는 연구자가 한말(韓末)
당시에 이 터 안 어디에 어떤 건물들이 서 있었는지에 관한 자료를 아직

접하지 못한 상황에서 다음으로 미루어야 할 것 같다.

구세신문은 뒤에 구세공보로 제호가 바뀌어 2007년 현재까지 발행되고 있다.

4. 친일 신문 : 국민신보, 대한신문

1) 국민신보(國民新報) : 일진회 기관지

"국민신보는 일진회(一進會)의 기관지로 이용구(李容九), 송병준(宋秉畯)에 의해서 발간되었다. 1906년 1월 6일 창간되었다……. 일진회가 주재하는 이 신문은 당시의 애국민족지와의 대립이 격심하였고 통감부(統監府)에 아부하는 친일매국지(親日賣國紙)였었다."

李海暢, 「韓國 新聞史 硏究」, 1971, p.323.

한말의 국민신보(國民新報)는 당시 친일단체인 일진회가 발행한 기관지로서, 사옥이 있었던 곳은 중서 미동 제30통 4호(中署 美洞 第30統 4戶)이었다.

국민신보는 아직 실물이 한 장도 모습을 드러내지 않고 있는 것으로 알려져 있다. 다른 신문들의 경우는 대개 해당 신문에 난 사고(社告)에서 발행소 위치를 알아볼 수 있었는데 국민신보의 경우는 원본이 한 장도 전해지지 않고 있어 〈자료와 광고 1〉의 A에서와 같이 최준(崔埈)의 「한국언론사」에 나와 있는 발행소 주소를 제시해 보았다. B에는 국민신보가 만세보에 낸 책 광고가 제시되어 있는데 여기에는 국민신보의 발행소가 '경성 미동(京城 美洞)'으로만 나와 있다.

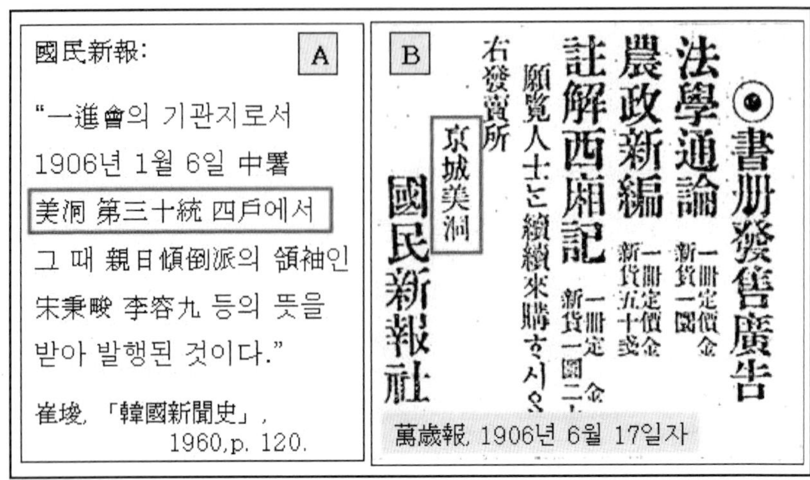

A
國民新報:

"一進會의 기관지로서
1906년 1월 6일 中署
美洞 第三十統 四戶에서
그 때 親日傾倒派의 領袖인
宋秉畯 李容九 등의 뜻을
받아 발행된 것이다."

崔埈, 「韓國新聞史」,
1960, p. 120.

B
右發賣所
京城美洞
國民新報社

◎書冊發賣廣告
法學通論　一冊定價金一圓
農政新編　新貨一冊五十錢
註解西廂記　新貨一冊定金一圓二十錢
願覽人士는 繼續來購호시오

萬歲報, 1906년 6월 17일자

〈자료와 광고 1〉 국민신보(國民新報) 발행소 위치: 미동 제30통 4호(美洞 第 30統 4戶)

* 미동 제30통 4호는 한말의 우리식 주소인데 일제가 1914년 옛 우리의 주소체계를 전혀 고려치 않고 자기네 식으로 주소체계를 바꾸었기 때문에 옛 우리식 주소로 는 또 다른 단서가 없는 한 그곳의 현재의 위치를 알아내기가 어려움.

이 연구의 앞부분에서 여러 차례 이야기가 되었었지만 한말의 우리 주소 는 그 위치를 알 수 있게 해 주는 또 다른 단서가 없는 상황에서는 위치 찾기에 도움이 안 된다. 국민신보의 경우 '미동(美洞)'이 어디쯤인지는 대 충 알 수는 있으나 '제30통 4호'가 미동 내 어디쯤이었는지는 알 길이 아직 은 없다.

따라서 이 연구에서는 '미동'의 경계(境界)를 추정해 보는 작업에서 그칠 수밖에 없을 것 같다.

〈자료와 지도 3〉에 ① 옛 미동의 경계를 짐작게 해 주는 「경성부사(京城 府史)」의 자료와 ② 국민신보가 발행되고 있던 때인 1907년 지도와 ③ 2000년 지도가 제시되어 있다.

우선 「경성부사」에 나와 있는 자료를 근거로 옛 미동(美洞) 지역이 어떻 게 변했는지를 알아보면, 일제가 1914년에 행한 행정단위 구역 개편에서 미동 지역은 두 부분으로 나뉘어 일부는 황금정 1정목(현 을지로1가)에 나머지 일부는 남대문통 1정목(현 남대문로1가)에 포함되었음을 알 수 있다. 현재를 기준으로 바꾸어 말하면 현재의 을지로1가 지역의 일부가 옛 미동 지역이었고, 현재의 남대문로1가 지역의 일부가 옛 미동 지역이었다는 이야기이다.

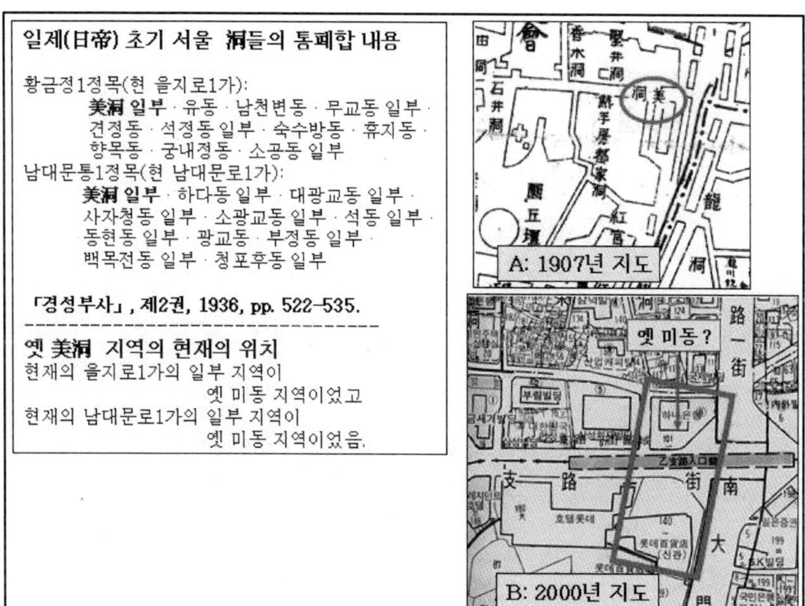

<자료와 지도 3> 일진회(一進會) 기관지 국민신보 발행소 위치 추정 작업
* 현재 롯데백화점 터 어딘가에 있지 않았을까 생각됨.

<자료와 지도 3>의 A에 1907년 지도가 제시되어 있는데, 미동(美洞)이 현재의 가로를 기준으로 시청에서 남대문로로 가는 길의 남대문로 쪽 끝부분 길 한복판에 표기되어 있다.

<자료와 지도 3>의 B는 2000년 현재의 지도인데, 「경성부사」의 자료와 1907년 지도를 참고로 해서 옛 미동 지역이었을 것으로 추정되는 지역을

굵은 실선 직사각형으로 표시를 해 보았다.

현 남대문로1가에도 옛 미동의 일부가 포함되어 있다는 점과 1907년 지도에 을지로1가 도로의 동쪽 끝 부근 도로 한복판에 미동 표기가 되어 있다는 점을 볼 때 옛 미동 지역은 을지로1가 도로의 을지로입구 지역 남쪽과 북쪽에 걸쳐 있었을 것으로 생각된다. 또한 남대문로1가와 2가 도로가 넓혀지면서 미동의 일부가 이들 도로에 포함되었을 것으로도 생각된다.

이상의 추정이 크게 어긋난 것이 아니라면 옛 미동은 현재의 롯데백화점 터와 두산빌딩 터에 걸쳐 있지 않았을까 생각된다.

친일단체 일진회 기관지 국민신보(國民新報)의 발행소가 이 지역 내 어디에 있었는지를 알아내기 위해서는 관련 자료를 좀 더 찾아보아야 할 것 같다.

2) 대한신문(大韓新聞) : 이완용 내각 기관지

> "대한신문(大韓新聞)은 만세보사(萬歲報社)의 시설을 인계하여 1907년 7월 18일 경성(京城) 회동(會洞) 85통 4호에 발행소를 두고 이인직이 사장이 되어 창간 제1호를 발간하였다. 이 신문은 이완용 계열의 신문으로서 친일(親日)에 앞장선 신문이었는데……."
>
> 李海暢, 「韓國 新聞史 硏究」, 1971, p.324.

이완용 내각 기관지인 대한신문(大韓新聞)은 천도교계의 만세보를 이인직이 인수해서 제호를 바꾸어 그 자리에서 발행을 한 신문이기 때문에 발행소의 주소는 만세보사의 주소와 같은 회동(會洞) 85통 4호였다.

〈광고와 지도 1〉에 대한신문의 광고와 옛 회동(會洞) 지역을 현재의 지도 위에서 추정해 보는 지도가 제시되어 있다. 광고는 대한신문이 황성신문에 낸 것으로서 대한신문의 발간일자와 함께 발행 취지를 알리고 있다. 이 광고에서 대한신문사의 주소가 "회동 85통 4호로서 전(前) 만세보 자리임"을 밝히고 있다. 지도는 앞에서 만세보 사옥의 위치를 추정하는 과정에서(만세보 부분 참조) 이미 나왔던 지도로서, 2000년 지도 위에 옛 회동으로 추정되는 지역을 사각형 점선으로 표시를 해 놓았고 오늘날에도 크게 변하지 않은 상태로 있는 옛 회동 지역 주요 길(도로)들을 실선 직사각형으로 표시를 해 놓은 지도이다.

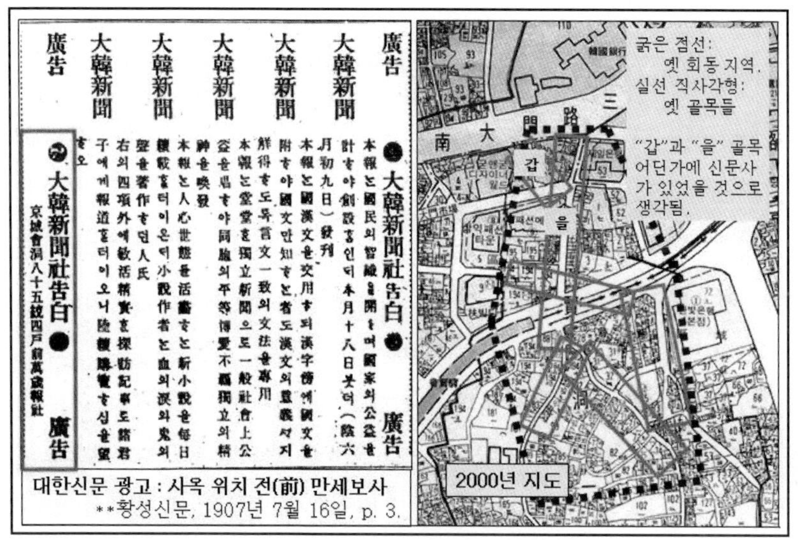

<광고와 지도 1> 대한신문(大韓新聞) 발행소 위치
* 대한신문사 주소: 회동 85통 4호 전(前) 만세보사

신문사 발행소는 큰 도로변이나 큰 도로에서 그리 멀리 떨어지지 않은 곳에 있을 가능성이 크다는 생각에서 만세보도 '갑' 아니면 '을' 부분 어딘가에 있었을 것이라는 추정을 우선 해 보았었는데, 만세보의 사고(社告) 중에 구독자의 구독 편의를 위해 회동 입구에 발매소를 두었다고 한 것이 있는 것으로 보아 만세보사가 있던 곳이 회동 입구 부근은 아니었던 것 같다.

만세보가 있던 곳, 따라서 만세보의 사옥과 시설을 인수해서 신문을 발행한 대한신문이 있던 곳은 회동(會洞) 입구에서 좀 들어간 지점에서 시작해 그리 멀리까지는 들어가지 않은 지점 사이 어딘가에 있었을 것 같다.

〈광고와 지도 1〉에 제시되어 있는 지도에서 보면 대한신문 발행소는 '갑' 골목과 '을' 골목이 만나는 지점에서부터 '을' 골목이 끝나는 지점 사이 어딘가에 있었을 것으로 추정된다.(본장 앞쪽 만세보 부분 참조)

대한신문의 경우 실물이 전해지고 있는 것은 최준의 1981년 ≪신문연구≫에 실린 논문에서 밝힌 것 하나뿐16)인 것으로 알려지고 있다.

5. 결 어

구한말 서울에서 발행되던 우리 신문들 가운데 한성순보, 한성주보, 독립신문, 매일신문, 황성신문, 제국신문, 대한매일신보를 제외한 그 밖의 10개 신문들의 발행소 위치를 추정해 보았다.

본장에서 다룬 10개 신문 중에서 발행소 위치를 거의 정확하게 찾은 것은 종교계 신문인 죠션크리스도인회보(대한크리스도인회보), 그리스도신문(예수교신문), 경향신문 3개 신문이고, 발행소가 있던 곳의 범위를 동(洞) 단위 이하로 상당히 좁힐 수 있었던 것은 일반신문인 시사총보와 대한민보, 종교계 신문인 만세보와 구세신문 그리고 친일계 신문인 대한신문 5개 신문이고, 발행소가 있던 동(洞)의 위치를 지도상에서 확인해 보는 정도로 끝난 것이 일반신문인 상무총보와 친일계 신문인 국민신보 2개 신문이었다.

좀 더 직접적인 자료들이 찾아져서 이들 신문 발행소의 정확한 위치가 알려지게 되기를 기대해 본다.

---

16) 崔埈, "親日紙 大韓新聞 한글판考: 초창기 신문의 한글판 제작을 중심으로", ≪新聞硏究≫, 1981년 겨울, 통권33호(제22권 제2호).

결어: 추정연구를 넘어선 확정연구를 기대하며

이 연구는 구한말 서울에서 발행되었던 우리 초기신문들의 발행소 위치에 관한 것이다. 좀 더 구체적으로는 그 발행소들의 위치가 현재 어디인지를 가능한 한 정확히 알아보고자 한 연구이다.

우리 초기 신문들의 발행소 위치에 관한 직접적인 자료가 거의 없는 상황이어서 이 연구에서는 간접적이고 우회적인 방법에 의존하는 수밖에 없었다.

해당 신문사들의 사고(社告)를 중심으로 구한말 당시의 지도와 그 이후에 제작된 지도와 지적도들, 지적목록들, 옛 토지대장 건물대장들, 관련 서적과 논문들, 인터넷, 옛 신문에 난 관련 광고와 기사들, 해당 분야 전문가들의 조언과 견해 등에서 찾아낼 수 있었던 단편적인 자료들을 가지고 '조각 그림 맞추기' 방식으로 이리 맞추어 보고 저리 맞추어 보면서 추정을 해 나갔다. 관련 자료들이 서로 맞지 않을 경우에는 현장을 몇 번이고 찾아가 돌아보면서 주변의 주요 도로와 샛길 등의 지형(地形)을 근거로 추리를 해 보곤 했다.

이런 과정을 거쳐 구한말 서울에서 발행되었던 우리 신문들의 발행소 위치를 추정해 본 결과가 〈지도 1〉에 총괄적으로 제시되어 있다.

〈지도 1〉은 2007년 서울시GIS지도인데 그 위에 구한말 시기에 발행되었던 7개 주요 신문과 10개 기타 신문 그리고 일본인들에 의해 발행되었던 5개 주요 신문, 합쳐서 22개 신문들의 발행소 위치가 표시되어 있다.

한성순보, 한성주보, 독립신문 등 주요 신문 7개는 ⑴, ⑵, ⑶ 등 괄호 숫자로 표시를 했고, 시사총보, 상무총보, 대한민보, 죠션크리스도인회보, 그리스도신문, 만세보 등 기타 신문 10개는 (ㄱ), (ㄴ), (ㄷ) 등 괄호 한글자음으로, 한성신보, 대동신보, 경성일보 등 일본인 발행 주요 신문 5개는 ⓐ, ⓑ, ⓒ 등 원문자 영어 알파벳으로 표시를 했다.

'믹일신문(4곳)'과 같이 신문의 제호 뒤 괄호에 '몇 곳'이라고 나와 있는 것은 그 신문사가 발행기간 중 이전을 했기 때문에 그 사옥이 있던 곳의 수를 표시한 것이다. 매일신문은 사옥을 세 차례 옮겨 사옥이 있었던 곳은 창간사옥을 포함해 4곳이었으며, 황성신문의 경우도 사옥이 있었던 곳이 4

곳이었고, 제국신문의 경우는 사옥이 있었던 곳이 7곳이나 되었었고, 대한
매일신보의 경우는 사옥이 있었던 곳이 3곳이었다. 일본인 신문인 한성신
보의 경우 사옥이 있었던 곳은 2곳이었다. 사옥이 있던 곳이 두 곳 이상인
경우 사옥의 순서도 표기를 해 보려 했으나 지면(紙面) 관계로 이를 하지
못했다. 앞 본론 해당 부분을 참조해 주기를 바란다.

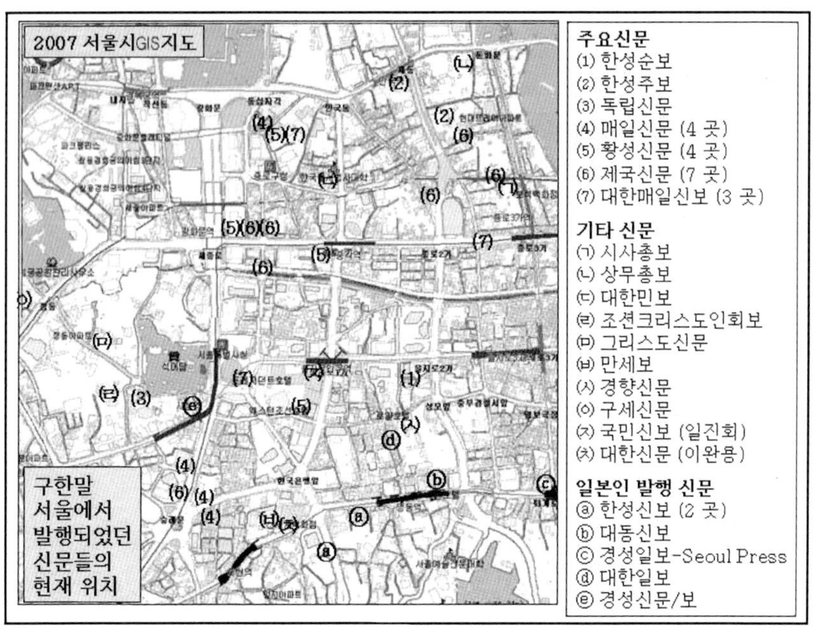

〈지도 1〉 구한말 서울에서 발행되던 신문사들의 현재의 위치 총괄

* 책 부록에서 다룬 일본인 발행 신문사들도 포함되어 있음.
* 신문제호 뒤 괄호 안에 적힌 것은 사옥이 있던 곳의 수(數)임.

〈지도 1〉에서 구한말 신문사들의 발행소 위치를 보면 크게 묶어 현재의
중구와 종로구 지역에 산재해 있었음을 알 수가 있다. 신문사들의 발행소
가 있었던 위치를 좀 더 작은 지역으로 묶어 보면 남대문 주변, 정동 지역,
종로1가 지역, 수송동 지역, 파고다공원 주변, 경운동 지역, 을지로1가 지역
등에 몰려 있고 일본인 신문사들의 경우는 남산 북쪽 기슭의 옛 일본인 거

주 지역에 몰려 있었음을 볼 수 있다.

〈지도 1〉은 2차원 평면에 시간 차원을 압축해 구한말 신문사들의 발행소 위치를 시각적으로 나타내 본 것이다. 이 책에서 다룬 신문사들의 발행 상황을 시간 차원에 맞추어 시각적으로 나타내 본 것이 〈표 1〉에 제시되어 있다.

〈표 1〉에서 보면 구한말 서울에서 발행되었던 우리 신문들 대부분이 발행기간이 길지 않았음이 시각적으로 들어온다. 독립신문도 발행기간이 3년 반 정도로 그리 길지는 않았으나 독립신문이 한창이던 때에 황성신문, 제국신문으로 이어져서 12년 넘게 발행이 되고 그것이 다시 대한매일신보로 이어져 6년이나 발행이 되면서 구한말 우리나라에서의 신문의 시기가 펼쳐진 것이 시각적으로 파악이 된다.

종교계 신문 가운데는 죠션(대한)크리스도인회보와 그리스도신문이 통합되었다 분리되었다 하면서 구한말에 13년여를 발행하면서 일제통치하에까지 넘어가고 있음을 볼 수 있다.

일본인 발행 신문들 가운데는 당시 우리의 국모이던 민중전(후에 명성황후) 시해에 적극 가담했던 한성신보가 12년 반 동안이나 발행을 계속해 오다가 일제 통감부 기관지(그 뒤에 총독부 기관지) 경성일보로 이어지고 있음을 볼 수 있다.

<표 1> 구한말 서울에서 발행되던 우리 신문들의 발행 년표: 발행기간 음영으로 표시. ** 일본인 발행 주요 신문들 포함

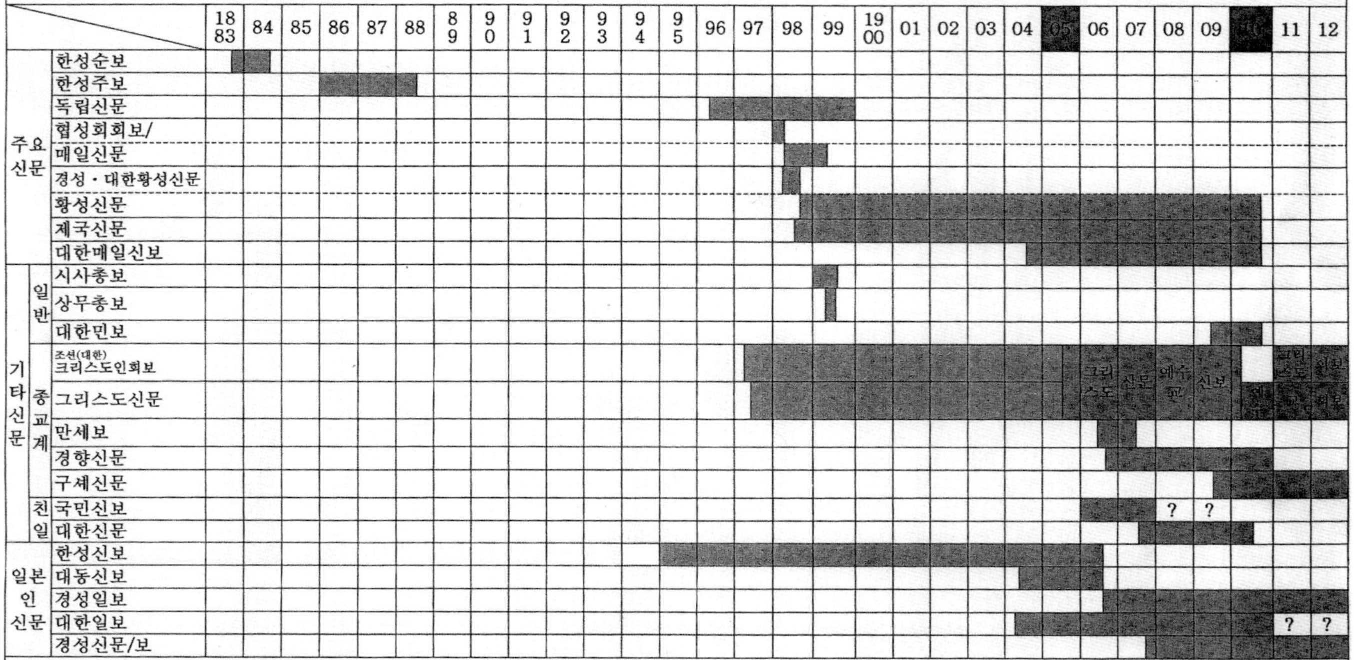

구분		신문	18 83	84	85	86	87	88	89	90	91	92	93	94	95	96	97	98	99	19 00	01	02	03	04	05	06	07	08	09	10	11	12
주요 신문		한성순보	■	■																												
		한성주보				■	■	■																								
		독립신문														■	■	■	■													
		협성회회보/매일신문																■	■													
		경성·대한황성신문																■														
		황성신문																■	■	■	■	■	■	■	■	■	■	■	■	■		
		제국신문																■	■	■	■	■	■	■	■	■	■	■	■	■		
		대한매일신보																							■	■	■	■	■	■		
기타 신문	일반	시사총보																■	■												
		상무총보																	■													
		대한민보																											■	■		
	종교계	조선(대한) 크리스도인회보															■	■	■	■	■	■	■	■	■							
		그리스도신문																■	■	■	■	■	■	■	■	■	■	■	■	■		
		만세보																								■	■					
		경향신문																								■	■	■	■	■		
		구세신문																									■	■	■	■		
	친일	국민신보																								■	■	?	?			
		대한신문																									■	■	■	■		
일본인 신문		한성신보													■	■	■	■	■	■	■	■	■	■	■	■						
		대동신보																						■	■	■						
		경성일보																							■	■	■	■	■	■	■	■
		대한일보																					■	■	■	■	■	■	■		?	?
		경성신문/보																									■	■	■		

그리스도신문 행의 음영 칸 안에는 "그리스도 신문", "예수교 보", "신보", "크리스도회보", "예수교회보" 등의 글자가 표기되어 있음.

** 1905년 11월 17일 을사늑약 (일본이 무력으로 우리의 외교권을 강탈) : 1910년 8월 28일 경술국치 (일본이 무력으로 한국을 합병).

이 책은 우리나라 초기 신문사들의 발행소 위치라는 작은 사항과 관련된 연구이다. 연구자는 이 책 전체에서 신문의 기능과 역할 내지는 그에 대한 평가와 같은 거대 담론만이 우리 언론의 역사에서 다루어져 오던 관성에서 벗어나 비록 작은 사항이기는 할지라도 구체적이고 실제적인 자료들의 수집과 확인을 바탕으로 벽돌 한 장 한 장을 쌓아 올리는 작업이 병행되어야 할 단계에 발을 들여놓아야 할 필요성이 있음을 역설하면서 이 책의 존재이유를 찾고자 한다고 말했었다.

신문이, 나아가서는 언론이 나라와 사회를 지키고 발전하게 하는 데 큰 역할을 할 수 있음을 연구자는 잘 알고 있고 또 굳게 믿고 있다. 구한말의 우리 신문사들의 '발행소 위치'라는 지극히 비정치적(非政治的)인 모래알 자료들을 찾는 과정에서 접하게 된 구한말 당시의 우리 신문(언론)의 실태와 좌절은 본 연구자로 하여금 신문이 구국(救國)에 기여를 할 수 있기 위해서는 국가가 이를 뒷받침해 줄 수 있는 힘이 있어야지 국가가 명목상으로만 존재하고 실권은 타국에게 빼앗겨 있는 상황하에서는 신문에 대한 그러한 기대는 지극히 허황된 것이었음을 느끼지 않을 수 없게 했다.

우리나라에서 고종(高宗)이 왕위에 오른 것이 1863년. 일본에서 명치유신이 있었던 것이 그로부터 5년 뒤인 1868년. 미국에서 남북전쟁이 끝난 것이 1865년. 거의 같은 시기이었다.

그런데 일본은 명치유신으로부터 25년 만인 1894년엔 청국과 싸워 이길 정도로, 그로부터 다시 10년 후인 1904년엔 제정 러시아와 싸워 이길 정도로 국력이 성장할 수 있었다. 미국도 남북전쟁이 끝나고 2년 만인 1867년에 알라스카를 러시아로부터 사들이고 다시 2년 만에 대륙횡단철도를 완공하고 현재 미국을 이루고 있는 주(州)들을 거의 다 연방에 편입시키면서 태평양의 강국으로 부상, 아시아 대륙 사태에 적극 개입을 하게 되었다. 제정 러시아도 알라스카를 미국에 팔아넘기기는 했지만 동진정책을 계속 추구해 나가 광활한 시베리아를 다 차지해 연해주까지 진출하고 만주를 넘보는 단계에까지 이르고 있었다.

우리의 주변 국가들이 이렇게 무섭게 힘을 키워 가고 있는 동안에 우리 나라의 경우는 정치, 경제, 사회, 문화 거의 모든 분야에서 환골탈태를 못한 채 고식적인 틀에 묶여 있다가 뒤늦게 외세에 의존해 국가적인 난국을 돌파해 나라를 지키고 나라를 발전시켜 보려는 시도들을 해 보았으나 이는 원래가 허망할 수밖에 없는 몸부림으로 끝나 가고 있었다.

우리나라의 이런 상황 속에서 우리 신문들이 구국을 위해 할 수 있는 일에는 한계가 있을 수밖에 없었다.

19세기 후반과 20세기 초반은 우리에게는 잃어버린 세월이었다. 구한말의 신문들을 읽어 보면서 우리에게 또다시 잃어버린 세월이 있어서는 절대로 안 되겠다는 다짐을 하게 된다.

우리나라 언론사(史) 연구에서 작은 벽돌들을 하나씩 쌓아 올려가는 노력이 중요하다는 것을 강조하면서 그런 노력들의 가능성의 예를 하나 보여주려는 이 연구를 마무리 짓는 자리에서 바로 위에서 한 말과 같은 거시적인 이야기가 나오는 것을 보니 본 연구자도 거대 담론의 인력권 안에 들어 있음을 스스로 느끼게 된다.

끝으로 구한말 서울에서 발행되던 우리 신문들의 발행소 위치를 찾으려한 본 연구의 주제 쪽으로 다시 방향을 돌려 이 연구와 관련해 그때그때 느꼈던 소감과 희망사항 몇을 자문자답의 형식으로 여기에 다시 적는 것으로 결론을 대신할까 생각한다.

구한말 우리나라 초기신문사들의 발행소 위치에 관한 자료는 더 이상 없는 것일까

찾아보면 나올 것으로 생각된다. 신문사 발행소 위치가 동시대인들에게는 그 주소를 자세히 알리지 않더라도 알 수 있는 사항이기에 적어 넣어야 할 곳에도 번번이는 밝히지 않았을 것 같은 생각이 든다. 구한말 신문사들의 위치에 관한 자료가 어디엔가는 있을 것이기 때문에 많은 자료를 뒤지다 보면 종국에는 찾아낼 수 있을 것으로 믿어진다. 그러나 뒤져야 할 자료의 양이 너무 많아 연구자 한두 사람이 찾아 나설 경우에는 찾지를 못한 상태에서 자료가 더 이상은 없는 것이 아닌가 하는 생각이 들 수도 있을 것 같다.

그렇다면 어떻게 하면 찾아낼 수가 있을까. 자료를 찾는 사람의 수를 늘릴 수 있어야 한다. 구한말의 자료에서 무언가를 찾고 있는 사람들은 많을 것으로 생각된다. 역사학도, 정치학도, 국제관계학도, 사회학도, 인류학도, 민속학도, 문학도들 중에서 연구의 대상 시기가 우리나라의 근현대인 사람들이 상당히 많이 있을 것으로 짐작이 된다. 이들 타 분야의 연구자들이 자신의 전공 영역에 관한 연구를 수행하는 중에 단편적인 것이나마 언론사 연구자들이 찾고 있는 사항과 직간접으로 관련이 있는 자료를 접하게 될 수가 있다. 이들 타 분야 연구자들에게 언론사 연구자들이 찾고 있는 자료들에 어떤 것들이 있는지를 널리 알려서 협조를 구하게 되면, 자신의 연구와 관련이 없어서 그냥 스쳐 흘려버릴 수도 있는 언론사 자료들이 건져질 수 있지 않을까 희망을 해 본다.

타 분야 연구자들로부터 이런 협조를 구해 내려면 '오는 것'에 대해 무언가 '가는 것'이 있어야 하지 않을까. 타 분야 연구자들에 의해 새로 발굴된 언론사 자료들을 별도의 자료집에 모아 각 자료마다 그 발굴자의 이름과 발굴시기 및 상황 그리고 출처에 관한 사항들을 분명히 해서 그들의 기여가 기록으로서 영원히 남게 하고 그 자료를 쓸 때는 해당 자료의 발굴자를 밝힘으로써 그 공을 인정하게 되면, 언론사 관련 자료들이 의외로 많이 수집될 수 있지 않을까 하는 생각이 든다.

공적(公的) 기록에서는 더 나올 것 같지가 않다면 자료 찾기는 더 이상 가망이 없는 것일까

사적(私的) 문건에서 어쩌면 찾는 자료가 모습을 드러낼 수도 있을 것 같다. 우리나라 언론사(史) 연구에서는 아직 언론인 개개인을 주제로 한 연구가 많지 않은 것 같다. 구한말 내지는 일제하 우리 언론과 직간접으로 관련이 있는 사람들에 관한 연구들이 본격화되다 보면 편지나 일기 혹은 회고담 등 그들의 사적인 문건 속에서, 공적인 기록에서는 찾아지지 않던 자료가 나올 가능성도 있을 것 같다.

예컨대 한성순보를 발행했던 첫 번째 박문국과 한성주보를 발행했던 두 번째 박문국이 있던 위치가 아직 정확히 밝혀진 바가 없는데 이 두 신문 제작에 참여했던 장박(張博: 후일에 張錫周로 개명 친일행동에 적극 나섰던 인물, 1921년 사망)이나 오세창(吳世昌: 만세보와 대한민보 사장을 역임, 3·1운동 때 33인의 한 사람, 해방 직후 서울신문 명예회장, 1953년 사망)을 비롯한 그 밖의 사람들이 남긴 사적(私的) 문건들 그리고 그 사람들에 대해 주변에서 전하는 일화 등을 찾아 모으다 보면 그들이 일했던 두 박문국의 위치에 대한 언급이 나올 수도 있을 것 같은 생각이 든다.

한성주보 발행소 근처에 한성주보가 폐간되고 난 지 얼마 지나지 않아 교동학교가 개교를 했는데 이 교동학교 초창기 학생 가운데 윤보선 전(前) 대통령이 있다. 윤보선 전 대통령이 교동학교 시절 회고담을 한 적이 있는지는 확실치 않지만 만일에 있었다면 그 속에 박문국의 위치를 짐작게 하는 언급이 있었을지도 모른다. 한성주보가 발간된 1886년에 그 동네에 지석영(池錫永: 종두법의 창시자로 알려져 있는 사람)의 집이 있었는데 그때 지석영의 나이 31세 때이었으니까 혹시 지석영이 자기 집 주변에 관한 회고담 같은 것을 한 것이 있으면 그 속에서 박문국의 위치를 보다 정확히 추정해 볼 수 있는 단서가 찾아질 수도 있지 않을까 하는 생각이 든다.

한국인물전기학회(韓國人物傳記學會: 회장 최종고)가 2000년에 발족했는데 한국언론학회 산하 '한국언론사연구회'로 시작했다가 그 명칭을 새롭게 바꾼 '커뮤니케이션과 역사 연구회'에도 우리나라 언론관련인사들에 대한 전기(傳記)를 다루는 분과가 두어져 연구가 본격화될 수 있다면 우리나라 언론사(史) 연구에서 또 하나의 유용한 자료원(源)을 제공할 수 있지 않을까 희망적인 기대를 해 본다.

구한말 당시의 우리식 주소로 된 '서울 지번도(地番圖)'를 재구성해 볼 수 없을까

어렵겠지만 부분적으로는 가능할 것 같은 생각이 든다. 1908년에 서울 4대문 안 지역의 지번도를 작성하는 작업이 추진되었었던 것 같다. 서울시 종합자료실에는 1908년에 제작된 「인달방도(仁達坊圖)」와 「창선방도(彰善坊圖)」가 소장되어 있다. 인달방도의 경우는 '팔매지내 제오호(八枚之內 第五號)'로 적혀 있는 것으로 보아 인달방도가 총 8매로 이루어져 있었음을 알 수가 있다. 다른 지역의 경우도 이와 같은 지적도가 만들어진 곳이 더 있었을 것 같고 그렇다면 어딘가에서 누군가에 의해 찾아지기를 기다리고 있을지도 모른다.

1911년에 제작된 서울시 지도에는 당시의 일부 저명인들의 집터와 학교 터와 병원 터와 절 터 등이 표시되어 있다. 제국신문의 다섯 번째, 여섯 번째, 일곱 번째 사옥이 있었던 종로2가 파고다공원 주변과 북쪽 지역의 경우를 보면 이강공(李堈公), 박영효(朴泳孝), 이지용(李趾鎔), 김연식(金演植), 이완용(李完用)의 집터, 시천교당(侍天敎堂: 천도교의 분파) 터, 교동학교(校洞學校) 터, 서북학회(西北學會) 터, 단성사(團成社) 터, 장안사(長安社) 터 등이 표시되어 있는데 이들 터의 옛 우리식 주소를 찾아내서 해당 터에 표기할 수만 있어도 그 주변의 옛 주소 터 위치를 추정하는 데 다소는 도움이 될 수가 있지 않을까 하는 생각이 든다.

서울대학교 규장각에는 융희(隆熙) 4년(1910) 5, 6월의 한성부 중서(中署) 지역의 '토지가옥전당증명원본(土地家屋典當證明原本)'의 일부가 소장되어 있는데, 이 문건 속에 나오는 주소는 거의 모두 구한말의 우리식 주소이고 가옥 내지는 토지의 채무자와 채권자 그리고 보증인의 이름과 그들의 주소가 나온다. 여기에 나오는 이름과 옛 주소들을 1917년의 '경성부관내지적목록(京城府管內地籍目錄)'에 나오는 대지(垈地) 소유자의 이름과 주소(일제가 매긴 주소인데 현재까지 내려오고 있음)들과 대비시켜 보면, 그중에는 부동산 소유주에 변동이 있는 것도 있겠지만, 의외로 많은 경우 현재의 지번을 우리의 옛 주소로 표기할 수 있을 것 같은 생각이 든다. 구한말 시기 서울시의 '토지가옥전당증명원본' 중 얼마가 보존되어 있는지 또 앞으로 얼마가 더 찾아질 수 있는지 알 수는 없지만, 이런 방법을 이용하면 서울 4대문 안 지역의 경우는 구한말의 우리식 주소로 된 지번도를 재구성할 수 있지 않을까 하는 생각도 든다.

이렇게 복원된 옛 주소 지번도는 비록 빠진 부분이 여기저기 있을 경우에도 옛 주소로 된 그 어떤 곳의 현재의 위치를 추정하는 데 큰 도움이 될 수가 있다. 이 책 앞부분 제국신문 네 번째 사옥 터를 찾는 부분에서 나왔던 경우를 예로 들어 보겠다.(제6장 3)

제국신문의 사고(社告)에 네 번째 사옥 주소가 "한성 중서 황토현 제23통 9호: 철도원월가(黃土峴 第23統 9戶: 鐵道院越家)"로 나와 있다. 한편 황성신문 창간사옥 터의 주소가 황성신문 사고에 "중서 징청방 황토현 제23통 7호 전우순청(澄淸坊 黃土峴 第23統 7戶 前右巡廳)"으로 나와 있다. 이는 제국신문의 네 번째 사옥(23통 9호)이 황성신문의 창간사옥(23통 7호)과는 집 하나를 사이에 둔 아주 가까이에 위치해 있었음을 알 수가 있다. 황성신문의 창간사옥이 번지로는 황토현 23통 7호이고 이전에 우순청이 있었던 건물인데 이 건물 터에는 1902년에 고종(高宗)의 즉위 40년을 칭경하는 기념비전(稱慶紀念碑殿)이 세워지게 된다. 현재 교보빌딩 앞에 세워져 있는 이 기념비전 자리가 황성신문의 창간사옥이 있던 터이고 그 옆에 집 하나를 사이에 두고 제국신문의 네 번째 사옥이 있었다는 것을 알 수가 있다.

이 예는 서울시 4대문 안 지적도가 구한말 당시의 주소로 부분적으로나마 재구성될 수가 있다면 직접적인 자료가 없을 경우에도 간접적으로 추정이 가능한 경우가 크게 늘어날 수도 있음을 보여 주고 있다.

현재까지 나와 있는 옛 사진(寫眞)들에서는 찾고자 하는 사진이 안 보이는데 새로이 더 나올 옛 사진은 없을 것인지

현재 사진첩으로 나와 있는 옛 사진들, 이들 사진은 대부분 ① 사진의 역사성과 기록성에 크게 주목한 몇몇 개인들이 사명을 느껴 국내외에서 수집한 것들과 ② 박물관, 신문사 등 공적인 기관들이 소장하고 있었거나 새롭게 발굴한 것들이다.

이들 사진들의 대부분, 특히 구한말 시기 사진들의 대부분은 외국인 선교사, 외국인 여행자, 외국인 종군기자 등이 찍은 것들이다. 19세기 말경에는 상업적인 사진관들이 생겨나 일부 명소나 특이한 풍물들을 사진으로 찍어 외국인들에게 기념품으로 팔았었던 것도 같다. 같은 사진들이 출처가 다른 데서 나와 있는 것을 보면, 당시는 요즘과 같이 사진의 복사가 쉽지 않았던 때였음을 감안할 때, 누군가가 찍어 여러 장을 인화해서 돌렸거나 팔았을 가능성이 크다.

이 책에서 연구자는 구한말 서울에서 발행되었던 우리 신문사들의 발행소 위치를 찾는 작업을 하면서 이들 신문사들의 당시 사옥 사진도 구해 보려 했었다. 그러나 불과 몇 개만을 찾았을 뿐 거의 찾지를 못했다. 신문사 사옥을 직접 찍은 사진은 말할 것도 없고 그 주변을 찍은 사진, 그 주변을 멀리서나마 찍은 사진도 거의 찾을 수가 없었다.

당시는 사진이 이미 우리나라에 도입된 지 여러 해가 지났을 때이니까 신문사 사옥 사진들이 분명 좀 더 있었을 것으로 생각된다.

그 당시의 사진들을 보면 한정된 지역의 한정된 대상들을 찍은 것이 주를 이루고 있다. 서울 시내의 주요 거리 가운데 사진이 없는 곳들이 대부분이다.

예컨대 1919년 파고다공원에서 3·1독립만세운동의 불길이 일어났을 때 그 현장에서 찍은 사진들이 있었을 것 같은데, 있었다면 파고다공원이나 YMCA 건물에서 길 건너편이 나오는 각도에서 찍은 사진도 있을 수가 있다. 이런 사진이 있다면 대한매일신보사의 마지막 사옥 건물의 모습이 부분적으로나마 담겨 있을 터인데, 연구자는 그런 사진을 아직 접하지 못하고 있다.

중구 정동의 경우는 구한말과 일제 초기에 찍은 사진들이 비교적 많이 남아 있다. 그런데 독립신문사가 있었던 곳으로 추정되는 방향으로 찍은 사진은 앞 제3장 제1절에서 제시한 사진 한 장 말고는 없다. 연구자는 연구자가 독립신문사 사옥이라고 추정한 한옥 건물이 정말 독립신문사 사옥이었음을 또 다른 사진으로 확인을 하고 싶었으나 아직 그 뜻을 이루지 못하고 있다.

비단 신문사 사옥 사진뿐만 아니라 그 밖의 사진들이 필요한 연구자들이 많을 것으로 생각된다. 어떤 공공기관이나 문화재단 등에서 예산을 들여 옛 사진들, 개인들이 집안에 두고 있는 옛 사진들을 주제별로 매입해 이들을 데이터베이스화해서 공개하면 여러 사람들에게 많은 도움이 될 수가 있을 터인데 하는 생각을 해 본다. 매입이 된 사진들의 경우는 그 사진에 원 소유주를 명기하고 만일에 그 사진이 필요한 사람이 있으면 그로부터 소정의 사용료를 받아 그 요금의 일부를 원소유주에게 주는 방식을 택하게 되면 이 '사진도서관' 아이디어에 호응하는 사람들도 많아질 것이고 지난날의 우리 삶을 보다 생생히 후세에게 전해줄 수도 있지 않을까 하는 생각이 든다.

일반 가정에 묻혀 있는 사진들을 공개적인 장으로 새롭게 끌어내는 것이 어렵다면 현재 공개적인 장에 이미 나와 있는 사진들만이라도 이를 데이터베이스화해서 인터넷을 통해 찾아보기 쉽게 하는 사이트(site)가 만들어졌으면 한다. '읽히는 것'이 주가 되던 시대에서 '읽히면서 보여 주는 것'이 주가 되는 시대로 들어선 지도 한참이 되었다. 사진이 갖는 중요성은 삶의 모든 분야에서 앞으로도 더 커질 것으로 예상된다.

황성신문 세 번째 사옥이었던 옛 제용감(濟用監) 사진을 찾아냈을 때 다음과 같은 느낌이 들었었다.

"사진은 있었다. 다만 제용감의 사진을 다루거나 본 사람들 중에는 제용감이 황성신문과 관련이 있었던 사실을 아는 사람이 없었고 언론사(史)에 관심이 있는 사람들에게는 제용감 사진이 그 모습을 드러내지 않아 왔을 뿐이었다. 우리나라 근대언론 초기 사진자료들 가운데 사진 자체는 있는데 그 사진에서 언론사적 연관이 누군가에 의해 확인되기를 기다리고 있는 것들이 아직도 더러는 있지 않을까."(제5장 제2절)

다른 분야 연구자들이 찾는 사진들도 이런 경우가 있지 않을까 하는 생각이 든다.

구한말 서울에서 발행되었던 우리나라 초기신문들의 발행소 위치와 신문사옥 사진들을 찾아 나선 지도 7년여가 지났다. 이제 그간의 연구들을 엮어 한 권의 책으로 내려고 하니까 부족한 점들이 점점 더 크게 떠오르면서 많은 아쉬움을 느낀다.

이 책이 구한말 우리 신문사들에 관한 연구에 작으나마 얼마간의 보탬이 될 수 있다면 연구자로서는 큰 보람이 아닐 수 없다.

일본인 발행 신문

구한말 서울에서 일본인들이 발행했던 신문들 사옥 터의 현재의 위치

─한성신보, 대동신보, 경성일보, 서울프레스, 대한일보, 경성신보/경성신문 등─

1. 서 론

1895년 10월 8일 새벽, 일제의 별동대는 공덕동의 대원군을 앞세우고 궁궐인 경복궁을 침범해서 왕(王) 고종(高宗)을 사실상 인질로 하고, 이른바 일본인 '낭인(浪人)'들로 구성된 또 다른 행동대는 궁궐 내 왕비의 거처인 옥호루(玉壺樓)를 침범해서 국모(國母)인 민중전(閔中殿)을 시해했다.

역사에 을미사변(乙未事變)으로 기록되고 있는 이 엄청난 국권침탈 만행(蠻行)에 당시 서울에서 일본인들이 우리말로 발행하던 신문 한성신보(漢城新報)의 사장 아다치 겐조(安達謙臧)가 주모자급으로 관여했고, 아다치(安達)가 그의 한성신보사에 모아 뒤를 돌보아 주고 있던 일본인 '낭인'들 일당이 민중전(대한제국 때 명성황후明成皇后로 추책追冊됨)을 시해하는 국제적 범법행위를 저질렀다.[1]

19세기 말에서 20세기 초에 걸쳐 일제(日帝)의 한국 강점 전위대 역할을 한 일본인 신문 한성신보(漢城新報), 이 신문의 '사명과 역할',[2] '창간과 운

---

1) 「서울六百年史」: '을미사변':

http://seoul600.visitseoul.net/seoul─history/sidaesa/txt/5-1-9-1.html

380

영',3) '침략적 언론활동'4) 등에 관한 연구가 이루어져 있어, 관심 있는 사람들에게는 그 실체가 거의 알려져 있다.

다만 한성신보사가 있었던 위치, 한성신보사가 1895년 10월 8일의 일본인 '낭인들'에 의한 명성황후 시해 범죄행위에 깊숙이 연루되던 당시에 그 신문사가 있었던 위치에 관해서는 아직 아무런 자료도 찾아진 바가 없는 것 같다. 명성황후 시해 행위가 저질러진 경과와 그 범죄행위가 갖는 역사적, 국제관계적 결과와 함의에 관해서는 많은 관심이 모아져 왔지만 그 범죄가 모의되고 준비된 주요 거점 중의 하나인 한성신보사의 위치가 어디였는지는 지엽적인 사항으로 간주돼 연구가 안 된 것이 아닌가 생각된다.

이 연구는 한성신보사(漢城新報社) 사옥(社屋)이 있었던 터의 현재의 위치를 가능한 한 정확히 알아보려는 의도에서 시작되었다. 결론부터 말하면 본 연구자의 이러한 당초의 목적은 그에 적합한 자료를 찾지 못해, 한성신보사 사옥이 있었을 것으로 생각되는 지역의 범위를 추정하는 정도에서 미완인 채로 그치고 말았다.

당초의 연구목적을 이루지 못한 허전함에서 연구의 범위를 좀 넓혀, 구한말 일본인들이 서울에서 발행한 다른 신문사들의 사옥 위치까지를 알아보고자 했다. 〈그림 1〉에 구한말에 서울에서 일본인들이 발행하던 신문들의 계보를 정리해 보았다.

---

2) 최준, "'한성신보'의 사명과 그 역할", 관훈클럽, 《신문연구》, 제2권 1호, 1961 봄, pp.76-81.

3) 채백, "'한성신보'의 창간과 운용에 관한 연구", 서울대학교 신문연구소, 《신문연구소학보》, 제7집, 1990, pp.109-129.

4) 박용규, "구한말 일본의 침략적 언론활동", 한국언론학회, 《한국언론학보》, 제43-1호, 1998 가을, pp.149-183.

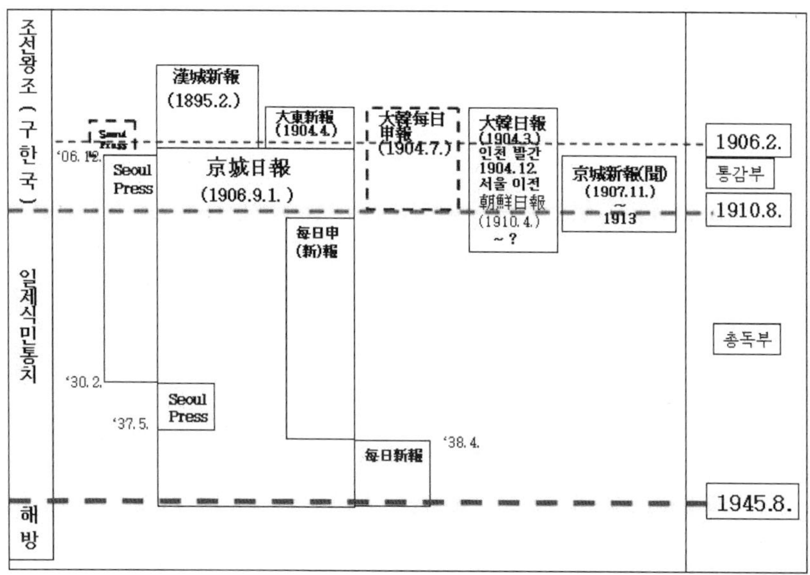

<그림 1> 구한말 서울의 일본인 신문 계보: 한성신보, 대동신보, 경성일보 등

서울에서의 일본인 발행 신문 제1호는 한성신보(漢城新報)로, 1895년 2월 16일 아다치 겐조(安達謙臧)가 일본어와 한국어 두 나라 말을 사용해 발간을 했다. 서재필의 독립신문이 1896년 4월 7일 발간되기 시작했는데 그때까지는 일본인 발행의 이 한성신보가 서울에서 발행되는 유일한 신문이었다. 한성신보는 1906년 7월 31일 종간을 했는데, 그 이유는 1905년 11월 17일의 을사늑약을 근거로 우리나라에 대한 사실상의 통치기구로 설치한 통감부(統監府)가 기관지 경성일보(京城日報) 발행을 위해 한성신보를 매입했기 때문이었다.

서울에서 발행된 일본인 신문 제2호는 대동신보(大東新報)인데, 1904년 4월 18일에 발간, 1906년 8월에 종간을 했다. 이 대동신보 역시 일제 통감부가 기관지 경성일보의 발행을 위해 매입을 했기 때문에 종간을 하게 되었다.

한성신보와 대동신보가 일제의 한국 침투기의 일본인 발행 신문이었다고 하면 이들 두 신문을 매입해 설립한 경성일보는 일제의 한국 통치기 전기

(前期)에 해당하는 통감부 시절에서 시작해서 본격적인 통치기인 총독부 시절에 걸쳐 우리 강토 안에서 일제의 대변지 그리고 선전과 세뇌지 역할을 수행했었다.

일제 통감부는 이 경성일보(京城日報)를 1906년 9월 1일 창간했다. 통감부는 같은 해 12월 영자지 서울프레스(Seoul Press)를 인수 경성일보의 자매지로 발행하도록 했고 통감부의 뒤를 이은 총독부는 서울프레스를 1930년 2월 경성일보에 통합시켰다가 1937년 5월 30일에 폐간시켰다. 1910년 8월 29일 일제가 우리나라를 강제로 병합하면서 식민통치기구로 설치한 조선총독부는 한말에 영국인 배설(裵說: E. T. Bethell)이 발간한 항일지 대한매일신보(大韓每日申報)의 후신 매일신보를 매입해 총독부의 기관지 경성일보에 흡수시켰다가 1938년 4월에 형식적으로 경성일보로부터 분리 발행토록 했다. 조선총독부의 우리말 기관지 매일신보도 일본말 기관지 경성일보의 경우와 같이 1945년 8월 15일 일제의 패망으로 인한 우리의 해방과 더불어 곧 폐간되었다.

〈그림 1〉에 보면 구한말에 서울에서 일본인들이 발행하던 신문으로 대한일보(大韓日報)와 경성신보/경성신문(京城新報/京城新聞) 둘이 더 제시되어 있다.

대한일보는 1904년 3월 10일 인천에서 발간된 신문인데 1904년 12월에 서울로 이전, 1910년 4월 조선일보로 제호를 바꾸어 발행하던 신문이다. 폐간 시기는 확실치 않다.

경성신보/경성신문은 1907년 11월 3일 창간된 신문인데, 일본인 신문임에도 통감부와 총독부 시책에 비판적인 논조를 펴, 정간을 당하기도 했고 신문의 제호를 신보에서 신문으로 바꾸었다가 다시 신보로 환원하는 등의 우여곡절을 겪으면서도 발행을 계속하다가 1913년에 폐간된 신문이다.

이 연구에서는 구한말, 즉 일본이 우리나라를 강제로 병합한 1910년 8월 29일의 경술국치(庚戌國恥) 이전에 일본인들이 서울에서 발행했던 신문사들이 있던 터의 현재의 위치를 알아보고자 했다. 연구의 주 대상이 된 신

문은 〈그림 1〉에 관한 설명에서 발행 상황이 간단히 언급된 신문, 즉 한성
신보, 대동신보, 경성일보, Seoul Press, 대한일보, 경성신보/경성신문의 6개
신문이다. 〈그림 1〉에는 제시되어 있지 않으나 구한말에 일본인들이 서울
에서 발행했던 그 밖의 신문 중에서 2개 신문 대한신보와 조선신문의 경우
도 사옥의 위치를 추가로 알아보았다(뒤 5항 〈표 2〉 참조).

연구의 방법은 해당 신문사별로 옛 지도에서 사옥의 위치를 확인 혹은
추정을 해서 그 옛 지도를 현재의 지도 위에 포개거나 대비시켜 봄으로써
현재의 위치를 확인 혹은 추정해 보는 방법을 택했다.

대상 8개 신문 가운데 사옥의 위치를 확인할 수 있었던 것은 경성일보,
Seoul Press, 대한일보, 경성신보/경성신문 4개 신문사뿐이고 나머지 한성
신보, 대동신보, 대한신보, 조선신문 4개 사의 경우는 사옥이 있었던 지역
을 제시하는 정도에서 그치고 말았다. 연구자로서는 지극히 아쉽지만 이
분야 전문가가 이런 문제에 관심을 보이면 이 연구에서 미진한 채로 남겨
진 부분이 곧 채워질 수 있을 것으로 기대를 해 본다.

2. 한성신보(漢城新報)와 대동신보(大東新報) 사옥의 위치

1) 한성신보의 낙동(駱洞) 사옥과 장동(長洞) 사옥의 위치

구한말 서울에서 일본인이 발행한 신문 제1호는 우리의 왕비 민중전(閔
中殿) 시해에 행동대를 동원한 신문 한성신보(漢城新報)이다. 이 신문 원
본의 극히 일부가 현재 연세대학교 중앙도서관에 소장되어 있다. 결호가
너무 많기는 하지만 이 연구의 관심대상인 한성신보 발행소의 위치에 관한
자료를 이 보존 본에서 찾아 정리한 것이 〈표 1〉에 제시되어 있다.

보존 본 가운데 가장 이른 호가 1895년 9월 9일자 신문인데 제4면 사고

(社告)에 발행소의 위치가 "조선국 경성 남부 회현방 낙동(朝鮮國 京城 南部 會賢坊 駱洞)"으로 나와 있다. 보존 본 가운데 발행소 위치가 조금 다르게 나온 첫 호는 1896년 6월 14일자 신문인데 이전에 '낙동(駱洞)'으로 나오던 것이 '낙동계(駱洞契)'로 되어 있다. 당시 서울의 행정체계가 '부, 방, 계, 동, 통, 호(部, 坊, 契, 洞, 統, 號)' 체계이었는데 1895년과 1896년 사이에 사옥을 옮긴 것 같지 않기 때문에 같은 주소를 지칭한 것으로 생각된다.

한성신보 보존 본 가운데 발행소 주소가 다르게 나온 첫 호는 1902년 12월 7일자 신문인데 사고(社告)에 "경성 남서 장동 호외 3호지(京城 南署 長洞 號外 3號地)"로 나와 있다. 그 사이 서울의 행정체계 명칭이 '부(部)'에서 '서(署)'로 바뀌었고, 한성신보가 사옥을 '낙동'에서 '장동'으로 이전했음을 알 수 있다. 1902년 12월 7일 앞쪽으로 쭉 결호이어서 한성신보가 언제 '낙동'에서 '장동'으로 이전을 했는지를 보존 본의 사고를 통해서는 알 수가 없는 상태이다. 1904년 9월 9일자 신문 사고에는 이제까지 '장동 호외 3호지'로 나오던 것이 '장동 호외지'로 바뀌어 있는데, 이것이 사옥의 이전을 의미하는 것 같지는 않다.

한성신보는 1895년 2월 16일 발간(정진석, 2005, p. 27), 1906년 7월 31일 종간을 했는데, 〈표 1〉에서 보면 이 신문은 '낙동'에서 창간해 '장동'에서 폐간을 했음을 알 수 있다.

```
*1895.09.09. p.4, 사고 : 조선국 경성 남부 會賢坊 駱洞
*1896.06.14. p.4, 사고 : 조선국 경성 남부 會賢坊 駱洞契
*1902.12.07. 사고 :        경성 남서 長洞 號外 3號地
*1903.07.04. 사고 :        경성 남서 長洞 號外 3號地
*1904.09.09. 사고 :        경성 남서 長洞 號外地
```

〈표 1〉 한성신보 사고(社告)에 나온 사옥(社屋) 위치

* 자료: 연세대학교 중앙도서관 소장 한성신보(결호가 많음)

　조선조 때 한성의 행정구역은 東, 西, 南, 北, 中의 5部 혹은 5署로 나뉘어 있었는데 당시의 남부 혹은 남서는 대체로 현재의 중구(中區) 지역에 해당된다. 현재 서울시 중구에는 낙동(駱洞)이라는 지명도 장동(長洞)이라는 지명도 없다. 한성신보 사고에 낙동은 회현방에 속해 있는 것으로 나와 있으니까 현재의 회현동 지역 내(內)이거나 그 부근이었을 것으로 짐작이 되지만 장동의 경우는 위 사고 속에 그 위치를 짐작할 수 있게 해 주는 아무런 단서도 없다.

　〈지도 1〉에 낙동과 장동의 위치를 알려 주는 지도 둘이 제시되어 있다. 〈지도 1〉의 A는 옛날 방식으로 그려진 1902년 지도로서 낙동(駱洞)은 회동(會洞) 동북쪽에, 장동(長洞)은 회동(會洞) 남쪽에 표시되어 있다. 〈지도 1〉의 B는 현대적 지도기법으로 작도된 1903년 지도로서 낙동과 장동 모두 1902년 지도에서 받은 인상보다는 남북으로 훨씬 길게 뻗쳐 있던 동(洞)들이었음을 보여 주고 있다.

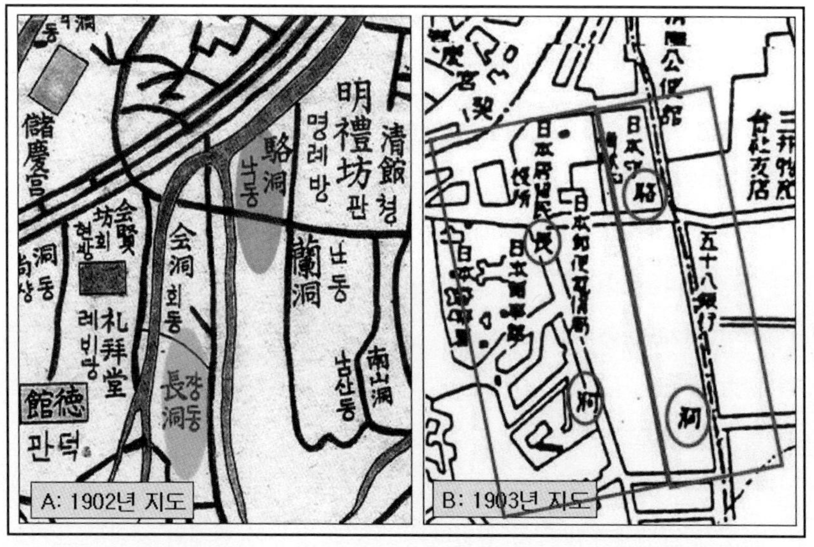

〈지도 1〉 1902 1903년 지도에 나타난 낙동(駱洞)과 장동(長洞)의 위치

이들 두 지도에서 낙동과 장동의 대체적인 위치는 알 수 있지만 동(洞)들 사이에 경계선이 표시되어 있지 않아 위치 확인에 문제는 여전히 남는다. 「서울六百年史」에는 일제가 1914년에 행한 행정구역개편 내용 가운데 낙동과 장동에 관련된 부분이 다음과 같이 나와 있다.

* 명치정이정목(明治町二丁目): **낙동일부(駱洞一部)**·대용동일부(大龍洞一部)·명동일부(明洞一部)·종현동일부(鐘峴洞一部)·저동일부(苧洞一部)
* 본정일정목(本町一丁目): 명동일부(明洞一部)·대용동일부(大龍洞一部)·**낙동일부(駱洞一部)**·**장동일부(長洞一部)**·회동일부(會洞一部)
* 남미창정(南米倉町): 창동일부(倉洞一部)·상동일부(尙洞一部)
* 욱정일정목(旭町一丁目): 창동일부(倉洞一部)·회동일부(會洞一部)·호박동(琥珀洞)
* 욱정이정목(旭町二丁目): 남산동일부(南山洞一部)·회동일부(會洞一部)·**장동일부(長洞一部)**
* 욱정삼정목(旭町三丁目): **낙동일부(駱洞一部)**·남산동일부(南山洞一部)
* 남대문통삼정목(南大門通三丁目): 상동일부(尙洞一部)·수교동일부(水橋洞一部)·송현동일부(松峴洞一部)·**장동일부(長洞一部)**·회동일부(會洞一部)
* 남대문통이정목(南大門通二丁目): 소용동일부(小龍洞一部)·대용동일부(大龍洞一部)·**장동일부(長洞一部)**·송현동일부(松峴洞一部)·소공동일부(小公洞一部)·동현일부(銅峴一部)5)

낙동(駱洞)이 분할되어 현재의 명동2가(明治町二丁目), 충무로1가(本町一丁目), 회현동3가(旭町三丁目)의 일부로 포함되게 되었고, 장동(長洞)이 분할되어 현재의 충무로1가(本町一丁目), 회현동2가(旭町二丁目), 남대문로3가(南大門通三丁目), 남대문로2가(南大門通二丁目)의 일부로 포함되게 되었음을 알려 주고 있다.

「서울六百年史」의 이 자료를 〈지도 1〉의 자료와 대조해 볼 때 낙동이 현재의 명동2가 일부에까지 걸쳐 있었다는 부분과 장동이 현재의 남대문로2가의

---

5) 「서울六百年史」, '行政區域의 변천':
　　http://seoul600.visitseoul.net/seoul−history/sidaesa/txt/3-3-1-4-2.html

일부에까지 걸쳐 있었다는 부분에 의심이 간다. 나머지 부분, 즉 옛 낙동이 현 충무로1가의 일부와 회현동3가의 일부에 걸쳐 있었다는 것, 옛 장동이 현 충무로1가, 회현동2가의 일부에 걸쳐 있었다는 것은 의심의 여지가 없다.

「서울六百年史」의 이 정보도 '일부'라는 표현이 어디까지를 가리키는 지가 분명치 않아 현재의 지도 위에 옛날의 낙동과 장동의 경계선을 정확히 복원하는 데는 도움이 되지 못한다.

낙동(駱洞) 사옥의 위치 추정

옛 낙동과 장동의 대체적인 위치에 관한 이 정도의 지식을 배경으로 한성신보(漢城新報)의 낙동(駱洞) 창간사옥의 위치를 추정해 보는 작업으로 넘어가 보기로 하자.

한성신보의 낙동 사옥이 있었던 위치가 어디였을까? 한성신보가 낙동에 있을 때 사장 아다치(安達)를 필두로 한 한성신보 임직원들이 이른바 일본인 '낭인(浪人)'들과 작당을 해, 우리의 궁궐을 침범, 명성황후를 시해했는데, '명성황후 시해'에 관한 일본인들의 책이나 우리나라 사람들의 연구를 찾아보았지만 그 당시의 한성신보 사옥의 정확한 위치를 알 수 있게 해 주는 언급이나 자료를 아직은 접하지 못하고 있다.

아다치 겐조(安達謙臟)의 자서전[6]에 한성신보 창간에 관한 언급이 있는데, 그에 의하면 당시 조선 조정 유력 인사의 한 사람인 안경수(安駉壽) 탁지부협판(度支部協辦: 현재직책 재무부 차관)이 현물출자 형식으로 제공한 대지와 건물에 한성신보사를 차렸다고 되어 있다.(〈자료 1〉 참조) 안경수[7]는 19세기 후반 우리의 개화기에 복잡한 정치행보를 밟은 관료·정치인의 한 사람으로서 한때는 그 영향력과 재력이 상당히 컸을 것으로 생각되는 사람이었다. 이 안경수가 자신의 재산 가운데 낙동에 있는 건물과 터를 한성신보 창간을 위해 내놓았다는 것인데 그 건물과 터가 낙동 어디쯤에 있었는지 현재로서

---

6) 安達謙臟, 「安達謙臟 自敍傳」, 東京: 新樹社, 1960.

7) http://kdaq.empas.com/koreandb/history/kpeople/person_view.html?n=4687

388

는 알 수 있는 자료가 없기 때문에 아다치(安達)의 이 증언만으로는 한성신보의 낙동 사옥 위치를 알 수가 없다.

〈지도 1-1〉은 옛 낙동의 대체적인 범위를 현재의 지도상에서 추정해 보기 위해 2006년 서울시GIS지도 위에 1903년 지도를 포개 놓은 것이다. 중국대사관(옛 청국공사관), 신세계 백화점(옛 일본영사관, 후에 三越백화점), 충무로 길 등을 기준으로 두 지도를 가능한 한 일치시켜 보려고 했다.

1903년 지도에 낙동의 위치는 나와 있으나 동(洞)과 동(洞) 사이의 경계가 나와 있지 않다. 연구자가 앞에서 인용한 일제의 행정구역개편에 관한 글자로 된 자료를 참고해서(옛 낙동, 현 회현동3가의 일부, 충무로1가의 일부: 옛 장동, 현 회현동2가의 일부, 충무로1가의 일부) 〈지도 1〉의 B 1903년 지도 위에 직사각형 실선으로 낙동과 장동의 범위를 추정해 보았었는데, 이렇게 추정해 본 낙동과 장동의 경계선을 2006년 서울시GIS지도 위에 포개 본 것이 〈지도 1-1〉에 제시되어 있다.

三、安駒壽との契約

京城における新聞経営は、着々とその権につき始めたが、一方韓人の然るべき有力者と提携すること此の際は必要と認められたので、杉村氏の推薦によって安駒壽と結んだ。当時安駒壽は度支部協弁の役に在ったが、後度支部(大蔵)大臣に就任した、朝鮮国要路の大官中でも、辣腕の聞こえ高き人物であった。安駒壽との契約の内容は、要するに新聞社を設くる土地建物を提供するにあって、彼はその所有せる土地建物を以て、新聞経営に現物出資を為したわけである。

줄 친 부분

안경수와의 계약의 내용은 요컨대 신문사를 설립하는데 필요한 토지건물을 제공하는 것으로서 그는 자신 소유의 토지건물로서 신문경영에 현물출자를 하게 된 것이었다.

〈자료 1〉 한성신보에 안경수(安駒壽) 토지건물 현물 출자

* 安達謙藏, 「安達謙藏 自敍傳」 東京: 新樹社, 1960, p.49.

〈지도 1-1〉 옛 낙동과 장동의 현재 위치 추정작업

* 2006년 서울시GIS지도(흐린 바탕) 위에 1903년 지도(위의 진한 것)
  를 포갠 지도.

1903년 지도에 나와 있는 낙동(駱洞) 표시도 이를 앞에서 제시한 「서울
六百年史」의 1914년 행정구역개편 내용과 대비해 보면 다소 부정확한 점이
눈에 띈다. 낙동 표시가 현재의 충무로1가의 일부와 회현동3가 경계 내에
들어 있어야 하는데, 1903년 지도의 경우 낙동 표시가 장동의 일부인 현재
의 회현동2가의 일부에까지 걸쳐 있기 때문이다.

옛 낙동(駱洞) 경계에 관한 검토를 이 정도로 일단 끝을 내고 그 낙동
내에 있었던 한성신보 창간사옥 위치에 관한 추정에 들어가 보자.

〈자료 2〉는 「경성부사」에 나와 있는 한성신보 창간사옥 위치에 관한 자
료이다. 해당 부분을 우리말로 옮겨보면 다음과 같다.

390

"二月에(일본 九州의) 구마모토 출신 安達謙藏과 佐佐正之 두 사람이 공사관의 원조하에 漢城新聞社(現旭町一丁目十番地)를 세워 일본어와 한국어 두 나라 말 신문을 발간했다."

「경성부사」의 위 글에서 오식인지 착오인지는 모르겠으나 틀린 부분이 한 곳 있다. 신문사 이름은 한성신문사가 아니고 한성신보사라야 맞고, 발간월은 二月이 맞는다.

한성신보사 창간사옥의 위치가 「경성부사」 제2권 발간 당시인 1936년 현재 주소로 "旭町一丁目十番地"로 나와 있는데 이 주소도 아래의 검토에서 볼 수 있듯이 문제점이 있다.

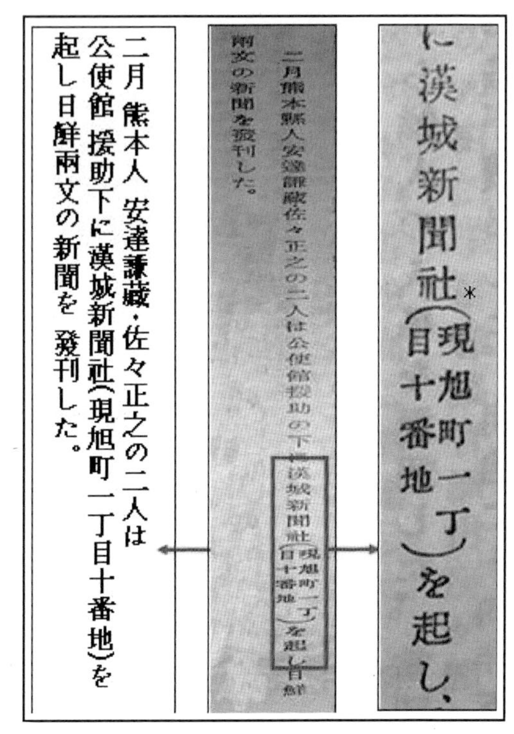

<자료 2> 한성신보사 창간시의 위치

「경성부사」 제2권 p.638.
* 한성신문사는 한성신보사의 착오(연구자)

일제 시의 욱정1정목(旭町一丁目), 즉 현재의 회현동1가(會賢洞一街)에는 앞의 1914년 행정구역개편 자료에서 보았듯이 한성신보 창간사옥이 있었던 옛 낙동(駱洞) 지역이 포함되어 있지 않다. 한성신보의 두 번째이자 마지막 사옥이 있었던 장동(長洞) 지역도 포함되어 있지 않다.(<지도 1-2> 참조) 때문에 한성순보 창간사옥의 주소를 '욱정1정목(旭町一丁目)'이라고 한 것은 오식이었거나 착오였음이 분명하다.

그렇다면 '욱정2정목(旭町二丁目)'의 착오였을까. 욱정2정목, 즉 현재의 회현동2가(會賢洞二街)에는 한성신보 두 번째 사옥이 있었던 옛 장동(長洞) 지역은 포함되어 있으나 창간사옥이 있었던 낙동(駱洞) 지역은 포함되어 있지 않다. 따라서 '욱정2정목'도 아님이 분명하다. 다만 한성신보가 낙동에서 이전해 새로운 사옥을 짓고 신문을 발행하다 통감부 기관지 경성일보에 매수돼 폐간할 때의 사옥이 있었던 곳이 장동(長洞)이었으니까「경성부사」집필자가 창간한 곳도 그 사옥이었을 것으로 착각을 했을 가능성은 있다.

'욱정2정목'도 아니라면 '욱정3정목(旭町三丁目)'의 오식이거나 착오가 아니었을까.

본 연구자로서는 이 가능성이 가장 크다고 보고 싶다. 그 이유는 〈지도 1-2〉에서 볼 수 있듯이 욱정3정목, 즉 현재의 회현동3가(會賢洞三街)에 옛 낙동(駱洞) 지역이 포함되어 있기 때문이다.

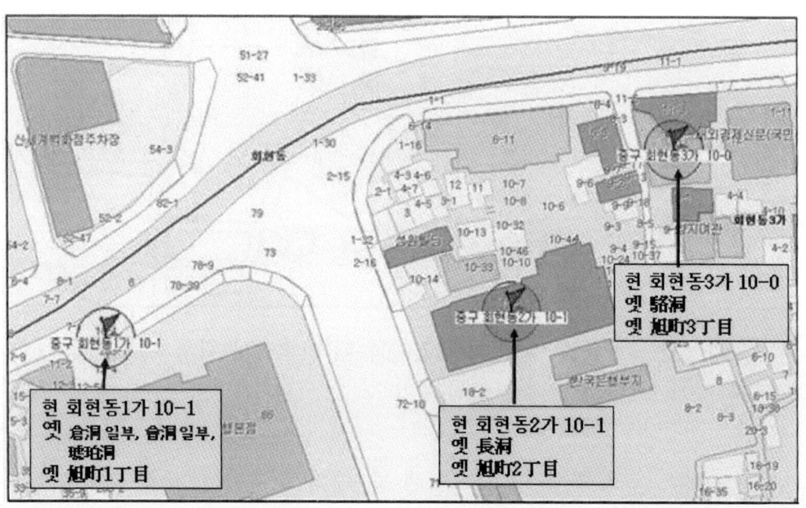

〈지도 1-2〉 한성신보 창간사옥 위치에 관한 「경성부사」 자료 검증 작업
* "(일제하) 旭町一丁目10番地"라고 했는데 '一丁目'이 '三丁目'의 착오였을 가능성이 큼.

「경성부사」의 자료에서 '욱정1정목'이라 적혀 있는 것이 '욱정3정목'의 오

식이거나 착오였다면 '10번지(十番地)'라고 한 지번(地番) 부분은 어떻게
보아야 할까. 지번까지 틀렸을까. 아니면 지번만은 맞은 것일까. 즉 한성신
보 창간사옥 터가 '욱정3정목 10번지(旭町三丁目十番地)'였다고 보아도 틀
림이 없을까.

확인이 가능한 직접적인 자료를 아직 접하지 못하고 있는 상황에서 옛
지도와 현재의 지도를 대비시켜 한성신보 창간사옥 터의 현재의 위치를 추
정해 보기 위한 작업이 〈지도 1-3〉에 제시되어 있다.

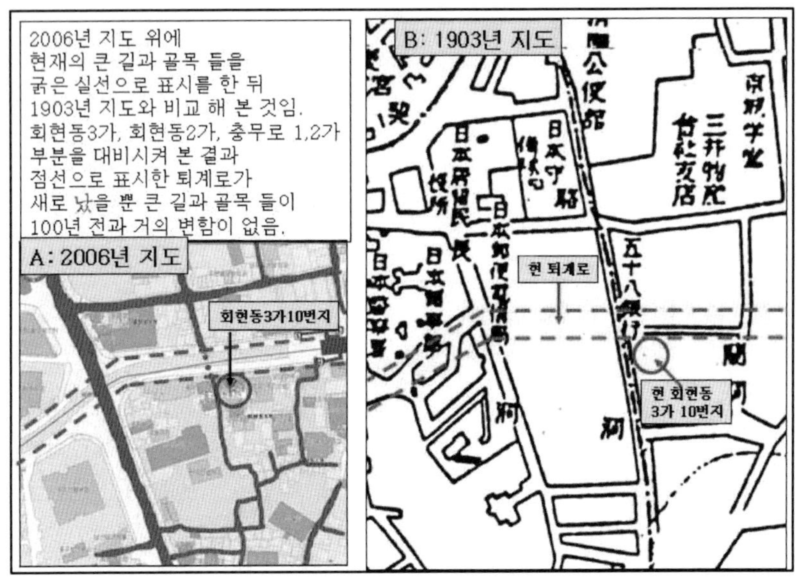

〈지도 1-3〉 漢城新報 옛 駱洞 창간사옥 터의 현재의 위치 추정 작업
* 회현동3가 10번지대에는 2006년 현재 10-0, 10-1번지가 있음.

서울 4대문 안의 경우 지번은 일제 때 매겨진 지번이 거의 그대로 유지
되고 있기 때문에 옛 '욱정3정목 10번지'는 현재의 '회현동3가 10번지'에 해
당된다.

〈지도 1-3〉의 A는 2006년 서울시GIS지도의 회현동3가와 그 부근 지도
인데 주요 도로와 큰 골목길들을 굵은 실선으로 덧칠을 했고, 일제 시에

새로 뚫린 퇴계로는 점선으로 표시를 해서 현재의 도로망이 눈에 잘 띄게 해 놓았고 회현동3가 10번지에 해당되는 곳에는 실선 원으로 표시를 해 그 위치가 시각적으로 잘 파악될 수 있도록 해 보았다.

〈지도 1-3〉의 B는 1903년 지도인데 그때는 없다가 뒤에 뚫린 퇴계로를 점선으로 표시를 해 놓았다. A와 B 두 지도를 대비시켜 보면, 퇴계로가 새로 뚫린 것 말고는 주요 도로나 골목길에 거의 변화가 없었음을 알 수 있다.

A 지도 위에서의 회현동3가 10번지 자리를 도로망을 기준으로 삼아 B 지도 위에다 실선 원으로 표시해 보았다. 1903년 지도에서 볼 때 이 자리, 즉 일제 시의 '욱정3정목 10번지'(현재의 회현동3가 10번지) 자리로 추정되는 이 자리는 당시 일본인 거주 지역 경계선 배후에 위치해 있을 뿐 아니라 도로 면에서도 주요 삼거리의 모퉁이에 위치해 있어 일본인 신문사인 한성신보사가 있었을 만한 자리라는 생각이 연구자로서는 든다.

이상의 검토를 통해 연구자로서는 「경성부사」에 한성신보 창간사옥 터의 지번으로 나와 있는 "旭町一丁目十番地"는 "旭町三丁目十番地"의 오식이거나 착오이었을 것이라는 추론에 이르게 되었다.

연구자가 한성신보 창간사옥 터로 추정한 옛 "旭町三丁目十番地"(현재의 회현동3가 10번지; 도로 중심의 새 주소 남산술1길 24) 터에는 현재 호텔이 들어서 있다.

장동(長洞) 사옥의 위치 추정

한성신보는 낙동에 있다가 장동으로 이전을 했는데 그 시점이 언제였는지 그 정확한 기록을 연구자는 접하지 못하고 있다.

〈표 1〉에서 보면 한성신보 사옥의 위치가 1896년에는 낙동, 1902년에는 장동으로 나와 있으니까 사옥의 이전이 그 사이에 있었던 것만은 알 수 있으나, 그 기간이 6년이나 되어 너무 길다.

확실치는 않지만 한성신보가 사옥을 장동으로 이전한 시점이 1898년경이 아닐까 추정케 하는 자료가 둘이 있다.

394

하나는 박용규의 "구한말 일본의 침략적 언론활동"에 관한 연구 속에 들어 있는 자료로서, 그에 의하면 "1895년 명성황후 시해사건으로 한국을 떠났던 사주(社主) 아다치(安達)가" 1898년에 잠시 서울에 왔었는데 그 목적이 "직접 한성신보의 개량작업을 지휘하기 위해"서였다고 한다.[8] 이때 아다치의 서울 방문 목적인 '한성신보의 개량작업' 중에는 사옥의 이전 문제도 들어 있지 않았을까 생각되기도 한다.

또 다른 하나는 〈기사 1〉에 제시되어 있는 황성신문 1901년 8월 22일자 기사로서, 이 기사에 의하면 "한성신보사는 얼마 전에 불이 났었는데 그 터에 새 사옥이 중건 낙성되어 하루 전에 낙성식을 가졌다."라는 것이다. 이 기사만으로는 새 사옥을 중건 낙성한 '그 터'가 어디인지 알 수가 없다. 하지만 앞에 나온 〈표 1〉에 한성신보의 사옥이 1902년 12월 현재 장동(長洞)에 있었던 것으로 나와 있음에 비추어 보아, 황선신문 1901년 8월 22일자 기사에서 말하는 '그 터'는 장동일 가능성이 크며, 그렇다면 한성신보는 1901년 8월 이전에 장동으로 이전을 한 것이 틀림없을 것 같다.

위의 두 자료는 아다치(安達)의 1898년 서울 일시 방문이 한성신보 사옥의 장동으로의 이전 계획과도 관련이 있었던 것이 아닌가 하는 추정을 가능케 해 준다. 만일에 이 추정이 맞는다고

漢城新報社에셔回祿以後該基址에重建落成되야昨日下午三時에內外賓을請ᄒ야落成式을行ᄒ여라

〈기사 1〉
한성신보사 화재 이후 그 자리에 신사옥 중건 낙성 기사
* 황성신문, 1901년 8월 22일자, p.2. 회록 = 화재

---

8) 박용규, "구한말 일본의 침략적 언론활동", 한국언론학회, ≪한국언론학보≫, 제 43-1호, 1998 가을, p.171.

하면 한성신보사가 장동으로 이전한 것은 1898년에서 1901년 사이가 된다.

　한성신보 장동 사옥 위치에 관해서는 낙동 사옥 위치에 관해서와 마찬가지로 이를 정확히 알 수 있는 직접적인 자료를 연구자는 아직 접하지 못하고 있다. 다만 한 가지 대동신보(大東新報)의 광고란에 한성신보의 위치를 추정하는 데 도움이 될 수도 있는 정보가 나온다.

　〈광고와 지도 1〉의 A에 제시되어 있는 대동신보 1904년 6월 9일자 광고에 그런 정보가 하나 들어 있다. 이 광고는 일본인 병원 야마모토의원(山本醫院)의 개업광고인데 광고문안 중에 이 병원의 위치가 ‘장동 한성신보사의 옆집’이라는 문구가 나온다.

　〈광고와 지도 1〉 B의 1911년 지도에서 보면 옛 장동 지역에 병원 하나가 표시되어 있다. 이케다의원(池田醫院)이 白國領事館(벨기에 영사관) 동남쪽으로 큰길가에 면해 표시되어 있다.

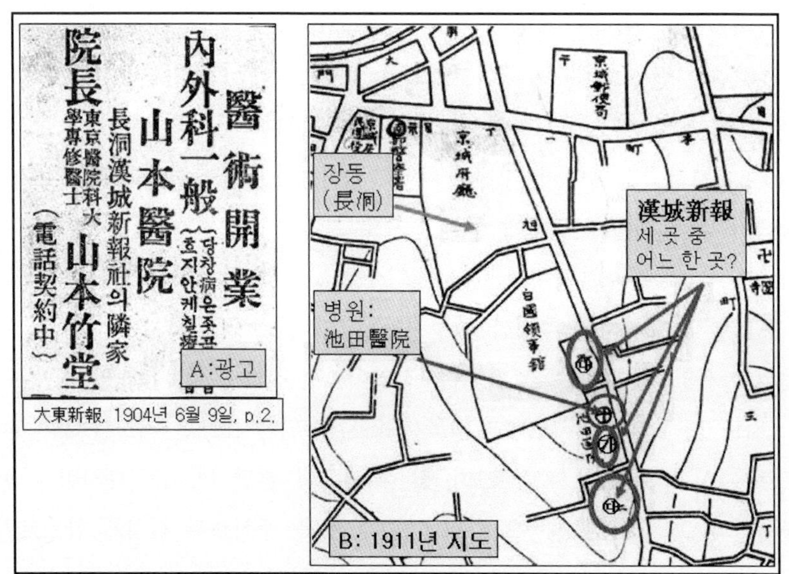

〈광고와 지도 1〉 한성신보 장동 사옥 위치 추정 작업

　＊ 池田醫院이 山本醫院(1904년)을 이어받아 그 건물에 들어선 병원이라면, …….

1911년 지도에 나와 있는 이케다의원(池田醫院)이 1904년 6월에 개업광고를 낸 야마모토의원(山本醫院)의 터와 건물을 인수한 병원인지 아닌지에 관한 자료는 없다. 다만 이 지도를 보고 있노라면 옛 장동(長洞) 지역 내에서 이 이케다의원(池田醫院) 터 부근이 일본인 신문사 터로 택해질 가능성도 꽤 컸을 것 같은 (희망적인) 느낌이 들기도 한다.

한성신보의 사옥 터 주소가 낙동 때는 '낙동' 또는 '낙동계'라고 동명으로만 나와 있는데 장동 때는 '장동 호외 3호지(長洞 號外 3號地)'라고 주소로 나와 있다. '호외 3호지'가 옛 우리식 주소여서 어디인지를 짐작할 수 없기는 하지만 혹시 '아직 번지가 정식으로 매겨지기 전의 임시 주소'를 말하는 것이라고 한다면 이미 개발된 시내 쪽 가까이보다는 새로 개발되기 시작한 남산 기슭 쪽일 가능성이 크다.

본 연구자로서는 이상의 추정들을 통해 확실한 것은 아니지만 이케다의원(池田醫院)이 야마모토의원(山本醫院) 자리에 들어섰을 거라는 쪽으로 생각이 기울고 있다.

1904년 대동신보에 난 야마모토의원 개업광고에 의하면 자기네 병원이 한성신보 바로 이웃이라고 했는데 이 말을 1911년 지도 위에 옮겨 놓고 보면, 야마모토의원 자리에 이케다의원이 들어섰다는 추정하에, 한성신보 장동 사옥의 위치는 지도상에 실선 원으로 표시한 세 곳 ㉮, ㉯, ㉰ 가운데 하나가 될 것 같다.(〈광고와 지도 1〉의 B)

1911년 지도상에서 추정한 한성신보(漢城新報) 장동(長洞) 사옥 터 세 곳의 현재의 위치를 알아보기 위한 작업이 〈지도 1-4〉에 나와 있다.

〈지도 1-4〉의 A는 2006년 서울시GIS지도 위에 1911년 지도를 포갠 지도로서 신세계백화점, 충무로1가 길, 우리은행 본점 터, 중국대사관 서편 골목길과 그 길이 회현동으로 이어진 길 등을 중심으로 겹치게 함으로써 두 지도의 방위와 척도를 가능한 한 맞추어 본 것이다.

〈지도 1-4〉의 B는 A 지도의 1911년 지도 부분에서 한성신보 장동 사옥 터로 추정된 세 곳만을 남기고 다른 것은 다 지워 버린 지도로서, 2006년

현재의 지도상에서 옛 한성신보 장동 사옥 터 추정지 세 곳 ㉮, ㉯, ㉰의 위치가 어디인지를 보다 분명히 보여 주고 있다. 이케다의원(池田醫院)과 이웃한 건물 터로는 남쪽의 ㉮ 터와 북쪽의 ㉯ 터가 있고 병원 터를 좀 넓게 잡으면 남쪽의 ㉰ 터까지를 한성신보 장동 사옥 터 추정지로 포함시켜 볼 수 있을 것 같다. 이들 추정지 세 곳은 모두 회현동 로터리에서 남산3호터널에 이르는 반포로 도로에 포함되어 있다.

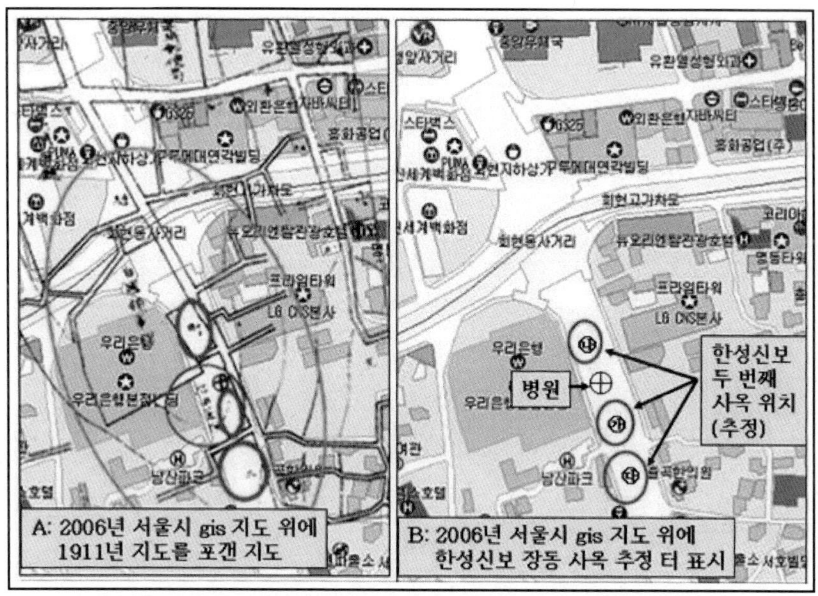

<지도 1-4> 장동에 있던 한성신보의 두 번째 사옥 터 추정 작업

〈지도 1-4〉의 B에서 보면 ㉮ 터는 현재 남산파크호텔(회현동2가 72-8)의 동쪽 대로 한가운데쯤에 해당되고 ㉯ 터는 우리은행 본점(회현동2가 86)의 동쪽 대로 한가운데쯤에 해당되고 ㉰ 터는 회현주차장 터(회현동2가 66) 동쪽 대로 한가운데쯤에 해당된다.

앞으로 직접적인 자료나 증언이 찾아져서 본 연구에서의 이 추정이 맞는지 틀리는지 검증이 될 수 있기를 기대해 본다.

한성신보 사옥 사진

아다치 겐조(安達謙臧)의 자서전에 한성신보 사옥 사진이 나온다. 〈사진 1〉에서 보듯이 한성신보사의 이 사옥은 벽돌로 지은 서양식 건물이다. 그리고 지대가 조금 높은 곳에 지어진 건물임을 알 수 있다. 아다치가 그 신문사 임직원들과 함께 찍은 사진인데, 이 사진을 찍은 시기가 언제인지 분명치가 않다.

건물이 벽돌로 지은 업무용 건물인 것으로 보아 한성신보가 낙동에서 장동으로 옮긴 뒤, 화재를 당하고 나서 새로 지은 사옥이 아닐까 생각되기도 한다. 왜냐하면 1895년 한성신보 창간 때 안경수가 현물 출자한 낙동의 사옥은 한옥이었을 가능성이 크고, 장동으로 이전하고 나서 화재를 당한 뒤 사옥을 새로 지을 때 이를 다시 한옥으로 지었을 가능성은 그리 크지 않기 때문이다.

〈사진 1〉 한성신보 앞에서 아다치(安達)가 임직원들과 찍은 기념사진

그렇다면 이 사진을 찍은 시점은 언제일까. 그 시점을 추정해 볼 수 있는 단서가 될 수도 있는 단서 하나가 사진 속에 들어 있다. 즉 사진 우측 아래 앞쪽에 밝은 색 양복을 입고 앉아 있는 사람이 한성순보와 한성주보에서 일했고 후에 친일행동에 나섰던 장박(張博) 같아 보이는데, 만일에 그가 장박이라면 이 사진이 찍힌 시점은 1896년 2월 이전이거나 1907년 이후가 되어야 한다. 왜냐하면 장박[9]은 1896년 김홍집(金弘集) 내각 때 법부대신으로 입각하였다가, 1896년 2월 11일 새벽 고종이 러시아공관으로 파천(播遷)한 뒤, 김홍집 등과 함께 역적으로 규정되어, 유길준과 함께 일본으로 망명하였다가 1907년 이완용(李完用) 내각 때 귀국했기 때문이다.

사진 속의 장박을 기준으로 해서 보면 이 사진이 찍힌 시점에 관해 다음과 같은 두 가지 추정이 가능해진다.

우선, 장박이 1896년에 일본으로 망명했는데 그 이전에 찍은 것이라고 보면 이 사진은 한성신보가 낙동에서 창간하고 난 지 얼마 안 지났을 때의 사옥 사진이 된다. 한성신보는 1895년 2월 16일 창간되었고, 아다치(安達)가 명성황후 시해 주동자의 한 사람으로서 일본정부가 그를 일본으로 불러들인 것이 1895년 말이었기 때문에 아다치와 장박이 다 같이 서울에 있으면서 한성신보사 앞에서 사진을 찍은 시기는 1895년 2월에서 1895년 10월 사이가 된다. 그런데 안경수가 한성신보 창간을 위해 현물 출자한 건물이 벽돌로 지은 사무용 건물이었을 것 같지가 않아, 이 사진을 찍은 시기를 한성신보 창간 초기로 보기는 어려울 것 같다.

그렇다면 장박이 일본에서의 망명생활을 끝내고 귀국한 뒤에 찍은 사진일까. 기록에 장박의 귀국이 1907년으로 나오는데, 한성신보가 일제의 통감부 기관지 경성일보에 매입되어 폐간을 한 것이 1906년 7월 31일이기 때문에 장박의 귀국 이전에 폐간이 되었다는 이야기가 된다. 만일 장박이 실제로 귀국한 것이 좀 일러서 1906년 7월 중에 서울에 와 있었다면 아다치(安達)가 한성신보의 '경성일보로의 발전적 폐간'을 축하하기 위해 서울에 와

---

9) http://kdaq.empas.com/koreandb/history/kpeople/person_view.html?n=3197

서 한성신보에 들러 임직원들과 기념사진을 찍을 때 장박도 자리를 함께할 수가 있었을 것이 아닌가 생각된다. 이 경우 〈사진 1〉의 한성신보사 사진은 장동에 있었던 사옥의 사진이라고 볼 수가 있다.

연구자는 〈사진 1〉 속의 문제의 인물이 장박(張博)인 것 같다는 판단에서 장박의 사진을 구해 대비해 보기 위한 작업을 해 보았다.

구한말 사진 가운데 장박이 나오는 사진이 둘이 있는데 이들 사진 속의 장박과 〈사진 1〉 속의 장박으로 추정되는 인물을 우선 대비시켜 본 것이 〈사진 2〉에 제시되어 있다.

〈사진 2〉 왼쪽 사진의 주인공이 장박(張博)임을 확인하기 위한 작업
C: 서울특별시사편찬위원회, 「사진으로 보는 서울 I」, 2002, p.87에서.
B: 김택규 정성길, 「사진으로 보는 한국 100년사」, 1999, p.152에서.
A: 두상(頭相), 얼굴 생김새, 체구 등으로 보아 장박일 가능성이 매우 큼.
　머리가 빠지기 전인 것으로 보아 이 사진을 찍은 시기는 장박이 일본으로 피신하기 전, 즉 1896년 2월 이전이었을 것으로 추정됨.

〈사진 2〉의 C는 1908년 서울에서 찍은 사진에 나오는 장박(張博)이고, B는 일본 망명중인 1905년에 찍은 사진에 나오는 장박이다. 1908년 사진에서는 사진 설명에 장박이 명시되어 있으나 1905년 사진에는 사진 설명에 유길준만이 명시되어 있을 뿐 장박이 명시되어 있지는 않지만 사진 C로 미루어 보아 사진 B의 이 인물이 장박임은 쉽게 알 수가 있다.

〈사진 2〉 A의 인물이 B와 C 사진의 인물과 인상이 매우 비슷하게 보여, 연구자로서는 A의 인물, 즉 〈사진 1〉의 한성신보사 사옥 앞에서 아다치를 필두로 한 신문사 사원들과 함께 찍은 기념사진 속의 인물이 장박(張博)이라는 추정을 하고 싶다.

〈사진 2〉 A의 인물, 즉 〈사진 1〉 속의 문제의 인물이 장박(張博)이라면 머리가 빠지기 전인 것으로 미루어 보아 B와 C 사진을 찍었을 때보다 훨씬 젊었을 때에 찍은 사진일 것이고, 그렇다면 〈사진 1〉의 한성신보 사옥 사진은 장박이 일본으로 망명하기 전인 1896년 2월 이전에 찍은 것이 된다. 또한 한성신보 사장 아다치가 명성황후 시해 주동자의 한 사람으로서 명목상의 재판을 받기 위해 일본으로 불려 들어간 것이 1895년 말이었으니까, 앞에서도 언급했듯이 아다치와 장박이 함께 한성신보사 앞에서 사진을 찍은 때는 1895년 초에서 1895년 가을 사이가 된다.

그렇다면 〈사진 1〉이 찍힌 시기는 한성신보가 낙동에 있었던 시기가 된다.

문제의 인물이 장박이 아니라면 이 사진은 언제 찍은 것일까. 한성신보의 낙동 시절 사진일까 아니면 장동 시절 사진일까.

앞에서 한성신보 발간 당시의 사옥은 안경수가 토지와 가옥을 출자한 것이어서 한옥이었을 것 같은데, 〈사진 1〉 속의 사옥이 벽돌집인 것을 어떻게 해석해야 할 것인지. 창간 때는 한옥이었는데 곧 벽돌집으로 신축을 한 것인지, 아니면 장박(張博)처럼 보이는 인물이 실은 장박이 아닌 다른 사람인지.

불과 100여 년 전의 일이고 사관이나 가치관이 개입된 주관적 해석의 문제가 아니고 객관적 사실에 관한 사항, 좀 더 구체적으로는 사진을 찍은 시점이 언제이냐에 관한 것인데도 분명하게 알아낼 수가 없다는 것이 안타깝기 그지없다. 역사 연구에서 사진자료가 지극히 중요할 수도 있는데, 이제부터라도 모든 사진에 촬영 연월일이 들어가게 하는 것이 앞으로의 연구를 위해 중요하지 않을까 하는 생각이 든다.

2) 대동신보 니현(泥峴: 진고개) 사옥의 위치

대동신보(大東新報)는 1904년 4월 18일 창간돼 1906년 8월까지 발행되다
가 한성신보와 함께 일제 통감부(日帝 統監府)에 매입 인수되어 통감부 기
관지 경성일보(京城日報)로 이어진 신문이다.

대동신보사는 옛 니현(진고개), 일제하에서는 본정3정목 4정목(本町三丁
目, 四丁目), 현재의 주소로는 충무로2가(忠武路2街)에 있었는데, 그 정확
한 위치는 아직 찾아지지 않고 있다.

이 대동신보 원본의 극히 일부가 서울대학교 박물관에 보존되어 있다.

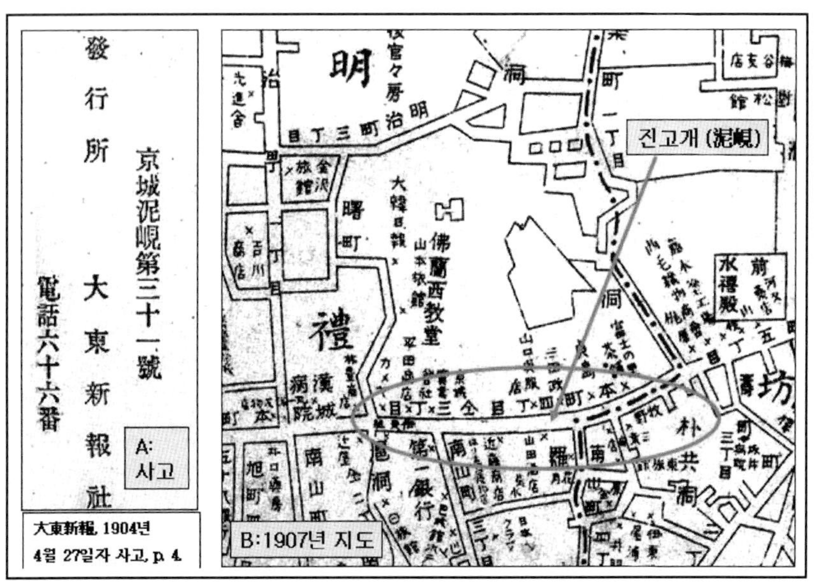

〈사고와 지도 1〉 대동신보 위치를 알리는 社告와 1907년 진고개 주변 지도
* 泥峴 第31號가 어디쯤인지 짐작게 하는 자료를 아직 찾지 못하고 있음.

〈사고와 지도 1〉의 A에서 보면 대동신보사 사고(社告)에 대동신보 발행
소의 주소가 '경성 니현 제31호(京城 泥峴 第三十一號)'로 나와 있다. 그런

데 이 주소는 구한말의 우리 식 주소로서 일제가 원래의 주소와 무관하게 자기네 식으로 새로 주소를 매기고 일제가 이렇게 매긴 그 주소가 오늘날의 주소로 이어져 내려왔기 때문에, 구한말의 우리식 주소만으로는 그 위치가 현재 어디쯤일지를 알 수가 없다.

〈사고와 지도 1〉의 B는 1907년 지도인데 대동신보사의 사옥이 있었던 위치를 추정할 수가 없어서 그 신문사가 있었던 시기에 가장 가까운 때의 진고개(泥峴) 일대 상황을 짐작게 하려는 생각에서 제시해 보았다. 대동신보는 1906년에 통감부에 매입되어 폐간된 뒤이기 때문에 1907년에 만들어진 이 지도상에 그 위치가 나타나 있지 않다. 1903년에 만들어진 지도가 있는데 이 지도는 1907년 지도의 경우와는 달리 자세한 사항이 나와 있지 않기도 하지만 대동신보가 1904년에 창간되었으니까 창간 전에 만들어진 지도이다. 1905년이나 1906년 지도가 있으면 거기에는 대동신보사의 위치가 표시되어 있을 수도 있는데(1907년 당시 발행 중이던 대한일보사의 위치가 B 지도에 표시되어 있듯이), 아직 1905년이나 1906년에 만들어진 지도를 연구자는 접하지 못하고 있다.

연구자가 서울대학교 박물관에 보존되어 있는 그리 많지 않은 호수의 대동신보 원본에 실린 기사나 광고들에서 대동신보사의 위치를 추정케 하거나 확인할 수 있게 하는 단서를 찾아보려 했었으나 찾지를 못했다.

앞으로 누군가가 대동신보사의 주소가 일제가 새로 매긴 주소로 本町 몇 丁目 몇 番地였다는 직접적인 자료를 찾아내거나, 어느 길모퉁이에 있었다거나, 신문사 옆에 무엇이 있었다거나 하는 추정 단서들을 찾아내게 되기를 기다려야 할 것 같다.

3. 경성일보(京城日報)와 서울프레스(Seoul Press) 사옥의 위치

1) 경성일보 대화정1정목(大和町一丁目) 사옥의 위치

경성일보(京城日報)는 일제 통감부(日帝 統監府) 기관지로 1906년 9월 1일 발간한 신문이다. 일제는 우리나라를 식민지로 합병하기 위한 제1단계로 1906년 2월 통감부를 설치하고, 기존의 일본인 신문 한성신보(漢城新報)와 대동신보(大東新報)를 인수 합병해, 그해 9월에 통감부 기관지 경성일보를 발행하기 시작했다. 이 경성일보는 1910년 8월 일제가 우리나라를 강압적으로 합병하면서 총독부(總督府)를 설치해 본격적인 식민통치를 시작하게 되자 총독부 기관지로 이어져 나갔다. 경성일보는 1945년 8월 15일 일제의 패망으로 우리나라가 해방되고 난 뒤에도 잠시 계속 발행되다가 10월 31일자를 마지막으로 폐간되었다.

경성일보의 경우 초기인 구한말 시기의 원본이 아직 모습을 드러내지 않고 있으며 최근에 발행된 영인본도 1915년 이후의 것으로서 총독부 시기 초기의 신문도 아직 찾아볼 수가 없다.

경성일보의 실체에 관해서는 정진석의 「언론 조선총독부」(2005)에 심층적으로, 총체적으로 정리, 연구, 평가가 되어 있다. 이 저서에 경성일보사의 위치에 관한 것도 이미 나와 있다.

다만 본 연구자의 이 글에서는 옛 지도들을 좀 더 동원해서 구한말 때 경성일보사가 있던 곳의 현재 위치를 그간의 변동사항까지를 포함해 시각적으로 나타내 보도록 하고자 한다.

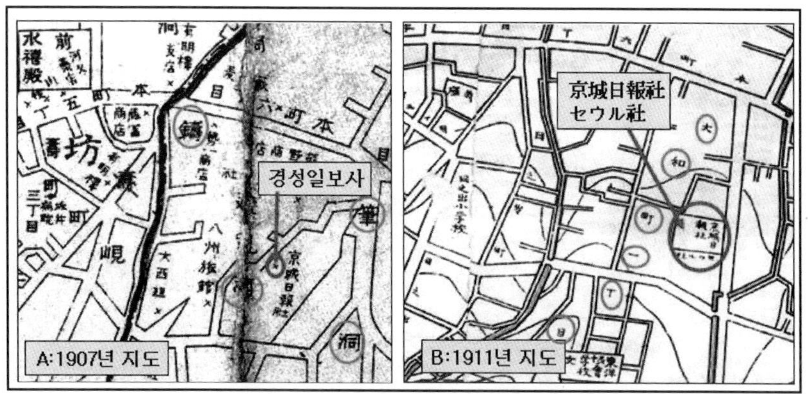

〈지도 2〉 1907년과 1911년 지도상에 표시된 경성일보사의 위치

　경성일보사의 위치가 지도상에 표시된 것은 〈지도 2〉의 A에 나와 있는 1907년 지도가 처음이었다. 이 지도는 경성일보가 1906년 9월에 발간된 뒤 얼마 되지 않아 제작된 것으로서 구한말의 우리의 동명(洞名)들이 일본인들이 자기네 식으로 지어서 쓰기 시작한 동명(洞名)들과 함께 표기되어 있다.

　〈지도 2〉의 A에서 보면 경성일보가 있었던 곳이 당시의 우리 동명으로 주동(鑄洞)과 필동(筆洞) 어느 쪽인지 분명치 않다. 뒤에 나오는 1907년 3월의 서울프레스(Seoul Press)사 영문사고 〈사고와 지도 2〉에 당시 경성일보사 건물 안에 함께 있었던 서울프레스사의 주소가 'Chu Dong'으로 나와 있는 것으로 보아, 경성일보사가 창간 시에 있었던 곳은 주동(鑄洞)이었음을 알 수 있다.

　〈지도 2〉의 B는 일제가 우리나라를 1910년 8월 말에 무력으로 병합하고 총독(總督)통치를 시작한 직후인 1911년 지도로서 동명(洞名)이 대화정1정목(大和町一丁目)으로 일본식으로만 되어 있는데 경성일보사(京城日報社)의 위치가 보다 정확히 표시되어 있다.

　〈자료 3〉은 「경성부사」 제2권에 나와 있는 경성일보의 1906년 창간 당시 주소(1914년까지 이곳에 있었음)인데 대화정1정목 44번지(大和町一丁目 44番地)로 나와 있다.

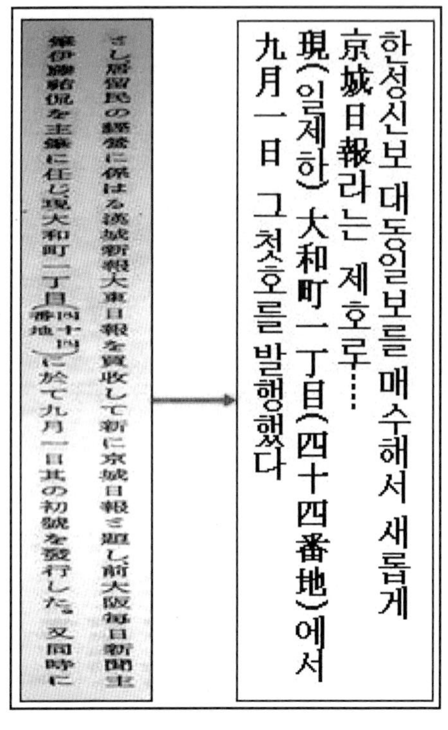

〈자료 3〉
경성일보 1906년 발간 당시 주소 :
1914년까지 이곳에서 있었음.
* 출처: 「경성부사」, 제2권, p.773.

그런데 문제는 1911년 지도에 나와 있는 경성일보사의 위치를 그 이후의 지도들에 투영시켜 보면 경성일보사의 주소가 아무래도 「경성부사」에 나와 있는 44번지가 아니라 43번지라야 맞을 것 같은 의심이 든다.

〈지도 2-1〉에 1911년 지도를 지번(地番)이 들어 있는 1918년 지도와 대비시켜 보고 이를 다시 지번이 표시된 오늘날의 2001년 지도와 대비시켜 본 결과가 나와 있다.

우선 A의 1911년 지도에서 경성일보 주변의 주요 도로에 ㉠, ㉡, ㉢으로 표시를 하고, 7년 뒤인 1918년에 제작된 지번이 들어 있는 B 지도에서 앞의 1911년 지도에서 ㉠, ㉡, ㉢으로 표시를 한 도로들과 대응되는 도로에 ㉠, ㉡, ㉢으로 표시를 해 놓고 보았다. A의 1911년 지도와 B의 1918년 지도에서 ㉢과 ㉠으로 표시된 도로를 기준으로 보면, 1911년 지도에 경성일보(京城日報) 사옥 터로 표시된 곳은 1918년 지도에 나와 있는 지번으로는 43번지 터가 된다.

〈지도 2-1〉의 C는 2001년 현재의 지도로서 A의 1911년 지도, B의 1918년 지도와 대비해 보면 퇴계로가 좀 더 직선화되고 넓어져 있고, 극동빌딩 터가 옛 초등학교(日之出小學校) 터에다 동쪽의 터를 통합해 넓어져 있고, 극동빌딩 뒤쪽에 충무로 길과의 사이에 동서로 직선화된 길이 새로 생긴

것 등을 제외하고는 지번(地番)체계에 변동이 거의 없음을 알 수 있다. 여기에서의 관심의 초점인 44번지와 43번지에 관한 한 경성일보사(京城日報社)가 그 지역에 있었던 100년에서 90년 전과 똑같음을 알 수 있다.

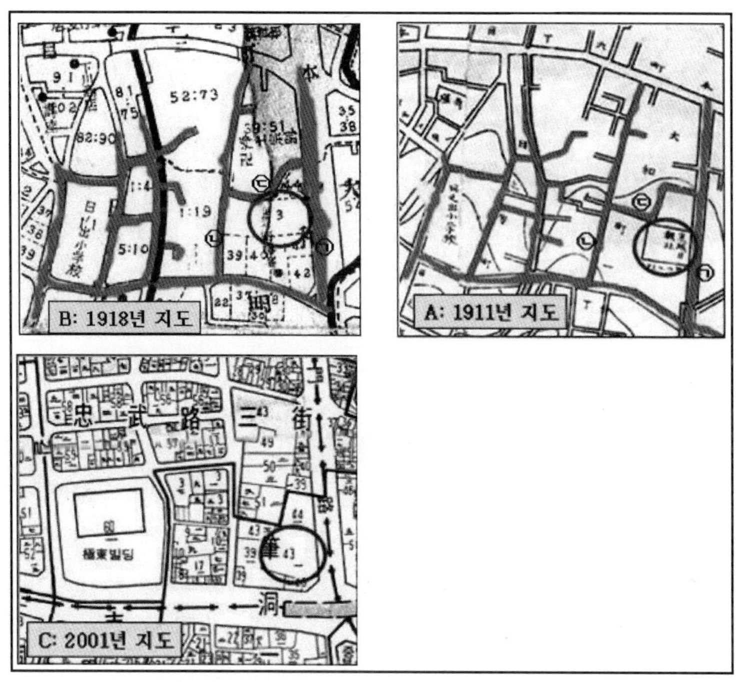

〈지도 2-1〉 경성일보사 초기의 사옥 위치 추정 작업(1)

* 1911년 지도(A)에 나타나 있는 경성일보사의 위치를 당시의 도로들을 기준으로 대비시켜 보면 1918년 지도(B)에서는 43번지가 되어야 할 것으로 보임.
* 2001년 지도(C)에서 43번지를 나타내 보았음.

경성일보사 초기 사옥이 있었던 곳의 현재의 위치를 추정해 보기 위한 또 다른 작업으로서 1911년 지도를 2001년 지도 위에 주요 도로를 기준으로 방위와 척도를 맞추어 포개 놓음으로써 이 신문사 초기의 위치를 추정해 본 작업이 〈지도 2-2〉에 제시되어 있다.

〈지도 2-2〉의 작업에서도 1911년 지도상에서 경성일보사 터로 표시된

곳이 2001년 지도상에서 그 지번이 43번지 터로 나타나 있다.

〈지도 2-2〉 경성일보사 초기의 사옥 위치 추정 작업(2)

   * 2001년 지도 위에 1911년 지도를 포갠 지도. 필동1가와 충무로3가 지역의 주
     요 도로들을 기준으로 축척과 방위가 맞게끔 포갠 결과 옛 경성일보 터가 현
     필동1가 43번지 자리에 위치하게 됨.

경성일보사 초기 사옥의 위치가 「경성부사」에 나와 있는 44번지가 아니
라 지도들의 대비를 통한 분석에서 강력히 시사하는 43번지였을 것임을 시
사하는 또 다른 자료가 〈자료 3-1〉에 제시되어 있다.

〈자료 3-1〉은 「경성부관내지적목록(京城府管內地籍目錄)」 1917년판에서
대화정1정목(大和町一丁目) 44번지와 43번지 부분을 보여 주고 있다.

「경성부사」에서 경성일보사가 있던 곳이라고 한 44번지는 44-1번지와
44-2번지로 분할이 되어 있고, 이 두 터를 합친 넓이가 294평이고 소유주
는 일본 동경에 있는 사람으로 되어 있다. 한편, 지도를 통한 분석에서 경
성일보사가 있던 곳임을 강력히 시사하고 있는 43번지의 경우 역시 43-1

번지와 43-2번지로
분할이 되어 있는데,
이 두 터를 합친 넓
이가 934평으로 상당
히 넓고 소유주가 조
선은행(朝鮮銀行)으
로 나와 있다.

경성일보사는 1914
년 대화정1정목(大和
町一丁目)에서 현재의
시청 자리로 건물을
새로 짓고 이전을 했
는데, 이전할 때 그
터와 건물을 누구에게
팔아넘겼을까. 조선총
독부(朝鮮總督府)의
기관지인 경성일보가
그 터를 총독부의 또
다른 산하기관인 조
선은행(朝鮮銀行)에
팔아넘겼을 가능성이

<자료 3-1> 경성일보사 초기의 사옥 위치 추정 작업(3)

* 경성일보가 1914년 현 시청 터로 이전할 때 그 터 소
유권을 조선은행에 넘겼을까 아니면 동경에 있는 그
어떤 개인에게 넘겼을까.
같은 총독부 관할 기관인 조선은행으로 넘겼을 것 같
음. 그렇다면 경성일보 초기 사옥 터의 주소는 대화정
1정목 44번지가 아니라 43번지가 됨.

크지 않을까. 경성일보가 현재의 시청 자리에 새로운 사옥을 지을 때 건축
자금이 상당히 많이 들었을 터인데 대화정1정목 사옥과 터를 조선은행에
담보로 잡히고 대출을 받아 그 돈으로 사옥을 신축하고, 새 사옥으로 이전
을 하면서 옛 사옥과 터를 조선은행에게 넘긴 것이 아닐까.

이런 추리가 맞는다면 〈자료 3-1〉의 1917년 지적목록에서 조선은행 소
유로 되어 있는 43번지, 즉 당시의 대화정1정목 43번지, 현재의 필동1가 43

번지 터가 경성일보 창간사옥 터였을 것 같다.

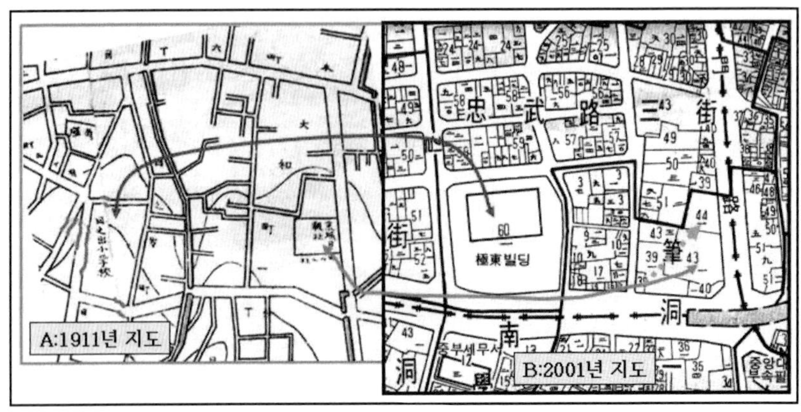

〈지도 2-3〉 경성일보사 초기의 사옥 위치 추정 작업(4)

* 1911년 지도에서 日之出小學校와 그 동쪽의 개천 있는 곳까지를 합친 터가 2001
 년 지도에서 극동빌딩 터이고 1911년 지도에서 경성일보 터로 나와 있는 곳은
 2001년 지도에서 실선 화살표로 표시된 필동1가 43-1번지가 됨.
 2001년 지도에 점선 화살표로 표시한 곳은 「경성부사」에서 경성일보 터라고 한
 필동1가 44-1번지임.

이상의 추정 작업을 〈지도 2-3〉에 지도로 나타내 보았다.

1911년 지도인 A에 경성일보 터로 표시되어 있는 곳이 2001년 지도인 B
에서 어디에 해당하는지에 관해, 「경성부사」의 기록에 나와 있는 44번지
(점선 화살표로 표시)와 지도의 대비를 통한 분석에서 추정되는 43번지(실
선 화살표로 표시)를 함께 제시해 보았다.

44번지가 294평이고 43번지가 934평으로 대지의 넓이가 44번지보다 43번
지 쪽이 3배 이상으로 넓은 것으로 보아, 경성일보를 1906년 통감부(統監
府) 시기에 처음 시작하던 때는 규모가 작은 44번지에서 창간을 했다가
1910년 총독부(總督府) 시기에 들어서면서 매일신보(每日申報)까지 접수해
서 함께 운영하게 되자 대지가 넓은 바로 옆 43번지 쪽으로 확장 이전을
한 것이 아닐까 하는 생각도 든다.

경성일보 창간사옥 위치에 관해 본 연구자로서는 보다 직접적인 자료에 접할 수 있을 때까지 현재의 지번으로 필동1가 44−1번지(돈화문로 176)와 43−1번지(퇴계로 189) 중 어느 한쪽이었을 것이라는 정도의 선에서 일단 마감을 하고 다음으로 넘어가 보고자 한다.

2007년 현재 필동1가 44−1번지에는 제일은행지점 건물이 들어서 있고 43−1번지에는 동화빌딩 건물이 들어서 있는데, 동화빌딩에는 지번으로 40−1번지와 41−1번지까지 포함되어 있다.

<사진 3> 경성일보 초기 필동1가(大和町一丁目) 사옥 사진
 * 경성일보는 1906년 9월 창간 때부터 1914년 10월 현 시청 터에 사옥을 새로 짓고 이전할 때까지 이 자리에 있었음.

〈사진 3〉에 경성일보 초기 필동(筆洞)시기의 사옥(社屋)과 인쇄공장(印刷工場) 사진이 제시되어 있다. 이 사진은 「신선경성안내(新選京城案內)」라는 책에 나와 있는 것으로서, 이 책의 발행연도가 1913년이고 경성일보가 현재의 서울시청 터로 이전한 것이 1914년 봄이었으니까 이전하기 직전

의 모습일 것으로 판단된다.

이 사진을 찍은 시기가 1913년경이었다면 그때 이곳에서는 일제(日帝)의 총독부 기관지(總督府 機關紙) 3개, 즉 경성일보(日文)와 함께 매일신보(國文) 및 서울프레스(英文)가 일간으로 발행되고 있던 곳이다.

〈사진 4〉 경성일보사 초기의 사옥 위치로 추정되는 곳의 현재의 모습
* 필동1가 44-1번지와 43-1번지 두 곳 중에서 어느 쪽이었는지 불분명함.

〈사진 4〉에는 경성일보사 초기 사옥 터로 추정되는 곳의 2007년 현재의 모습을 보여 주는 사진이 제시되어 있다.

이 사진은 퇴계로3가 네거리 한국의 집으로 들어가는 길 입구에서 돈화문로 쪽을 향해 찍은 것으로서, 「경성부사」에서 경성일보 초기 사옥 터 주소로 밝힌 필동1가 44번지(당시 주소: 대화정1정목 44번지)와 지도(地圖)를 통한 분석에서 경성일보 초기 사옥 터로 추정된 주소지 필동1가 43번지가 표시되어 있다.

2) 서울프레스(Seoul Press) 주동(鑄洞: 大和町) 사옥의 위치

서울프레스(The Seoul Press)는 원래 영국인 허지(J. W. Hodge)가 1905년 6월 3일 발간한 주간신문이었는데 재정이 어려워지자 일본공사관의 보조금을 받아 발행을 하면서 일본 측을 대변해 오다가 일제 통감부가 매수하여 1906년 12월 6일부터 일간으로 간행하기 시작한 통감부의 영문 기관지이다.[10] 1910년 8월 일제가 무력으로 우리나라를 병합, 총독부를 설치해, 식민통치를 시작하면서 총독부의 영문 기관지로 이어 내려왔다가 1937년 5월 30일에 폐간되었다.

서울프레스는 일제 통감부가 1906년 12월에 인수, 경성일보의 자매지로 발행했기 때문에 1907년 지도에는 미처 표시가 안 되어 있지만 1911년 지도에는 경성일보사에 덧붙여진 형태로 그 위치가 표시되어 있다.(〈사고와 지도 2〉의 B 참조)

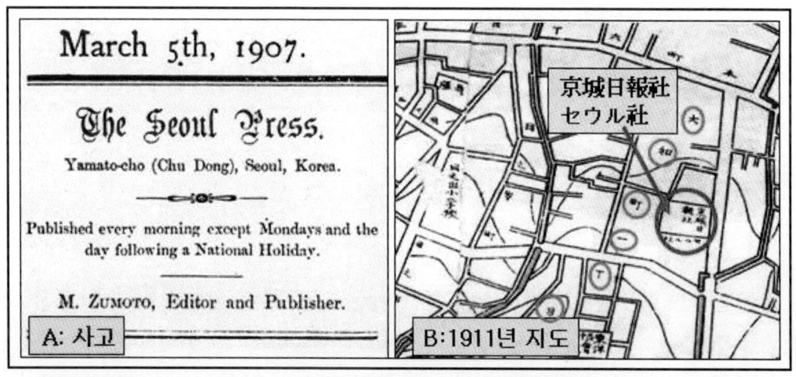

〈사고와 지도 2〉 구한말에 일제 통감부가 매입 발행한 Seoul Press의 社告에 나온 Seoul Press사의 주소와 1911년 지도상에 나와 있는 Seoul Press의 위치

* Seoul Press는 京城日報와 같은 건물에 함께 있었음.

---

10) 鄭晉錫, "Seoul Press와 日本의 對韓侵略弘報", 解題, 「The Seoul Press(1)」, (영인판), 서울: 亞細亞文化社: 1988.

414

〈사고와 지도 2〉의 A는 서울프레스(Seoul Press)가 경성일보의 자매지로
된 지 얼마 지나지 않는 1907년 3월 5일자 사고(社告)인데, 자기 신문사의
위치를 'Yamato-Cho(Chu Dong)'으로 밝히고 있다. 여기서 Chu Dong은
주자동(鑄字洞)의 약칭인 주동(鑄洞)을 영자로 그렇게 표기한 것이고
Yamato-Cho는 대화정(大和町)의 일본말 발음을 영자로 표기한 것이다.

서울프레스는 구한말 일제의 통감부 통치 초기부터 경성일보(京城日報)
의 자매지로 경성일보사 건물에 함께 있었기 때문에 경성일보 사옥의 위치
가 서울프레스 사옥의 위치가 된다.

구한말 경성일보사가 있었던 위치는 바로 앞 논의에서 추정된 바와 같이
대화정1정목(大和町一丁目) 44번지 아니면 43번지이었으니까 서울프레스
(Seoul Press)사의 사옥의 위치도 그곳에 있었고, 현재의 주소로는 필동1가
44-1번지 아니면 43-1번지가 된다.

4. 대한일보(大韓日報)와
경성신보/경성신문(京城新報/京城新聞)의 위치

1) 대한일보 종현(鍾峴) 사옥의 위치

대한일보는 1904년 3월 10일에 인천(제물포) "각국지계 거류지 19호지(各
國地界 居留地 19號地)"에서 일본인이 발간한 국한문 혼용 신문인데 1904년
말에 서울 남서 명례방 종현47호지(南署 明禮坊 鍾峴47号地)로 이전해 발행
을 계속한 신문이다. 1906년 10월 일문판으로 바뀌었다가 1910년 4월에는
조선일보(朝鮮日報)로 제호가 바뀌었다. 폐간에 관한 상황은 확실치 않다.

대한일보의 원본은 서울시 서대문구 적십자사 부근에 있는 한국연구원
(韓國硏究院)에 여러 날분이 소장되어 있다.

〈사고와 지도 3〉에 대한일보가 서울로 이전한 뒤의 주소를 알리는 사고 (A)와 그 신문사의 위치를 표시한 발행 당시인 1907년 지도(B)와 그 신문 사 사옥 터의 현재의 위치를 표시한 2006년 지도(C)가 제시되어 있다.

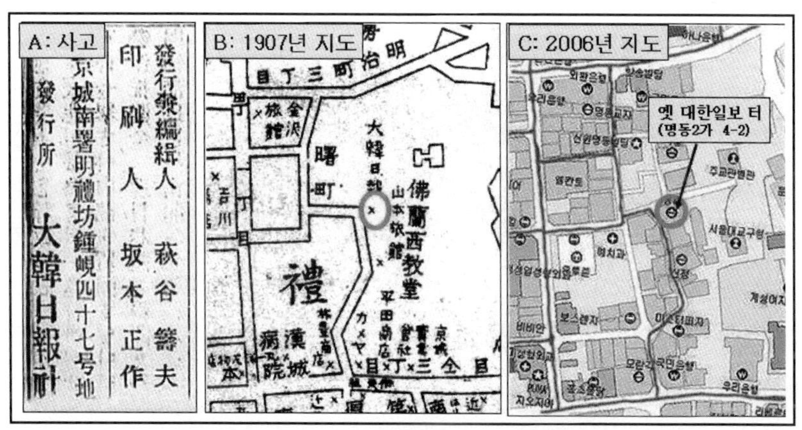

〈사고와 지도 3〉 대한일보의 위치를 알리는 社告와 사옥 터의 현재 위치
추정 작업

〈사고와 지도 3〉의 A는 1905년 1월 29일자에 난 사고(社告)인데 발행소 의 위치가 구한말의 우리식 주소인 '경성 남서 명례방 종현 47호지'로 나와 있다. B는 고려대학교 박물관에 소장되어 있는 1907년 지도인데 명동 가톨 릭성당 터 서쪽에 나 있는 골목길가에 대한일보사(大韓日報社)의 위치가 표시되어 있다.

〈사고와 지도 3〉의 C는 서울시 중구청(中區廳)이 인터넷에 올린 '중구청 생활지리정보 안내' 지도의 일부인데, 이 2006년 지도 위에 1907년 지도의 골목길을 굵은 실선으로 표시해 보았더니 100여 년이 지났는데도 변화가 거의 없어서, 1907년 지도상의 대한일보 사옥의 위치를 2006년 지도상에 그대로 옮겨 볼 수가 있었다.

2006년 지도인 C 지도상에 옛 대한일보사가 있었던 곳으로 추정한 터의 현재의 주소는 서울시 중구 명동2가 4-2(길을 중심으로 새로 매긴 주소:

명례방길2 28-1)로, 2007년 현재 그 터에 세워져 있는 건물에는 여관과 음식점이 들어서 있다.

2) 경성신보/경성신문(京城新報/京城新聞)
서소문통(西小門通) 사옥의 위치

경성신보(京城新報)는 1907년 11월 3일에 일본인이 창간한 일본어 신문인데 일제의 통감부 시절에는 통감부 정책에 비판적이었고 그 뒤 일제의 총독부가 들어서자 총독부 정책에 비판적인 논조를 펴다가 1913년에 폐간된 신문이다. 1908년 7월에 경성신문(京城新聞)으로 제호를 바꾸어 새로 창간하는 형식으로 발행하다가 1909년 1월 다시 원래의 이름인 경성신보로 바꾸어 발행을 계속했었다.

경성신보/경성신문(京城新報/京城新聞)은 영인본으로 발간이 되어 있다.

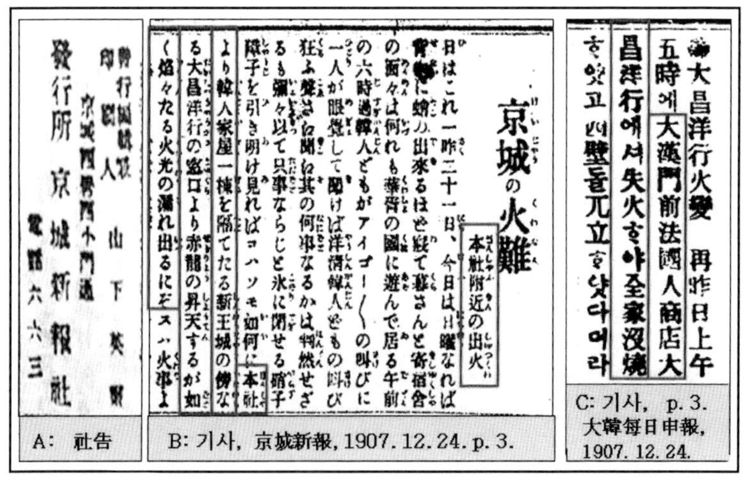

〈사고와 기사 1〉 경성신보사의 위치를 추정케 해 주는 화재 기사

* 화재가 난 대창양행은 신왕성(경운궁 즉 현 덕수궁)의 정문 대한문 바로 옆에 있고 (C 기사), 경성신보사는 대창양행과 한옥 한 채를 사이에 둔 아주 가까운 곳에 있었음을 알 수 있음 (B 기사).

〈사고와 기사 1〉의 A에 경성신보의 사고(社告)가 제시되어 있는데 자기 신문사의 위치를 '서소문통'이라고만 적고 있다. 이 신문은 발행기간 내내 사고에서 자사의 위치가 '서소문통' 어디인지를 알 수 있게 하는 번지까지는 적지 않고 있다.

경성신보를 훑어보다가 우연히 경성신보사의 위치를 추정케 해 주는 기사가 눈에 띄었는데 1907년 12월 24일자에 난 이 기사가 〈사고와 기사 1〉 B에 제시되어 있다. 이 기사는 '경성의 화난(京城의 火難)'이란 제목하에 '자기 신문사 근처에서 난 큰 불'에 관해 자세히 적고 있다. 이 기사에서 보면 큰 불이 난 곳은 "신왕성 곁의 대창양행(新王城 곁의 大昌洋行)"인데 대창양행은 자기 신문사와 한옥(韓屋) 한 채를 사이에 둔 아주 가까운 데 있는 상점이었음을 알 수 있다.

신왕성(新王城)이란 일본인들이 옛 경운궁, 즉 현재의 덕수궁을 이르던 이름이다. 덕수궁이 꽤 넓고 덕수궁 돌담길이 꽤 긴데 '신왕성 곁', 즉 '덕수궁 곁'이라는 것만으로는 대창양행이 있던 위치를 정확히 알기가 어렵다.

그런데 〈사고와 기사 1〉의 C에 제시되어 있듯이 대한매일신보(大韓每日申報)에도 같은 날짜 신문에 대창양행 화재 기사가 실려 있다. 대한매일신보의 이 기사에서 보면 큰 불이 난 대창양행의 위치가 덕수궁의 정문인 대한문(大漢門) 앞임을 알 수 있다. 이로써 일본인 발행의 경성신보 사옥의 대체적인 위치도 추정이 가능해질 수 있게 되었다.

이들 두 기사에서 알게 된 위치정보를 지도에 대입해 봄으로써 경성신보사가 있던 터의 현재의 위치를 추정해 보기 위한 작업이 〈지도 3〉에 제시되어 있다.

〈지도 3〉의 A는 1907년 지도인데 서소문통과 덕수궁의 대안문(大安門: 大漢門)이 표시되어 있다.

대한매일신보 기사에 대창양행의 위치가 '대한문 앞'으로 나와 있으니까 남대문 쪽으로 가는 길의 건너편, 즉 동쪽 방향으로도 생각해 볼 수 있으나 경성신보가 '서소문통'에 있었으니까 그쪽은 아니고 덕수궁 길의 건너편, 즉 남쪽 방향으로 앞이라고 보아야 할 것 같다.

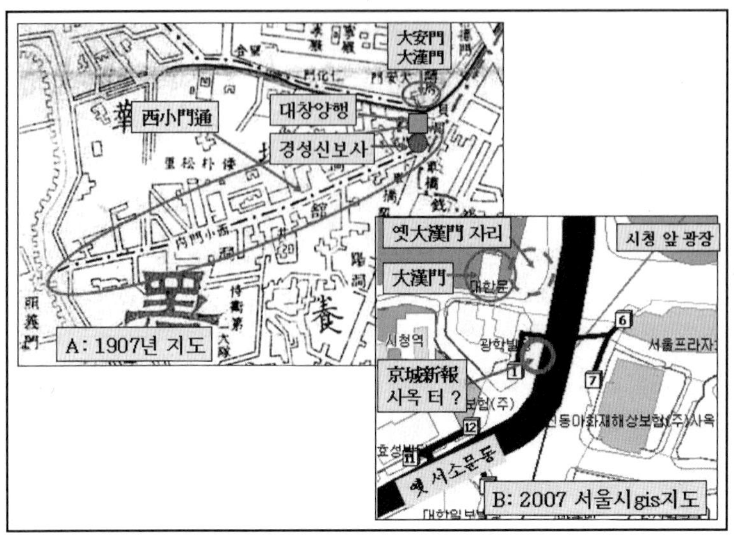

〈지도 3〉 경성신보(문)사 위치 추정 작업

  * 대안문(대한문) 가까이에 대창양행이 있고 한옥 한 채를 사이에 두고 서
    소문통 쪽으로 경성신보사가 있었음.

  이상의 추론에 근거해서 〈지도 3〉의 A에 작은 직사각형으로 대창양행의 위치를 표시해 보았다. 그리고 대창양행의 바로 남쪽 서소문통 입구 대로변에 작은 원(圓)으로 경성신보사(京城新報社)의 위치를 표시해 보았다. 이상의 작업을 통해 아직도 정확하지는 않지만 경성신보가 서소문통에 있었다는 것보다는 그 위치 범위가 훨씬 좁혀지게 되었다.

  〈지도 3〉의 B는 2007년 현재의 서울시GIS지도에 A 지도를 가지고 한 작업의 결과를 대입해 봄으로써 구한말 일본인 발행 신문의 하나인 경성신보사의 현재의 위치를 추정해 본 것이다.

  현재의 대한문(大漢門)은 구한말 이래 도로확장 작업으로 원래의 위치에서 서쪽 안쪽으로 상당히 들어간 위치에 서 있다. 현재의 대한문은 실선 원으로 표시되어 있고 구한말 당시 대한문의 위치로 추정되는 곳은 점선 원으로 표시해 보았다. 옛 대한문이 서 있던 곳으로 추정되는 위치를 기준으로 해서 보면 경성신보사가 있었던 곳은 현재 지하철 시청역 1번 출구 근처의 인도(人道) 위가 아니었을까 생각된다.

〈사진 5〉에 옛 경성신문/경성신보 사옥 위치로 추정되는 곳의 2007년 현재 모습을 보여 주는 사진이 제시되어 있다. 프레스센터 18층에서 대한문과 남대문 쪽을 향해 찍은 것으로서 서소문로 입구 보도(步道) 위에 굵은 실선 원으로 표시해 놓은 곳이 옛 경성신문/경성신보 발행소 터로 추정되는 곳이다.

〈사진 5〉 경성신문/경성신보 사옥이 있었던 것으로 추정되는 곳의
2007년 현재의 모습

경성신보사의 좀 더 정확한 위치는 일제 통감부나 총독부 자료 아니면 당시의 업소록(業所錄)이나 연감류(年鑑類)의 출판물 혹은 전화번호부(당시에 있었다면) 등에서 찾아보면 정확한 주소를 알아낼 수 있을 것도 같은데 본 연구자도 이 글을 쓰고 있는 현시점에서 아직 거기까지는 시도를 못한 상태이다.

5. 기타 일본인 신문사들의 위치

구한말 서울에서 일본인들이 발행한 신문들 가운데는 위에서 논의한 주요 신문들 이외에도 몇 개 신문들이 더 있었다.

〈표 2〉에 이들 기타 일본인 발행 일부 신문들에 관한 사항이 제시되어 있다. '일부'라는 표현을 쓴 것은 〈표 2〉가 일본인 발행의 '기타 신문들'을 망라한 것이라는 자신이 연구자에게 없음을 의미한다. 〈표 2〉에 예시적으로 제시되어 있는 일본인 신문들의 경우도 빈칸으로 되어 있는 부분이 많은 것은 이들 신문에 관한 자료가 아직 찾아지지 않은 상태임을 말해 준다.

〈표 2〉 구한말 서울에서 일본인이 발행하던 기타 신문

신문제호	인가 (발행) 년월일	종간 (폐간) 년월일	간별	게재 내용	언어	발행소	발행주체 (인)	비고 (출처)
대한신보	1898. 04. 10.				한국어	명동 京城學堂 내 光武協會	日本組合敎會 傳導局	1
中央新報	1906. 01. 25.	1906. 05. 25.	일간		한국어		古賀松之助	2
朝鮮新聞	1908. 11. 30.		월간	일반시사	일어, 영어	경성 태평통2정목15		3
京城新聞	1910. 03. 24.		주간	일반시사	일어, 한국어	경성 원정1정목87		
東洋日報								4
朝鮮日の 出新報								
法制新聞								

비고:　1:최준, " 4. 프로테스탄트와 신문 ", 성서가 한국 신문에 미친 영향,
　　　　http://www.bskorea.or.kr/infobank/bibuse/culture/culture_view.aspx?cate=2&idx=55
　　2: 韓國言論硏究院, 「韓國新聞百年誌」, 1983. 12, "한국신문100년 년표(1)",
　　3: 韓國言論硏究院, 「韓國新聞百年誌」, 1983. 12, p. 445,
　　4: 朝鮮硏究會, 「京城便覽」, 1915, p. 92.

이들 신문들 가운데 대한신보에 관해서는 그 성격이 밝혀져 있다.

대한신보는 "일본의 조합교회 전도국에서 미국계의 선교사업에 대항하여 한제국(韓帝國은 한국: 연구자) 선교에 손을 뻗혀 한성 명동(明洞)에 경성학당(京城學堂)을 설치하였고, 또 광무협회(光武協會)를 조직"하였는데 이

광무협회로 하여금 미국인 선교사들이 발행하는 "죠션크리스도인회보와 그리스도신문에 대항"11) 키 위해 1898년 4월 10일에 발간한 신문이다.

〈광고 1〉에 나와 있듯이 대한신보의 발행소는 구한말 명동에 있었던 일본조합교회(日本組合敎會) 산하 경성학당(京城學堂) 구내에 있었는데 경성학당의 위치가 1903년 지도에 표시되어 있어 이 신문 발행소의 대체적인 위치가 어디쯤이었었는지 알 수가 있다.

〈지도 4〉은 1903년 A 지도에 표시되어 있는 경성학당의 위치를 1907년 B 지도에 대입해 보고, 이를 다시 2007년 현재의 C 지도에 대입해 봄으로써 옛 경성학당의 현재의 위치를 추정해 본 것이다.

이 추정 작업이 가능한 것은 〈지도 4〉의 A, B, C 세 지도에서 도로망(道路網)을 대비해 볼 때 지난 100년 사이에 이 지역에 나 있는 도로에 거의 변함이 없기 때문이다.

2007년 지도 C 위에 굵은 실선으로 표시되어 있는 것이 1903년과 1907년 두 지도에 나타나 있는 도로들인데 2007년 지도에 앞의 두 지도에는 표시가 안 되어 있는 새로 난 도로 몇이 있으나 이 지역 도로의 기본 구조는 그대로 유지되어 있음을 알 수 있다. 2007년 지도 위에 중국대사관과 중국대사

광교

대한신보는 광무협회 에셔 뇌눈뒤 학문상에 먹우 유익호며 외국 소졍을 명빅히 긔지 호터이오뇌 일요일에 발간호며 갑슨 일쟝에 엽 오푼이요일삭죠눈 엽 두돈이요 륙삭 됴눈 엽 혼량 혼돈이판미쇼눈 명동 경셩학당뇌 본회 소무쇼와 죵노대동셔시 이오니 만히 사셔 보시오

〈광고 1〉 대한신보 사옥 위치

* 자료: 협성회회보 1898년 4월 9일자

---

11) 崔俊, "4. 프로테스탄트와 신문", 〈성서가 한국 신문에 미친 영향〉,
 http://www.bskorea.or.kr/infobank/bibuse/culture/culture_view.aspx?cate=2
 &idx=55

관학교 사이에 1903년 지도를 참고해서 연구자가 경계선을 표시해 보았는데
이는 1903년과 1907년 지도들과의 대비에 참고가 되게 하기 위한 것이다.

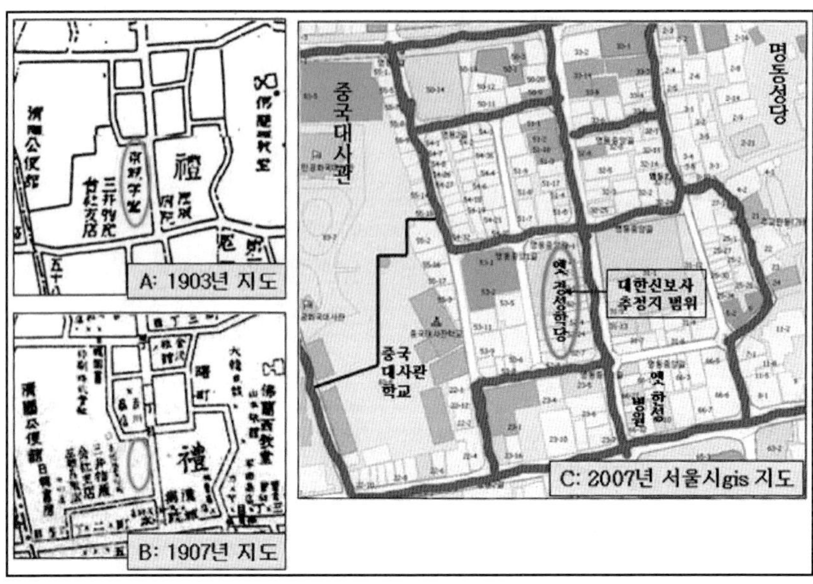

<지도 4> 경성학당 구내에 있던 광무협회 발행 대한신보 사옥 위치 추정 작업
* 대한신보는 일본조합교회가 경성학당 산하에 광무협회를 두고 이 협회로 하여금
 미국계 기독교 신문들에 대응키 위해 발행한 신문임.

 1903년 지도에서 경성학당이 표시되어 있는 곳은 2007년 현재의 지번으
로 서울시 중구 명동2가 52번지(도로를 기준으로 새로 매긴 주소: 명동 중
앙1길 20번지) 구역에 해당한다. 명동2가 52번지는 현재 제1호부터 27호까
지 여러 필지(筆地)로 분할되어 있다(중간에 호수가 빠져 있는 것이 있어
서 21개 필지). 이 지도 자료에서 옛 경성학당(京城學堂) 터가 이 52번지
구역 어디에 어느 정도의 면적을 차지하고 있었는지는 알 수가 없지만, 일
본조합교회가 명동에 설치했던 경성학당의 대체적인 위치만은 추정해 볼
수 있을 것 같다.

 일본조합교회가 세운 경성학당 구내에 광무협회가 발행하는 대한신보가

있었으니까 대한신보 사옥의 위치도 명동2가 52번지 구역에 있었음을 추정해 볼 수가 있다.

대한신보 발행소의 위치에 관한 추가 자료가 찾아져서 일본인 발행의 이 신문사 발행소의 위치가 좀 더 정확하게 밝혀지기를 바란다.

앞의 〈표 2〉에 제시된 일본인 발행 신문사 가운데 조선신문(朝鮮新聞)과 경성신문(京城新聞) 두 신문은 발행소 주소가 알려져 있다.

우선 조선신문의 경우를 보면 발행소의 주소가 경성 태평통 2정목 15번지(京城 太平通2丁目 15番地)로 나와 있다.

〈지도 5〉에 조선신문 발행소가 있었던 옛 주소지의 현재의 위치를 알아보는 작업이 제시되어 있다.

〈지도 5〉의 A는 지번이 표시된 초기 지도인 1918년 지도인데, 태평통 2정목 15번지의 대체적인 위치를 알 수가 있다. 시청 앞 광장이 넓게 자리 잡기 이전 시기에 태평로에서 소공동 길이 갈라지는 모퉁이에 7번지에서 16번지까지 들어 있는 지역이 표시되어 있다. 15번지가 이 지역 안에 들어 있었음을 알 수 있다.

구한말 일제가 무력으로 우리나라를 사실상 식민지화하면서 일본식으로 정한 지번이 서울시 4대문 안의 경우 현재까지 거의 변동이 없이 지속되고 있는 실정인데, 이를 역이용하면 현재의 지번으로 옛 지번의 위치를 추정할 수도 있다는 이야기가 된다. 이 방법으로 조선신문의 발행소가 있던 태평통 2정목 15번지의 현재의 위치를 추정해 보려고 한 것이 〈지도 5〉의 B에 나타나 있다.

〈지도 5〉의 B는 2007년도 서울시GIS지도 '주소검색', '지번보기'에서 태평로2가 15번지를 검색해 본 결과가 제시되어 있다. 검색을 해 보니 '15번지 1호'만이 나오는데 프라자호텔 건물 바로 앞(북편) 도로에 편입되어 있다.

이 추정작업을 근거로 할 때 구한말 일본인 발행 조선신문 사옥 터는 2007년 현재 서울시청 앞 광장 남쪽과 프라자호텔 건물 북쪽 사이에 있는

424

도로의 서쪽 부분 한가운데에 있었던 것으로 볼 수 있을 것 같다.

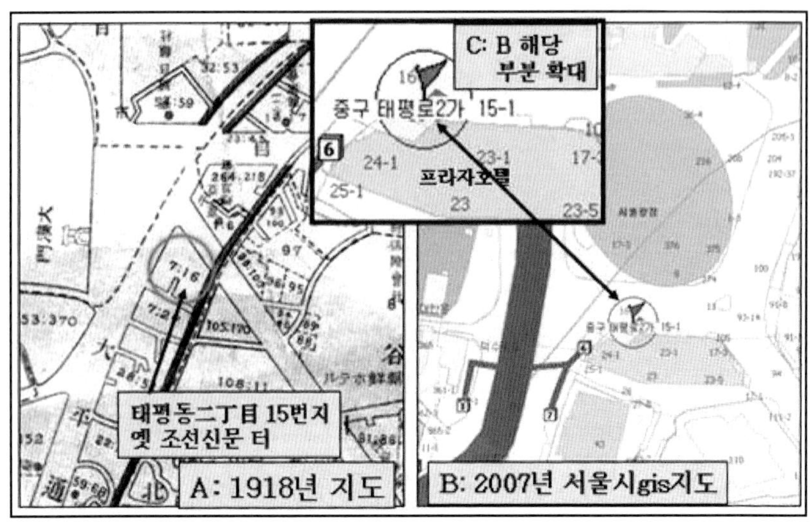

〈지도 5〉 일본인 발행 조선신문 사옥 위치 추정 작업

  * 인천에서 인천경성격주상보로 창간, 제호를 조선순보, 조선신보로 바꾸었던 신문
    의 후신으로 1908년 12월 1일에 새로 창간한 조선신문이 있는데, 이 신문이 본사
    를 서울로 이전한 것은 1919년임.

〈표 2〉에 경성신문(京城新聞)의 발행소 주소가 (용산구) 원정1정목 87번
지(元町1丁目 87番地)로 나와 있는데 서울시GIS지도 '주소검색', '지번보기'
에서 바로 앞에서 한 방식에 따라 '원효로1가 87번지'를 검색해 보았으나
그런 주소는 없는 것으로 나왔다.

이 표를 작성한 원 자료에 나와 있는 87번지가 오식이었을 가능성, 지난
100년 사이에 87번지가 옆의 번지와 통합이 되었을 가능성 등이 의심된다.

구한말 서울에서 일본인들이 발행했던 군소 신문들이 〈표 2〉에 나와 있
는 것 이외에 얼마나 더 있는지, 더 있다면 그 신문들은 어떤 신문이었고
발행소는 어디였었는지 등에 관해서는 자료가 찾아지는 대로 정리를 해 보
아야 할 것 같다.

6. 결 어

구한말 서울에서 발행되던 신문들 가운데 일본인들이 발행하던 신문들, 일본인들이 일제(日帝)의 우리나라 침탈 야욕의 앞잡이 역할을 하기 위해 발행하던 신문사들이 있었던 위치가 어디였는지, 어디쯤이었는지를 알아보고자 했다.

여기서 발행소 위치를 알아본 것은 구한말 서울의 일본인 발행 신문들 가운데 한성신보(漢城新報), 대동신보(大東新報), 경성일보(京城日報), 서울프레스(Seoul Press), 대한일보(大韓日報) 경성신보/경성신문(京城新報/京城新聞) 등 6개 주요 신문사와 대한신보, 조선신문(朝鮮新聞) 등 그 밖의 2개 신문사, 도합 8개 신문사의 경우이었다.

이들 8개 일본인 발행 신문사들의 발행소 위치를 확인하거나 추정하는 데는, ① 해당 신문사들의 사고(社告)에 나와 있는 자기 회사 위치에 관한 정보를 중심으로, ② 구한말과 일제 초기 그리고 2000년대 현재의 지도(地圖) 내지는 지적도(地籍圖)들을 검토해 보고, ③「경성부사(京城府史)」, 「서울六百年史」,「한국신문백년지(韓國新聞百年誌)」 등 기초 자료와 한국 언론사(韓國言論史)에 관한 주요 저서 내지는 연구논문들에 나와 있는 해당 사항들을 참조하는 방법으로 접근을 해 보았는데, ④ 직접적인 자료가 거의 없고 관련 자료들 간에 서로 일치하지 않는 것들이 있어서 연구자가 나름대로의 상상력에 의존해서 추정을 해 보았다.

따라서 이 연구에서의 추정들은 잠정적인 성격의 것으로서 이들 추정 가운데 앞으로 직접적인 자료가 발굴되는 대로 바로잡아져야 할 것이 있을 것으로 생각된다.

추정의 결과가 대부분이긴 하지만 본 연구에서 얻어진 결과를 요약하면 다음과 같다.

한성신보(漢城新報) 사옥 위치:

한성신보는 1895년 2월 16일 아다치 겐조(安達謙臧)가 일본공사관의 자금지원하에 발간한 신문인데, 이 신문의 사장 아다치 겐조는 1895년 10월 8일의 을미사변 때 자기 신문사에서 뒤를 보아 주고 있던 일본인 '낭인'들로 별동대를 구성, 경복궁 내 옥호루에 침입, 국모(國母)인 민중전(閔中殿)을 시해케 한 장본인의 한 사람이었다. 한성신보는 일제(日帝)의 통감부(統監府)가 들어선 직후인 1906년 7월 31일까지 발행되다가 통감부가 새로 발간한 경성일보(京城日報)에 매입 흡수된 신문이다.

한성신보는 낙동(駱洞)에서 창간했다가 장동(長洞)으로 이전했는데, 그 이전시기가 1898년에서 1901년 사이인 것만은 확실하나 정확한 시점은 아직 확인이 안 되고 있다.

한성신보가 낙동에 있을 때 그 사옥에서 민중전 시해를 공모하고 행동대가 집결해 출동을 했는데 한성신보의 이 낙동 사옥이 있었던 곳의 현재의 위치가 어디였을까.

연구자의 추정 결과는 한성신보의 낙동 사옥이 있었던 곳의 현재의 위치는 옛 '욱정3정목 10번지'(현재의 회현동3가 10번지: 도로 중심의 새 주소 남산솔1길 24) 터로서 현재 이 터에는 호텔이 들어서 있다.

한성신보의 장동(長洞) 사옥이 있었던 옛 '장동 호외3호지(長洞 號外3號地)'의 현재의 위치는 연구자의 추정 결과 서로 인접한 세 곳으로 압축되고 있는데 이들 세 곳은 모두 회현동 로터리에서 남산3호터널에 이르는 반포로 도로에 포함되어 있다. 첫 추정지는 현재 남산파크호텔(회현동2가 72-8)의 동쪽 대로 한가운데쯤에 해당되고, 두 번째 추정지는 우리은행 본점(회현동2가 86)의 동쪽 대로 한가운데쯤에 해당되고, 세 번째 추정지는 회현주차장 터(회현동2가 66) 동쪽 대로 한가운데쯤에 해당된다.

구한말에 서울에서 발행되던 신문들의 경우는 사옥 사진이 거의 찾아지지 않고 있는 실정이지만 한성신보의 경우는 사옥 사진이 하나 남아 있다. 촬영시점이 확인이 안 되어 낙동에 있을 때 사진인지 장동으로 옮기고 난 뒤의 사진인지는 아직 분명치 않다.

대동신보(大東新報) 사옥 위치:

대동신보는 1904년 4월 18일에 발간된 신문인데, 1906년 8월까지 발행되다가 한성신보와 함께 통감부 기관지 경성일보(京城日報)에 매입 흡수된 신문이다.

대동신보사 사고(社告)에 발행소의 주소가 '경성 니현 제31호(京城 泥峴 第三十一號)'로 나와 있는데 이 주소는 구한말의 우리식 주소로서 주소체계가 일제에 의해 새롭게 바뀌는 과정에 옛 주소와의 관련성이 단절되었기 때문에, 구한말의 우리식 주소만으로는 그 위치가 현재 어디쯤일지를 알 수가 없다.

대동신보사의 사옥은 옛 니현(泥峴: 진고개), 일제하에서는 본정3정목, 4정목(本町三丁目, 四丁目), 현재의 주소로는 충무로2가 어딘가에 있었을 것인데, 그 정확한 위치는 연구자로서 아직 찾아내지를 못하고 있다.

경성일보(京城日報) 사옥 위치:

경성일보는 일제 통감부가 한성신보와 대동신보를 매입해 통감부 기관지로 1906년 9월 1일부터 발간하기 시작한 신문인데, 1910년 8월 일제가 무력으로 우리나라를 강점해 식민지로 삼은 뒤 총독부(總督府)를 두게 되자 총독부 기관지로서 1945년 8월 해방 때까지 일본의 식민통치를 정당화하고 선전하는 주요 매체 역할을 한 신문이다.

경성일보가 구한말에 창간해서 1914년에 현재의 서울시청 터로 이전할 때까지 있던 곳은 당시의 우리 주소로는 주동(鑄洞), 일본식 주소로는 대화정1정목(大和町1丁目)이었다.

경성일보 창간사옥 터의 위치가 지도(地圖)에서 추정되는 곳과 「경성부사」에 나와 있는 주소지 간에 차이가 있어 보인다. 경성일보사의 위치가 1911년 지도에 나와 있는데 이것을 현재의 지도에 대입시켜 보면 일제 시 주소로 대화정1정목 43번지, 현재 우리 주소로 필동1가 43번지가 된다. 그런데 「경성부사」에는 경성일보사 창간시의 주소가 대화정1정목 44번지, 즉 필동1가 44번지로 나와 있다.

보다 직접적인 자료에 접할 수 있을 때까지 본 연구자로서는 현재의 지번으로 필동1가 44-1번지(돈화문로 176)와 43-1번지(퇴계로 189) 중 어느 한쪽이었을 것이라는 정도의 선에서 추정을 일단 끝냈다. 2007년 현재 필동1가 44-1번지에는 제일은행지점 건물이 들어서 있고 43-1번지에는 동화빌딩 건물이 들어서 있다. 동화빌딩에는 지번으로 40-1번지와 41-1번지까지 포함되어 있다.

서울프레스(Seoul Press) 사옥 위치:

서울프레스는 원래는 영국인이 발행하던 주간신문이었으나 일제 통감부가 이를 매수해 자기들의 영자(英字) 기관지로 국내의 외국인들뿐 아니라 외국을 상대로 한 선전에 동원했던 신문이다.

서울프레스는 구한말 일제의 통감부 통치 초기부터 경성일보(京城日報)의 자매지로 그 건물에 함께 있었기 때문에 경성일보 사옥의 위치, 즉 현재의 추정으로는 일제 시 주소로 대화정1정목 44번지 아니면 43번지, 현재 주소로는 필동1가 44-1번지 아니면 43-1번지가 서울프레스사가 있던 곳이 된다.

대한일보(大韓日報) 사옥 위치:

대한일보는 인천에서 1904년 3월 10일 발행된 신문이었으나 1904년 12월 초 서울로 이전해 발행을 계속한 신문이다.

대한일보 사옥의 위치는 사고(社告)에 서울 남서 명례방 종현47호지(南署 明禮坊 鍾峴 47号地)로 나와 있는데 이 주소가 구한말 우리식 주소이기 때문에 이 주소만으로는 현재의 위치를 알 수가 없게 되어 있다. 그런데 다행히 1907년 지도상에 대한일보 사옥의 위치가 표시되어 있고 그 부근 지역의 도로망이 100여 년이 지난 현재에도 거의 변하지 않고 있어서 이를 현재의 지도상에 그대로 옮겨 봄으로써 이 신문사 사옥이 있었던 터의 현재의 위치를 확인해 볼 수가 있었다.

이렇게 추정한 옛 대한일보사 터의 현재의 주소는 서울시 중구 명동2가 4-2(도로를 중심으로 새로 매긴 주소: 명례방길2 28-1)로, 2007년 현재 그 터에 세워져 있는 건물에는 여관과 음식점이 들어서 있다.

경성신보/경성신문(京城新報/京城新聞) **사옥 위치:**

경성신보/경성신문은 1907년 11월 3일 발행된 신문인데, 일본인 발행 신문이면서도 일제 통감부 정책에 비판적인 논조를 펴, 통감부로부터의 탄압을 받곤 했었던 신문이다.

경성신보사의 위치는 경성신보에 난 사고(社告)와 자기 회사 부근에서 난 화재 기사(記事) 그리고 대한매일신보에 난 같은 화재 기사 등을 근거로 추론을 해서 이를 지도에 대입해 본 결과, 현재 지하철 시청역 1번 출구 근처의 인도(人道) 위가 아니었을까 생각된다.

대한신보 사옥 위치:

대한신보는 일본조합교회(日本組合敎會) 전도국이 경성학당에 광무협회(光武協會)를 설치, 광무협회로 하여금 미국계 기독교 발행 신문들(감리교: 대한그리스도인회보, 장로교: 그리스도신문)에 대항키 위해 1898년 4월 10일 발간케 한 신문이다.

1903년 지도에 대한신보가 그 터 내에서 발행되던 경성학당의 위치가 표시되어 있는데 이 터는 2007년 현재의 지번으로 서울시 중구 명동2가 52번지(도로를 기준으로 새로 매긴 주소: 명동 중앙1길 20번지) 구역에 해당한다.

명동2가 52번지가 여러 필지로 나뉘어 있는데 대한신보 발행소가 이 중 어느 필지에 있었는지는 알 수 있게 해 주는 자료는 아직 찾지를 못하고 있다. 하지만 대한신보 사옥의 위치가 명동2가 52번지 구역 내에 있었음을 추정해 볼 수가 있다.

430

조선신문(朝鮮新聞) 사옥 위치:

조선신문은 1908년 11월 30일 발간된 신문이다. 이 신문이 발행되던 곳은 일제식(日帝式) 주소로 경성 태평통 2정목 15번지(京城 太平通2丁目 15番地)로 나와 있다.

서울시 4대문 안의 경우 일본식으로 매긴 지번이 현재까지 거의 변동이 없이 지속되어 오고 있는데, 이를 역이용해 현재의 지번으로 태평로2가 15번지의 위치를 확인해 본 결과 현재는 15번지의 1호만이 남아 있는데 이 지번의 터는 프라자호텔 건물 바로 앞(북편) 도로에 편입되어 있는 것으로 나타났다.

구한말 일본인 발행 조선신문 사옥 터는 2007년 현재 서울시청 앞 광장 남쪽과 프라자호텔 건물 북쪽 사이에 있는 도로의 서쪽 부분 한가운데에 있었던 것으로 추정이 된다.

이 연구는 구한말에 서울에 와 있던 일본인 '낭인'들로 별동대를 구성해서 우리 궁성을 침범, 우리의 국모 민중전(閔中殿)(대한제국 때 명성황후로 추책됨)을 시해하는 국제적 범법행위를 저지른 일본인 신문인 한성신보(漢城新報), 그 한성신보가 그 당시 있었던 곳이 지금의 어디였을까라는 의문에서 시작되었다. 연구 도중 그 범위가 넓어져 구한말 일본인들이 서울에서 발행하던 신문사들 가운데 대표적인 경성일보를 비롯한 일부 큰 신문사들까지를 포함해 이들 신문 발행소의 위치를 찾아보게까지 되었다.

일본인들은 기록을 비교적 잘 남기는 것으로 알려져 있어서 본 연구와 관련된 신문사 발행소 위치에 관한 직접적인 자료들도 어디엔가는 있지 않을까 희망을 하면서도 연구자의 역량 부족으로 찾아내지를 못하고 연구의 대부분을 추정(推定)으로 끝낼 수밖에 없었다.

우리나라 최근세사, 특히 일제의 우리나라 침탈사를 연구하는 역사학자와 언론사학자들에 의해 한성신보(漢城新報)를 비롯한 일본인 신문들의 발행소 위치가 정확히 밝혀지기를 기대해 본다.

| 참고문헌 |

「京城府史」, 제1권, 1934.

「京城府史」, 제2권, 1936.

金道泰, 「徐載弼 博士 自敍傳」, 서울: 首善社, 1948년.

國史編纂委員會, 「尹致昊 日記 五」, 서울: 탐구당, 1975.

김민환, 「한국언론사」, 서울: 사회비평사, 1996.

김유원, "제3장 근대언론의 전개, 제2절 독립신문", 김민남 외, 「새로 쓰는 한국
　　　언론사」, 서울: 아침, 1993.

金乙漢, 柳光烈, 崔恩喜 대담, "舊韓末·日帝 때 解放直後: 韓國의 新聞街", 한
　　　국신문연구소, ≪新聞評論≫, 1975년 6월호.

金乙漢, 「佐翁 尹致昊 傳」, 서울: 을유문화사, 1978.

朴慶龍, 「開化期 漢城府 研究」, 서울: 一志社, 1995.

박용규, "구한말 일본의 침략적 언론활동", 한국언론학회, ≪한국언론학보≫, 제43
　　　－1호, 1998년 가을.

박정규, "상무총보·대한상무신보에 대한 역사적 고찰", 지역언론학회연합회,
　　　≪언론과학연구≫, 3권 2호, 2003년 8월.

박정희 할머니: "아버지 뜻 이어 시각장애인 돕고파", 세계일보, 2006년 12월
　　　11일자.

"배설씨 옛집 발견", 중앙일보, 1968년 7월 26일.

서울특별시, 「역사 문화 유적의 현장을 찾아」, (집필자 박경룡), 1995년 12월.

서울特別市史編纂委員會, 「서울六百年史」, 제1권, 서울: 서울특별시, 1977.

　　　　　　　　　　　　 편, 「洞名沿革攷: 1 종로구편」, 제2판, 1992.

송유재, "光武年代의 京鄕新聞에 관하여", 석사학위논문, 이화여자대학교 대학

원, 1967.

신복룡 역, 「대한제국의 비극」, 서울: 집문당, 1999. (F. A. McKenzie. *The Tragedy of Korea*, New York, 1908).

愼鏞廈, "독립신문의 창간과 그 계몽적 역할", 「獨立協會硏究」, 서울: 일조각, 1976.

安達謙藏, 「安達謙藏 自敍傳」, 東京: 新樹社, 1960.

오인환, "독립신문사 있던 곳 여기 아닐까: 신아빌딩 바른쪽 앞으로 추정", 한국언론재단, ≪신문과 방송≫, 2002년 10월호.

______, "皇城新聞 옛터를 찾아서: 현 세종로 네거리 → 조선호텔 인근 → 국세청 본청 → 영풍문고 입구로 네 차례 이사", ≪新東亞≫, 2003년 12월호.

______, "구한말 大韓每日申報社의 위치와 사옥에 대하여", 서울特別市史編纂委員會 ≪鄕土서울≫, 제64호, 2004.

______, "구한말 '대한매일신보' 사옥과 배설 사저에 관한 연구", 한국언론사연구회 엮음, 「대한매일신보연구」, 서울: 커뮤니케이션북스, 2004.

______, "황성신문 세 번째 사옥 사진 찾아냈다", ≪新東亞≫, 2005년 2월호.

유영렬, 「開化期의 尹致昊 硏究」, 서울: 한길사, 1985.

유영익, 「젊은 날의 이승만: 한성감옥생활(1899-1904)과 옥중잡기 연구」, 연세대학교 출판부, 2002.

윤춘병, "한국 출판문화의 효시 미이미활판소", 현대목회, ≪월간 현대목회≫, 1985년 6월호.

______, "삼문출판사에서 발행한 선교초기 간행물", 현대목회, ≪월간 현대목회≫, 1985년 7월호.

______, 「韓國基督敎 新聞·雜誌百年史(1885～1945)」, 大韓基督敎出判社, 1984.

______, 「韓國監理敎會 出版文化硏究」, 감리교신학대학교 출판부, 2005.

李慶載, 「서울定都六百年: 다큐멘타리」 1～4, 서울: 서울신문사, 1993.

李光麟, "漢城旬報와 漢城周報에 대한 一考察", 「韓國開化史硏究」, 서울: 一潮閣, 1979.

______, "서재필의 독립신문간행에 대하여", ≪震檀學報≫, 제39호, 1975년 4월.

______, 「초대 언더우드 선교사의 생애」, 연세대학교 출판부, 1991.

______ 등, ≪大韓每日申報硏究≫, 人文硏究論集 제16집, 서강대학교 인문과학연구소, 1986.

이덕주, "한국기독교 문화유적을 찾아서: 근대화의 요람 정동 이야기 (1)～(7)",

대한기독교서회, ≪기독교사상≫, 1997년 2월호~8월호.

이만열 편, 「아펜젤러」, 연세대학교 출판부, 1985.

李裕集, "韓國近代印刷史話"(6), ≪인쇄문화시보≫, 1974년 5월 1일.

＿＿＿, "韓國近代印刷史話"(9), ≪인쇄문화시보≫, 1974년 6월 15일.

李海暢, 「韓國新聞史硏究」, 서울: 成文閣, 1971.

張圭植, "開港期 서울의 開化·改革運動 공간", 서울시립대학교 국사학과, ≪典農史論≫ 제5집, 1999년 3월.

＿＿＿, 「종로·북촌 문화산책」, 서울YMCA 도시문화·환경센터, 2000.

정봉근, "정동 배재학당 근처 정부 소유 건물에서: 독립신문의 발자취를 찾아서", 한국언론재단, ≪신문과 방송≫, 1996년 4월호.

정재정, 염인호, 장규식, 「서울 근현대 역사기행」, 서울: 혜안, 1998.

鄭晋錫, "협성회보 매일신문論攷", 한국언론재단, ≪新聞과 放送≫ 80, 1977년 7월호.

＿＿＿, "漢城旬報 周報에 관한 硏究", 관훈클럽, ≪신문연구≫, 36, 1983.

＿＿＿, 「大韓每日申報와 裵說」, 서울: 나남, 1987.

＿＿＿, "Seoul Press와 日本의 對韓侵略弘報", 解題, ≪The Seoul Press(1)≫, (영인판), 서울: 亞細亞文化社, 1988.

＿＿＿, 「韓國言論史」, 서울: 나남, 1990.

＿＿＿, 「언론유사: 체험적 언론사 연구의 뒷이야기」, 서울: 커뮤니케이션북스, 1999.

＿＿＿, 「언론 조선총독부」, 서울: 커뮤니케이션북스, 2005.

朝鮮硏究會, 「京城便覽」, 1915.

채 백, "'한성신보'의 창간과 운용에 관한 연구", 서울대학교 신문연구소, ≪新聞硏究所學報≫, 제7집, 1990.

＿＿＿, 「한국언론수용자운동사」, 서울: 한나래, 2005.

崔起榮, "舊韓末 '萬歲報'에 관한 一考察", 한국사연구회, ≪韓國史硏究≫ 61, 62, 1988년 10월.

＿＿＿, 「〈뎨국신문〉연구」, 서강대 언론문화연구소, 1989.

＿＿＿, 「大韓帝國時期 新聞硏究」, 서울: 一潮閣, 1991.

崔 埈, 「韓國新聞史」, 서울: 일조각, 1960.

＿＿＿, "'한성신보'의 사명과 그 역할", 관훈클럽, ≪新聞硏究≫, 제2권 1호,

1961년 봄.

______, "親日紙 大韓新聞 한글판考: 초창기 신문의 한글판 제작을 중심으로", 관훈클럽, 《신문연구》, 1981년 겨울, 통권33호(제22권 제2호).

「土地家屋典當證明原本」, 隆熙4年(1910) 5-6月 中署, 奎章閣圖書 奎21107.

「韓國新聞百年(史料集)」, 한국신문연구소, 1975.

「韓國新聞百年誌」, 한국언론연구원, 1983.

「韓國新聞 綜合社說選集: 韓末篇」, 四·七言論人會 編纂, 1982.

한국프레스센터, 「서재필과 독립신문」, (한국신문 100주년기념 특별전: 자료고 증 해설 정진석), 1996.

홍석호, "대한제국기 '時事叢報'의 論說에 나타난 현실인식과 개혁론 연구", 석 사학위논문, 연세대학교 대학원, 2003년 6월.

Henderson, Gregory. "A History of the Chong Dong Area and the American Embassy Residence Compound", *Transactions of the Korean Branch of the Royal Asiatic Society*, Vol.35, 1959, Seoul, Korea.

"Report Ⅰ-W.B. Scranton, Superintendent", *Journal of the Fourteenth Annual Meeting of the Korea Mission of the Methodist Episcopal Church* held at The First Methodist Episcopal Church, Seoul, August 25 to September 1, 1898.

■ 신문 및 신문관련 자료

《京城新報》(영인판), 한국통계서적센터, 2003.

《京鄉新聞》(영인판), 한국교회사연구자료 제8집, 한국교회사연구소, 1978.

《그리스도신문》(마이크로 필름).

《大東新報》, 서울대학교 중앙박물관 소장.

《大韓每日申報》(영인판), 경인문화사, 1976.

《大韓民報》(영인판), 아세아문화사, 1985.

《大韓日報》, 한국연구원 소장.

《독립신문》(영인판), LG상남언론재단, 1996.

《디지털 구세공보(1909년 1호~2003년 1000호)》, 구세군대한본영 편집부, 2003.

《萬歲報》(영인판), 아세아문화사, 1985.

≪每日申報≫(영인판), 경인문화사, 1985.

≪時事叢報≫(영인판), 영남대학교 출판부, 1973.

≪帝國新聞≫(영인판), 아세아문화사, 1986. 한국연구원에서 수집한 그 밖의 여
　　　　러 호 복사본이 주요 도서관에 배포되어 있음.

≪죠션크리스도회보≫(영인판), 1, 2, 3권, 한국감리교회 사학회, 1986.

≪漢城旬報 漢城周報(번역판)≫, 관훈클럽 영신기금, 1983.

≪漢城新報≫, 연세대학교 중앙도서관 소장.

≪협성회회보・미일신문≫(영인판), 한국신문연구소, 1977.

≪皇城新聞≫(영인판), 한국문화개발사 및 경인문화사.

≪*Seoul Press*≫(영인판), 아세아문화사, 1986.

■ 인터넷

「서울六百年史」 자료 :

'관리서(管理署)'

　　　http://seoul600.visitseoul.net/seoul-history/sidaesa/txt/6-7-3-1.html :

　　　http://100.empass.com/pentry.html?i=1098240.

'사복시(司僕寺)'

　　　http://seoul600.visitseoul.net/seoul-history/munwhasa/txt/4-3-1-2-1-4-2.html.

'연료용품의 공급'

　　　http://seoul600.visitseoul.net/seoul-history/sidaesa/txt/6-4-6-5.html.

'5부 8면제'

　　　http://seoul600.visitseoul.net/seoul-history/sidaesa/txt/6-2-2-4-1.html.

'乙未事變'

　　　http://seoul600.visitseoul.net/seoul-history/sidaesa/txt/5-1-9-1.html.

'전환국(典圜局)관련 자료': '근대조폐기술의 도입' 등

　　　http://seoul600.visitsseoul.net/seoul-history/sidaesa/txt/5-2-3-2.html.

　　　http://seoul600.visitseoul.net/seoul-history/sidaesa/txt/5-4-4-2-2.html.

'탑골공원'

　　　http://seoul600.visitseoul.net/seoul-history/sidaesa/txt/8-10-9-1-5-1.html.

'한성주보'

　　　http://seoul600.visitseoul.net/seoul-history/sidaesa/txt/5-6-9-3-3.html.

'行政區域의 변천'

    http://seoul600.visitseoul.net/seoul-history/sidaesa/txt/3-3-1-4-2.html.

    "京城府 町洞 名稱 及 區域 再編", 「京城府史」, 제2권, 1936, pp.523－540.

배우리, "태평로(2)",

    http://namelove.com/wwwb/data/board2/10-아이템풀.hwp.

이동초, "천도교 일간지 만세보에 관한 고찰",

    http://blog. naver.come/hesbs/ 120025874402.

장규식, "개항·일제·해방의 역사현장, 헌법재판소 구내", 장규식의 서울역사
      산책: 北村일대 역사공간⑥

    http://blog.paran.com/bukchon/14483669.

장규식, "정동일대 역사공간 ①~⑤", 장규식의 서울역사산책,

    http://blog.daum.net/srasky/3146988~3147302.

崔俊, "4. 프로테스탄트와 신문", 성서가 한국 신문에 미친 영향,

    http://www.bskorea.or.kr/infobank/bibuse/culture/culture_view.aspx?cate=2
    &idx=55.

'관진방회(觀鎭坊會)'

    http:/kr.ks.yahoo.com/service/wiki_know/know_view.html?tnum=140473.

'안경수'

    http://kdaq.empas.com/koreandb/history/kpeople/person_view.html?n=4687.

'張 博'

    http://kdaq.empas.com/koreandb/history/kpeople/person_view.html?n=3197.

'조성하'

    http://www.museum.go.kr/kor/sch/sch_per_vie.jsp?no=2969.

'土地家屋典當證明原本 奎 22107 漢城府 편, 1910년(隆熙 4) 해설'.

    http://kyujanggak.snu.ac.kr/BA/SGP-049-005427.htm.

■ 지도 지적도 등

1834년경: 「都城全圖」(청구요람), 김정호, 1834년경, (이찬·양보경, 「서울의 옛
      地圖」, 서울학연구소, 1995).

19세기 중기: 「朝鮮 京城圖」, (서울市 綜合資料室 소장).

19세기 중엽: 「首善全圖」, (서울大學校 奎章閣 소장).

1892년경: 「首善全圖」, (연세대학교 박물관 소장).

1900년경: 「漢陽京城圖」, (서울大學校 奎章閣 소장).

1902년: "Han−Yang(Seoul)", by James S. Gale, in *Transaction*, Royal Asiatic Society, 1902.

1902년: 「漢城府地圖」, "Han−Yang(Seoul)", *Transaction*, Royal Asiatic Society.

1903년: 「韓國京城全圖」, 京釜鐵道株式會社, 條澤榮一, 東京市: 贊贊舍인쇄.

1907년: 「(實測詳密) 最新京城全圖」, 森山美夫 著作兼發行, 韓國京城本町: 日韓書房, (고려대 박물관 소장).

1908년: 「宣惠廳圖(實測圖)」, 1908, (서울대학교 규장각 소장).

1910년: 「德壽宮平面圖」, 1910년 2월.

1911년: 「京城府市街圖」, 警務總監部 編 印刷, (국립중앙도서관 소장).

1917년: 「京城府管內 地籍目錄」, 京城共同株式會社.

1918년: 「京城管內地圖」, 大阪: 十字屋 編, (국립중앙도서관 소장).

1927년: 「京城府 管內 地籍目錄」.

1927년: "京城市街圖", 許英桓, 「定都600년서울地圖」, 범우사, 1994.

1929년: 「京城府 壹筆每 地形明細圖」, (국립중앙도서관 소장).

1936년: "地番區劃入 大京城精圖 第5号", 許英桓, 「定都600년서울地圖」, 범우사, 1994.

1947년: 「서울特別市精圖」.(윤형두 소장), 許英桓, 「定都600년서울地圖」, 범우사, 1994.

1959년: 「地番區劃入 大서울精圖」, 三能工業社.

1984년: 「서울特別市地番案內圖」, 韓國地圖.

2000년: 「서울特別市 地籍·林野略圖」(중구), 中央地圖文化社.

2001년: 「서울特別市 地籍·林野略圖」(종로구), 中央地圖文化社.

2006, 2007년: 서울시GIS 지도.

'중구청생활지리정보안내': www.junggu.seoul.kr/

■ 구토지·건축물대장

서울시 종로구청:

「구토지대장」(수송동, 서린동, 홍파동 연구대상 지번).

「구건축물대장」(수송동, 서린동, 홍파동 연구대상 지번).

서울시 중구청:

「구도지대장」(회현동2가, 필동1가, 을지로1가, 태평로2가 연구대상 지번).

「구건축물대장」(회현동2, 필동1가, 을지로1가 연구대상 지번).

■ 사 진

'가톨릭대학교 의학부 초기 건물 사진': 「가톨릭대학교 의과대학 50년사」, 2004, 앞 내표지 부분.

'경운궁(덕수궁)과 정동지역 1900-1903년 당시 사진': 경향신문, 2001년 12월 1일 p.1.(소장: 국사편찬위원회).

'경성일보 초기 사옥 사진': 靑柳綱太郎, 「新撰京城案內」, 조선연구회, 1913.

'경향신문 사옥 사진': 「京鄕新聞」, 한국교회사연구자료 제8집, 1978, 앞 화보 부분.

'남산에서 서대문 쪽으로 찍은 사진': 박영숙 편저, 「서양인이 본 꼬레아」, 도서출판 남보사연, 1998. p.147, 154.

'독립신문 사지(社趾) 표석사진': 정봉근, "정동 배재학당 근처 정부 소유 건물에서: 독립신문의 발자취를 찾아서", 한국언론재단, ≪신문과 방송≫, 1996년 3월호.

'대한매일신보 두 번째 사옥 사진': 每日申報, 1914년 10월 25일, p.1.

'대한매일신보 세 번째 사옥(추정) 사진': 「사진으로 보는 近代韓國(상)」, 서울: 서문당, 1986, p.22.

'대한민보 사옥 사진': ≪大韓民報≫, (영인판). 서울: 아세아문화사. 1985.

'명동성당 성서활판소 사진': 金源模 鄭成吉 편저, 「寫眞으로 본 韓國의 百年」, 대구: 한국문화홍보센타, 1989, p.132;

한국교회사연구소, 「한국가톨릭대사전」, Vol.4, 2000, p.2636.

'배설 사저 사진과 스케치': 정진석, 「언론유사」, 서울: 커뮤니케이션북스, 1999, p.397.

'배설 사저 사진': "배설씨 옛집 발견", 중앙일보, 1968년 7월 26일; "한국의 신문가: 구한말 일제때 해방직후", 한국신문연구소, ≪新聞評論≫ 1975년 6월호.

'배설 사진': 정진석, 「大韓每日申報와 裵說」, 서울: 나남, 1987, p.335; 신복룡 (역), 「대한제국의 비극」, 서울: 집문당, 1999, p.199.

'배재학당 제1교사와 삼문출판사의 1890년대 사진': 정동제일교회, 「자유와 빛으로: 역사화보집」, 1997, p.26.

'배재학당 제일교사 사진': 金源模 鄭成吉 편저, 「寫眞으로 본 韓國의 百年」, 한
　　　국문화홍보센타, 1989, p.238.
'培材學堂 사진': 배재100년사편찬위원회, 「培材百年史 1885-1985」, 1989, (앞
　　　화보 부분).
'보성학교 운동장 사진(각황사, 중동학교 교사)': 「私立普成中學校 第七回卒業
　　　紀念 사진첩」, 1916.
'서재필 자택 사진': 한국프레스센터, 「서재필과 독립신문」, 1996, p.38.
'아펜젤러 목사 사저 펜화': 이만열 편, 「아펜젤러」, 연세대학교 출판부, 1985, p.278.
'언더우드 목사 사저 사진': 새문안교회, 「새문안85년사」, 1783, 앞 화보 부분.
'정동 사거리 1982년 당시 항공사진': 이화여고 소장.
'中東학교 옛 校舍 사진': 中東中·高等學校, 「中東80年史」, 1986, p.99.
'中部學堂 사진': 서울시사편찬위원회, 「사진으로 보는 서울 Ⅰ: 개항이후 서울
　　　의 근대화와 그 시련(1876-1910)」, 2002, p.219.
'장박 張博(?) 서울': 安達謙臧, 「安達謙臧 自敍傳」, 東京: 新樹社, 1960.
'장박 張博 1905년 일본': 김택규·정성길 편저, 「사진으로 보는 한국 100년사」,
　　　1999, p.152
'장박 張博 1908년 서울': 서울특별시사편찬위원회, 「사진으로 보는 서울 Ⅰ」,
　　　2002, p.87
'제용감 濟用監 사진': 「水原農學七十年」, 1976, 화보 부분; 「서울工高百年史」,
　　　1999, p.34; 「善隣百年史」, 2000, p.58.
'한성신보 사옥 사진': 安達謙臧, 「安達謙臧 自敍傳」, 東京: 新樹社, 1960.
'항공사진들': 서울시 건축과.
'그 밖의 사진들': 연구자 촬영.

■ 그 림
'경운궁(덕수궁)과 정동 지역 1900-1903년 당시의 주요 건물들의 이름 표시':
　　　경향신문 2001년 12월 1일 p.1.
'제용감 사진 스케치': 이원혜(李垣慧), 연세대 대학원 주거환경학과 전공, 2004
　　　년 9월.

학교사(學校史)

「가톨릭대학교 의과대학 50년사」, 가톨릭대학교 의과대학, 2004.

「培材百年史 1885－1985」, 배재100년사편찬위원회, 1989.

「普成80年史」, 普成中高等學校, 1986.

「서울工高百年史: 1899－1999」, 서울工業高等學校 同窓會, 1999년.

「善隣百年史」, 善隣中·高等學校 總同窓會, 2000년.

「水原農學七十年」, 서울大學校 農科大學, 1976.

「水原農學八十年」, 서울大學校 農科大學, 1986.

「梨花百年史 1886~1986」, 이화여자고등학교, 1994.

「中東八十年史」, 中東中·高等學校, 1986.

■ **교회사(敎會史)**

「새문안85년사」, 새문안교회, 1973.

「새문안교회100년사 1887~1987」, 대한예수교장로회 새문안교회 역사편찬위원
　　　회, 1995.

「자유와 빛으로: 정동제일교회 역사(1885~1997)화보집」, 정동제일교회 역사편
　　　찬위원회, 1997.

「하늘사명의 전당, 벧엘예배당」, (정동제일교회) 벧엘예배당발전위원회, 2002.

「한국가톨릭대사전」, 1권(1995), 4권(2000), 12권(2006), 한국가톨릭대사전 편찬
　　　위원회, 한국교회사연구소.

■ **사진첩**

「私立普成中學校 第七回卒業生 記念」 사진첩, 1916.

「사진으로 보는 近代韓國(상)」, 서울: 서문당, 1986.

「사진으로 보는 서울 Ⅰ: 개항이후 서울의 근대화와 그 시련(1876－1910)」, 서
　　　울: 서울시사편찬위원회, 2002.

「寫眞으로 본 韓國의 百年」, 金源模·鄭成吉 편저, 대구: 한국문화홍보센터, 1989.

「寫眞으로 보는 韓國100年史」, 金宅圭·鄭成吉 편저, 대구: 한국문화홍보센터, 1999.

「서양인이 본 꼬레아」, 박영숙 편저, 서울: 남보사연, 1998.

오인환
(吳仁煥)

•약 력•

1935년 경기 장단 출생
서울대학교 사회학과 학사, 석사
미국 Univ. of Hawaii 사회학과 M.A., Ph.D.
합동통신 외신부 기자
경희대학교 신문방송학과 부교수
언론학회, 방송학회, 광고학회, 홍보학회, 사회학회 회원
방송학회 회장, 홍보학회 회장, 광고학회 부회장
연세대학교 신문방송학과 교수
연세대학교 사회과학대학장, 대학원장
2001년 정년퇴임

•주요논저•

『매스컴과 사회』(공역)
『매스컴과 광고산업』(공역)
『사회조사 방법론』(저)
『현대광고론』(편저)
『구한말 한인 하와이 이민』(공저)
"장인환 의사의 발자취를 찾아서"(공저)
"한국개화기신문의 광고"(석사논문)
"Korean Lawyers: Social Origins and Career Styles"(석사논문)
"The Korean Journalist: A Study of Dimensions of Role"(박사논문)
외 다수

100년 전 한성을 누비다
신문사 사옥 터를 찾아

• 초판 인쇄	2008년 4월 30일
• 초판 발행	2008년 4월 30일
• 지 은 이	오인환
• 펴 낸 이	채종준
• 펴 낸 곳	한국학술정보㈜
	경기도 파주시 교하읍 문발리 513-5
	파주출판문화정보산업단지
	전화 031) 908-3181(대표)·팩스 031) 908-3189
	홈페이지 http://www.kstudy.com
	e-mail(출판사업부) publish@kstudy.com
• 등 록	제일산-115호(2000. 6. 19)
• 가 격	39,000원

ISBN   978-89-534-8644-7 93070 (Paper Book)
　　　　978-89-534-8645-4 98070 (e-Book)